杨德明 著

HAIXIA LIANG'AN ZHISHICHANQUAN ZHIDU
CHONGTU YU DUICE
海峡两岸知识产权制度冲突与对策

知识产权出版社
全国百佳图书出版单位

图书在版编目（CIP）数据

海峡两岸知识产权制度冲突与对策／杨德明著.—北京：知识产权出版社，2014.10
（知识产权书系）
ISBN 978 – 7 – 5130 – 2890 – 5

Ⅰ.①海… Ⅱ.①杨… Ⅲ.①海峡两岸－知识产权制度－对比研究 Ⅳ.①D923.404

中国版本图书馆 CIP 数据核字（2014）第 183934 号

责任编辑：刘　睿　罗　慧　　　　责任校对：谷　洋
特约编辑：姜　颖　　　　　　　　责任出版：刘译文

海峡两岸知识产权制度冲突与对策
Haixia Liang'an Zhishichanquan Zhidu Chongtu yu Duice
杨德明　著

出版发行：知识产权出版社 有限责任公司	网　址：http://www.ipph.cn
社　　址：北京市海淀区马甸南村1号	邮　编：100088
责编电话：010 – 82000860 转 8113	责编邮箱：liurui@cnipr.com
发行电话：010 – 82000860 转 8101/8102	发行传真：010 – 82000893/82005070/82000270
印　　刷：保定市中画美凯印刷有限公司	经　销：各大网上书店、新华书店及相关专业书店
开　　本：720mm×960mm　1/16	印　张：25
版　　次：2014 年 10 月第一版	印　次：2014 年 10 月第一次印刷
字　　数：321 千字	定　价：56.00 元
ISBN 978 – 7 – 5130 – 2890 – 5	

出版权专有　侵权必究
如有印装质量问题，本社负责调换。

目 录

引言 …………………………………………………………… (1)
第一章 海峡两岸知识产权制度的历史演进 …………………… (7)
　第一节 中国知识产权制度的起源 ……………………………… (7)
　第二节 中国大陆知识产权制度的建立、健全和完善 ………… (15)
　第三节 台湾地区知识产权制度的调整、变革和完善 ………… (42)
第二章 海峡两岸知识产权制度冲突的产生及解决方法 ……… (69)
　第一节 海峡两岸知识产权制度冲突的产生及特点 …………… (69)
　第二节 海峡两岸调整知识产权制度冲突的立法与实践 ……… (79)
　第三节 海峡两岸知识产权制度冲突解决方法的选择 ………… (107)
第三章 海峡两岸知识产权制度冲突的冲突法解决方法 ……… (117)
　第一节 涉外知识产权法律适用的一般规则及其学说 ………… (117)
　第二节 涉外知识产权法律适用的具体规则 …………………… (128)
　第三节 海峡两岸知识产权制度冲突的冲突法解决方法 ……… (145)
第四章 海峡两岸知识产权制度冲突的实体法解决方法 ……… (149)
　第一节 知识产权国际保护的形成与发展 ……………………… (149)
　第二节 区域经济一体化与知识产权制度协调 ………………… (166)
　第三节 中国的知识产权区域协调保护 ………………………… (226)
　第四节 海峡两岸知识产权制度冲突的实体法解决方法 ……… (244)
第五章 海峡两岸知识产权程序制度的冲突及其解决
　　　 方法 ……………………………………………………… (256)
　第一节 海峡两岸知识产权诉讼管辖权的冲突及其解决
　　　　 方法 …………………………………………………… (256)

第二节　海峡两岸知识产权判决认可与执行制度的冲突及其
　　　　　　解决方法 …………………………………………………（310）
第六章　闽台两岸知识产权保护合作先行先试 ………………………（332）
　　第一节　闽台两岸知识产权保护合作先行先试的基础和
　　　　　　依据 ……………………………………………………（332）
　　第二节　闽台两岸知识产权保护合作先行先试的对策建议 ……（348）
主要参考文献 ……………………………………………………………（382）

引　言

　　海峡两岸意识形态、政治制度不同，但在法律传统上仍同根同源。由于历史的原因，两岸在一国主权下，事实上形成了两个相对独立的法域，建立了各自独立的知识产权制度。近年来，两岸关系和平发展并保持着良好的势头，尤其是《海峡两岸经济合作框架协议》签订后，两岸经济合作开始迈向一体化。而当今的区域经济合作，无论是生产领域，还是贸易领域——无论是货物贸易，还是服务贸易，无一不是以知识产权为核心的。实际上，各国或地区在进行经济一体化合作的过程中，都十分重视知识产权保护合作，甚至把它作为区域经济合作的前提条件。知识产权区域合作机制，是指不同区域的知识产权战略开展合作，并为合作所制定的规则、措施、手段等的综合体现。而两岸虽然签订了《海峡两岸知识产权保护合作协议》，但令人遗憾的是，它只是一份框架性协议，在具体操作上仍存在许多制度上、法律上的障碍，这必然给两岸经济、科技和文化交流、合作造成严重阻碍。因而，如何加强两岸知识产权保护合作，构建一个科学、有效的知识产权合作保护机制，是两岸关系和平发展进程中亟待研究的重要课题。

　　《两岸知识产权法律冲突与解决问题研究——兼论闽台两岸知识产权保护合作先行先试》是笔者于2010年向福建省科学技术厅申请设立的软科学研究课题，同时也是福建社会科学院立项课题。承担本项目研究的主要目的是：通过对国际区域性知识产权法律冲突解决方法的综合比较研究，探寻两岸知识产权法律冲突的解决路径和具体方法，助推两岸知识产权保护合作机制的健全与完善；同时提出闽台两地知识产权保护合作先行先试的对策建议，以期福建在两岸交流合作中发挥更大作用。本书就是这一课题研究成果的集中体现。

一、本书的理论意义和实践意义

海峡两岸关系和平发展是两岸政治、经济、文化和制度全面互动、融合、全面发展的过程。海峡两岸关系协会的首任会长汪道涵先生曾经说过，所有的台湾问题、两岸问题，最后都体现为法律问题。随着两岸关系的全面发展，两岸关系"法律"问题日益凸现。因此，本书所具有的理论和实践意义就在于：首先，从理论上说，两岸区际法律冲突问题的研究虽已取得一定成果，但与两岸关系和平发展的需要相比，仍存在很大差距，尤其是关于两岸知识产权法律冲突与解决的研究寥寥无几，目前尚无一部较为系统的专著。知识产权保护合作是两岸经济一体化的必然要求，因此，本书不仅可以填补该领域的缺憾，而且有助于两岸区际法律冲突研究理论的拓展和完善。其次，从实践角度而言，目前有关两岸知识产权法律冲突与解决的问题，尚缺乏明确、具体的法律依据，实践中仍处于"摸石头过河"状态。本书对国际区域性知识产权保护协调的立法与司法实践的比较研究以及对包括两岸知识产权保护在内的民商事法律问题的司法实践的总结分析、对包括两岸知识产权保护在内的民商事法律问题的解决具有一定的启发作用。同时，福建作为两岸交流合作先行先试地区，在解决两岸包括知识产权在内的民商事法律冲突方面，应当积极探索，勇于实践。本书提出的闽台两地知识产权保护合作先行先试的具体对策、建议，对于进一步深化闽台两地知识产权保护合作具有一定的实践指导意义。

二、本书的主要内容

本书的主要内容为：（1）海峡两岸知识产权制度的历史演进。

该部分主要介绍、分析知识产权制度的起源。海峡两岸知识产权制度同根同源。国民党退败台湾地区后延续了旧中国的知识产权制度，并根据台湾地区经济、社会发展需要频繁调整、变革，形成了一套独立的知识产权制度。新中国成立以后，祖国大陆开始知识产权法制建设；此后，为了顺应经济、社会发展的需要，不断修改、完善，形成了中国现代知识产权制度。（2）海峡两岸知识产权法律冲突的特点及其解决方法。法律冲突，是指解决同一问题的不同国家或地区的法律由于各自内容的差异而导致相互在效力上的抵触。两岸各自在不同的经济、社会条件下形成了各自不同的知识产权法律制度，在两岸交往日益频繁的条件下必然产生矛盾和冲突。同其他民商事法律冲突一样，解决两岸知识产权法律冲突的方法也主要有三种：冲突法解决方法、统一实体法解决方法以及司法互助（程序法）解决方法。（3）海峡两岸知识产权法律冲突的冲突法解决方法。该部分主要是通过对涉外知识产权法律适用的一般规则和具体规则的研究、分析，探讨两岸知识产权法律冲突的冲突法解决方法问题。（4）海峡两岸知识产权法律冲突的实体法解决方法。该部分主要是通过对国际性、区域性知识产权保护协调的比较分析，探讨两岸知识产权法律冲突的实体法解决方法。（5）海峡两岸知识产权程序法律制度的冲突与司法互助。该部分主要是通过对国际、区域签订的有关公约及一些发达国家的司法实践经验的研究、分析，探讨两岸知识产权诉讼管辖权及判决认可与执行制度的冲突和解决方法。（6）闽台两岸知识产权保护合作先行先试。该部分主要是通过对闽台两地知识产权保护合作先行先试的基础和依据的分析，提出闽台两地知识产权保护合作先行先试的对策、建议。

三、本书的主要研究方法

本书主要采用以下几种研究方法：（1）比较分析法。通过对国际、区域性知识产权法律冲突解决方法的综合比较研究，探寻海峡两岸知识产权法律冲突的解决路径和具体方法。（2）跨学科方法。海峡两岸知识产权法律冲突及其解决，涉及政治、经济和法律等诸多方面的具体问题。本书主要从法学角度展开分析，并辅之以政治学和经济学等理论的跨学科的综合性分析，以使本书更具科学性。（3）理论分析与实证分析相结合的方法。本书不仅对两岸知识产权法律冲突的成因、特点及国际区域性知识产权法律冲突的解决方法进行理论分析，同时还结合两岸知识产权保护合作的具体案例进行实证分析，以期具有较高的理论和实践意义。

四、本书的主要特色和创新

本书的主要特色是，通过对国际区域性知识产权法律冲突解决方法的综合比较研究，探寻两岸知识产权法律冲突的解决路径和具体方法；同时，根据先行区建设的要求，结合闽台交往的实际，提出闽台两地知识产权保护合作先行先试的具体对策、建议。此外，本书还涉及新的研究领域，具有一定的创新性，主要体现在以下几方面：（1）论题创新。目前关于区际法律冲突及其解决的研究成果颇丰，但尚无较为系统的、专门研究两岸知识产权法律冲突及其解决的著作，更无关于闽台两地知识产权保护合作先行先试的专门成果，因此，本书的选题具有一定的开创性。（2）观点创新。海峡两岸关系颇具特殊性、复杂性和不确定性，同时，知识产权保护合作研究是一项政治性、政策性、专业性较强的工作。本书根据基本思路分别论证了一些观点，如在分析海峡两岸知识产权制度的历史演进时提出，虽然由于历史的原因，海峡两岸在一个中国主权下，事实上形成了两个相对独立的法域，建立了各自独立的知识产权制度，但海峡两岸在法律传统上仍是同根同源；在探讨海峡两岸知识产权法律冲突的冲突法解决方法时提出，在大陆区际冲突法出台之前，涉台知识产权案件的审理可以比照《涉外民事关系法律适用法》的相关规定。这不仅有利于及时、合理地解决涉台知识产权争议，而且有利于促进两岸关系健康、和谐发展。同时，本书还指出，涉台知识产权案件比照《涉外民事关系法律适用法》的相关规定，只能是权宜之计，它并不是解决两岸知识产权法律冲突的最佳选择。祖国大陆和台湾地区（包括内地与香港、澳门特别行政区）可以通过制定统一的"中国区际民事关系法律适用法"来解决海峡两岸的知识产权法律冲突问题。在探讨海峡两岸知识产权法律冲突的实体法解决方法时提出，两岸一体化的目标是政治、经济、文化、社会和法律的全面互动、相互融合与统一，因此，两岸知识产权的区际协调应根据这一目标及其发展需要，规划两岸知识产权制度协调、统一的路径。在探讨闽台知识产权保护合作先行先试时指出，闽台两地知识产权保护合作的主要任务是运用先行先试政策，积极探索海峡两岸知识产权保护合作的体制、机制，率先突破，取得经验；并进而提出，闽台两地知识产权保护合作先行先试，在总体规划上要以中央和国务院对台工作总体方针为指导，在《海峡两岸知识产权保护合作协议》框架下，按照建立两岸人民交流合作先行区建设的要求，本着实事求是、相互尊重、相互合作的精神，先易后难，循序渐进，逐步完善。

五、本书的不足和尚需进一步研究的问题

本书也存在不足之处。例如，未对《海峡两岸知识产权保护合作协议》实施中的问题作更深入的调查研究。两岸知识产权保护合作问题既是一个重大的理论问题，也是一个复杂的实践问题，尤其是目前有关海峡两岸知识产权法律冲突与解决问题，尚缺乏明确、具体的法律依据，实践中仍处于"摸石头过河"的状态，所以应对《海峡两岸知识产权保护合作协议》实施中存在的具体问题作更深

入、更全面的调查研究，才能提出更科学、有效的解决方法。另外，闽台两地知识产权保护合作机制建设是一项复杂性、系统性的浩大工程。闽台两地知识产权保护合作先行先试的主要任务就是要运用先行先试政策，积极探索海峡两岸知识产权保护合作的体制、机制，率先突破，取得经验；福建在解决海峡两岸包括知识产权在内的民商事法律冲突问题方面，应当有新思维、新突破，这也是今后尚需深入研究的问题。

杨德明

2014年2月28日

第一章　海峡两岸知识产权制度的历史演进

第一节　中国知识产权制度的起源

"知识产权"并不是中国传统法律文明中的术语，而是从西方法律文明中"引进"的。在英文中，知识产权被称为"Intellectual Property"。"知识产权"作为一个从西方引进的概念，在中国曾经有着不同的称谓。在中国，知识产权是与物权、债权等并列的财产权，属于无形财产权的一种。有学者认为，知识产权与其他财产权的根本区别在于其本身的无形性，而知识产权的其他法律特征，即独占性、时间性、地域性等皆由此派生而成。❶台湾学者吴嘉生也认为，一般来说，所谓的"智慧财产权"（知识产权）都被从最广义的角度解释成为所有源自产业、科学、文学及艺术等领域内的"智慧活动"，因此，它与传统意义上的"财产"的最大不同之处，即在于它的"无形性"；❷知识产权的客体即知识产品（智力成果），是一种

---

❶ 郑成思主编：《知识产权法教程》，法律出版社1993年版，第45页。

❷ 吴嘉生：《智慧财产权之理论与应用》，五南图书出版股份有限公司2007年版，第89页。

没有形体的精神财富，客体的非物质性是知识产权的本质属性所在❶。

知识产权制度，最初是在资本主义商品经济条件下产生的，它是商品经济发展到一定阶段的产物；同时，知识产权制度也是科技发展到一定程度的产物，是科技成果商品化的必然结果。对知识产权进行法律保护，在专利方面，英国已有300多年的历史；美国和法国已有200多年的历史。版权法和商标法也相继在欧洲诞生。1709年英国颁布了世界上最早的版权法，1857年法国第一个实施了商标法。中国虽然是一个具有悠久历史的文明古国，是四大发明的发源地，但在保护创新性智力成果方面起步却很晚。

虽然由于历史的原因，两岸在一个中国主权下，事实上形成了两个相对独立的法域，建立了各自独立的知识产权制度，但两岸在法律传统上仍是同根同源。

一、中国专利制度的起源

专利制度，是指以专利法律制度为核心的关于专利的申请、审查、授权、实施、许可、转让、管理、保护等一系列激励发明创造、传播、应用等的所有制度的总和。它包括专利法律制度、专利申请制度、专利审查制度、专利代理制度、专利文献制度、专利管理制度、专利保护制度等。世界上对技术发明授予独占权在公元前雅典

---

❶ 对于知识产权的特征，国内学术界一度有过激烈争论，至今仍然莫衷一是。如郑成思教授认为，知识产权的特征有无形性、专有性、地域性、时间性和可复制性5个特征。见郑成思：《知识产权论》，法律出版社1998年版，第75～91页。刘春田教授认为，知识产权的特征只有地域性和权利的受限制性两大特征。见刘春田："简论知识产权"，载郑成思主编：《知识产权研究》（第1卷），中国方正出版社1996年版，第41～51页。台湾学者吴嘉生则认为，知识产权的特征有无形性、专属性、重制性、公开性、地域性、时间性和经济性7个特征。吴嘉生：《智慧财产权之理论与应用》，五南图书出版股份有限公司2007年版，第88～93页。

国王时代就已开始。1331年英王爱德华三世授予佛兰德工艺师约翰·卡姆比在缝纫和染织技术方面"独专其利"的权利。1474年3月19日，威尼斯共和国颁布了世界上第一部专利法。

在中国，1859年太平天国时期的领导者洪仁玕就提出了创设专利制度的建议，甚至提出发明专利与小发明之分且保护期不同，"器小者赏五年，大者赏十年，益民多者年数加多"。我国的第一件专利是1882年8月光绪皇帝批准给上海机器织布局的10年专利。这种专利实际上只是开办新兴工业的垄断权。❶ 我国的专利保护落实为专利法之含义仅有百年左右的历史。1898年光绪皇帝实行变法时颁布了《振兴工艺给奖章程》，首次以法律的形式确认了对发明的专利保护，这是我国历史上第一部专利法规。辛亥革命以后，成立了中华民国。1912年民国的工商部颁发了《奖励工艺品暂行章程》，规定对发明或者改良的产品，除食品和医药品外，授予为期5年的专利权。1923年农商部公布《暂行工艺品奖励章程》，把专利保护的对象推及于制造方法的发明或者改进。1928年农工商部颁布《奖励工艺品暂行条例》，规定对产品或方法的发明或特别改良者，经过工商部考验合格，授予15年、10年、5年或3年的专利权；1932年又颁布《奖励工业技术暂行条例》，规定对产品或方法的发明授予10年、5年的专利权；1939年对该条例进行了修改，增加了"新型"和"新式样"两种专利。1940年国民政府决定成立专利管理机构，并成立工业专利办法筹议委员会，负责起草专利法。1944年5月29日公布了《中华民国专利法》，这是中国历史上第一部正式的专利法。该法规定，对发明、新型和新式样授予专利权，期限分别是15年、10年、5年。这部专利法在新中国成立前没有施行，后于1949年1月1日在我国台湾地区施行。该法经多次修改，在我国台湾地区沿用

---

❶ 杨金路、赵丞津主编：《知识产权法律全书》，中国检察出版社1992年版，第92页。

至今。

二、中国商标制度的起源

商标制度是关于商标管理和商标专用权保护的制度，其核心是商标法。商标是商品的附属物，它的产生和演变与商品经济的发展有着密切的关系。中国是世界上较早使用商标的国家，在战国和汉代的墓葬中曾发现许多标记工匠姓名、制造地点的铜器、漆器。到了唐代，我国社会经济进一步发展，商品生产与交换进一步扩大，出现了许多具有吸引力的商品或商家牌号、标志。《汉书·王遵传》记载："箭张禁，酒赵放"，意思是张禁造的箭，赵放造的酒。虽然这些标志还不是现代意义上的商标，但可以把它们看做是我国商标发展的雏形。

宋元时期，我国的商品经济进一步发展。商品生产者、经营者为了树立自己的信誉，使购买者认牌购货，便越来越多地在商品上使用牌号和标志。例如，南宋孟元老《东京梦华录》记载的"曹婆婆肉饼""丑婆婆药铺""郑粉子"等牌记。这时的商品标识不但有文字标记，也出现了图文并茂的组合标记，形成了完整的商标。我国现存最早的较完整的商标实物就是在宋代，即北宋时期山东济南刘家功夫针铺所用的"白兔商标"。它基本上具备了现代商标的外貌，现存于中国历史博物馆，是世界商标史上极为珍贵的文物。❶

明清时期，我国商品经济发展缓慢，商标发展也十分缓慢。清代的"同仁堂""六必居"等字号仍只是汉唐以来商业标记的延续和量变，主要起到类似于今天厂商名称的作用。

在我国，商标使用的历史较早，但商标法规的形成却较晚。据学者研究，在1736年（清乾隆元年），苏州府长州县布商黄友龙冒用

---

❶ 杨金路、赵丞津主编：《知识产权法律全书》，中国检察出版社1992年版，第8页。

他人布匹的"牌谱",地方政府把禁止这种冒用行为的禁令刻在石头上,以昭示公众。清道光年间,上海绮藻堂布业总公所订立过"牌谱",规定了使用"名牌"(相当于今日之商标)的规则。❶ 不过,这些通过官府或行会组织保护商标的做法,并没有形成一种制度。

鸦片战争失败后,帝国主义列强强迫清政府签订了一系列丧权辱国的不平等条约。在不平等条约中,强行写入保护外国商标的条款。1902年的《中英续议通商行船条约》规定:"英国本有保护华商贸易牌号,以防英国人民违反迹近假冒之弊。中国现亦应允保护英国贸易牌号,以防中国人民违反迹近假冒之弊。"1903年《中美续议通商行船续订条约》规定:"美国人民之商标,在中国所设立之注册局所,由中国官员查察后,缴纳公道规费,并遵守所定公平章程,中国政府允示禁冒用。"此外,日本、葡萄牙等国与清政府签订的不平等条约也有类似条款。这些条款都赤裸裸地单方面要求中国政府保护外国人的商标权,却不承担保护中国人商标权的义务。

1904年,清政府在帝国主义列强的胁迫下,颁布了《商标注册试办章程》,这是中国历史上第一部商标法规。该法由当时任中国海关总税务司的英国人赫德起草。该法实行注册原则和申请在先原则,注册有效期为20年,对假冒商标采取不告不理原则,对涉外商标纠纷实行"领事裁判权"。尽管该法规最后未正式施行,但它还是为后来的商标立法奠定了基础。1927年12月1日,国民政府在南京设立全国注册局,专门办理商标等注册事项。1930年,国民党公布了商标法及其实施细则,并于1931年1月1日起施行。该法的大多条款都是移植于外国商标法。国民党迁往台湾后,为因应台湾岛内工商业的发展,在有关商标专用权、注册、争议、侵权责任等方面作了较大修改。

---

❶ 冯晓青、杨利华主编:《知识产权法学》,中国大百科全书出版社2005年版,第390页。

三、中国著作权制度的起源

著作权即版权。中国使用的"著作权"概念，是清朝立法者从日本引入的，最早出现在我国1910年制定的《大清著作权律》中。当我国在20世纪80年代起草现行《著作权法》时，虽然有两种主张，但是，立法者最后以折中方式使两者之间的分歧得以协调——以"著作权"作为法律名称，同时在第56条规定"版权与著作权系同义语"。著作权作为一种法律形态和社会观念，是随着人类文明的发展和进步而产生和完善的。然而，"回顾和审视中国远古、近代的历史，我们不难发现：一方面是文化在不断地积累增长，记载着古代人民智慧的文化典籍可谓汗牛充栋；而另一方面，则无法找到有关保护创作者权利的法律制度。众所周知，与文化联系最为密切的著作权法律制度，诞生于两百年前的欧洲，导致这项制度产生的传播技术——造纸术和印刷术虽发明于中国，但它却无法在中国封建专制的土壤里催发现代权利之花。"❶

不过，在中国古代，著作权的概念虽不曾见于文字，但文人作文索取报酬的风气，却早已形成。如《晋书·陈寿传》记载：有人请陈寿为其父立传，陈寿说："可觅千斛米见与，为尊公作佳传"。又如，唐代的皇普缇为裴度写了一篇3 000字的《福生寺碑》，每字要缣帛三匹，共要了9 000匹;❷ 而更早的时候，司马相如为陈皇后所作的《长门赋》，明显有些委托写作的性质。顾炎武在其名著《日知录》卷19"作文润笔"条引王懋《野客丛书》曰："作文受谢，非起于晋宋。观陈皇后失宠于汉武帝，别在长门宫，闻司马相如天下工为文，奉黄金百斤为文君取酒，相如因为文以悟主上。皇后复得

---

❶ 吴汉东：《著作权合理使用制度研究（第三版）》，中国人民大学出版社2013年版，第21~22页。

❷ 吉少甫主编：《中国出版简史》，学林出版社1991年版，第68页。

第一章　海峡两岸知识产权制度的历史演进

幸。此风西汉已然。"由此可见，在中国古代，虽然没有一部成文的"版权法"，但是作者的经济利益以及作为作者的身份上的利益都受到一定的社会习惯的保护和认可。❶

学者普遍认为著作权是随着印刷术的采用而出现的。我国对作品复制权的保护亦始于印刷技术的运用。宋代印刷技术的进步，使作品能以较低成本（与抄写相比）复制和传播。文献出版业具有较大的利益空间，为著作财产权的产生提供了基础，也促进了印刷出版业的兴起。出版业的繁荣让人们注意到著作权的保护。当时，有实力的出版商在出版《四书》《五经》《廿一史》及诗文小说等作品时，一般都投入一定的力量对文献进行必要的整理、校刊，但社会上存在的擅自"复版"的盗印现象，无疑对正规出版商的权益造成损害，于是他们出于利益的需要而请求官府保护其文献的专有出版权。在宋代的《东都事略》《方舆胜览》等文献中都有关于"翻版禁令""出版特许令"等的记载。这种以禁令保护刻印出版者利益的方式一直延续到清末。它和欧洲的出版禁令一样，保护的是作品出版者而不是作者的利益，至多只能看成是著作权制度的雏形。❷

中国近代版权保护制度完全是受"外来因素"的影响，这种影响首先来自西方传教士。而向中国提出版权保护的是美、日等国。中美商约谈判自1902年6月27日始，至1903年11月23日止，双方举行了几十次会议，其中涉及版权条款的会议达12次之多。美方最初的草案是："凡书籍、地图、印件、镌件者，或译成华文之书籍，系经美国人民所著作，或为美国人民之物业者，由中国政府援照所允许保护商标之办法及章程，极力保护十年，以注册之日为始，

---

❶ 徐言："中英两国早期版权保护的比较研究"，载郑胜利主编：《北大知识产权评论》（第2卷），法律出版社2004年版，第191~192页。

❷ 冯晓青、杨利华主编：《知识产权法学》，中国大百科全书出版社2005年版，第74页。

俾其在中国境内有印售此等书籍、地图、镌件或译本之专利。"中方代表起初表示反对保护版权，后改变态度，同意与美方讨论版权问题，但中方对版权期限、适用地区、保护范围等，也提出自己的主张，并要求对有碍治安的书报作出规定。最后，经过讨价还价，双方终于达成协议。该协议将保护范围限制在"专备为中国人民所用之书籍、地图、印件、镌件者，或译成华文之书籍"，保护期为10年。协议言明："不论美国人所著何项书籍、地图，可听华人任便自行翻译华文刊印售卖。"并规定凡"有碍中国治安者，不得以此款邀免，应各按律例惩办"。❶《中美续议通商行船条约》在华盛顿换文的同时，《中日通商行船续约》在北京互换。后者第5款保护版权的规定虽然与前者之措辞有所不同，但基本内容大致相同：中日双方将按照各自国家的章程或律例保护印书之权，如发售的书籍、报纸有碍中国治安，应各按律例惩办。❷

中美、中日商约中有关版权保护的条款，是中国历史上第一次以法律形式对版权予以确认，客观上有助于中国现代版权观念的形成，推动了中国版权立法。这在几年后《大清著作权律》的颁布上可以得到印证。

1910年清政府颁布了《大清著作权律》。这是中国历史上第一部著作权法，它的颁布标志着中国著作权立法进入了作者成为著作权人的现代著作权阶段。《大清著作权律》共分"通例、权利期限、呈报义务、权利限制、附则"等五章，共55条。《大清著作权律》有

---

❶ 中国近代史资料委员会编：《辛丑和约订立以后的商约谈判》，中华书局1994年版，第147～208页。转引自周林："中国版权史研究的几个问题"，载《知识产权》1999年第6期。

❷ 国家版权办公室编：《中国著作权实用全书》，辽宁人民出版社1996年版，第30页。转引自周林："中国版权史研究的几个问题"，载《知识产权》1999年第6期。

一半以上的条款都直接出自日本1899年著作权法，并且在保护作者人格权、财产权延及作者终生加死后30年、允许著作权的继承与转让、不专门保护邻接权、对侵害著作权的行为课以刑事和民事责任、要求注册等方面都与日本1899年著作权法完全一致，且在条文解释时都以日本著作权法为依据。❶ 1912年，中华民国成立，清政府垮台，著作权法与民国法律无抵触之处，一直沿用至1915年才被北洋军阀控制下的中华民国政府颁布的《北洋政府著作权法》所替代。1915年11月7日颁布的《北洋政府著作权法》，基本上是1910年《大清著作权律》的翻版。它分为总纲、著作权人的权利、著作权的侵害、罚则、附则等五章，共45条。该法与《大清著作权律》相比，在受保护的客体中增加了"讲义""演述"等项内容；将登记主管机关由民政部改为内政部；除增加了著作权质权制度、非经注册不得对抗第三人等内容外，二者大致相同。该法颁布后不久即随北洋政府的垮台而失效。

此后，国民党政府于1928年颁布了一部著作权法，并公布其实施细则。国民党迁往台湾后，为应对台湾地区经济社会，尤其是数字信息化的挑战，先后对其进行过多次修改。

第二节　中国大陆知识产权制度的建立、健全和完善

中国知识产权制度体系是以知识产权保护为核心的一个有机联系的整体。关于中国知识产权制度的产生和发展有两种说法。一种观点认为，改革开放以来，从我国专利法、商标法等知识产权法律的

---

❶ 秦瑞价：《著作权律释义》，商务印书馆1912年版。转引李雨峰："民国时期的版权法"，见张玉敏主编：《知识产权理论与实务》，法律出版社2003年版，第211页。

制定和我国政府奉行保护知识产权的政策、建立行政和司法保护两种机制的事实出发,认为现代的知识产权制度产生于近20年间。另一种观点认为,鸦片战争以来,我国陆续出现近代工业,并与他国有了较多的接触;自1882年清光绪皇帝批准我国第一件"专利"和第一套专利法规起,到国民政府颁布的专利等法规,有百年左右的历史。本书认为,中国的知识产权法律制度虽然"源早",但中国的现代知识产权制度却是在新中国政府宣告废除"六法全书"❶及一切伪法统后才开始建立和发展起来的。

一、中国大陆知识产权制度的建立

(一) 中国大陆知识产权制度的孕育

1. 商标制度

新中国成立之初面临的一项首要任务就是在全国范围内废除一切伪法统,建立社会主义新型法制。为此,1950年8月28日,政务院公布了《商标注册暂行条例》,这是新中国成立后最早的民事立法,也是新中国颁布的最早的保护商标的法规。为配合该条例的实施,1950年9月29日,政务院财政经济委员会又颁布了《商标注册暂行条例施行细则》。由于当时大规模的社会主义改造尚未进行,高度集中的计划经济体制还未建立,私营企业、公私合营、合作社等经济组织形式大量存在,因此《商标注册暂行条例》规定实行全国统一的注册制度,把在国内使用商标、办理商标事宜一律归由当时贸易部的商标局统一管理。该条例在建国初期多种经济成分并存的情况下,对建立和健全商标法制、巩固和发展国有经济、促使私营工商

---

❶ "六法全书"是国民党南京国民政府法律制度的总称。因汇编时通常被分为宪法及其相关法规、民法及其相关法规、民事诉讼法及其相关法规、刑法及其相关法规、刑事诉讼法及其相关法规和行政法及其相关法规等六大部分而得名。

业接受社会主义改造，起到了重要的作用。❶

由于国有企业对商标注册缺乏认识，一些在市场上已经获得一定信誉的商标纷纷被私营工商业抢注。根据此一情形，国家工商行政管理局于1954年公布了《未注册商标暂行管理办法》，要求一切国营、公私合营、合作社和私营的大中企业，使用商标必须先行注册，对小企业的商标，则实行当地登记备案。

1956年，生产资料所有制的社会主义改造基本完成后，国民经济发生了很大变化；国家对物资分配实行"计划调拨"，对商品流通实行"统购包销"，因而生产企业不重视市场，不重视商标，市场上仿冒商标泛滥。为此，1957年国务院批转中央工商局《关于实行商标全面注册的意见》，该意见要求：凡是使用商标必须注册，未注册者一律不得使用。这是中国大陆实行强制性商标全面注册制度的开始。

随着国家宏观经济管理条件的变化，1963年4月，在对《商标注册暂行条例》重新修订的基础上，国务院颁布了《商标管理条例》。该条例由于受到当时政治、经济环境的影响，存在不少缺陷，其中最大的缺陷是仅仅规定了使用商标的企业的义务，没有规定注册使用人的任何权利。在该条例中，商标已不再是受保护的对象，仅仅是被管理的对象。❷ 1966年"文化大革命"开始后，商标法制受到很大破坏，商标注册登记几乎陷入停顿状态。

2. 专利制度

为鼓励发明和加强专利保护，新中国成立的第二年即1950年8月，政务院通过了《关于奖励有关生产的发明、技术改进及合理化

---

❶ 杨金路、赵丞津主编：《知识产权法律全书》，中国检察出版社1992年版，第15页。

❷ 吴汉东等：《知识产权基本问题研究》，中国人民大学出版社2005年版，第521页。

建议的决定》和《保障发明权与专利权暂行条例》。同年10月，政务院财政经济委员会又公布了《保障发明权与专利权暂行条例施行细则》，并组织了发明审查委员会。《保障发明权与专利权暂行条例》是新中国颁布的第一部专利法规，它较完整地规定了保障专利权的目的、申请专利的条件、申请专利的手续以及审批程序、异议制度和对专利权的保护期限、违法责任等。1954年，又颁布了《有关生产的发明、改进及合理化建议的奖励暂行条例》。"大跃进"和三年自然灾害后，为了恢复生产，于1963年颁布了《发明奖励条例》和《技术改进奖励条例》，同时废止了在1950年公布的上述两个条例。随后不久发生"文革"，对发明和技术改进的奖励无法得到正确实施，专利更无法得到应有的保护。十一届三中全会后，国家实行对内搞活经济、对外实行开放的新政策。1978年，政府重新印发了《技术改进奖励条例》，颁布了经过修订的《发明奖励条例》，1979年11月又颁布了《自然科学奖励条例》，正式开始受理和审批发明奖励工作。

3. 著作权制度

1950年，中国大陆公布了第一份有关著作权保护的行政法规——《关于改进和发展出版工作的决议》。该决议指出："出版业应尊重著作权及出版权，不得有翻版、抄袭、窜改等行为"；"在版权页上对于初版、再版的时间、印数、著者、译者的姓名及译本的原书名称等，均应作忠实的记载。在再版时，应尽可能与作者联系进行必要的修订"；"稿酬办法应在兼顾著作家、读者及出版家三方面的利益的原则下与著作家协商决定。为尊重著作家的权益，原则上应不采取卖绝著作权的办法"。该决议是一份保护作者权的重要文件，成为此后中国内地处理著作权纠纷的唯一依据。为了保护出版单位的权利，1953年，出版总署发布了《关于纠正任意翻印图书现象的规定》。该规定指出："一切机关团体不得擅自自印出版社出的书籍图片，以重版权。"随后，国务院及有关部委也相继颁布了一些有关稿酬、出版合同等方面的文件。这些规范性文件中的原则与某些主要内容，大都体现在20世纪50年代各出版社制定和公开使用的格式约稿合同、格式出版合同及稿酬办法之中。这些合同及办法的条文曾被美国1973年出版的《国际贸易中的法律与政策》引用，作为评论中国版权制度的主要依据。上述行政法规表明，该时期中国内地虽未出台著作权法，但并不意味着对作者的权利未给予保护，只是保护的力度不足。

1958年，文化部发布了一份《关于文学和社会科学书籍稿酬的暂行规定（草案）》，其中列出了四项支付稿酬的原则。1961年，文化部又以转发批示通知的形式修改了1958年的四项原则，主要的修改是废除了版税制（印数稿酬）。修改后的稿酬制度，已经反映出当时文化领域"吃大锅饭"的弊端。"一次性稿酬制"和"相互转载时不再付酬"的规定，很难起到鼓励优秀作品的创作等作用。[1] 1966年"文化大革命"开始后，刚刚起步的著作权制度建设被迫停止。

中国大陆实行改革开放政策后，国家出版局于1980年5月颁布了《关于书籍稿酬的暂行规定》；1984年文化部出版局又对该规定作较大的修改，颁布了《书籍稿酬试行规定》。该规定不仅承认和保护作者的著作权，而且还承认外国人在中国大陆首次出版的著作可依该规定享有出版权。此外，还将中国台湾、香港、澳门地区的中国人，视为大陆的中国人，享受同等待遇，即不要求他们的作品必须在大陆首先出版才给予规定中的出版权等权利。

新中国成立后至20世纪80年代初，政府虽然制定、实施了一系列调整知识产权关系的政策、法规，但由于受当时特定意识形态和计划经济体制的制约，不可能产生现代意义上的知识产权制度。郑

---

[1] 郑成思：《知识产权法》，法律出版社1997年版，第319页。

成思教授也曾指出:"当时,中国的知识产权法还极不健全,有一部强制注册但不言注册人权利的商标条例,一部奖励发明创造同时宣布被奖励的发明属于国家的发明奖励条例以及有出版机关管理实践中对作者的版权很有限的承认。"❶ 知识产权制度的核心是知识产权法,在该时期中国大陆还未制定出一部完整的知识产权法,因此,可以说在该时期,中国大陆还没有真正意义上的知识产权制度。

(二) 中国大陆知识产权制度的建立

1. 商标制度

1978年11月,中共第十一届中央委员会召开了中央工作会议和三中全会,端正了党的思想路线、政治路线和组织路线,做出了将全党全国工作重点转移到社会主义现代化建设上来的战略决策,中止了多年的知识产权法制建设又重新受到重视。1982年8月23日,第五届全国人民代表大会常务委员会第24次会议审议通过了新中国第一部商标法——《中华人民共和国商标法》(以下简称《商标法》),这是中国大陆知识产权法律制度开始建立的重要标志。《商标法》是在总结过去30多年来中国大陆商标管理工作的实践经验基础上,根据中国大陆改革开放形势发展的需要,同时参照国际惯例而制定的。它的主要特点:(1)是第一部体现市场经济特征的法律。在20世纪80年代初期,中国大陆虽然已经开始了市场经济的实践,但在当时的宪法、法律中仍然保留着计划经济的印迹;《中华人民共和国宪法》在1993年修正时,才将原规定的实行计划经济改为"国家实行社会主义市场经济"。而在1982年制定《商标法》时就把促进社会主义商品经济作为该法的宗旨之一,这完全符合当时大陆改革开放新形势的需要。(2)重点强调保护商标专用权。商标专用权是商标所有人或其合法受让人对其注册商标所享有的权利。保护商标专

---

❶ 郑成思主编:《知识产权与国际关系》,北京出版社1996年版,第237页。

用权，是商标立法的核心。在中国大陆过去制定的商标管理条例中，没有保护商标专用权的规定，而《商标法》则把保护商标专用权作为立法的宗旨之一，突出了对商标专用权的保护。（3）实行自愿注册和强制注册相结合的原则。《商标法》对一般商品实行自愿注册的原则，突破了中国大陆自1957年以来实行的全面注册制度；而对与人民生命健康密切相关的药品和与国家财政收入关系甚大的烟草仍实行强制注册，则体现了商标立法的完整性和灵活性。（4）参照国际惯例保护涉外商标注册权。以往外国商标在中国内地申请注册，必须是申请人所属国已同我国签订商标互惠协议和申请注册的商标已在其所属国注册。《商标法》参照国际惯例，规定外国商标申请注册，按申请人所属国同我国签订的协议或共同参加的条约办理，或者按对等原则办理。

2. 专利制度

1978年以后，随着国家工作重点的转移，1979年开始起草《专利法》。1984年3月12日，第六届全国人民代表大会常务委员会第4次会议通过了《中华人民共和国专利法》（以下简称《专利法》），并于1985年4月1日起实施。《专利法》是在广泛吸收世界各国立法经验的基础上制定的，但在移植外国经验的过程中，没有采取拿来主义，而是坚持"以我为主，为我所用"的原则，遵循博采各国之长、适合中国特点和遵守条约规定的义务三项原则。在博采各国之长方面，于先申请制和先发明制之间，选择了先申请制；在审查制度上，对发明遵循"早期公布、请求审查制"，对实用新型和外观设计采取了初步审查制。在适合中国国情方面，针对社会主义初级阶段的特点，对专利权的归属作了"所有"和"持有"之分；规定保护实用新型、专利权人的权利不包括进口权；对授予专利权的技术领域实行逐步开放、对专利保护实行司法途径和行政途径的双轨制等。在遵守条约规定的义务方面，鉴于当时我国已加入《保护工

业产权巴黎公约》（以下简称《巴黎公约》），《专利法》中全面体现了《巴黎公约》的国民待遇、优先权和专利独立三大原则。❶

3. 著作权制度

中国大陆的著作权法从起草到最后正式通过、实施，经历了漫长、曲折的历程。1980年7月，国家出版局草拟了《中华人民共和国版权法（草案）》，此后不断组织专家讨论、修改。1982年，文化部将版权法草案修改成《中华人民共和国版权保护暂行条例》，1983年4月又把暂行条例定为《中华人民共和国版权保护条例（草案）》。由于版权法制定过程中争议颇多，一时难以出台，但又为及时遏制当时大量存在的乱编乱印图书等侵权行为，1984年文化部颁布了《图书、期刊版权保护试行条例》作为当时著作权保护的内部规则。该条例对著作权的基本保护问题均有涉及，是建国后著作权保护方面体例最为完善的一个行政法规。1985年7月，国务院批准成立版权局；1986年5月，国家版权局正式向国务院呈交《中华人民共和国版权法（草案）》。在征求意见时，一些人认为，"著作权"一词可以把作者与著作联系起来，而版权则容易使部分人理解为出版者的权利。❷ 该意见被立法部门接受，版权法草案被修改成《中华人民共和国著作权法（草案）》。1990年9月7日，《中华人民共和国著作权法》（以下简称《著作权法》）经第七届全国人大常委会第15次会议审议通过，并于1991年6月1日正式实施。作为新中国成立之后的第一部《著作权法》，它具有以下主要特点：（1）把保护作者合法权益放在首位。《著作权法》第1条规定，该法的立法宗旨是："保护文学、艺术和科学作品作者的著作权，以及与著作权有关的权益，鼓励有益于社会主义精神文明、物质文明建设的作品的创作和传播，促进社会主义文化和科学事业的发展与繁荣。"由上可见，

---

❶ 黄勤南主编：《新编知识产权法教程》，法律出版社2003年版，第161页。
❷ 刘春田："著作权与版权辨析"，载《版权参考资料》1990年第2期。

《著作权法》把保护作者的权益作为立法宗旨并将其摆在首要位置。《著作权法》不仅保护作者的财产权，而且规定作者对其作品享有发表权、署名权、修改权和保护作品完整权等人身权。除发表权与财产权的保护期相同外，其他几项人身权均无时间限制，甚至规定某些著作权归法人享有的职务作品，作者仍保留署名权，充分体现了对作者的尊重。（2）在保护作者权益的同时兼顾传播者、使用者的利益。《著作权法》在规定保护作者著作权的同时也兼顾到"与著作权有关的权益"，专章规定了对邻接权的保护；同时，为了兼顾使用者的利益，还规定了合理使用制度。（3）参照国际惯例保护涉外著作权。《著作权法》参照国际惯例，在著作权法适用范围方面实行国籍原则、地域原则和互惠原则。该法第 2 条明确规定："外国人的作品首先在中国境内发表的，依照本法享有著作权。外国人在中国境内发表的作品，根据其所属国同中国签订的协议或者共同参加的国际条约享有的著作权，受本法保护。"

《商标法》《专利法》和《著作权法》的相继制定、实施，标志着中国大陆知识产权制度的初步建立。它对促进社会主义市场经济、科学技术和文化的发展发挥了重要的保障和推动作用。

二、中国大陆知识产权制度的健全和完善

知识产权制度是一个发展的、变化的、动态的权利制度体系，受一国乃至国际的科技革命、经济发展、社会文化变革等影响甚大，总处于不断修订、更迭的状态之中。❶ 随着中国大陆逐渐由社会主义计划经济体制向社会主义市场经济体制转变，知识产权制度中存在的一些缺陷和不足日益显现，与世界贸易组织制定的《与贸易有关的知识产权协议》（以下简称"TRIPs 协议"）也有很大差距。为了

---

❶ 吴汉东主编：《知识产权法通识教材》，知识产权出版社 2007 年版，第 12 页。

顺应市场经济发展的需要，同时也为加入世界贸易组织，中国内地不断加快健全和完善知识产权保护制度。

（一）修订和完善知识产权法

20世纪90年代以来，随着建立和发展社会主义市场经济体制步伐的加快和即将成为世界贸易组织的成员，中国大陆适时地修订和完善了知识产权法。

1.《商标法》的修订和完善

（1）中国大陆《商标法》自公布、实施以来进行过三次修订。1993年2月22日，第七届全国人民代表大会常务委员会第30次会议审议并通过了国务院关于《中华人民共和国商标法修正案（草案）》的议案，对《商标法》中的9条内容作出修订。其主要内容是：①增加对服务商标的注册和保护。《商标法》颁布之后，中国先后加入《巴黎公约》和《商标国际注册马德里协定》（以下简称《马德里协定》）。作为《巴黎公约》和《马德里协定》的成员国，注册和保护服务商标是履行公约和协定应尽的义务，也有利于中国大陆企业享受公约和协定所赋予的正当权益。为此，修改后的《商标法》规定："本法有关商品商标的规定，适用于服务商标。"改变了中国大陆商标法历史上只保护商品商标的做法。②增加了地名不得作为商标注册的规定。1983年的《商标法》对于地名作为商标未加限制，实践中带来不少问题。新《商标法》采用国际上的通常做法，禁止县级以上行政区划的地名或者公众知晓的外国地名作为商标注册，但地名具有其他含义的除外。③增加了对注册不当之商标的撤销规定。鉴于社会上时常出现以欺骗手段或不正当手段取得商标专用权的注册商标现象，新《商标法》规定，违反《商标法》有关禁用条款，或者是以欺骗手段或其他不正当手段取得注册的，由商标局撤销该注册商标；其他单位或者个人可以请求商标评审委员会裁定撤销该注册商标。④加大对商标侵权行为的打击力度。对于假冒商标罪，虽然1979年《刑法》第127条作了规定，但与现实情况相比，责任主体偏窄，量刑幅度偏低，不能适应打击假冒注册商标犯罪的需要。修订后的《商标法》对假冒注册商标罪作了明确的规定：假冒他人注册商标，包括伪造、擅自制造他人注册商标标识或者销售伪造、擅自制造的注册商标标识，销售明知是假冒注册商标的商品，构成犯罪的，除赔偿被侵权人的损失外，依法追究刑事责任。此外，在全国人大常委会发布的《关于惩治假冒注册商标犯罪的补充规定》中还扩大了犯罪的主体范围，加重了对假冒商标犯罪的量刑幅度。

（2）为了适应加入世贸组织的要求，第九届全国人民代表大会常务委员会第24次会议于2001年10月27日通过了《关于修改〈中华人民共和国商标法〉的决定》，决定对商标法进行第二次修改。修改后的《商标法》由原来的43条增加到64条，其中删除1条、新增22条，另有17个条款的内容被修改。修改的主要内容包括：①扩大了商标权主体。原《商标法》规定，外国的自然人和法人可以在我国申请商标注册，而国内自然人除个体工商户外，均不能申请注册商标。新《商标法》规定：自然人、法人或者其他组织对其商品，需要取得商标专用权的，应当向商标局申请商品商标注册。其增加了国内自然人申请商标注册的规定。②扩大了商标保护的客体。原《商标法》将商标构成要素限定于文字、图形及其组合。新《商标法》规定：任何能够将自然人、法人或者其他组织的商品与他人的商品区别开的可视性标志，包括文字、图形、字母、数字、三维标志和颜色组合以及上述要素的组合，均可以作为商标申请注册。这就将立体商标和颜色组合商标也纳入了《商标法》保护的客体范围。此外，新《商标法》还增加了对地理标志和驰名商标的保护。③增加了优先权的规定。原《商标法》没有对优先权的问题作出规定，新《商标法》对优先权的提出作了明确的规定。④增加了诉前禁令、证据保全和财产保全的规定。原《商标法》没有涉及诉前禁令、证据保全和财产保全的内容，新《商标法》规定：商标注册人或者利害关系人有证据证明他人正在实施或者即将实施侵犯其注册商标专用权的行为，如不及时制止，将会使其合法权益受到难以弥补的损害的，可以在起诉前向人民法院申请采取责令停止有关行为和财产保全的措施。在证据可能灭失或者以后难以取得的情况下，商标注册人或者利害关系人可以在起诉前向人民法院申请保全证据。⑤加大了对侵犯注册商标专用权的打击力度。例如，原《商标法》规定对侵犯商标专用权的行政处罚，包括责令停止侵权行为、罚款。新《商标法》加大了对侵犯注册商标专用权的打击力度，增加了"反向假冒"侵权的规定；增加了法定赔偿的规定；同时规定，工商行政管理部门认定侵权行为成立的，可以责令立即停止侵权行为，没收、销毁侵权商品和专门用于制造侵权商品、伪造注册商标标识的工具，并可处以罚款。

（3）为了进一步发挥商标制度作用，更好地为经济发展方式的转变服务，2013年8月，全国人大常委会通过了《关于修改〈中华人民共和国商标法〉的决定》。新修订的《商标法》自2014年5月1日起施行。新修订的《商标法》由原来的64条变成73条，主要修改的内容包括：①明确引入诚实信用原则。新《商标法》在总则部分的第7条新增1款，规定：申请注册和使用商标，应当遵循诚实信用原则。这是首次将民法的诚实信用原则列为具体条款。在《商标法》中确立诚实信用原则对规范商标注册和使用行为具有积极意义。②增加了声音可以作为商标注册的规定。新《商标法》取消了商标的"可视性"要求，明确规定：任何能够将自然人、法人或者其他组织的商品与他人的商品区别开的标志，包括文字、图形、字母、数字、三维标志、颜色组合和声音等，以及上述要素的组合，均可以作为商标申请注册。❶ 这标志着我国开始加入国际声音商标保护的行列。③明确"驰名商标"被动保护原则，禁止将"驰名商标"用作广告宣传。新《商标法》第 13 条新增第 1 款规定："为相关公众所熟知的商标，持有人认为其权利受到侵害时，可以依照本法规定请求驰名商标保护。""被动保护"，是指当事人的已经为公众知晓的未注册商标，发生了被人复制、摹仿或者翻译的行为，才能请求保护，没有侵权争议，不会启动保护程序。以上规定明确了"驰名商标"被动保护的原则。与此同时，新《商标法》还在第 14 条第 5 款明确规定：生产、经营者不得将"驰名商标"字样用于商品、商品包装或者容器上，或者用于广告宣传、展览以及其他商业活动中。这是明确禁止将"驰名商标"用作广告宣传。④明确"一标多类"申请方式。原《商标法》（2001）规定，在不同类别的商品上申请注册同一商标，应当按商品分类表提出注册申请，未明确规定是否可以通过一份申请在多个类别的商品上申请注册同一商标。实践中，国家商标局对国内商标申请，不接受"一标多类"的申请方式。新《商标法》规定，商标注册申请人可以通过一份申请就多个类别的商品申请注册同一商标，明确了申请人可以采取"一标多类"的方式提出商标注册申请。❷ ⑤商标侵权引入混淆原则，认定侵权标准更加明确。原《商标法》中没有出现"混淆"这一概念，导致在商标侵权认定实践中是否适用混淆原则争议颇大。新《商标法》将原《商标法》（2001）第 52 条第一项规定拆分为两项，即：未经商标注册人的许可，在同一种商品上使用与其注册商标相同的商标的；未经商标注册人的许可，在同一种商品上使用与其注册商标近似的商标，或者在类似商品上使用与其注册商标相同或者近似的商标，容易导致混淆的。这两种行为均属于侵犯注册商标专用权的行为。⑥完善

---

❶ 《商标法》第 8 条。
❷ 《商标法》第 22 条第 2 款。

了商标注册异议制度。原《商标法》(2001)规定,商标注册申请初审公告后,自公告之日起3个月内,任何人均可以提出异议,但对提出商标的主体和理由没有限制;异议程序复杂、冗长。新《商标法》第33条区分异议理由,对异议人主体资格作出不同规定,可以有效杜绝基于他人在先权利提出异议的"恶意异议"现象。⑦引入惩罚性赔偿制度,提高侵权法定赔偿额。原《商标法》(2001)规定,侵犯商标专用权的赔偿额,为侵权人在侵权期间因侵权所获得的利益,或者被侵权人在被侵权期间因被侵权所受到的损失,包括被侵权人为制止侵权行为所支出的合理开支。难以按此确定的,由人民法院根据侵权行为的情节判决,给予50万元以下的赔偿。新《商标法》引入了惩罚性赔偿制度,规定对恶意侵犯商标专用权,情节严重的,可以在按照上述方法确定数额的一倍以上三倍以下确定赔偿数额。同时,提高了侵权法定赔偿额,将侵犯商标权的法定赔偿额上限从50万元提高到300万元。❶总之,第三次《商标法》修改解决了目前商标制度中人们普遍期待解决的一些重大问题,对维护市场公平竞争秩序将发挥重要作用。

2.《专利法》的修订和完善

(1)中国大陆地区专利法自1985年4月1日施行以来,经过了1992年、2000年和2008年的三次修改,逐步走向完善。1992年的主要修改内容包括:①扩大了专利保护的范围。修改后的《专利法》取消了对药品、用化学方法获得的物质、食品、饮料和调味品不能被授予专利权的规定。②延长了专利权的保护期限。修改后的《专利法》把发明专利的保护期限从10年延长至20年,把实用新型和外观设计专利的保护期限从5年延长至10年。③增设了国内优先权。④改授权前的异议程序为授权后的撤销程序。⑤增加了专利产品进

---

❶《商标法》第63条第1款、第3款。

口的保护。修改后的《专利法》规定，专利权人有权禁止他人未经许可进口专利产品和使用专利方法直接获得的产品。⑥增加了对冒充专利的处罚规定。

（2）为了适应形势的变化，2000年8月，第九届全国人大常委会做出了《关于修改〈中华人民共和国专利法〉的决定》，决定对《专利法》进行第二次修改。第二次修改涉及《专利法》中的36条条文，主要修改内容包括：①取消全民所有制单位对专利权"持有"的规定。1984年通过的《专利法》规定："申请被批准后，全民所有制单位申请的，专利权归该单位持有；集体所有制单位或个人申请的，专利权归该单位或者个人所有。"1992年修改后的《专利法》对此未进行修改，仍旧沿用了原有的规定。新《专利法》（2000）改为：国有企事业单位在申请专利和取得专利的权利义务方面与非国有企事业单位享受同等待遇。②对职务发明作了更合理的界定。原《专利法》在职务发明与非职务发明的界定标准上含糊不清，且注重强调单位的利益。修改后的专利法引入合同优先原则，允许科技人员和单位通过合同约定发明创造的归属。③明确规定了侵犯专利权赔偿额的计算方法。④增加了有关许诺销售的规定。原《专利法》没有许诺销售的规定，新《专利法》（2000）明确规定了专利权人有权禁止他人未经专利权人许可，许诺销售专利产品和使用专利方法直接获得的产品。⑤增加了诉前临时措施。在原执法程序中无诉前可以责令停止有关行为的制度，修改后的《专利法》规定：专利权人或利害关系人有证据证明他人正在实施或者即将实施侵犯其专利权的行为，如不及时制止将会使其合法权益受到难以弥补的损害的，可以在起诉前向人民法院申请采取责令停止有关行为和财产保全的措施。⑥取消了撤销程序。1992年修改《专利法》时取消了授权前的异议制，改为授权后的撤销程序；为简化流程，减少当事人的讼累，修改后的《专利法》取消了撤销程序。⑦规定了实用新型和外观设计的复审和无效由法院终审。

（3）2008年12月27日，全国人大常委会审议通过了《专利法》的第三次修改，并于2009年10月1日起施行。修改后的《专利法》共有69条，其中新增7条，修改了29条。专利法在1992年、2000年的前两次修改，注重的是履行国际承诺、与国际规则保持一致，而专利法的第三次修改，则是切实基于我国经济社会发展的自身需要。❶ 这次修改的主要内容包括：①在立法宗旨中增加了"提高创新能力"、促进"经济社会发展"的内容。专利法的立法宗旨是专利法的精髓所在，也是专利法的灵魂和根本指导原则。此次专利法修订将"提高创新能力，促进科学技术进步和经济社会发展"确定为立法宗旨，将引导专利法更好地发挥促进科技进步与创新的功能和作用，使专利法成为实现建设创新型国家宏伟目标的重要法律保障。②首次从法律上确定了三类专利的定义。新专利法明确指出："发明，是指对产品、方法或者其改进所提出的新的技术方案"；"实用新型，是指对产品的形状、构造或者其结合所提出的适于实用的新的技术方案"；"外观设计，是指对产品的形状、图案或者其结合以及色彩与形状、图案的结合所作出的富有美感并适于工业应用的新设计。"这是在专利法中第一次确定三类专利的定义。它有利于科技创新主体提高知识产权意识，准确理解我国专利授权的范围。③将授予专利权的新颖性标准由"相对新颖性"改为"绝对新颖性"。新颖性的地域标准是专利条件中最基本的条件。中国大陆地区的专利法以往一直是采用"相对新颖性标准"，这与国际上通行的标准相比，存在一定的差距。为了向国际标准看齐，修改后的专利法将"相对新颖性标准"提高到"绝对新颖性标准"，这使得中国大陆地

---

❶ 吴辉、魏小毛、赵建国："国家知识产权局条法司司长尹新天接受本报记者专访，解读专利法第三次修改——专利法修改施行带来五大变化"，载《中国知识产权报》2009年9月30日，第3版。

区的专利法在新颖性的判断标准上与国际上普遍采用的标准实现了一致。④删除了向外国申请专利须先申请中国专利的规定。原专利法规定，中国单位或个人欲将在国内完成的发明创造向外国申请专利，应当先申请中国专利。修改后的专利法取消了此项要求，代之以规定，任何单位或个人都可以将其在中国完成的发明创造向外国申请专利，但是需先报经国务院专利行政部门进行保密审查。新规定同时适用于中国单位和外国公司。❶新规定有利于鼓励我国企业向外国申请专利，有利于提高我国企业参与国际市场竞争的能力。⑤增加了"专利实施的强制许可"的情形。由于TRIPs协议规定，对专利权人排除、限制竞争的行为，可以通过实施强制许可，保障申请人的合理利益。原专利法对这一规定没有体现，故此次修订完善了强制许可制度，规定：专利权人自专利权被授予之日起满3年，且自提出专利申请之日起满4年，无正当理由未实施或者未充分实施其专利的，或者专利权人行使其专利权的行为被依法认定为垄断行为，为了减少或者消除该行为对竞争的不利影响，具备实施条件的单位和个人可以向国务院专利行政部门申请强制许可。此外，还规定：为了公共健康目的，对取得专利权的药品，国务院专利行政部门可以给予制造并将其出口到符合中华人民共和国参加的有关国际条约规定的国家或者地区的强制许可。上述进一步完善强制许可的规定，有利于消除或者减少垄断行为对正常市场竞争秩序的破坏，有利于平衡专利权人和社会公众的合法利益。⑥增加了对遗传资源利用的规定。新法首次将遗传资源的利用纳入专利法的调整范围，明确规定：如果发明创造的完成依赖于中国境内的遗传资源，其获得该遗传资源的途径、方式等必须符合中国法律、行政法规的规定，否则不能在中国获得专利权。⑦确立了"禁止重复授权原则"。新法明确

---

❶ "中国专利法第三次修改解读"，载 http://www.docin.com/p-15369268.html，2011年7月23日访问。

了构成抵触申请的条件，即专利申请如果与"任何单位或者个人在先申请、在后公布或者公告的发明或者实用新型专利申请"相雷同，就构成了抵触申请。确立"禁止重复授权原则"，有利于防止重复授权，避免专利权之间发生冲突。⑧赋予外观设计专利权人许诺销售权。新法赋予了外观设计专利权人许诺销售权，即如果在橱窗中展示、在广告中宣传或者在展销会上展出外观设计侵权产品的，权利人就可以要求侵权人停止侵权或者赔偿损失。⑨取消了对涉外专利代理机构的指定。新法规定，允许外国申请人委托任何依法成立的专利代理机构，而不是少数由国家知识产权局指定的代理机构。⑩明确规定允许平行进口。新法明确规定，在专利产品或者依照专利方法直接获得的产品，由专利权人或者被许可人在外国投放市场后，无须取得专利权人的许可，可以进口该产品。同时，还增加了药品和医疗器械的审批例外，即为提供行政审批所需要的信息，制造、使用、进口专利药品或者专利医疗器械的以及专门为其制造、进口专利药品或者专利医疗器械的行为不视为侵犯专利权。上述规定，完善了权利用尽原则，可以充分利用 TRIPs 协议留给各成员国的自由空间规定允许平行进口行为；同时，也为我国及时获得价格较为低廉的仿制药品和医疗器械提供了可能。⑪对外观设计专利权的授予增加了类似创造性的要求。新法规定，被授予专利权的外观设计与现有设计或者现有设计特征的组合相比，应有明显区别，并将对平面印刷品的图案、色彩或者结合作出的主要起标识作用的设计排除在外观设计授权客体之外。这一规定显著提高了外观设计专利的授权标准，不仅有利于激励发明人提高外观设计的创新水平，也有利于避免外观设计专利与已有合法权利相冲突。❶⑫增加了法定赔偿的规定。原专利法规定，侵犯专利权的赔偿数额，按照专利权人因被侵

---

❶ 王景川："对专利法第三次修正案修改内容的理解"，载《中国知识产权报》2009年9月25日，第3版。

权所受到的损失或者侵权人获得的利益确定；被侵权人的损失或者侵权人获得的利益难以确定的，参照该专利许可使用费的倍数合理确定。这一规定不够明确、具体。为了进一步加大对专利侵权行为的处罚力度，新法明确规定了专利侵权行为的法定赔偿额，即人民法院可以根据专利权的类型、侵权行为的性质和情节等因素，给予1万元以上100万元以下赔偿，并将假冒他人专利的罚款数额从原来违法所得的3倍提高到4倍；对于没有违法所得的，将罚款数额从5万元提高到20万元。此外，还明确规定了侵犯专利权的赔偿应当包括专利权人为制止侵权行为所支出的合理开支。⑬增加诉前证据保全规定。原专利法没有诉前证据保全的规定，实践中的诉前证据保全措施只能依据相关司法解释中的相应规定。新法中增加规定，为制止专利侵权行为，在证据可能灭失或者以后难以取得的情况下，专利权人或者利害关系人可以在起诉前向人民法院申请保全证据；并对证据保全申请的受理、担保等作了明确规定。

新修订的《专利法》（2008）全面体现了落实科学发展观、转变经济发展方式、实施知识产权战略、建设创新型国家的新的时代要求，成为中国知识产权法律制度发展历程中的又一块里程碑。此后，为了适应经济社会发展的新需要，又启动了《专利法》第四次修改。

3.《著作权法》的修订和完善

中国大陆《著作权法》自公布、实施以来进行过两次修改。2001年10月22日至27日，第九届全国人大常委会第24次会议公布了修改《中华人民共和国著作权法》的决定，并自即日起施行。这是对1991年6月1日生效的《著作权法》的第一次修改。修改后的《著作权法》共60条，比修改前的56条增加了4条；其中新增11条，删除5条，将4条并为2条。这次修改的主要内容包括：①扩大了著作权保护的客体。修改后的《著作权法》将杂技艺术作品、建筑作品、其内容的选择或者编排体现独创性的数据库或者其他材料的汇编,列为受保护的客体。②增加了著作权人的权利。修改后的《著作权法》将原规定的作者财产权利即"使用权和获得报酬权"具体分解为13项权利,其中的出租权、放映权、信息网络传播权是新增加的。此外,还明确规定了著作权人可以全部或者部分转让上述13项财产权。③缩小了著作权合理使用的范围。例如,修改后的《著作权法》将原规定的新闻媒体为报道时事新闻"引用已经发表的作品"改为"不可避免地再现或者引用已经发表的作品";将原规定的新闻媒体刊登或播放其他新闻媒体"已经发表的社论、评论员文章"改为"已经发表的关于政治、经济、宗教问题的时事性文章",而且规定"作者声明不许刊登、播放的除外";将原规定的广播电台、电视台非营业性播放已经出版的录音制品"可以不经著作权人、表演者、录音制作者许可,不向其支付报酬"改为"可以不经著作权人许可,但应当按照规定支付报酬"的法定许可。④进一步明确了侵权赔偿额的计算方法。修改后的《著作权法》参照国际上通行的、在权利人不能确定自己的损失时规定法定赔偿额的做法,明确规定:"权利人的实际损失或者侵权人的非法所得不能确定的,由人民法院根据侵权行为的情节,判决给予五十万元以下的赔偿。"⑤增加了诉前禁令、财产保全和证据保全制度。为及时有效地制止侵权行为,修改后的《著作权法》规定,著作权人或者与著作权有关的权利人可以在起诉前向人民法院申请采取责令停止侵权行为和财产保全的措施,可以向人民法院申请保全证据。⑥加重了对损害社会公共利益的侵权行为的行政处罚。修改后的《著作权法》规定,对诸如盗版、盗播、制作假画等损害社会公共利益的侵犯版权和邻接权的行为,侵权人除承担民事责任外,"可以由著作权行政管理部门责令停止侵权行为,没收非法所得,没收、销毁侵权复制品,并可以罚款;情节严重的,著作权行政管理部门还可以没收主要用于制作侵权复制品的材料、工具、设备等;构成犯罪的,依法追究刑事

第一章　海峡两岸知识产权制度的历史演进

责任"。2010年2月26日，再次对《著作权法》作了修正，进一步完善了著作权保护制度。为了适应经济社会发展的需要，2011年7月，又正式启动了对《著作权法》的第三次修订工作。第三次修订草案较现行《著作权法》有很大改动，从原法6章61条变更为8章88条，体例也更加完善。

（二）健全和完善知识产权保护的法律法规体系

1. 完善知识产权法律体系

"知识产权"有广义和狭义之分。狭义的或传统的知识产权主要包括专利权、商标权和版权（著作权）。随着现代科学技术的发展，人类社会出现的新的创造性智力成果难以单纯用传统的知识产权保护，如计算机软件、基因工程、生物制品和集成电路布图设计。这些新的保护对象的出现客观上要求对其实行有效的知识产权保护，因此，有了广义的知识产权。它包括一切人类智力创作的成果，如《成立世界知识产权组织公约》第2章第8条所规定的知识产权包括：关于文学、艺术和科学作品的权利；关于表演艺术家的演出、录音和广播的权利；关于在人类一切领域内的发明的权利；关于科学发现的权利；关于工业品外观设计的权利；关于商品商标、服务商标、厂商名称和标记的权利；关于反不正当竞争的权利；在工业、科学、文化或艺术领域内其他一切来自智力活动的权利。这几乎涉及人类一切智力创造的成果。虽然各国知识产权所规定的范围大致相同，但由于具体知识产权制度的不同，其所涵涉的客体也会有些差异。中国大陆1986年制定的《民法通则》"知识产权"部分规定的客体有：著作权、专利权、商标专用权、发现权、发明权及其他科技成果权。为了健全知识产权法律体系，对知识产权实行切实有效的法律保护，中国大陆地区除制定、颁布《专利法》《商标法》《著作权法》《反不正当竞争法》《知识产权海关保护条例》外，在近20年中又先后制定、颁布了一系列新的知识产权法律法规。例如，在植物新品种保护方面，制定了《植物新品种保护条例》《种子法》等；在集成电路布图设计保护方面，制定了《集成电路布图设计保护条例》《集成电路卡应用和收费管理办法》等；在与网络有关的知识产权保护方面，制定了《计算机软件保护条例》《信息网络传播权保护条例》等。此外，还制定了《特殊标志管理条例》《传统工艺美术保护条例》等法律法规，并颁布了一系列相关实施细则和司法解释，使中国大陆地区知识产权保护的法律法规体系不断趋于健全、完善。

2. 积极参加知识产权国际保护体系

国际条约对于知识产权保护具有十分重要的作用，它不仅是知识产权国际保护的主要途径，而且是知识产权国内保护和涉外保护的重要标准和依据。近十多年来，中国大陆不仅加强了知识产权立法工作、抓紧建立了知识产权法律体系，而且积极参加知识产权国际保护体系。一方面，中国积极主动地参与到知识产权国际规则的调整中，作为一个负责任的参与者发挥出越来越重要的作用；另一方面，则继续巩固和拓展与世界各国的多边、双边关系。

（1）积极加入知识产权国际保护组织和公约并主动参与国际规则调整。近20多年来，我国加入的知识产权国际保护组织和公约主要有：《成立世界知识产权组织公约》《保护工业产权巴黎公约》《商标国际注册马德里协定》《保护文学艺术作品伯尔尼公约》（以下简称《伯尔尼公约》）《关于集成电路的知识产权条约》《世界版权公约》《保护录音制品制作者防止未经许可复制其录音制品公约》《专利合作条约》以及《与贸易有关的知识产权协议》等。近年来，我国逐步具有了知识产权国际合作和交流的话语权，在有关国际规则的修改和制定以及在国际知识产权制度调整与变革过程中发挥着积极作用。例如，以积极的姿态参与了世界贸易组织（WTO）、亚太经合组织（APEC）和G8+5框架下海利根达姆进程创新工作组会议；在有关制定和调整知识产权规则的磋商和谈判中，积极提出知识产权对策和建议，进一步拓展了我国在知识产权国际合作事务中的空间。2011年9月26日，世界知识产权组织（WIPO）成员国大会第49届系列会议在瑞士日内瓦开幕。本届成员国大会选举中国担任伯尔尼联盟执行委员会、WIPO协调委员会以及计划和预算委员会的委员。中国已经实现了从国际规则被动的接受者向负责任、建设性的参与者的转变。

（2）努力发展多边、双边关系。近10年来，我国在参加了一系列与知识产权有关的国际公约的同时，还与一些国家和地区签订了多边、双边知识产权协定。例如，与美国签订了《中华人民共和国政府与美利坚合众国政府关于保护知识产权的谅解备忘录》；与欧共体以及瑞士、日本签署了保护知识产权备忘录；与意大利等国签订了知识产权合作协定。随着亚洲经济合作的不断深入，中国和东盟等国的知识产权合作不断推进，成功签署了《中国—东盟知识产权领域合作谅解备忘录》。同时，中日韩三国知识产权局于2001年建立的局长政策对话会议机制也在稳步发展。此外，我国对非洲知识产权合作取得零的突破，建立并发展了与非洲地区知识产权组织（ARIPO）和非洲知识产权组织（OAPI）的合作关系，这两个组织的成员国共有32个，占非洲国家总数的60%以上。一个全方位的知识产权国际合作布局初步形成。

近20年来，中国为完善本国知识产权法律体系和参加知识产权国际保护体系所做出的努力和尝试，不仅健全了本国知识产权法律体系，而且有助于世界知识产权体系的进一步发展。

（三）建立健全知识产权行政保护体系

知识产权行政保护，是指知识产权行政管理机构运用行政手段调处知识产权纠纷，打击侵犯知识产权的不法行为，维护知识产权权利人的正当权益。目前，中国大陆知识产权行政管理系统主要由知识产权主管部门和综合管理部门构成。现已形成了以专利、新闻出版、工商、技术监督、海关行政机关为核心的行政执法系统，完善了行政保护的职能和手段，形成了知识产权行政保护协调机制，已经成为中国大陆知识产权保护体系中的重要力量。

1. 建立健全知识产权行政管理机构

知识产权行政保护体系建立的前提是建立健全知识产权行政管理机构，该机构是知识产权执法系统的组成部分。

中国大陆知识产权行政组织及其职能是：（1）国家知识产权局，是在原国家专利局基础上设立的国务院主管专利工作和统筹协调涉外知识产权事宜的直属机构。（2）国家版权局，是国务院著作权行政管理部门，主管著作权管理工作，包括软件著作权登记管理工作。（3）国家工商行政管理总局，是负责执行反不正当竞争的主管机关，其内设机构商标局是主管全国商标注册和管理的职能部门。（4）地方知识产权行政管理机关，主要负责地方的知识产权管理。

上述各级各类知识产权行政机关在执行知识产权法律规范、查处知识产权侵权与违法案件方面，发挥了重要的作用。

2. 建立健全知识产权海关保护制度

知识产权的海关保护，是指海关通过对有侵权嫌疑的货物的扣留和没收来保护知识产权权利人的合法权益的制度。中国大陆是从1994年开始知识产权的海关保护的。1995年，海关总署建立知识产权处。1995年7月5日，国务院颁布《知识产权海关保护条例》。该条例的颁布实施，标志着中国海关对知识产权的保护工作进入了一个法制化的时代。该条例于2003年修订；2010年3月，再次修订。修订针对近年来知识产权海关保护中出现的新情况、新问题，从五个方面对原保护条例进行了修改，包括：关于变更、注销知识产权备案的规定，关于权利人撤回保护申请的规定，关于拍卖侵权货物的规定以及关于个人携带或者邮寄进出境侵权物品的处理问题等。与此同时，海关总署也颁布了《中华人民共和国海关关于〈中华人民共和国知识产权海关保护条例〉的实施办法》。

知识产权的海关保护不仅具有行政执法便捷、高效的特点，而且由于海关作为进出境监督管理机关，在进出口货物的海关监管区内，拥有其他行政机关所不具有的特殊权力，可以在边境就地扣留侵权嫌疑物品、更有效地防止侵权行为的发生。近年来，海关总署不断改进执法手段，加强海关知识产权保护，有力地打击了进出境侵权违法活动，维护了公平竞争的对外贸易秩序。

（1）修订知识产权保护规定，构建法律保障体系。2009年3月，海关总署发布了新修订的《中华人民共和国海关关于〈中华人民共和国知识产权海关保护条例〉的实施办法》。该办法修改的内容主要包括：对有些制度进行了明确或细化，增加海关执法的透明度；提高海关执法效率，同时为权利人寻求海关保护提供便利；设置了启动边境措施的门槛，防止权利人滥用权利等。至2010年年初，中国大陆海关系统已有16个直属海关在法规处内设有知识产权科，保证了关区知识产权保护工作的有效进行。

（2）提供知识产权备案服务，助推企业走出国门。为促进我国自主品牌企业开拓国际市场，海关总署要求各级海关进一步加大对国内企业自主知识产权的保护力度，提供更加便利的知识产权备案服务；在口岸进出口环节加大知识产权保护力度，促进我国自主品牌企业开拓国际市场。此外，海关总署还进一步加强与公安部的沟通协作。2009年10月，在"海关和公安机关加强知识产权刑事执法协作研讨会"上，海关总署和公安部对《公安部海关总署关于加强知识产权执法协作的暂行规定》实施情况进行总结与回顾，提出改进和提高执法协作的具体措施。

（3）在各地开展系列专项行动，维护公平交易秩序。随着电子商务、邮递及快件业务的迅猛发展，境内不法分子利用邮递和快件渠道，采取"蚂蚁搬家"、化整为零的手法，大肆出口侵权商品。针对这一情况，海关总署自 2009 年 6~12 月，在全国范围内开展了"邮递和快件渠道保护知识产权专项行动"。2010 年，世博会在上海举行，海关总署组织开展了"2010 年上海世博会知识产权保护专项行动"，各地海关制定相应的专项行动方案。根据国务院的决定和部署，2010 年 10 月，海关总署组织开展了"全国海关打击侵犯知识产权和制售假冒伪劣商品专项行动"。截至 2010 年 12 月 31 日，全国海关在专项行动中共查获侵权货物逾 2 000 批次，涉及侵权商品 3 836 万件，案值约 1.2 亿元。

(4) 积极构建国际合作机制，提升跨国执法能力。海关总署十分重视与有关国家和地区海关开展保护知识产权的执法协作。如 2009 年 1 月，中欧海关签署了《中欧海关关于加强知识产权海关保护合作的行动计划》。同年 4 月，中美两国海关在《加强知识产权执法合作的备忘录》框架下交换了双方 2008 年查获的侵权违法案件的统计数据，同时，中方建议双方制定执行备忘录的年度计划，并建议成立中美海关知识产权工作组。2010 年，海关总署通过中美、中欧、中瑞（士）、中俄、中日、中巴之间对话及专门的知识产权工作组机制和日本知识产权官民联合访华团等渠道，继续开展双边、多边海关知识产权执法合作，不断加强国际的海关执法交流和协作，努力创造一个相对和谐的国际环境。

(四) 完善知识产权司法保护制度体系

知识产权司法保护是通过适时、正确地审理知识产权案件，维护当事人的合法权益，保障知识产权法制的有效施行。中国大陆对知识产权的司法保护起步于 20 世纪 80 年代初。随着中国大陆知识产权法制的不断健全，知识产权司法保护体制也在不断完善。2008 年 6 月国务院颁布的《国家知识产权战略纲要》提出，知识产权司法审判要"完善知识产权审判体制，优化审判资源配置，简化救济程序"。这一规定，对新时期加强知识产权司法保护提出了更高的要求。为落实该纲要，最高人民法院于 2009 年 2 月发布了《关于实施国家知识产权战略纲要任务分工》，明确了国家知识产权战略所涉及的人民法院各项工作的具体牵头单位和参加单位，制订了具体的实施计划和工作方案，为落实国家知识产权战略提供了有力的司法保障。

1. 知识产权审判组织机构调整完善

中国大陆知识产权审判体制的发展经历了三个阶段：一是知识产权专业化审判起步阶段。自 20 世纪 80 年代初到 1993 年，知识产权基本法律体系建立，❶ 知识产权案件在民事或经济审判庭审理；虽然没有独立的知识产权审判组织，但是知识产权专业化审判已经起步。二是独立的知识产权民事审判组织日臻完善。1993～2004 年，知识产权民事审判采取相对集中于中级人民法院管辖一审的措施并迅速发展壮大，健全了最高、高级、中级和部分基层四级人民法院知识产权民事审判专门组织；同时，在部分法院开展知识产权民事、刑事和行政审判"三审合一"试点工作。三是逐步建立知识产权综合审判组织阶段。2004 年以来，知识产权审判"三审合一"体制自下而上地广泛试点，至 2009 年年底，在中国大陆已有 5 个高级法院、44 个中级法院和 29 个基层法院开展了试点。❷ 知识产权"三审合一"综合审判有利于整合、优化知识产权审判资源，加强知识产权审判队伍建设，提高知识产权审判水平和保护力度。

---

❶ 中国大陆于 1983 年、1985 年、1991 年和 1993 年先后颁布实施了《商标法》《专利法》《著作权法》和《反不正当竞争法》，知识产权基本法律体系已经建立，并于 1985 年参加《保护工业产权巴黎公约》，1992 年参加《保护文学艺术作品伯尔尼公约》和《世界版权公约》。

❷ 最高人民法院奚晓明副院长在全国法院知识产权审判工作座谈会上的讲话，2010 年 4 月 28 日。

2. 出台系列司法解释，有效地统一司法标准

针对实践中知识产权案件管辖方面存在的问题，最高人民法院适当调整和完善了知识产权案件审判管辖体制。2010年1月，最高人民法院发布《关于调整地方各级人民法院管辖第一审知识产权民事案件标准的通知》和《关于印发基层人民法院管辖第一审知识产权民事案件标准的通知》，全面调整和统一明确了各级法院知识产权民事案件级别管辖标准。2009年6月，最高人民法院通过了《最高人民法院关于专利、商标等授权确权类知识产权行政案件审理分工的规定》，有效地统一了有关知识产权案件的司法标准。2010年4月，最高人民法院制定、发布了《关于审理商标授权确权行政案件若干问题的意见》，这是最高人民法院首次以规范性文件的方式，对商标授权确权行政案件的若干司法审查标准提出指导性意见。上述司法解释，进一步完善了知识产权案件审判管辖体制。

3. 建立科学技术咨询专家库

知识产权的取得，尤其是发明、实用新型等专利权的取得，属于具有高度科学技术性的活动；在专利无效诉讼和专利侵权诉讼中也经常涉及技术判断问题。为了符合知识产权审判高度专业化的要求，2010年4月，最高人民法院与中国科学技术协会联合签署了知识产权司法保护合作备忘录，建立了最高人民法院特邀科学技术咨询专家库；通过各种方式，充分发挥科技专家提供知识产权司法保护宏观政策咨询、提供案件科技专业问题的智力支持和协调解决知识产权纠纷的作用。

第三节 台湾地区知识产权制度的调整、变革和完善

随着知识经济的发展，我国台湾地区的科技产业快速崛起，使原有的知识产权"法律"、规范和知识产权司法审判制度受到严重挑战。因而，知识产权"立法"与司法必须作出相应的调整、变革，

使其能够更有效地保护智力成果，促进创意经济深入发展，提高国际竞争力。在此背景下，20世纪90年代以来，台湾地区不断修订、调整知识产权制度，不断变革、创新知识产权审判体制、机制。

一、台湾地区知识产权制度的调整和完善

（一）台湾地区知识产权制度调整、变革的成因

台湾地区知识产权制度的调整、变革与台湾地区创新经济高速发展、主要贸易伙伴不断施压以及知识产权保护国际化的现实背景有着密切的联系。

1. 知识经济蓬勃发展，知识产权制度必须作出相应的调整变革

20世纪90年代以来，随着知识经济的兴起，人类社会经济发展进入一个崭新的时代。按照世界经济合作与发展组织（OECD）在《1996年科学、技术和产业展望》报告中的说法，知识经济是"建立在知识和信息的生产、分配和使用之上的经济"。由此可见，知识经济中最重要的资源是知识，而集中对知识进行保护的法律是知识产权法。因此，为满足对知识产权保护和管理的需要，必须不断完善知识产权法律制度。

随着知识经济的不断发展和经济全球化的日益深入，对知识产权保护的要求越来越高。台湾传统的知识产权制度显然不能适应知识经济时代企业生存和发展的需要，因此，必须调整知识产权制度，使其能够更有效地保护智力成果，以促进经济发展，提高国际竞争力。

2. 主要贸易伙伴对知识产权保护问题不断施压，迫使台湾不断修订、调整知识产权制度

知识产权保护与国际贸易的关系极为密切，尤其是随着知识经济的高速发展，国际贸易商品中知识和技术的含量不断增加。如果一个国家或地区的贸易伙伴不提供或不能充分提供知识产权保护，新产品出口后，必将在这些国家被他人仿造、假冒，使出口企业遭受

重大损失,因此,各国对其主要贸易伙伴的知识产权保护制度都十分关注。尤其是以美国为代表的发达国家,为了维护其技术和贸易优势,不仅利用国内法加强对知识产权的保护,而且通过贸易报复等手段,要求其他国家或地区对知识产权提供充分保护。而长期以来,中国台湾地区侵犯知识产权尤其是盗版和假冒的现象,一直十分猖獗,因此一直受到美国知识产权所有人和美国贸易代表的关注。早在1992年,美国的贸易代表就指称中国台湾是"盗版和仿冒的天堂"。因此,从美国贸易代表在1989年第一次发布"特别301条款"年度报告时,中国台湾地区就被列在"重点观察名单"中。此后在美国每年的"特别301条款"审查报告中,中国台湾地区不是被列在"观察名单"中,就是被列在"重点观察名单"中,这种情况一直持续到1996年。❶ 按照美国"301条款"规定,当外国(地区)违背有关贸易协议而损害美国的贸易利益时,美国有权对其实施报复,如中止或撤回依据贸易协定而减让的利益,或对该外国(地区)的货物或服务加征关税或采取其他进口限制。美国是中国台湾地区最大的出口市场;为了稳定与美贸易关系,中国台湾地区迫于美国的压力,不得不不断提高知识产权保护水平。例如,1992年6月5日,在中国台湾地区与美国达成的有关知识产权的"美台协议"中,中国台湾地区向美国作出承诺:(1)修改"商标法""专利法"、增订有关半导体晶片、工程设计、商业秘密保护的条款。(2)建立对激光唱片、电脑软件以及电视游乐产品的"出口许可证"制度,以杜绝仿冒的出口。(3)采取有效的刑事处罚及损害赔偿措施,包括对商标、专利、著作权的侵害。(4)修改对进口专利产品的保障。台湾地区在1993年修改"知识产权法"时,就在很大程度上体现了"美台协议"中的基本原则和精神,希望能使中国台湾从美国第301

---

❶ 李明德:《"特别301条款"与中美知识产权争端》,社会科学文献出版社2000年版,第253~254页。

条款优先名单中剔除,最终实现"免除岛内销美厂商之疑虑"。❶ 中国台湾地区"入世"后,美国并没有停止对台湾地区的施压。在2002年10月的"台美贸易、投资协定会议"中,美国又就著作权法相关议题,向中国台湾地区提出了27项修正要求,后者接受了其中的23项,并在最新的"著作权法"修订中予以采纳。

3. 知识产权保护与国际标准存在较大差距

台湾地区从1990年1月开始,以所谓"中国台湾、澎湖、金门、马祖单独关税区"的名义,提出加入关贸总协定的申请。加入关贸总协定,意味着必须遵守TRIPs协议,知识产权"立法"和"执法"都必须与协议规定的最低标准一致。由于台湾地区原知识产权保护水平与TRIPs协议的要求有较大的差距,因此,必须根据TRIPs协议的标准重建"知识产权法律制度"。2002年1月1日起,中国台湾以单独关税区的名义成为世界贸易组织的正式成员。中国台湾地区的"知识产权法律制度"虽然在加入世界贸易组织之前作了许多重大调整、变动,基本上达到与TRIPs协议标准相一致,但TRIPs协议所规范的只是"与贸易有关"的知识产权。在国际上,除了TRIPs协议之外,还有大量"与贸易无关"的知识产权国际公约,如《专利法条约》(PLT)、《商标法条约》(TLT)等公约以及世界知识产权组织所辖的国际公约,这些规范的内容较TRIPs协议更全面、更具体。随着经济全球化进程的加速,知识产权国际化成为大势所趋。台湾当局为了使台湾地区的知识产权制度能顺应国际知识产权立法趋势,在"入世"后再次大幅度修订了"知识产权法"。

(二)台湾地区知识产权制度的调整、完善

1. 专利制度的调整完善

台湾地区专利制度可以追溯至1912年民国工商部制定的《奖励

---

❶ 余先予:《台湾民商法与冲突法》,东南大学出版社2001年版,第230页。

工艺品暂行章程》；1929年，国民政府又公布了《特种工业奖励法》；1930年，公布了《审查暂行标准》；1931年，制订了《发明特许条例》及其施行细则。其现行专利制度是南京国民政府于1944年公布、1949年1月1日起施行的"专利法"，相应的施行细则亦于1947年公布；1949年1月1日在我国台湾地区施行，后经多次修订。进入21世纪以来，台湾地区在2001年和2003年两次修订"专利法"；2009年年底，台湾"经济部智慧财产局"又提出修正草案，[1]对"专利法"作了大幅度修订。

2011年11月通过，2013年1月1日起施行。

（1）20世纪90年代以来，台湾地区"专利法"较重要的修订是1993年和2003年的两次修订。1993年的重要修订是：①延长了专利权期间，扩大了保护对象，增加了外国优先权的概念。其将专利权的期间改为："发明专利权期限自申请日起算二十年届满"；"新型专利权期限自申请日起算十二年届满"；"新式样专利权期限自申请日起算十年届满"。②删除了发明专利中以往不予保护的部分条款，如饮食品及嗜好品（不包括其制造方法）、微生物新品种和除化学品及医药品的新用途以外的其他物品的新用途发明。③增加了外国优先权的条款。其第24条规定：专利申请人就相同发明在与中国台湾相互承认优先权之外国第一次依法申请专利，并于第一次提出申请专利之次日起12个月内，向中国台湾提出申请专利者，得享有优先权，但享有该项优先权的仅限于以期所属于国家承认中国台湾优先权的外国人。1993年的修订集中表现在以下两个方面：①增订岛内优先权，即将优先权的享有对象从外国人扩大到本岛居民。②增加对微生物发明专利申请的有关规定。

（2）2003年，台湾地区又对"专利法"作出重大调整。经过这

---

[1] 2009年12月3日，台湾"行政院院会"通过送请"立法院"审议版本。

次大幅修改,台湾地区的专利制度发生了重大变化。其修订的主要内容有以下几个方面。

①明确规定有关期间的用语和计算方法。中国台湾原"专利法"中关于期间计算常使用"之日起"或"之次日起"等用语,新法规定了统一的用语即"之日起",并明确规定在原则上,始日不计算在内,除非有其他特别规定,才可自始日起算。

②整合提起异议和举发事由,废除异议程序。中国台湾原"专利法"的审查程序包括异议程序和举发程序,前者为核准审定后领证前提起,后者为领证后提起。异议程序,即审定后公告之专利,任何人认为有违反"专利法"之相关规定者,可以自公告之日起3个月内向专利专责机关提起异议。如异议人对异议处分不服,还可在接到处分书后30日内向经济部门提起诉愿;如对诉愿决定不服,仍可于接到诉愿决定书后30日内向"高等行政法院"起诉;如不服"高等行政法院"的判决,还可于接到判决书20日内向"最高行政法院"提起上诉。期间,如发回原处分机关重新处分,则将拖延3~4年,以致不管有无专利权之争议,只要一公告即出现凭借异议程序阻碍专利权人领证的情况,这对专利权人的保护十分不利。由于这两种程序提起的法定事由大致相同,其所应履行的程序也大体相同,因此,"新法"整合提起异议与举发的法定事由,将异议事由并入举发事由,废除异议程序,从而简化了专利行政争议层级,同时也使专利权的取得与保护能够及早得到确定。

③将"许诺销售"(offering for sale 台湾地区译为"为贩卖之要约")列为专利权效力范围。"许诺销售"是以做广告、在商店货架或者展销会陈列等方式作出销售商品的许诺。TRIPs协议第28条明确规定,专利权包括未经专利权人许可,他人不得"许诺销售"其专利产品的内容。目前绝大多数国家(地区)已将"许诺销售"列为专利权效力范围。祖国大陆在2000年修改专利法时也增加了"许

诺销售"的内容。因此，台湾地区"新法"根据 TRIPs 协议的标准，增订专利权人可以禁止第三人未经其同意为贩卖之要约或为上述目的而进口其专利物品。

④废除"审查公告中"依职权审查的规定。台湾地区原"专利法"规定，审定公告的发明专利案，专利专责机关认为有必要依职权审查时，可以依职权进行审查。"新法"修订为，专利申请案一经核准，即可缴费、发证，且自公告之日起可取得专利权。发证后，如经发现有不合法的情况，管理机关可依职权予以撤销。

⑤废除专利物品标示及相关刑罚规定。台湾地区原"专利法"规定，专利权之标示不得逾越专利权的范围；对于非专利物品或非专利方法所制造的物品，不得附加请准专利字样或让人误为已准专利的标示，如有违反，应负刑事责任。鉴于对专利物品的标示有无欺诈，或致他人遭受损害等行为，已经有"民法""刑法""公平交易法"等提供保护，因此，"新法"删除了专利标示的相关刑罚规定。

⑥为鼓励个人、学校及中小企业利用专利，对专利年费的减免作出相关规定。

⑦新型专利改采形式审查制并增定新型专利技术报告制。台湾地区原"专利法"规定，发明、新型和新式样三种专利的申请，不加区分地一律采取附加异议的实质审查制度。近年来，随着科学技术的进步，技术市场中的竞争日益激烈，专利申请的数量急剧增加，专利申请的内容日益复杂，令传统的审查制度难以应对。因此，2002年，台湾地区开始实行发明专利早期公开、延迟审查制度。2003年新"专利法"修订后，又将新型专利改采形式审查。但为防止新型专利权人利用此制而滥用权利，随意对第三人提出指控，影响第三人对技术的利用及研发，又引进了新型专利技术报告制度作为配套措施，增列规定"新型专利权人行使新型专利权时，应提示

新型专利技术报告进行警告"❶，即要求新型专利权人在行使权利前，应提示由专利管理机关所作成的新型专利技术报告。祖国大陆的专利审查制度是对发明采用早期公开、延迟审查制度，而对实用新型和外观设计则采用形式审查制度。台湾地区的专利审查制度经过反复修订后，两岸专利审查制度的差异已大大缩小。

⑧为保障专利权人的合法权益，"新法"增订一项规定：如有侵权诉讼举发，专利专责机关可以优先审查，以免侵权被告藉举发案拖延法院的诉讼程序。这有利于提高法院的审判效率。

⑨废除新型及新式样专利的刑罚规定。台湾地区已在2001年修改"专利法"时将侵害发明专利权除罪化，但依然保留侵害新型、新式样专利的刑事责任。侵害技术层次较高的发明专利已免除刑事责任，侵害层次较低的新型、新式样专利反而要承担刑事责任，这显然不合情理，因此，"新法"将侵害新型、新式样专利权，均予废除刑罚。专利刑罚全部废除后，在台湾地区侵害专利权就只有民事责任，而不存在刑事责任问题了。

（3）为顺应知识经济的高速发展，台湾地区"经济部"于2009年又提出"专利法"修订案，已送"立法院"审议。修订的主要内容有：❷①开放动植物专利申请；②增订专利的免责事由；③明确规定采用国际耗尽原则；④明订专属授权并修正举发相关规定；⑤将"特许实施"更名为"强制授权"，并修订其申请事由、要件等规范并明订于作成强制授权处分时，同时核定补偿金；⑥明定故意或过失为侵权损害赔偿的主观要件；⑦删除销售总额拟制为所得利益的规定并增订得以合理权利金作为损害赔偿计算方式；⑧删除惩罚性赔偿及因侵害减损业务上信誉得另请求赔偿之规定；⑨新型专利与

---

❶ 见台湾地区新"专利法"第104条。

❷ 谢铭洋："智慧财产权法——我国智慧财产权法近年来之发展与司法实践"，载《台大法学论丛》2010年第6期。

举发案合并审查时，采实质审查并合并审定；⑩将新式样专利更名为"设计专利"并扩大设计专利申请范围、废除联合新式样制度。

2. "商标法"的调整完善

台湾地区"商标法"源于民国时期北洋政府公布的《商标法》。1923年，北洋政府公布了《商标法》；1925年9月12日，民国政府对1923年的《商标法》进行修订，在广州公布了《商标条例》和《商标条例施行细则》；1930年5月6日，南京国民政府颁布了《商标法》，并于1931年1月1日起施行。国民党迁往台湾后，为因应台湾岛内工商业发展又经频繁修订。2003年台湾地区"商标法"的调整堪称历次之最，其修订的内容超过整部"商标法"的一半以上，不仅在体例、结构上进行了重大调整，而且在内容上也进行了大量翻新。其修订的主要内容有以下方面。

(1) 增加了注册商标的构成要素。台湾地区原"商标法"只限于文字、图样或二者的组合可以作为商标申请注册，"新法"增加了颜色、声音和立体标志（祖国大陆称为"三维标志"）及上述要素的组合均可作为商标申请注册。

(2) 调整、变更商标类型。其一，废除了服务标章。台湾原"商标法"对于表彰自己商品的标志称为"商标"，而对于表彰自己营业服务的标志则称为"服务标章"。"新法"把服务标章划归"商标"，即不论是表彰商品或服务，都统称为"商标"。其二，废除联合商标与防护商标，增加了团体商标的类型。其三，增列产地证明标章申请注册的法源。经过以上变化，台湾地区"商标法"所定的商标类型演变成商标、团体商标、团体标章和证明标章四种。

(3) 调整商标申请和审查制度。台湾地区新"商标法"对商标申请和审查制度作了较大调整、变更。其一，原台湾地区"商标法"采用的是"一个类别一份申请"的原则，即在一份商标注册申请文件中只能就一件商标的注册提出申请，并且该商标只能注册使用于同一类别的商品上。"新法"修改为"一申请案可指定多种类别"的跨类申请制度，准许跨类申请商标，并实行分割制度，即申请人或商标权人可根据需要，在申请中将一申请案请求分割为两个以上的申请案，或是在注册后将部分商品或服务予以分割移转，使商标注册申请人能够更加灵活地运用其商标。其二，废除了申请商标注册必须表彰自己营业及确有使用意思的规定。其三，放宽主张优先权的规定，将外国的申请日、申请案号数及受理该申请的国家等事项列为可补正事项，使外国人在台湾地区申请商标时，可以更容易主张优先权。

（4）调整商标审查制度。其一，废除"注册前异议"制度，确立"注册后异议"制度。台湾原"商标法"采用的是"注册前议异"制度，即在申请案经核准审定予以公告后，经过3个月异议期间，无人异议或异议不成立确定，才准予注册。"新法"改为"注册后异议"制度，即在申请案被核准审定后，申请人缴纳第一期注册费，就予以注册公告，使申请人能较快取得商标权。任何人如认为该商标注册有违法事由，必须在注册公告日后3个月内提起异议。其二，确立商标审查人员具名制度。

（5）修正商标使用定义。台湾地区原"商标法"给商标使用下的定义是，商标使用指为行销的目的，将商标用于商品或其包装、容器、标示、说明书、价目表或其他类似物件上而持有、陈列或散布。商标在电视、广播、新闻报纸类做广告或参加展览会展示以促销其商品者，视为使用。随着网络、电子商务的广泛运用，商标的使用范围已不断扩大，因此，"新法"将商标使用的定义修正为：商标使用，是指为行销之目的，将商标用于商品、服务或其他有关的物件、或利用平面图像、数位影音、电子媒体或其他媒介物，足以使相关消费者认识其为商标。

（6）增加并修正不准注册的标志。"新法"增加并修正了下列标志不准注册：一是商标图样不具备识别性者；二是所指定商品或服务为通用标章或名称者；三是商品或包装的立法形状，系为发挥其功能性所必要者；四是商标侵害他人的著作权、专利权或其他权利，经判决确定者；五是有减损著名商标或标章识别性或信誉之虞的商标；六是有著名的法人、商号或其他团体的名称、有致相关公众混淆误认之虞者；七是相同或近似于台湾地区或与台湾地区有相互承认保护商标的国家或地区的酒类地理标志，而指定使用于酒类商品者。

（7）明确规定属于侵犯注册商标专用权的行为。台湾地区原"商标法"对商标侵权行为没有明确的规定。"新法"明确规定下列三种情况都应得到商标权人的同意，否则便属于侵害商标权：一是在同一商品或服务，使用相同于其注册商标的商标；二是在类似的商品或服务，使用相同于其注册商标的商标，有导致相关消费者混淆误认之虞者；三是在同一或类似的商品或服务，使用近似于其注册商标的商标，有导致相关消费者混淆误认之虞者。

（8）调整商标缴费规定。台湾地区原"商标法"规定，申请商标注册时只要缴纳申请费、注册费，一直到10年专用期间届满，申请延展时才需要另行缴费。为防止未使用的商标不当积累，新法特别增加注册费及明定未缴注册费的效果，并规定注册费分两期缴纳，即经核准审定的商标申请人应在审定书送达的次日起2个月内，缴纳注册费后，始予注册公告，并发给商标注册证；届期未缴费者，不予注册公告，原核准审定，失其效力。

（9）废除对延展商标的使用审查。台湾地区原"商标法"规定，商标权期间延展注册的核准，需符合法定要件并就商标是否实际使用加以审查，"新法"删除了该项规定。此外，"新法"还删除申请废止案的利害关系人的资格限制，改采公众审查制度，使任何人对不符合商标使用规定者都可以提起废止案。

（10）明确了商标权移转与授权的关系。台湾地区原"商标法"对于商标权人在授权后移转商标权的法律效力规定不明确。为保障被授权人权益，"新法"明确规定，商标授权登记后，商标权移转者其授权契约对受让人仍继续存在。此外，为避免商标移转导致消费者的混淆误认，新法还对移转商标权后的使用情形加以限制，规定因商标权移转的结果，有两人以上商标权人使用相同商标在类似的商品或服务，或使用近似商标在同一或类似的商品或服务，而有致相关消费者混淆误认之虞者，各商标权人使用时应附加适当区别标示。

（11）明确规定视为侵害商标权的情形。台湾地区原"商标法"虽然也规定了侵害商标的情形，但其规定不足以涵盖所有侵害类型，因此"新法"规定，若未得到商标权人的同意，有下列两种情形之一者，即会被视为侵害商标权。其一，明知为他人著名的注册商标而使用相同或近似商标，或以该著名商标中的文字作为自己公司、商号、网域名称或其他表彰营业主体或来源的标识，致减损著名商标的识别性或信誉者。其二，明知为他人的注册商标，而以该商标中的文字作为自己公司名称、商号名称、网域名称或其他表彰营业主体或来源的标识，致商品或服务让消费者混淆误认者。

（12）增定侵害商标权物品边境管制措施。台湾地区新"商标法"根据TRIPs协议的要求增定了对侵害商标权物品的边境管制措施，即商标权人对侵害其商标权的物品，可以书面说明侵害事实，并提供相当于海关核估该进口货物完税价格或出口货物离岸价格的保证金或相当担保后，申请海关先予查扣。相应的，被查扣人也可提供与第二项保证金两倍的保证金或相当的担保，请求海关废止查扣。

为了顺应知识产权保护国际化发展趋势，2009年，台湾地区的"智慧财产局"又提出"商标法修正案"，主要内容有：扩大保护客体,修正商标不得注册之事由;确立"商标使用"之情形、侵权责任之主观要件;增定展览会优先权、专属授权与非专属授权之相关规定、边境管制措施、侵害证明标章权及透过电子媒体或网络(意图)贩卖侵权商品之刑事责任等。

3. "著作权法"的调整、完善

台湾地区著作权制度是以1910年《大清著作权律》为蓝本并参酌19世纪日本著作权法于1928年制定的。国民党迁往台湾后,为了适应岛内经济、科技和文化发展以及加入世贸组织的需要,曾多次修订。

(1)20世纪90年代以来,作出的重大调整主要是1992年的"著作权法"修订,这是台湾地区"著作权法"的第五次修订。此次修订堪称历次之最,总共增订了65个条文;"旧法"只有5章52条,修改后"全法"增至8章117条,整个框架作出了重大调整,内容亦作了大幅度更改。修订的重点包括:①采纳了岛内、岛外著作权平等互惠的保护原则。②明确规定著作权的内涵可以包括著作人格权和著作财产权,进一步完善了关于著作权的权利规定,延长了著作权的保护期间。③进一步扩大了著作作品合理使用的范围,同时扩充了强制授权项目。④增订了关于著作权侵害行为的种类及其救济的规定,并增定了关于著作权中介团体与著作权审议、调解的规定。⑤对严重侵害著作权的行为酌予提高自由刑及罚金的额度。

(2)1998年,台湾地区为了加入世界贸易组织,又根据TRIPs协议作出部分修正。为使科学技术得到充分利用,这次修订主要对著作权的合理使用条文作了较大的增修。其主要内容为:一,对著作权合理使用的各种方式如重制、公开播送、利用、公开口述、上映、演出、公开展示、翻译、改作等的构成要件均予以不同程度的修正、放宽;二,增加了利用人应将利用情形通知著作权人并支付使用报酬的条文。此外,还废除了翻译权强制授权,废除了登记制度，增加了回溯保护制度。

（3）为应对数字化与网络科技的快速发展，兼顾保障著作人权利与公众信息取得自由，2003年再次修订"著作权法"。此次修订主要是加强对网络著作权的保护。其修正的重点包括以下几个方面。

①增定散布权。台湾地区原"著作权法"未赋予著作人"散布权"，只是规定，明知为侵害著作权之物而散布或意图散布而陈列或持有或意图营利而交付者，"视为侵害著作权"，但是对违反者能否主张损害赔偿，并未明确。"新法"增订了"散布权"，明确规定，赋予著作权人专有以移转所有权的方式散布其著作，而表演人则专有以移转所有权的方式散布就其经重制于录音著作的权利。此外，"新法"还增订了与之相配合的"耗尽原则"，使在台湾地区取得著作原件或其合法重制物所有权之人，可以以移转所有权的方式散布，不必再经著作财产权人同意或授权。

②删除了真品平行输入的刑责规定。台湾地区原"著作权法"规定，侵害著作权人进口权的行为不仅要承担民事责任，还要承担刑事责任。"新法"删除了真品平行输入的刑责规定，使有关违反真品平行输入者只需负民事责任，而不再有刑事责任问题。

③明确划分重制使用的类型。"新法"把重制使用分为"常业"和"非常业"。所谓常业犯，是指依赖"重制"这种侵权行为谋求生计，如在卖场或网络上贩卖盗版光碟，这类重制使用的行为是侵犯著作权的行为；若仅是单纯地浏览网页内容，或是收听线上音乐或观赏电影，都不构成著作权侵害。"新法"还明确规定，任何使用者在非营利的范围内，只要重制的份数不超过5份，或其重制物品的市价总额不超过市价新台币3万元整，可以免除刑罚。

④新增权利管理电子资讯保护规定。所谓"权利管理电子资讯"，是指以电子化方式标注著作权利状态的讯息。"新法"规定，擅自移除或变更"权利管理电子资讯"将被处1年以下有期徒刑。

⑤新增公开传输权与散布权。公开传输权是指著作权人享有透过网络或其他通信方法,将其著作提供或传送给公众,让公众可以到网络上浏览、观赏著作内容的权利。这一权利强调的不是"权利人能做什么",而是"非权利人不能做什么",即非著作权人未得到著作权人允许,就不能为公开传输。所谓散布权(发行权),是指著作权人专有散布其著作物、使之在市场上交易或流通的权利。任何人要散布著作物,都要先征得著作权人的同意。

近年来,随着网络科技快速发展,台湾地区又对"著作权法"频繁调整、修订。❶ 2003 年修订时规定:任何使用者在非营利的范围内,只要重制的份数不超过 5 份,或其重制物品的市价总额不超过市价新台币 3 万元整,可以免除刑罚。2004 年,在美国的建议下又将除罪化予以废除,恢复刑事处罚;此外,还增订了防盗拷措施,禁止规避行为及准备行为,并规定例外排除事由。2006 年,为配合"刑法"删除"常业犯"的规定,删除了"著作权法"中关于常业犯的规定。2007 年修订时,增订了拟制侵权情形,即意图供公众透过网络公开传输或重制他人著作,对公众提供可公开传输或重制著作的电脑程式或其他技术,而受有利益者,须负民、刑事责任;主管机关并得勒令歇业。如果是采取广告或其他积极措施,教唆、诱使、煽惑、说服公众利用电脑程式或其他技术侵害著作财产权者,为具备该款之意图。2009 年,增订了"网络服务提供者之民事免责事由",引进美国著作权法的安全港条款、"通知/取下"及"反通知/放回"制度。2010 年的修订将二次公播予以部分除罪化。

(三)台湾地区"知识产权法"调整、变化的特点和趋势

台湾地区"知识产权法"随着台湾岛内经济、科技和文化的发

---

❶ 谢铭洋:"智慧财产权法——我国智慧财产权法近年来之发展与司法实践",载《台大法学论丛》2010 年第 6 期。

展变化不断调整，尤其是 20 世纪 90 年代以来，由于知识经济的发展以及为加入世贸组织，台湾地区接二连三地大幅度翻修了知识产权制度，使"知识产权法"成为台湾地区"民商法律"制度中最为活跃的"法律"部门。

20 世纪 90 年代以来，台湾地区知识产权制度调整、变革呈现出以下几方面的特点和趋势。

（1）修订频率快，变革力度强，调整幅度大。20 世纪 90 年代以来，台湾地区频繁修订"知识产权法"，大约每隔 3 年就对"专利法""商标法""著作权法"进行一次大翻修，使"知识产权法"成为台湾"民商法律"制度中最为活跃的"法律"部门。经过频繁地、大规模地修订，不仅在体例结构上，而且在内容上都作出了重大变革，其调整的频率之快，变革力度之强，调整幅度之大，都是前所未有的。

（2）根据经济社会发展变化的需要，适时作出调整。20 世纪 90 年代以来，随着知识经济的快速发展，人类社会生活发生了深刻的变化，知识产权也面临着一系列的挑战。因此，台湾地区不断根据经济社会的发展变化，适时调整、修订知识产权制度。例如，随着知识经济的高速发展，知识产权这一专有权不断膨胀，而社会公众对知识产品的需求也在不断扩大，两者处于矛盾的对立和统一之中，需要不断通过修改法律来解决。因此，台湾地区 1993 年修订"专利法"时，为兼顾专利权人和产业的利益，对特许实施（强制授权）的规范作出新的调整。如规定：基于紧急情况、增进公益的非营利使用之需，申请人曾以合理的商业条件在相当期间内仍不能达成协议授权或专利权人有不公平竞争的情事经判决或处分的，才可向专利管理机构申请，准许其特许实施他人的专利权。这一方面可以加强对专利权人权益的保护，避免他人任意申请特许实施其权利；另一方面也可确保厂商认为有必要实施他人权利时，有合理的渠道可供使用，从而有利于推广发明创造，推广和运用新技术。又如，2003年修订"著作权法"时，用了一整个章节对合理使用作出规范，从第44条到第65条，共有22条；而"著作权法"全文总共才有128条，有关公益的规范占了相当大的比例。由此可见，台湾地区新"著作权法"相当注意对公益的保护。再如，为应对数字化与网络科技的快速发展，兼顾保障著作人权利与公众信息取得自由，新修订的"著作权法"明确规定，"临时复制"属于"复制"的范围，并增加了"复制权"的例外规定，增加了技术保护措施及权利管理电子信息保护的规定。

（3）不断更新、完善知识产权制度规范体系。随着现代经济、科技的迅速发展，知识产权保护范围也在逐步扩大；新增加的知识产权类别相继涌现，尤其是信息技术的出现，派生出大量的知识产权问题，使台湾地区原有知识产权保护制度逐渐显现出不能适应社会生产力发展变化的需要，急需新的知识产权制度进行规范和调整。因此，台湾地区不断更新、完善知识产权制度，除大幅度修订"专利法""商标法""著作权法"外，还相应地修订、制定了一系列规章、制度。例如，为配合现行"著作权法"，分别修订了"音乐著作强制授权申请许可及使用报酬办法""海关查扣著作权或制版权侵害物实施办法"和"著作权仲介团体辅导及监督作业要点"；为遏止盗版光盘侵害知识产权，于2001年11月14日公布、施行了"光盘管理条例"。此外，还先后制定了"营业秘密法""积体电路布局保护法"和"植物种苗法"。通过不断调整、修订和制定"新法"，极大地丰富了台湾地区现行知识产权制度的内容，使台湾地区知识产权制度的体系日臻完善。

（4）不断向知识产权保护的国际标准靠拢。知识产权国际保护制度兴起于19世纪80年代，现已成为国际经济、文化、科技、贸易领域中的一种法律秩序。知识产权国际保护制度的形成，标志着知识产权立法步入一个新的历史阶段，即各国家和地区独自产生的知识产权制度，在知识产权国际保护的框架下，逐渐走上一体化、国际化的道路。❶

为顺应知识产权法制国际化发展趋势，台湾地区历次"知识产权法"的修订、制定，都参照国际知识产权法的保护标准和要求进行调整，使其知识产权保护标准和保护范围逐渐与国际接轨。例如，"优先权"是《巴黎公约》的一项基本原则，台湾地区在1993年修订"商标法"和"专利法"时均增加了优先权制度。又如TRIPs协议明确规定，专利权包括未经专利权人许可，他人不得"许诺销售"其专利产品的内容。❷ 台湾地区在2003年修订"专利法"时，根据TRIPs协议的标准，增定了专利权人可以禁止第三人未经其同意为贩卖之要约（即许诺销售）或为上述目的而进口其专利物品的规定。再如，"创作保护原则"是《伯尔尼公约》确定的著作权保护的一项基本原则，即作者在创作完成作品后即取得著作权，但台湾的"著作权法"在1998年前仍规定著作权的取得必须经过有关部门注册登记；1998年修订"著作权法"时，取消了著作权取得的登记制度。此外，为了实现与国际标准接轨，还相应延长了著作权、商标权和专利权的保护期间。台湾地区知识产权制度通过多次调整、变革乃至制定"新法"，内容日渐丰富，体系日趋完善，逐渐同国际有关条约的规定接轨，呈现出知识产权制度国际化的发展趋势。

虽然台湾地区"知识产权法"在经历数次调整、修订后更加顺应知识经济时代经济、科技和文化发展的需要，向知识产权国际化目标迈出了重要的一步，但也存在一些弊端。其一，知识产权制度对经济社会发展具有积极的促进作用，但知识产权具有垄断性特征，

---

❶ 吴汉东："知识产权国际保护制度的变革与发展"，载《法学研究》2005年第3期。

❷ 详见TRIPs协议，第28条。

如果知识产权保护与公共利益取舍之间失去平衡，必将付出巨大的经济、社会成本。台湾地区近年来频频调整其知识产权保护制度，很大程度上是为了迎合美国的需要，甚至不惜牺牲台湾人的公共利益以取悦美国人，从而使台湾地区的知识产权一开始就被"绑架"在台美贸易关系的"战车"上，日后台湾地区不可避免地要为此付出巨大代价。其二，台湾地区频繁大幅度修订其"知识产权法"，而知识产权主管机关囿于人力、物力的限制以及一些条文规定的不尽合理等因素，都将造成日后弊端横生。

二、台湾地区知识产权司法审判制度的变革和完善

长期以来，台湾地区知识产权案件审理过程中存在的诉讼程序冗长、法官专业性不足、裁判标准不统一等问题一直为外界所诟病。随着知识经济的高速发展，传统知识产权审判体制存在的问题日益凸显，同时也对台湾地区科技产业的国际竞争力产生十分不利的影响。为了解决知识产权审判体制存在的问题，提高知识产权案件审理的效率和质量，中国台湾地区继德、美、英、泰、日、韩等国之后，成立了专门的"知识产权法院"。经过一系列的制度创新，台湾地区知识产权司法审判制度得到很大改善，知识产权案件审判效率和审判质量得到很大提升。

（一）台湾地区知识产权审判制度变革的原因

1. 适应知识经济发展的需求

21世纪是知识经济的时代，台湾地区知识产权审判制度改革的一个重要推动力，就是适应知识经济的快速发展。按照世界经济合作及发展组织的说法，知识经济就是以现代科学技术为核心，建立在知识和信息的生产、存储、使用和消费之上的经济。知识经济的这一本质特征决定了在知识经济时代最重要的资源是知识，而集中对知识进行保护的法律是知识产权法律制度。因而，在知识经济时

代，知识产权成为一个国家、地区、企业十分重要的经营资源、战略资源和竞争资源，构成了其核心竞争力的重要组成部分。

知识产权在社会经济生活中的地位快速提高，对在实践中高效而公正地处理知识产权案件提出了更高的要求。为了适应知识经济快速发展、满足知识产权保护和管理的需要，台湾地区于2004年开始展开了一场声势浩大、自上而下的知识产权审判制度的大变革。

2. 传统知识产权司法审判体制存在严重弊端

知识产权司法审判体制，是指知识产权司法审判机关的机构设置、管理权限划分及其相应关系的制度，体现了知识产权司法审判的价值取向、理念诉求和发展趋势。台湾地区司法制度属二元制体制，即法院系统依照公、私法分为普通法院和行政法院。普通法院分为地方法院、高等法院和"最高法院"三级，实行三级三审制；行政法院分为高等行政法院及"最高行政法院"，实行二级二审。台湾地区长期以来坚持公、私二元论，并因此设置了二元诉讼体制。❶这种模式的司法体制有利于法官久任，但在处理知识产权侵权案件时，极易产生司法程序延宕问题。由于台湾地区"专利法""商标法""民事诉讼法""行政诉讼法"中都反复强调，一旦被告在侵权案件中抗辩知识产权有撤销事由的，便停止本案诉讼，❷故基于诉讼

---

❶ 从清末法制改革到南京国民政府时期，设立行政法院成为中国近代行政诉讼体制的一种选择，1949年国民党当局败退大陆后，此一诉讼体制在台湾地区一直运用迄今。

❷ 台湾地区的"专利法"第90条第1项规定："关于发明专利权之民事诉讼，在申请案、举发案、撤销案确定前得停止审判"，新型、新式样专利亦有同样的规定；台湾"民事诉讼法"第182条第1项规定："诉讼全部或一部之裁判，以他诉讼之法律关系是否成立为据者，法院得在他诉讼终结前以裁定停止诉讼程序"；台湾"行政诉讼法"第12条又明确规定："民事或刑事诉讼之裁判，以行政处分是否无效或违法为据者，应依行政争议程序确定之"，"前项行政争讼已经开始者，于其程序确定前，民事或刑事法院应停止其审判程序"。

策略的考虑，被告人尤其是专利侵权案的被告人往往都会提出专利权无效，以此来推翻诉讼案件的基础；即使无法推翻专利权有效性，仍可通过行政救济程序来拖延民事诉讼程序，争取下一步诉讼的应变时间。而在法院方面，据统计，约有超过八成的法官会先行裁定停止民事诉讼之审理。此外，在商标权与著作权的诉讼中，被控侵权人同样也会运用此类诉讼策略，导致诉讼程序拖宕。这些诉讼停止的案件，停止期间短则一年，长则五六年，对于当事人影响重大，特别是专利权的诉讼涉及的经济利益动辄上千万，诉讼程序的拖宕对于专利权诉讼案件可谓影响至巨。[1]可见，在知识经济时代，台湾地区传统的诉讼体制已无法适应知识产权诉讼对专业性及时效性的要求。

3. 法官专业化水平低下

知识产权的客体与很多传统的财产形式不同：传统财产具有有形的特点，因而可以通过某种可被感知的形式存在，而知识产权除了能够在法律中被确认以外，并没有自己存在的形式。虽然说知识产权的法定性、专有性特征在一定程度上缓解了由知识产品无形性所带来的知识产权权利界限的不确定性，但并不能完全客观地划定知识产品之间的权利边界；知识产权边界的不确定性导致对知识产权侵权与否的判断存在大量的主观因素。具体而言，判断一个技术是否侵犯他人的专利或技术秘密，主要判断该技术的相关特征与被侵权技术是否存在一致性，但这种一致性并非一个黑白分明的简单问题，它需要判断者根据相关技术知识进行主观判断。商标的近似性判断、作品的相似性判断同样存在这个问题，即由于判断标准具有一定的主观性，导致不同的判断者可能就同样的问题得出不同的结论。同时，由于知识产权侵权判断需要一定的专业素养，专业素养

---

[1] 彭莉："知识经济下台湾知识产权司法制度的变革——从'专庭'、'专股'到智慧财产法院"，载《台湾研究集刊》2007年第4期。

不同的判断者所作出的侵权与否的结论可能会出现比较大的差距，这种差距的存在会破坏司法公正。为了维护司法公正，就要尽可能缩小甚至排除这种差距，这就要求知识产权司法执业者应具备相对同一的专业背景和修养，以确保案件判断标准的相对同一。❶

由于台湾地区知识产权司法文化相较有形财产的司法文化而言甚为落后、法官技术知识不足等问题一直困扰着台湾知识产权案件的审理，专利及其他与技术相关之侵权案件，经常须高度仰赖鉴定机构之鉴定结果。可以说，鉴定机构出具的鉴定报告直接影响到法官对案情及争议焦点的判定，左右着裁判的结果。实践中，常见双方当事人提出单方委托制作、结论完全相反的鉴定报告；或者鉴定机构出于职业习惯，在侵权鉴定报告中仅列举诉争知识产权在授权要件上的缺失或说明书文字表述上的失误等，但这些缺漏并非法院审理的要点。因此，若法官未在鉴定报告中发现有明显瑕疵，便常以尊重行政机关自由裁量权为由驳回原告诉讼；即便发现瑕疵，亦不自为裁判，而是撤销原处分，将案件发回原处理机关重新审理。❷ 这极大地延缓了知识产权权利人得到司法救济的时机，阻碍了诉讼程序效益价值的实现。为了避免法官因法律以外专业知识不足而导致的诉讼拖延、强化裁判的专业性，台湾"智慧财产法院"设立了技术审查官制度。

（二）台湾地区知识产权司法审判制度的变革、完善

为提高和强化知识产权司法制度的效率和专业性，台湾地区自1992年起，开始在各级法院设立"专庭"或"专股"审理知识产权案件。总体而言，设立知识产权案件"专庭"或"专股"有利于提

---

❶ 冯晓青主编：《知识产权法专题判解与学理研究》，中国大百科全书出版社2010年版，第306~307页。

❷ 谈虎：《建置智慧财产专业法院（上）》，载《台湾司法周刊》2006年4月，第2版。

高知识产权诉讼效率，推进知识产权审判的专业化发展，但仍无法彻底改变知识产权诉讼中存在的效率不高、专业性不强的弊端。❶ 为因应知识产权保护国际化、专业化趋势、提高知识产权司法审判效率，台湾地区于2004年开始筹划成立"智慧财产法院"。2007年，通过了"智慧财产法院组织法"和"智慧财产案件审理法"；2008年7月1日，"智慧财产法院"正式成立。此后，台湾"司法院"又分别制定了"智慧财产案件施行细则"和"智慧财产案件审理细则"。

依据"智慧财产法院组织法"和"智慧财产案件审理法"的设计，台湾"智慧财产法院"在以下几方面进行了变革、创新。

1. 突破司法二元体系，实行"三合一"案件审理模式

台湾地区的原司法体系属二元制体系，法院分为普通法院和行政法院。民事诉讼和刑事诉讼由普通法院管辖，实行三审终审制；行政诉讼则由行政法院管辖，实行两审终审制。新制实行"三合一"案件审理模式，突破了二元体系的划分。所谓"三合一"，即将知识产权纠纷所涉及民事、刑事、行政诉讼三种审判权，划归"智慧财产法院"行使。"智慧财产法院"是台湾地区"司法院"下设的专门法院，受"司法院院长"的监督。

依据"智慧财产法院组织法"第2条及第3条之规定："智慧财产法院"依法管理关于智慧财产之民事诉讼、刑事诉讼及行政诉讼之审判事务。其管辖案件具体包括：（1）依"专利法""商标法""著作权法""光盘管理条例""营业秘密法""集成电路布局保护法""植物品种及种苗法"或"公平交易法"所保护之智慧财产权益所生之第一审及第二审民事诉讼事件。如果当事人对"智慧财产法院"的二审判决不服则由台湾"最高法院"进行终审。（2）因行

---

❶ 彭莉："知识经济下台湾知识产权司法制度的变革——从'专庭'、'专股'到智慧财产法院"，载《台湾研究集刊》2007年第4期。

为人违反"刑法""商标法""专利法""著作权法""公平交易法"中不得侵犯智慧财产权的规定,对地方法院的第一审刑事判决不服的,则由"智慧财产法院"进行二审,但少年刑事案件除外。如果当事人对"智慧财产法院"的二审判决不服,同样由台湾"最高法院"进行终审。(3)因"专利法""商标法""著作权法""光盘管理条例""集成电路布局保护法""植物品种及种苗法"或"公平交易法"涉及智慧财产权所生之第一审行政诉讼事件及强制执行事件。此外,"智慧财产法院组织法"第3条第4款还规定:"智慧财产法院管辖其他法律规定或经'司法院'指定由智慧财产法院管辖之案件",即授权"司法院"可根据需要,以指定方式将某种知识产权案件归于"智慧财产法院"管辖。从以上"智慧财产法院"的管辖案件类型看,"智慧财产法院"应属于二审法院,相当于台湾地区"高等法院",没有终审裁判权。不服"智慧财产法院"民事、刑事二审裁判,可以向台湾地区"最高法院"上诉;不服"智慧财产法院"的行政裁判,则可以向台湾地区"最高行政法院"上诉。

台湾地区通过"智慧财产权案件审理法"和"智慧财产法院组织法"明确规定,"智慧财产法院"的审判事务包括与智慧财产权有关的民事、刑事及行政诉讼案件。设立了民事、行政与刑事"三合一"的诉讼新机制后,民事、刑事、行政诉讼等程序在智慧财产案件审理中均将可能在同一案件审理中适用,而不再依循传统的移交案卷、分割诉讼的模式。实行"三合一"的审判体制可以集中有限的审判资源、针对知识产权案件专业技术性强的特点形成各审级高度专业化的审判体系,从而为公正、高效审判知识产权案件提供组织保障。

2. 为强化裁判的专业性,引入技术审查官制度

设置技术审查官是台湾"智慧财产法院""立法"强化智慧财产权法院专业能力的又一重要制度设计。知识产权审判体制的完善旨

在优化知识产权审判法官的配置,而知识产权审判机制的健全则在于促使知识产权审判方法更加科学合理。知识产权案件审理难度大的最主要原因就在于法官科学知识的有限性与案件所涉及的科技知识的无限性之间的矛盾,法官仅凭自己有限的科技知识无法判断包罗万象的、有纷争的技术事实。为解决这一问题,各个国家或地区都想方设法让专家参与审判,具体做法不尽相同:德国联邦专利法院设技术法官参与案件审理,对案件裁判享有与其他法官同等的表决权;日本东京知识产权高等法院设调查官和专家委员制度,调查官和专家负责为法官提供技术咨询;韩国专利法院设技术调查官,技术调查官一般由韩国知识产权局派遣,负责技术事实的咨询,不参与案件裁判。中国台湾地区借鉴日、韩的调查官制度,在法院内部设立辅佐法官认定技术事实的技术审查官。❶ "智慧财产案件审理法"第4条规定:法院于必要时,得命技术审查官。但技术审查官仅是协助法官判断专业问题的常设辅助人员,其就案情向法官所作的口头陈述或书面报告仅为"咨询意见",属审判秘密,不仅当事人无权查询,就连法官也不能以之为证据或裁判依据。❷ 但显而易见,引入技术审查官制度,可以发挥科技专家的技术特长,减少知识产权案件因专业技术问题而导致事实认定错误的现象。

3. 为提高案件审理效率,赋予法官知识产权有效性之判断权

在台湾地区传统的民事侵权诉讼程序中,被告如对原告知识产权的有效性提出争议,法院会中止诉讼程序,等待知识产权宣告无效审理程序的决定。而对知识产权权利有效性的决定不服的,又可以提出行政诉讼;在行政诉讼两审审结且该知识产权有效性得到确认

---

❶ 刘新平:"台湾知识产权审判制度对大陆的借鉴",见《海峡两岸司法实务研讨会组委会编:海峡两岸司法实务研讨会论文汇编》2011年7月,第477页。

❷ 麦智德:《智慧财产权诉讼中法院自为判断专利权有效性之相关问题研究》,台湾"国立"云林科技大学科技法律研究所硕士学位论文(2009年),第38页。

后，法院才会继续审理。因此，在民事诉讼程序中，被告常会以对原告的权利有效性提出抗辩作为诉讼策略，以拖延诉讼，从而导致诉讼繁冗，知识产权人的权益无法及时得到保护。为此，台湾地区"智慧财产案件审理法"第16条规定："当事人主张或抗辩智慧财产权有应撤销、废止之原因者，法院应就其主张或抗辩有无理由自为判断，不适用'民事诉讼法''行政诉讼法''商标法''专利法'、'植物品种及种苗法'或其它法律有关停止诉讼程序之规定"。依此，民事诉讼中当事人主张或抗辩智慧财产权有应撤销、废止原因时，法官不必再裁定中止诉讼程序，可径行对权利的有效性作出判断。"智慧财产案件审理细则"第28条第1项进一步规定，智慧财产刑事案件中，被告若已提出权利有效性之抗辩，法院不得以"该智慧财产权尚未经撤销或废止"为由，不理睬被告的抗辩理由。这一制度设计有助于提高知识产权案件审理效率。

4. 为加强对知识产权人权利的保护，设计了秘密保持命令制度

为避免商业秘密因诉讼而被公开，或被用于诉讼之外的目的，台湾"智慧财产权案件审理法"设计了秘密保持命令制度。该法第11~15条就秘密保持命令作了明确规定；在"智慧财产案件审理法施行细则"第19~26条又作了具体规定，即法院在收到秘密保持命令的申请后，应当就秘密是否存在、是否可能损害营业活动等保密令的条件进行审查，审查的方法包括必要的调查、询问当事人等。法院经审查认为符合法律规定的，应及时作出秘密保持命令的裁定；认为不符合法律规定的，则裁定驳回申请。对法院裁定不服，可以上诉。此外，在秘密保持命令的条件丧失时，相关利害关系人可以向法院申请撤销秘密保持命令，法院应对此项申请作出裁定是否准许；对该裁定不服也可以上诉。为了确实保障秘密保持命令的有效实施，还辅之以"法院办理秘密保持命令作业要点"，对书状、裁定的送达、保管、阅览、卷宗的归档等诸多细节作了详尽的规定，充

分保障了秘密保持命令的可操作性和实效性。[1] 此外,"智慧财产权案件审理法"第35条还规定了违反秘密保持命令行为的刑事责任。应该说,设立秘密保持命令制度可以有效地规避当事人为充分举证而导致商业秘密泄露或被不当使用的风险,有益于对知识产权人权利的保护。

台湾地区创设知识产权专门法院的目的在于解决长期以来法院二元制下救济程序冗长及知识产权审判专业性不足的弊端,然而,台湾地区的知识产权诉讼新制在一定程度上只是一个相互妥协的产物,在一些具体制度的设计上仍有待完善。

---

[1] 刘新平:"台湾知识产权审判制度对大陆的借鉴",见海峡两岸司法实务研讨会组委会编:《海峡两岸司法实务研讨会论文汇编》,2011年7月,第473~474页。

第二章 海峡两岸知识产权制度冲突的产生及解决方法

第一节 海峡两岸知识产权制度冲突的产生及特点

一、海峡两岸知识产权制度冲突的产生

区际法律冲突,是指一个主权国家内部不同地区之间,因为其法律规定的不同而给有关社会、政治、经济活动的实施带来的法律适用上的冲突,而且一般都是指不同法域之间在民商事关系领域的法律冲突。[1] 一般而言,区际法律冲突的产生除了一国存在多个法域外,还必须具备以下几个条件:(1)各法域之间关系密切,交往频繁;(2)各法域的相关法律制度对调整同一个法律关系的规定不同;(3)各法域赋予其他法域民事主体与域内民事主体同等的民事法律地位;(4)各法域都在一定程度上承认对方法域法律在本法域内的域外效力;(5)各法域都享有独立的立法和司法管辖权。

同其他区际民商事法律冲突的产生原因一样,海峡两岸知识产权法律冲突主要是以下几方面因素相互作用的结果。

(1)海峡两岸交往日益频繁,不断深化。近年来,两岸关系实现了历史性转折,取得了一系列突破性进展和重要成果。首先,两岸制度化协商机制重新建立,协商谈判取得重大成果。自 2008 年 6

---

[1] 韩德培:"论我国的区际法律冲突问题",载《中国法学》1988 年第 6 期。

月"海协会"和"海基会"("两会")在"九二共识"基础上恢复对话协商以来,"两会"本着"平等协商、善意沟通、积累共识、务实进取"的精神,对两岸交往作出了一系列制度性安排,为两岸各领域的交流合作提供了制度保障。其次,两岸交流合作全面展开,出现了大交流、大合作、大融合、大发展的崭新局面。

随着两岸经济、科技、文化等领域交流合作的日益频繁、不断深化,尤其是2010年6月,两岸签署《海峡两岸经济合作框架协议》(英文简称ECFA)与《海峡两岸知识产权保护合作协议》后,两岸知识产权合作加速发展。2010年台湾企业赴大陆提交专利申请22 419件,商标注册申请10 767件;同年,大陆企业赴台提交专利申请755件,商标注册申请1 603件。两岸知识产权合作日趋活跃。在两岸交流合作的全面展开和两岸权利人对知识产权保护的迫切需求以及两岸分别为两个独立法域的状况下,必然导致两岸知识产权法律冲突的产生。

(2) 海峡两岸知识产权法律制度存在差异。每一个国家或地区的知识产权制度都是由其历史、经济和文化背景所决定的。由于历史的原因,大陆与台湾地区各自建立了独立的知识产权法律制度。在中华人民共和国政府宣告成立后,即宣布废除旧中国的"六法全书",并建立了全新的社会主义法律体系;在知识产权制度建设方面,目前已经颁布了一系列知识产权法律、法规,建立了比较完整的知识产权法律体系。台湾地区的现行知识产权制度是在沿袭旧中国有关法规的基础上,根据岛内经济、科技和文化发展的需要不断调整而逐渐形成的。台湾地区的"知识产权法"经过不断调整、修订以及制定"新法"后,也已形成了一个较为完整、独立的知识产权"法律"规范体系。由于祖国大陆与台湾地区各自在不同的历史条件下秉承了各自的法律传统,形成了各自独立的知识产权法律制度,致使海峡两岸的知识产权制度在保护体系、保护范围、保护标准、申请审查程序等方面的规定上、在对域外知识产权的保护方面，均存在不少差异，这往往会造成在一地区得到保护的权利在另一个地区得不到有效的保护，从而导致知识产权法律冲突的产生。

（3）海峡两岸相互赋予对方民事主体大致同等的民事法律地位。两岸相互赋予对方区域民事主体大体同等的民事法律地位，是确保两岸之间进行正常民事交往的前提条件。20世纪80年代后，两岸民事交往日渐频繁。为了维护两岸正常的民事交往，两岸均在制度上赋予了对方民事主体一定的民事法律地位。大陆方面没有制定专门的区际冲突法，有关台湾居民在大陆的民事法律地位问题散见于相关的法律、法规中。例如，1987年中国专利局发布的《关于受理台胞专利申请的意见》第1条明确规定："台胞与大陆同胞一样，可就其发明创造向我专利局申请专利，取得专利保护"；同年，《国家版权局关于出版台湾同胞作品版权问题的暂行规定》第1条也明确规定："台湾同胞对其创作的作品，依我国现行有关法律、规章，享有与大陆作者同样的版权"；1988年国务院发布《关于鼓励台湾同胞投资的规定》，从法律上保障了台湾投资者的各种权益。台胞投资者同外商相比，可以享受五种特殊优惠待遇。1994年国务院发布了《台湾同胞投资保护法》，明确规定国家依法保护台湾同胞投资。台湾方面在1992年制定颁布的"台湾地区人民与大陆地区人民关系条例"和施行细则，也赋予大陆人民在台湾一定的民商事法律地位。1994年，台湾"经济部"发布了"大陆地区人民在台申请专利及商标注册作业要点"，允许大陆地区人民在台湾地区申请专利和商标注册，对所取得的专利权和商标专用权予以保护。

此外，海峡两岸目前都是WTO成员，必须相互给予居民待遇。❶

---

❶ 郑成思研究员认为，两岸均成为WTO成员后，在两岸贸易中，给彼岸的居民以相当此岸居民相同待遇，又不用"国民"一语，有利于两岸避开政治敏感问题。郑成思："WTO与知识产权法研究"，载《中国法学》2000年第3期。

在祖国大陆和台湾地区加入 WTO 之前，大陆和台湾地区的法律冲突主要是民商事领域的法律冲突，但在大陆和台湾地区加入 WTO 后，根据 TRIPs 协议的有关规定，在 WTO 的所有成员中必须相互给予国民待遇。国民待遇原则是《巴黎公约》《伯尔尼公约》《保护表演者、录音制品制作者与广播组织公约》（以下简称《罗马公约》）《集成电路知识产权华盛顿公约》（以下简称《华盛顿公约》）以及 TRIPs 协议等国际知识产权条约的基本原则，该原则要求：任何成员（国）按域内法律为其他成员（国）国民所提供的知识产权保护不得低于该成员为本国国民所提供的知识产权保护。TRIPs 协议第 1 条第 3 款中明确指出："成员应当将本协定规定的待遇给予其他成员的国民。就有关知识产权而言，其他成员的国民应当理解为符合巴黎公约（1967 年）、伯尔尼公约（1971 年）、罗马公约和关于集成电路知识产权条约规定的保护资格标准的自然人或者法人，而将 WTO 的所有成员视同这些公约的成员。"目前大陆和台湾地区都已是 WTO 的正式成员，虽然台湾地区尚未参加任何一个政府间的知识产权国际条约，但根据 TRIPs 协议的上述规定，在一定条件下台湾地区应被视为上述四个公约的成员，都要适用 WTO 的 TRIPs 协议。因此，大陆和台湾地区在知识产权保护方面，应互相给予相当于本区居民的相同待遇。而两岸之间相互给予外法域居民在内法域相应的民事法律地位，必然导致区际知识产权关系的产生。

（4）海峡两岸在一定程度上相互承认对方法域民事法律的域外效力。在新中国成立前夕，我国政府即宣布废除国民党政府的法律、法令和司法制度，因此长期以来，大陆对于台湾地区"法律"及其效力予以完全否认。在台湾地区开放大陆探亲之前，台湾当局也拒绝承认大陆的法律及其效力。在这种状态下，两岸之间不存在法律冲突问题。20 世纪 80 年代以来，随着两岸经济、人员往来日益频繁，两岸人民之间的民商往来也愈趋密切。大陆为了适应两岸民间交往的实际需要,早在 1991 年 4 月 9 日,经第七届全国人大第四次会议审议通过的《最高人民法院工作报告》就指出:"台湾居民在台湾地区的民事行为和依据台湾地区法规取得的民事权利,如果不违反中华人民共和国法律的基本原则,不损害社会公共利益,可以承认其效力。对台湾地区法院的民事判决,也将根据这一原则,分别不同情况,具体解决承认其效力问题"。❶ 1998 年,最高人民法院公布的《认可台湾地区有关法院民事判决的规定》,又以司法解释的形式在一定条件下和一定程度上确认台湾地区"民商法律"在祖国大陆的效力。台湾地区在 1992 年通过的"台湾地区与大陆地区人民关系条例"(以下简称"两岸关系条例")第 41 条规定:"大陆地区人民相互间及其与外国人间之民事事件,除本条例另有规定外,适用大陆地区之规定。"第 44 条规定:"依本条例规定应适用大陆地区之规定时,如其规定有悖于台湾地区之公共秩序或善良风俗者,适用台湾地区之法律。"虽然该条例称大陆法律为"规定",有贬低大陆法律地位的用意,但它明确规定了大陆地区的法律在不违背台湾地区公共秩序或善良风俗的条件下在台湾地区具有域外效力,并且能被台湾地区法院通过区际冲突规范作为准据法加以间接地适用。由上可见,两岸事实上均已在一定程度上相互承认对方法域法律的效力。承认法律的域外效力是产生法律冲突的必要条件。两岸在一定条件下相互承认对方法域的民事法律在内法域的域外效力,为知识产权法律冲突的产生提供了必要条件。

(5)海峡两岸都享有法定的或事实上的行政管理权、立法权和独立的司法管辖权。1949 年 10 月 1 日,中华人民共和国中央人民政府宣告成立,取代中华民国政府成为全中国的唯一合法政府和在国际上的唯一合法代表。中华人民共和国政府理所当然地完全享有和

---

❶ 《最高人民法院公报》1991 年第 2 期。

行使中国的主权。国民党统治集团退踞台湾以来,虽然其政权继续使用"中华民国"和"中华民国政府"的名称,但它早已完全无权代表中国行使国家主权。❶ 但数十年来,台湾统治当局事实上统治着台湾地区,实行独立于大陆的政治、经济和"法律"制度。1978年,中国大陆在"解放思想、实事求是"思想路线指引下,为解决历史遗留问题,提出"一国两制"的科学构想。"一国两制"的基本内涵是:在国家实现统一的大前提下,国家主体实行社会主义制度,台湾实行资本主义制度,两种制度长期并存。1983年,邓小平在会见美国学者时再一次阐述了实现台湾同大陆和平统一的一些具体设想,他明确指出:"祖国统一后,台湾特别行政区可以有自己的独立性,可以实行同大陆不同的制度。司法独立,终审权不须到北京。台湾还可以有自己的军队,只是不能构成对大陆的威胁。大陆不派人驻台,不仅军队不去,行政人员也不去。台湾的党、政、军等系统都由台湾自己来管。中央政府还要给台湾留出名额"。❷ 1993年,国务院台湾事务办公室、国务院新闻办公室发表的《台湾问题与中国统一》白皮书再一次明确指出,两岸实现统一后,台湾地区可以享有行政管理权、立法权、独立的司法权和终审权。虽然两岸尚未实现统一,台湾地区的上述权力还未得到我国宪法的承认,但在两岸关系和平发展的实践中,台湾地区的立法权、行政管理权、独立的司法权和终审权事实上已经得到大陆方面的认可。两岸事实上已经形成两个独立的法域,都享有彼此独立的知识产权立法权和司法管辖权,可以独立地制定和实施知识产权法律制度,并可以独立地管辖知识产权案件,当涉及不同法域的知识产权关系对该关系的规

---

❶ 现代国际法上的主权意味着:国家依据国际法并受国际法保护的独立自主地处理自己对内对外事务的最高权力。见余敏友:"以新主权迎接新世纪的国际法学",载《法学评论》2000年第2期。

❷ 《邓小平文选》(第三卷),人民出版社1993年版,第30~31页。

定各不相同，却又竞相要求适用于该关系时，就会出现对该关系在法律适用上的冲突。

二、海峡两岸知识产权制度冲突的特点

目前世界上有不少多法域的国家，一国多个法域往往会存在区际民商事法律冲突问题；但由于各国产生区际法律冲突的背景不尽相同，不同国家的区际法律冲突又都有自身的特点。与世界上其他一些多法域国家的区际民商事法律冲突相比较，我国的区际民商事法律冲突主要具有以下几方面的特点：❶ 首先，从冲突的性质看，我国的区际民商事法律冲突是一种特殊的单一制国家内的区际法律冲突。其次，从冲突的内容看，我国的区际民商事法律冲突既有属于同一法系之间、又有分属不同法系之间的法律冲突；既有属于同一社会制度的法域之间、又有社会制度根本不同的法域之间的法律冲突；不仅表现为各地区本地法之间的冲突，有时也表现为各地区本地法和其他地区适用的国际条约之间以及各地区适用的国际条约之间的冲突。再次，从冲突的协调途径看，各法域在民商事领域都享有完全的立法管辖权，都有自己的终审法院；根据两个基本法的规定，中央立法机关无权制定全国统一的区际私法，从而排除了直接通过中央立法机关制定全国统一的区际私法解决区际民商事法律冲突的可能性。

海峡两岸的知识产权法律冲突不仅具有中国区际民商事法律冲突的一般特征，而且具有知识产权领域内法律冲突的内在特殊性。

（1）海峡两岸知识产权法律冲突是特殊单一制国家体制内的区

---

❶ 韩德培主编：《国际私法》，高等教育出版社、北京大学出版社2000年版，第300页以下。黄进主编：《中国的区际法律问题研究》，法律出版社2001年版，第59页。于飞："论海峡两岸民商事法律冲突的特殊性"，载《法律科学（西北政法学院学报）》2005年第4期。

际法律冲突。世界各国采用的国家结构形式主要有三种,即邦联制、联邦制和单一制。邦联制是若干拥有独立主权的国家为了一定的政治、经济等目的结成的松散的国家联盟,是国家联合的一种形式。联邦制,是指一些国家或政治经济实体为了一定的政治、经济等目的而组合成一个新的、完整意义上的国家,其成员国保留各自的形态和一些权力,只是把涉及主权、防卫等的权力"让渡"给联邦行使。单一制,是指一个国家是由一些没有自决权的普通地方区域组成,国家的权力主要集中在中央政权机关。从宪法学理论上讲,地方政府只是中央政府的派出机关,代表中央政府在本地方行使国家权力,重大决策权由中央掌握;地方政府往往只有执行权和建议权,而且其权力来源于中央授权,其本身并无"天生"的权力。❶ 我国宪法之规定表明,我国是单一制国家。但在中国恢复对香港、澳门行使主权后,设立了两个特别行政区,特别行政区享有"高度自治权";同时,中国政府还承诺,未来的台湾特别行政区可以享有更大的自治权,❷ 这是在世界上任何一个单一制国家都不可能享有的。在知识产权法律制度方面,在台湾与大陆实行不同的知识产权法律制度,并具有各自独立的知识产权立法权和司法权;在知识产权的立法和司法管辖权方面,不仅远远大于其他单一制国家,而且大于联邦制国家,这正是在中国单一制国家体制内区际知识产权法律冲突的一大特点。

(2) 海峡两岸知识产权法律冲突是不同社会制度下的法律冲突。"一国两制"的基本内容是:"在祖国统一的前提下,国家的主体坚持社会主义制度,同时在台湾、香港、澳门保持原有的资本主义制

---

❶ 王振民:《中央与特别行政区关系——一种法治结构的解析》,清华大学出版社2002年版,第13页。

❷ 江泽民:"为促进祖国统一大业的完成而继续奋斗",载《人民日报》1995年1月31日。

度和生活方式长期不变。"❶ 因此，按照"一国两制"的构想，两岸的知识产权法律冲突是实行社会主义法律制度的大陆与实行资本主义法律制度的台湾地区之间的法律冲突。由于大陆与台湾实行两种不同的社会制度，致使祖国大陆与台湾地区不仅在知识产权法律的理念、价值取向上存在歧异，而且在实体法和程序法的具体规则上也有所不同，因此，两岸之间的知识产权法律冲突有时会显得尤为激烈和复杂。

（3）海峡两岸不存在共同解决法律冲突的最高司法机关。世界上其他多法域国家的区际法律冲突在无法协调的情况下，会借助本国最高法院的力量。如美国具有联邦和州的双重法院系统，各州虽然都有一个最高法院对本州内下级法院的上诉具有管辖权，但是州最高法院并非终审法院，在涉及联邦法律问题的判决上要受制于向联邦最高法院提起的进一步上诉。在英国、加拿大和澳大利亚等国家也都在各法域之上设立了最高上诉法院，作为各法域的终审法院。因此，这些国家的法院及高等法院在协调、统一各州或省的法律冲突中可以发挥最终裁判者的作用。而在两岸各自都有自己的最高司法机关，祖国大陆的最高人民法院与台湾的司法机关之间没有隶属关系，因此，在解决两岸知识产权法律冲突方面，没有一个共同的最高司法机关来协调解决法律冲突问题。

（4）海峡两岸之间的知识产权法律冲突不仅表现为两个法域法律适用上的冲突，而且还表现为适用国际协定上的冲突。由于在国际交往中，中国政府历来反对与中国建交的国家同台湾地区建立官方关系和进行官方性质的来往，因此，台湾地区未能参加任何一个政府间的知识产权国际条约。但考虑到台湾经济社会发展的需要和台湾同胞的实际利益，中国中央政府对台湾地区同外国进行民间性质的经济、文化往来不持异议，

---

❶ 江泽民：《高举邓小平理论伟大旗帜，把建设有中国特色社会主义事业全面推向二十一世纪》，人民出版社1997年版，第44页。

并在一个中国前提下，采取了许多灵活措施，为中国台湾地区同外国的经贸、文化往来提供方便。[1]中国台湾已于2002年1月1日成为WTO正式成员，WTO的TRIPs协议所提及的《巴黎公约》《伯尔尼公约》《罗马公约》和《华盛顿公约》，也将间接适用于台湾地区。这预示着两岸之间将不仅存在两个地区知识产权法的冲突，而且存在适用TRIPs协议的冲突。首先，可能表现为海峡两岸知识产权法与TRIPs协议的冲突。虽然TRIPs协议规定了各国（地区）知识产权保护的最低标准，但是，这并不意味着各成员方的国（区）内立法就是TRIPs协议的翻版，在不同国家（地区）内的知识产权法的规定仍可能与TRIPs协议的规定有所不同，因此，两岸知识产权法律冲突可能表现为两个地区知识产权法与WTO的TRIPs协议的冲突。其次，海峡两岸知识产权法律冲突可能表现为两个地区共同适用TRIPs协议的冲突。在WTO体制内，两岸经贸关系即转为缔约方之间的关系，因此，两岸都可以根据TRIPs协议规定的基本原则，直接要求享有与其他成员一样的权利。因此，只要某一地区对任何外国地区国民在知识产权保护上曾直接适用过TRIPs协议，就必须对其他地区居民也直接适用，否则其他地区就有权投诉其违反TRIPs协议的基本原则，这将会使两岸之间的知识产权法律冲突更具广泛性和复杂性。再次，祖国大陆与台湾地区在WTO体制内为平等成员之间的关系，分别享有平等独立的代表权、参与权和决策权以及独立的申诉权和审判权。这在一定意义上增加了台湾地区知识产权事务的独立性，从而增加了两岸知识产权法律冲突的可能性和协调的艰难性。最后，在WTO体制内，祖国大陆与台湾地区平等的成员关系，将可能使两岸知识产权纠纷的解决增加了政治困扰。在TRIPs协议中不仅确立了知识产权保护标准和实施规则，而且建立了解决缔约方之间争端的有效途径。祖国大陆与台湾之间的知识产权争议，可以但并不必然诉诸世贸组织的争端解

---

[1] 2000年2月21日国务院台湾事务办公室、国务院新闻办公室发表的《一个中国的原则与台湾问题》白皮书。

决机制去解决；大陆与台湾同属一个国家，彼此间的知识产权争端属于国内管辖范围，完全可以通过国内的其他争端解决方式予以解决。但由于台湾当局一直希望借WTO成员关系把台湾问题国际化，因此不能完全排除台湾当局在WTO体制内制造事端，使中国海峡两岸知识产权纠纷增加政治困扰。

（5）海峡两岸知识产权法律冲突的协调解决受到两岸政治关系的影响。虽然近几年来，两岸在反对"台独"、坚持"九二共识"的共同政治基础上建立互信，保持良性互动，为两岸交流合作、协商谈判营造了必要环境，确保了两岸关系和平发展大局稳定，但台湾局势错综复杂。海峡两岸关系和平发展既呈现光明前景，又面临种种挑战。一部分民进党人士仍然顽固坚持两岸"一边一国"的"台独"立场没有改变，否认"九二共识"的立场没有改变。此外，美国虽对两岸经贸关系的发展抱乐观其成的态度，但对两岸进行政治互动保持高度警惕，严密防范两岸关系发展超出其所能接受的范围。未来美国可能通过各种手段牵制两岸关系发展。[1] 由此，海峡两岸关系充满了复杂性和不确定性，两岸知识产权法律冲突的协调解决不可避免地会受其影响。

第二节　海峡两岸调整知识产权制度冲突的立法与实践

一、中国大陆调整海峡两岸知识产权制度冲突的立法与实践

尽管19世纪中叶以来，为协调各国知识产权保护的立法，各国先后签订了一系列保护知识产权的国际公约，但消除法律选择的需要从

---

[1] 辛旗："学习'12.31'讲话，持续推动两岸关系向深层次发展"，载《北京联合大学学报》2010年第1期。

来就不是现有知识产权国际公约起草者们的现实目标。❶ 因而,以国内冲突法规范来解决法律冲突是传统的解决方法。由于知识产权法律冲突出现的时间较晚,因此,各国解决知识产权法律冲突的专门立法还很少。目前,通过国内立法来解决知识产权法律冲突的方法主要有三类:❷ 一是专门的知识产权冲突规范。虽然此类冲突规范不多且很少有专门的法典,但可散见于一些冲突法典中,如1978年《奥地利国家私法》第34条规定:"无形财产权的创立、内容和消灭,依使用行为或侵权行为发生地国家的法律"。二是适用传统的冲突规范来解决知识产权法律冲突。知识产权作为财产权的一种,适用于财产权的冲突规范当然可适用于知识产权。三是在国内知识产权专门立法中确认法律冲突解决的方法。

目前,中国大陆还没有专门的调整区际法律冲突的立法,解决涉台知识产权法律冲突的方法主要有两类:一是比照适用法律、法规关于涉外知识产权保护的相关规定;二是制定专门调整涉台知识产权法律问题的规范性文件。

(一) 比照适用法律、法规关于涉外知识产权保护的相关规定

1. 比照适用《涉外民事关系法律适用法》的相关规定。

虽然通过缔结国际条约可使其成员国的知识产权实体法在许多方面得到统一,在一定范围内解决知识产权的法律冲突,但统一实体法并不能完全解决知识产权法律冲突问题。因而,通过制定各国国内知识产权法中有关涉外知识产权的冲突规范以解决知识产权法律

---

❶ James J. awcett and Paul Torremans, intellectual property and private international law, Clarendon press oxford 1998, p. 460 转引自冯术杰、贺顺:"保护国法主义与分割论的结合适用——试论知识产权冲突规则的拟定",载《电子知识产权》2004年第12期。

❷ 朱榄叶、刘晓红主编:《知识产权法律冲突与解决问题研究》,法律出版社2004年版,第35页。

冲突的法律适用问题，便成为解决知识产权法律冲突的重要途径。然而，中国大陆在相当长的时期里一直缺乏一套系统化的冲突规则，直到 2010 年才正式通过《涉外民事关系法律适用法》（以下简称《法律适用法》）。在法律适用法颁布之前，冲突规则较为集中地规定于 1986 年制定的《中华人民共和国民法通则》（以下简称《民法通则》）第 8 章"涉外民事关系的法律适用"。其他一些单行法律、法规也含有冲突规则，如 1985 年的《继承法》、1990 年由原对外经济贸易部发布的《外资企业法实施细则》、1991 年的《收养法》、1992 年的《海商法》第 14 章"涉外关系的法律适用"、1995 年的《票据法》（2004 年 8 月 28 日修正）第 5 章"涉外票据的法律适用"等。

此外，最高人民法院的一些司法解释中也含有冲突规则，如 1985 年 9 月发布的最高人民法院《关于贯彻执行〈中华人民共和国继承法〉若干问题的意见》、1988 年 1 月发布的最高人民法院《关于贯彻执行〈中华人民共和国民法通则〉若干问题的意见（试行）》、2007 年 7 月发布的《最高人民法院关于审理涉外民事或商事合同纠纷案件法律适用若干问题的规定》、1993 年 12 月最高人民法院发布的《关于深入贯彻执行〈中华人民共和国著作权法〉几个问题的通知》等。

虽然上述法律、法规和司法解释含有一些有关涉外民事关系法律适用的规定，但欠缺一套系统性的冲突规则。在知识产权法律适用方面几乎更是一片空白。上述《关于深入贯彻执行〈中华人民共和国著作权法〉几个问题的通知》是处理涉外著作权法律冲突问题的主要法律依据。该通知第 2 条就涉外著作权案件的司法管辖和法律适用问题作了如下规定：审理涉外著作权案件，适用我国《著作权法》等法律、法规；我国国内法与我国参加或缔结的国际条约有不同规定的，适用国际条约，但我国声明保留的条款除外；国内法与国际条约都没有规定的，按对等原则并参照国际惯例进行审理。该规定实质上是涉外著作权案件适用法院地法的体现，即涉外案件若由我国法院审理，适用我国法律。

在涉台著作权法律适用方面，祖国大陆也是比照上述原则适用祖国大陆著作权法的。例如，浙江胜利塑胶有限公司未经著作权人许可，将台湾居民陈韦志创作完成的"宝贝猪系列"美术作品在大陆登记为注册商标，并在销售的产品中使用该注册商标一案，厦门中级法院审理认为，根据祖国大陆《著作权法》规定的"中国公民、法人和其他组织的作品，不论是否发表，依照本法享有著作权"，"宝贝猪系列"作品系由台湾居民陈韦志创作完成，"宝贝猪系列"作品的著作权人为陈韦志，其相应的权利受大陆法律保护。❶至于工业产权法律冲突的解决，还没有明确的法律规定。对于涉台工业产权的法律适用，司法实践中均是适用大陆的法律，即注册登记地（权利授予地）法。如台湾居民吴子宾诉上海市周浦镇工业公司等侵犯专利权案，上海市中级人民法院适用的就是我国大陆的专利法。❷

为了推动我国国际私法的法典化，中国国际私法学会在1993年深圳年会上决定起草示范法，并成立了以韩德培教授为召集人组成的起草小组；经过反复研讨和修改，数易其稿，2000年《中华人民共和国国际私法示范法》（以下简称《示范法》）最后定稿出版。《示范法》第92~99条拟定了知识产权的法律适用制度。关于专利权的法律适用，《示范法》规定："专利权的成立、内容和效力，适用专利申请地法"（第93条）；关于商标权的法律适用，《示范法》规定："商标权的成立、内容和效力，适用注册登记地法"（第94条）；关于著作权法律适用，《示范法》规定："著作权的成立、内容和效力，适用权利主张地法"（第95条）；关于知识产权的合同，《示范法》规定："有关知识产权的合同，适用本法关于合同的规定"

---

❶ 《福建日报》2009年5月21日，第2版。

❷ 陈旭主编：《知识产权案例精选》，法律出版社1999年版，第135~139页。

(第 97 条）；关于知识产权侵权的法律救济，《示范法》规定："知识产权侵权的法律救济，适用请求保护地法"（第 99 条）。

为更好地保护涉外民事关系当事人的合法权益，促进涉外民事关系正常发展，2010 年 10 月 28 日，第十一届全国人民代表大会常务委员会第 17 次会议表决通过了《法律适用法》，并于 2011 年 4 月 1 日起施行。《法律适用法》在起草制定过程中，既总结了我国改革开放 30 多年来在涉外民事立法、司法、执法等方面的经验，把多年来行之有效的规定和做法纳入其中，又借鉴了世界各国国际私法立法和国际公约制定的成功经验，参考国际上的通行做法和最新发展成果；同时，该法还从中国本土实际出发，立足中国，进行涉外民事关系法律适用制度创新。该法第 7 章关于知识产权法律适用的规定，第一次将调整知识产权的冲突规范规定在我国的法律适用法中，不仅填补了该领域的法律空白，而且采取了国际上先进的"被请求保护地法"原则，有利于知识产权的应用和保护。

《法律适用法》第 48 条规定："知识产权的归属和内容，适用被请求保护地法律。"第 49 条规定："当事人可以协议选择知识产权转让和许可使用适用的法律。当事人没有选择的，适用本法对合同的有关规定。"第 50 条规定："知识产权的侵权责任，适用被请求保护地法律，当事人也可以在侵权行为发生后协议选择适用法院地法律。"

《法律适用法》作为中国大陆第一部单行的国际私法，虽然对涉外知识产权的法律适用问题作了规定，但毕竟不能直接作为调整中国区际知识产权法律冲突的法律依据，因为调整涉外民事关系的法律与调整区际民事关系的法律不尽相同。国际私法❶中的法律冲突，系指解决同一问题的不同国家或地区的法律由于各自内容的差异而导致相互在效力上的冲突。❷ 就知识产权领域而言，知识产权法律冲突，是指对同一知识产权法律关系因所涉各国或地区法律规定不同而发生的法律适用上的冲突。❸ 而区际法律冲突是在一个国家内部不

---

❶ 调整涉外民事关系的法律的名称，各国称谓不一，不少国家和学者认为，涉外民事关系法律适用法就是国际私法。在我国《涉外民事关系法律适用法》起草过程中，学者关于这部法律如何称谓也有5种不同观点：（1）国际私法。持这种观点的学者认为，国际私法这个名称已为国际组织海牙国际私法会议、瑞士、奥地利、意大利、德国等国家在立法上接受并使用，在国际上有广泛的影响；国际私法这一称谓已被大陆法系国家普遍用来指代调整涉外民事关系法律学科的名称，具有广泛的社会基础，以国际私法作为调整涉外民事关系法律名称能与大陆法系国家保持一致，凸显社会性。（2）冲突法。一些学者认为调整涉外民事关系的法律应称之为"冲突法"，这种观点一是受英美学派的影响，一是认为我国现制定的调整涉外民事关系的法律仅为冲突规则，适用冲突法称谓能使名称与内容保持一致。（3）涉外民事关系法律适用法。有学者认为我国1918年制定调整涉外民事关系的法律时将其称为《法律适用条例》，新中国成立后我国一直沿用了这一称谓，《民法通则》《海商法》《航空法》《票据法》都以专章的形式规定了涉外民事关系的法律适用，应该坚持法律传统，继续使用涉外民事关系法律适用法名称。（4）涉外民商事关系法律适用法。有学者主张现制定的调整涉外民事关系的法律不仅调整涉外民事关系，也调整涉外商事关系，在法律名称上应反映出"商事"内容，使用"涉外民商事关系法律适用法"为该法命名更贴切。（5）国际民事关系法律适用法。有学者主张涉外民事关系是在国际经济交往和民事往来中形成的，其国际性法律渊源在该法中所占比重愈来愈大，近年来，各国立法使用国际私法名称的愈来愈多，使用"国际"一词有利于与世界各国接轨。此外，《涉外民事关系法律适用法》虽然是《民法》中的第九编，但同时又是一个单行法规，采用国际民事关系法律适用法名称能充分反映出该法的国际法性质。赵相林、杜新丽等：《国际民商事关系法律适用法原理》，人民法院出版社2006年版，第4~6页。

❷ 黄进：《中国国际私法》，法律出版社1998年版，第81页。

❸ 齐爱民、何培育："涉外知识产权纠纷的法律适用——兼评《涉外民事关系法律适用法》相关规定"，载《知识产权》2011年第2期。

同地区的法律制度之间的冲突，或者说是一个国家内部不同法域之间的法律冲突。❶ 在知识产权领域，区际知识产权法律冲突，是指对同一知识产权法律关系因所涉各法域法律规定不同而发生的法律适用上的冲突。由于国际私法中的法律冲突与一个国家内部不同法域之间的区际法律冲突存在本质上的差异，因而，解决主权国家之间法律冲突的国际私法同解决一国内部不同法域之间法律冲突的区际冲突法存在许多差别。有学者认为，两者有以下几方面差别：①调整的对象不同。国际私法调整的是具有涉外因素的民事法律关系，区际冲突法调整的是一国内部不同法域之间的民事法律关系。②解决的任务不同。国际私法解决的是主权国家之间的民事法律冲突，区际冲突法解决的是主权国家内部不同法域之间的民事法律冲突。③体现的政策不同。国际私法体现的是国家的对外政策，区际冲突法则体现的是复合法域国家处理其内部不同地区之间的政治、经济、民事等关系的政策。④法律渊源不同。国际私法的渊源有成文法或不成文的国内法、国际条约、国际惯例，而区际冲突法的渊源只是成文或不成文的国内法。❷

尽管国际私法与区际冲突法存在诸多差别，但由于祖国大陆没有制定专门的区际冲突法，为及时合理地解决各地区人民交往中的民商事法律问题，不少大陆学者认为，在大陆区际冲突法颁布之前，这些调整与我国有关的国际冲突的法律条款和司法解释可以推定适用，以解决区际冲突。在一些法律、司法解释及有关部门的相关规定中也明确指出，大陆与港、澳、台地区之间的冲突，可以"比照"或"参照"适用涉外冲突规则。例如，在香港、澳门回归祖国以前，1987年10月19日的《最高人民法院关于审理涉港澳经济纠纷案件若干问题的解答》规定：审理涉港澳经济纠纷案件，按照民法通则

---

❶ 黄进：《区际冲突法研究》，学林出版社1991年版，第48~49页。

❷ 黄进：《区际冲突法研究》，学林出版社1991年版，第122~125页。

第8章涉外民事关系的法律适用和涉外经济合同法第5条的规定,应适用香港、澳门地区的法律或者外国法律的,可予适用,但以不违反我国的社会公共利益为限;审理涉港澳经济纠纷案件,遇有我国和香港、澳门地区参加的国际条约同我国法律有不同规定时,适用国际条约的规定,但我国声明保留的条款除外。❶

由于海峡两岸关系的复杂性和不确定性,关于两岸之间的民事法律问题,自1980年以来,祖国大陆先后出台了一系列的法律、法规和司法解释,但大多数是鼓励台商投资的行政管理性规定,司法方面的规定也大多涉及管辖、送达、判决认可等程序方面的事项,法律适用以及实体方面的规定十分有限。如1988年最高人民法院发布了《关于人民法院处理涉台民事案件的几个法律问题》,对涉台婚姻问题、夫妻共同财产问题、抚养、赡养和收养问题、继承问题、房产问题、债务问题以及诉讼时效等问题作了明确规定,但其中并没有针对知识产权的相关规定。1991年4月最高人民法院在七届人大四次会议上所做的工作报告中指出:"台湾居民在台湾地区的民事行为和依据台湾地区法规所取得的民事权利,如果不违反中华人民共和国法律的基本原则,不损害社会公共利益,可以承认其效力,对台湾地区法院的民事判决,也将根据这一原则,分别不同情况,具体解决承认其效力问题。"这对法院解决涉台民事法律问题提供了政策指导,但其只是最高人民法院的工作报告,并不具备真正的法律效力。2005年最高人民法院《第二次全国涉外商事海事审判工作会议纪要》,第一次以司法文件的形式明确规定涉台商事海事纠纷的法律适用参照涉外案件的有关规定处理,但也未涉及涉台知识产权纠纷案件的法律适用问题。2010年12月27日,最高人民法院公布了《最高人民法院关于审理涉台民商事案件法律适用问题的规定》。该

---

❶ 最高人民法院研究室编:《涉港澳审判手册》,警官教育出版社1999年版,第207~208页。

规定共3条，其中第1条规定："人民法院审理涉台民商事案件，应当适用法律和司法解释的有关规定。根据法律和司法解释中选择适用法律的规则，确定适用台湾地区民事法律的，人民法院予以适用"。第2条规定："台湾地区当事人在人民法院参与民事诉讼，与大陆当事人有同等的诉讼权利和义务，其合法权益受法律平等保护。"第3条规定："根据本规定确定适用有关法律违反国家法律的基本原则或者社会公共利益的，不予适用。"该司法解释是迄今为止，效力层级最高的一个关于涉台民商事案件法律适用的法律文件，它首次明确提出了审理涉台民商事案件可以适用台湾地区民事法律，前提是：①根据法律和司法解释中选择适用法律的规则，确定适用台湾地区民事法律的；②适用台湾地区民事法律不得违反国家法律的基本原则或者社会公共利益。但该司法解释也没有明确指出知识产权诉讼可适用台湾地区民事法律。目前，祖国大陆在保护台湾地区知识产权方面的做法，主要还是允许台湾地区居民或企业在大陆依据大陆的知识产权法等法律法规申请知识产权，经过一定的审查程序授予其知识产权；具体准用涉外主体在我国知识产权行政保护、司法保护的相关规定，而缺少海峡两岸知识产权冲突的相关立法和司法解释。❶

2. 比照适用知识产权专门立法中有关涉外知识产权的法律适用原则

通过制定和完善各国国内知识产权法中有关涉外知识产权的实体法规范来解决外国知识产权在内国的保护，是解决知识产权法律冲突的又一途径。祖国大陆的知识产权制度诞生于大陆的改革开放时期。为了落实党的十一届三中全会确立的改革开放的国策，大陆自

---

❶ 谢爱芳："两岸知识产权冲突的法律适用问题研究——以厦门法院涉台知识产权审判实践为契入"，见海峡两岸司法实务研讨会组委会编：《2011年海峡两岸司法实务研讨会论文汇编（上）》，第391~392页。

20世纪80年代以来先后制定的专利法、商标法、著作权法、反不正当竞争法等法律法规都规定了涉外知识产权保护的原则。

（1）专利法方面。中国大陆调整涉外专利权的主要法律、法规有：《专利法》《专利法实施细则》《中国单位或个人向外国申请专利的办法》《专利代理条例》等。在涉外专利权方面的法律适用原则有以下几种做法：①在中国没有经常居所或者营业所的外国人、外国企业或者外国其他组织在中国申请专利的，依照其所属国同中国签订的协议或者共同参加的国际条约，或者依照互惠原则，根据中国专利法办理。❶②在中国没有经常居所或者营业所的外国人、外国企业或者外国其他组织在中国申请专利和办理其他专利事务的，应当委托依法设立的专利代理机构办理。❷③任何单位或者个人将在中国完成的发明或者实用新型向外国申请专利的，应当事先报经国务院专利行政部门进行保密审查。保密审查的程序、期限等按照国务院的规定执行。❸④申请人自发明或者实用新型在外国第一次提出专利申请之日起12个月内，或者自外观设计在外国第一次提出专利申请之日起6个月内，又在中国就相同主题提出专利申请的，依照该外国同中国签订的协议或者共同参加的国际条约，或者依照相互承认优先权的原则，可以享有优先权。申请人自发明或者实用新型在中国第一次提出专利申请之日起12个月内，又向国务院专利行政部门就相同主题提出专利申请的，可以享有优先权。❹

（2）中国大陆调整涉外商标权的法律、法规有：《商标法》《商标法实施细则》《马德里商标国际注册实施办法》《关于对外贸易中商标管理的规定》等。大陆在涉外商标权方面的法律适用规定是：

---

❶《专利法》第18条。
❷《专利法》第19条第1款。
❸《专利法》第29条。
❹《商标法》第17条。

①外国人或者外国企业在中国申请商标注册的,应当按其所属国和中华人民共和国签订的协议或者共同参加的国际条约办理,或者按对等原则办理。❶②外国人或者外国企业在中国申请商标注册和办理其他商标事宜的,应当委托国家认可的具有商标代理资格的组织代理。❷"具有商标代理资格的组织"是中国国际贸易促进委员会,该委员会下专门设立了商标代理处,具体办理委托代理的有关事项。③商标注册申请人自其商标在外国第一次提出商标注册申请之日起6个月内,又在中国就相同商品以同一商标提出商标注册申请的,依照该外国同中国签订的协议或者共同参加的国际条约,或者按照相互承认优先权的原则,可以享有优先权。依照前款要求优先权的,应当在提出商标注册申请的时候提出书面声明,并且在3个月内提交第一次提出的商标注册申请文件的副本;未提出书面声明或者逾期未提交商标注册申请文件副本的,视为未要求优先权。❸ ④外国人的商标是未在我国注册的驰名商标的,亦受我国法律保护。但对于未在我国注册的驰名商标,其特殊保护的效力仅仅基于"相同或者类似商品";对于已经在我国注册的驰名商标,其特殊保护的效力还及于"不相同或者不相类似的商品"。❹

(3)著作权法方面。中国大陆调整涉外著作权的法律、法规有:《著作权法》《著作权法实施条例》《实施国际著作权条约的规定》《计算机软件保护条例》等。大陆在涉外著作权方面的法律适用规定是:①对于涉外著作权的保护采取"双国籍国民待遇原则"。②外国人、无国籍人的作品根据其所属国或者经常居住地国同中国签订的协议或共同参加的国际条约享有的著作权,受我国著作权法保护。

---

❶ 《商标法》第17条。
❷ 《商标法》第24条。
❸ 《著作权法》第2条。
❹ 《商标法》第13条。

外国人、无国籍人的作品首先在中国境内出版的,依照我国著作权法享有著作权。未与中国签订协议或者共同参加国际条约的国家的作者以及无国籍人的作品首次在中国参加的国际条约的成员国出版的,或者在成员国和非成员国同时出版的,受我国著作权法保护。

(4)制止不正当竞争的保护方面。对外国人是否有权要求制止在我国发生的不正当竞争,《反不正当竞争法》没有规定。但根据《巴黎公约》第 10 条之二"本联盟国家有义务对联盟国家的国民给予制止不正当竞争的有效保护"的规定,对所属国与我国签订协议或共同参加国际条约的外国人在我国主张权利的,我国应遵守国民待遇原则,依据《反不正当竞争法》给予外国人制止不正当竞争的保护。

由上可见,我国对外国人发明创造、商标的保护,是以外国人在我国依据《专利法》《商标法》的规定申请并获得我国专利权、商标权为前提的;外国人的发明创造、商标虽然在外国取得权利,但未在我国获得专利权、商标权的,在我国亦不受保护。外国人在我国依照法定程序获得的专利权、商标权,受《专利法》《商标法》保护。著作权为自动产生;在我国,外国人对其作品享有著作权不需以履行登记等手续为前提,但必须依据《著作权法》认定外国人作品是否符合作品条件、著作权权利内容和范围。因此,《著作权法》所坚持的是将外国作品归属于我国作品的"归化原则",依据我国法律保护外国人作品。[1] 对外国人的驰名商标、制止不正当竞争的权利,我国同样通过签订相关知识产权国际条约承诺依据我国相关法律予以保护。

在中国大陆《法律适用法》颁布之前,在相当一段时期里,关

---

[1] 陈锦川:"试论涉外知识产权民事法律关系的法律调整及其法律适用实务",载李明德主编:《知识产权文丛》(第 14 卷),知识产权出版社 2008 年版,第 21 页。

于涉外知识产权保护的法律规定存在不系统、不全面、不具体和不明确等缺陷，给知识产权司法实务造成不小的"操作性障碍"。为了能及时合理地解决日益复杂的涉外知识产权纠纷，司法机关拟定了一些处理涉外知识产权法律适用的规则、原则：❶

①关于涉外知识产权审判中在外国人要求给予知识产权保护时需要考虑的问题。一国缔结或者加入国际条约，只是承诺对成员国国民的知识产权予以保护，但保护的具体根据不是国际条约，而主要是本国法。只有在本国法的保护水平低于国际条约的要求时，才依据国际条约。因此，在涉外知识产权审判中对于外国人要求我国给予知识产权法保护的，除了我国法律另有规定的以外，首先要考虑的是主张权利的外国人所属国与我国是否缔结或共同参加了国际条约，我国是否承诺给该国国民知识产权保护。其次，在适用我国相关知识产权法给该外国人知识产权保护时，要考虑我国相关法律规定的保护标准是否达到了国际条约的要求。

②关于涉外知识产权民事案件的认定。根据1992年7月最高人民法院《关于适用〈中华人民共和国民事诉讼法〉若干问题的意见》第304条规定，只要具备当事人为外国人，或者法律事实发生在外国，或者诉讼标的物在外国三个因素之一，即为涉外民事案件。因此，虽然双方当事人均为我国公民、法人或者其他组织，但侵犯知识产权的行为发生在外国，或者受到侵害之权利标的位于外国的，即属于涉外知识产权民事案件。

③关于当事人以在另一国拥有知识产权为由对原告的侵权指控进行抗辩的认定。在《巴黎公约》成员国内享有国民待遇的人，就同一项发明、同一商标在不同成员国享有的专利权、商标权，彼此互相独立、互不影响。故权利人在外国取得的专利权、商标权在我国

---

❶ 北京市高级人民法院《关于涉外知识产权民事案件法律适用若干问题的解答》，(京高法发〔2004〕49号) 2004年2月18日。

不具有效力,被控侵权人不能以其使用的技术、外观设计、商标等是经他人依外国专利权、商标权授权为由进行抗辩。

④关于未与我国签订协议或者共同参加国际条约的国家的作者在我国主张著作权的条件。未与我国签订协议或者共同参加国际条约的国家的作者的著作权欲得到我国法律保护,须符合以下条件之一:该外国人的作品首先在中国出版;该外国人的作品首次在我国参加的国际条约的成员国出版,或者在成员国和非成员国同时出版。

⑤关于主张权利的外国人与相关知识产权国际条约关系的确定。在《巴黎公约》中,可通过以下三个因素中的任何一个加以确定,即国籍、住所、营业所。自然人具有公约成员国的国籍、法人依法登记而获得法律主体资格的国家是公约成员国、非成员国国民的自然人在成员国有法律承认的住所、非成员国的法人在成员国有真实而有效的营业所的,该自然人或者法人即属成员国国民,可在我国主张权利。

在《伯尔尼公约》中,根据自然人的国籍、惯常居所、作品国籍以及特殊作品(建筑、电影)来确定作者是否可以主张权利。凡是:具有任何一个公约成员国国籍的自然人;虽无成员国国籍,但在任何一个成员国领土上有"惯常居所"的自然人;虽非为任一成员国国民,但作者的作品首次于一个成员国出版,或者同时于一非成员国与一成员国出版的;电影作品的制作人的总部或其惯常居所设立于某一公约成员国的;涉及建筑作品时,只要建筑物或者结合于建筑物或其结构中的其他艺术作品坐落于或位于公约任一成员国的;均可以主张公约给予的保护。

在《世界版权公约》中,以作者的国籍、住所或作品的国籍为连接点确定作者是否可享受公约规定的保护。凡是作者具有任何一个公约成员国国籍,或者在任何一个成员国有住所,或者其作品在任何一个成员国领土上首次发表的,该作者即可主张公约保护。

在《保护录音制品制作者防止未经许可复制其录音制品公约》（以下简称《录音制品公约》）中，仅以国籍为标准来确定制作者是否可享受公约规定的保护，如果制作者具有任一缔约国国籍，即有资格得到保护。

⑥关于外国人在我国主张著作权、要求制止在我国实施不正当竞争案件的确认。在审理外国人在我国主张著作权、要求制止在我国实施不正当竞争的案件时，除外国人主张权利的作品是首先在我国出版的情况以外，应首先依照我国法律及其缔结或参加的国际条约确认该外国人是否有权在我国主张权利，所主张的权利是否受我国法律保护。

⑦关于外国人发表于外国的作品产生著作权及著作权归属的确认。外国人就其在外国出版的作品在我国主张著作权的，该作品是否产生著作权、著作权权利内容和归属等问题，应依我国《著作权法》确认。

⑧关于外国人在我国主张知识产权权益的法律适用。外国人的发明创造、商标在我国依照我国法律规定的程序取得专利权的，商标权是我国的专利权、商标权，受我国法律保护；同样，我国《著作权法》保护外国人的作品，也是把外国人的作品视为我国作品、依照我国《著作权法》赋予其著作权。因此，审理外国人主张我国专利权、商标权、著作权的民事案件，仅涉及专利权、商标权、著作权问题的，应适用我国相关法律，不存在适用外国法律的可能，故无须引用冲突规范。但表明我国在知识产权国际保护中、在法律适用上的态度和立场是必要的，故应明确说明案件的审理适用我国法律。

⑨关于审理外国人要求制止在我国实施的不正当竞争行为案件适用冲突规范选择适用法律问题的处理。外国人要求制止在我国实施的不正当竞争行为的，应适用我国《反不正当竞争法》，不须引用冲

突规范。

⑩关于TRIPs协议、《巴黎公约》《伯尔尼公约》等国际条约的适用效力。《民法通则》第142条第2款规定："中华人民共和国缔结或者参加的国际条约同中华人民共和国的民事法律有不同规定的，适用国际条约规定，但中华人民共和国声明保留的条款除外。"故在审理涉外知识产权民事案件时，《巴黎公约》《伯尔尼公约》等国际条约具有直接适用的效力；但我国声明保留的条款除外。

对于包括TRIPs协议在内的世贸协定，我国只是承诺以制定或者修改国内法律的方式予以履行，并未赋予其在国内的直接适用效力。因此，不能直接援用该规则作为裁判的依据。

⑪关于案件当事人所属国均为《伯尔尼公约》《世界版权公约》成员国的情况的处理。在案件当事人所属国均为《伯尔尼公约》《世界版权公约》成员国的情况下，仅需要引用《伯尔尼公约》。为协调《伯尔尼公约》与《世界版权公约》的关系，《世界版权公约》第17条规定："本公约完全不影响《伯尔尼公约》的规定"。在与第17条相关的附加声明中又指出："《伯尔尼公约》成员之间，关系到起源国是伯尔尼联盟的国家之一的作品的保护时，不适用《世界版权公约》。"因此，在参加两个公约的国家（地区）关系中，《伯尔尼公约》占优先地位。在案件当事人所属国均为《伯尔尼公约》《世界版权公约》成员国的情况下，仅需要引用《伯尔尼公约》。

⑫关于外国人非《巴黎公约》《伯尔尼公约》等国际条约成员的国民，但属于TRIPs协议成员的国民的，对其知识产权的保护问题的处理。外国人非《巴黎公约》《伯尔尼公约》等我国加入的知识产权国际条约成员的国民，但属于TRIPs协议成员的国民的，可依据《巴黎公约》《伯尔尼公约》在我国主张知识产权。

⑬关于在侵犯著作权、不正当竞争纠纷案件中，双方当事人均为我国自然人、法人，或者在我国均有住所，侵权行为发生在外国的

案件的适用法律问题。根据《民法通则》第 146 条第 1 款的规定，侵权行为的损害赔偿，当事人双方国籍相同或者在同一国家有住所的，可以适用当事人本国法律或者住所地法律。因此，侵犯著作权、实施不正当竞争纠纷案件，双方当事人均为我国自然人、法人，或者在我国均有住所，侵权行为发生在外国的，可以适用我国的《著作权法》《反不正当竞争法》等法律。

依照祖国大陆的相关司法解释和司法实践，涉台知识产权保护一般比照适用上述有关涉外知识产权保护的法律适用原则。问题是，在中国（大陆）的《法律适用法》颁布以前，大陆没有单行、统一的法律适用法，在立法模式上，采取的是以专章规定或在有关单行法中列入相应涉外民事关系法律适用规范的模式；在先后制定的许多法律法规中有不少对相关的涉外民事关系的法律适用做了规定，最高人民法院在涉外民事审判工作中也就具体应用法律问题颁布了许多有关涉外民事法律适用规定的司法解释。但由于涉外民事关系法律适用的法律规定不系统，特别是关于知识产权法律适用的规定，更是严重残缺，极不规范，以致一些地方高级人民法院不得不发布关于涉外知识产权民事案件法律适用若干问题的解答，❶ 以强化涉外知识产权法律适用的统一性。《法律适用法》颁布后，相关法律适用规范的内容相互交叉；且《法律适用法》在众多领域填补了现行《民法通则》及其他单行法中法律适用的空白，如第 7 章 "知识产权"中的法律适用规定即为现行法律尚未涉足的领域。在这种情况下，只有厘清《法律适用法》与其他法律适用规范的相互关系，才能避免彼此之间的潜在冲突。

《法律适用法》第 2 条第 1 款规定："涉外民事关系适用的法律，依照本法确定。其他法律对涉外民事关系法律适用另有特别规定的，

---

❶ 如北京市高级人民法院曾于 2004 年 2 月 18 日发布了《关于涉外知识产权民事案件法律适用若干问题的解答》。

依照其规定。"这一条文旨在确定《法律适用法》在各种法律适用规范中优先适用的地位，同时也隐含了两层意思：一是"其他法律"继续有效，并不因为"本法"的施行而失去效力；二是与"其他法律"中的"特别规定"相对应，"本法"的规定属于"一般规定"。这一处理"本法"与"其他法律"关系的规定显然源自《立法法》第 83 条规定的法律效力的适用体系："同一机关制定的法律、行政法规、地方性法规、自治条例和单行条例、规章，特别规定与一般规定不一致的，适用特别规定；新的规定与旧的规定不一致的，适用新的规定。"《立法法》的这一规定是处理《法律适用法》与其他相关法律关系的有效依据，也是协调中国国际私法立法体系中各种法律规范相互关系的指导原则。新出台的《法律适用法》对涉外知识产权法律适用问题作了较系统、明确的规定；应按照《立法法》规定的"特别规定优于一般规定""新的规定优于旧的规定"的规则，理顺《法律适用法》关于知识产权法律适用的规定与其他法律、法规、司法解释（解答）的相互关系，才能避免和消除可能出现的法律、法规、司法解释（解答）之间潜在的冲突。这不仅有利于更合理地解决涉外知识产权民事案件，而且有利于处理涉台知识产权民事案件时比照适用。

（二）制定专门调整涉台知识产权法律问题的规范性文件

自 1979 年 1 月全国人大常委会发表《告台湾同胞书》、宣布和平统一的对台方针以来，祖国大陆方面相继出台了一系列处理涉台事务的法律、法规及其他规范性文件。从制定主体、表现形式、效力或位阶上来划分，专门调整涉台法律事务的规范性文件主要有这样几类：全国人大及其常务委员会制定的法律，国务院制定的行政法规、法规性文件，司法解释，部门规章，两岸授权民间团体签订的规定以及结合当地实际情况制定的地方性法规或地方政府规章。其中，国家知识产权局、版权局等相关部门也就一些与台湾地区有关的知识产权保护问题作了一些专门的规定。这些专门规定毫无疑问可直接用来解决涉台知识产权保护问题。

（1）关于台湾同胞的著作权保护。20世纪80年代以来，祖国大陆为妥善处理与台湾地区文化交流中的版权问题，先后制定了一系列政策、规定。1980年，中央宣传部转发的原国家出版局制定的《关于书籍稿酬的暂行规定》和1984年10月文化部颁布的《书籍稿酬试行规定》均明确指出：出版台湾、香港、澳门同胞的著译，均按规定以人民币支付稿酬。1987年12月26日国家版权局制定的《关于出版台湾同胞作品版权问题的暂行规定》对台胞作品版权保护问题作了如下暂行规定：①台湾同胞对其创作的作品，依国家现行有关法律、法规享有与大陆作者同样的版权。②凡大陆方面发表、转载、重印、翻译或改编出版台湾同胞作品，均需取得作者或其他版权所有人的授权，并签订版权转让或许可使用合同；出版者应将此类合同报国家版权局登记审核。③经授权出版台湾同胞作品的出版者，应依照有关稿酬规定向作者或其他版权所有人支付报酬和赠送样书，报酬以人民币支付。④台湾同胞向大陆转让版权或授权许可使用作品，可以自己办理，也可以委托亲友或代理人办理（代理人须持有经过公证的、作者或其他版权所有人的委托书）；可以直接同出版者联系，也可同版权代理机构——中华版权代理总公司联系。⑤大陆出版者或其他人如侵犯台湾同胞的版权，版权所有者可请求侵权者所在地版权管理机关处理，也可以向当地人民法院提起诉讼。

此外，祖国大陆版权局等相关部门还就台湾地区出版大陆作者的作品等问题作出规定。关于台湾出版大陆作者的作品规定：①对台湾方面出版大陆作者的作品，应尽量提供方便，但要弄清情况，防止上当，还应避免重复授权引起纠纷。②大陆作者或其他版权所有者授权台湾居民或法人使用作品，可以委托中华版权代理总公司代理，也可由作者或其他版权所有者直接同对方商谈、草签合同。草签的合同必须报国家版权局登记审核，未经登记审核的合同一律无效。③授权台湾方面出版大陆作品，应在合同中规定，如对方需作删节或改动，须征得作者同意，不得损害作品的完整性，更不能添加有损作者声誉的内容；版税可以按照当地做法收取，版税率一般取国际通行标准或台湾地区标准，不宜自行压低或故意抬高。

关于对台版权贸易和出版交流。1990年2月，国家版权局又颁布了《关于认真执行对台、港、澳版权贸易有关规定的通知》，再次强调台、港、澳同胞享有与祖国内地作者同等水平的版权保护，同时还明确规定，中国内地的作者或其他版权所有者向台、港、澳地区转让版权或授权使用作品，应签订书面合同，并明确转让或授权行使的时间、范围，版权转让不得一次卖绝版权。版权贸易合同，必须送版权管理机关审核登记，否则合同一律无效。

20世纪90年代初，海峡两岸出版交流日益频繁。为了积极、稳妥地开展对台出版交流合作，加强对台出版交流的管理，原新闻出版署又于1994年6月20日颁布了《对台出版交流管理暂行规定》，进一步明确包括图书、报纸、期刊、音像制品在内的对台出版交流，应当严格遵守国家《著作权法》及有关规定。如订立版权许可使用合同的有效期不超过10年，期满可以续订，亦即不能"卖绝"版权等。原新闻出版署归口管理对台出版交流工作——在大陆举办两岸图书展览、展销及订货会等活动以及赴台参加出版交流活动，需经原新闻出版署审批，重要项目还须报国务院台办批准。鼓励两岸开展版权贸易和合作出版业务，大陆出版机构应积极推荐大陆优秀图书供台湾出版机构出版发行。鼓励大陆图书贸易机构向台湾销售优秀图书，进销台湾图书应由国家批准的专业书刊进口单位按规定承办，其他机构不得擅自进销。台湾出版从业人员在大陆从事合作出版、图书贸易洽谈和组稿等业务活动，由省级出版行政主管部门审批，并抄告同级台办。台湾出版发行机构不得在大陆设立办事处、派驻人员，在大陆的台湾企事业机构也不得在大陆从事出版发行活动。与台湾合资办印刷企业，要注意引进高精技术、对大陆印刷业的发展有促进作用，并事先报经新闻出版署批准后，报有关部门审批。至于对台版权代理可委托中华版权代理总公司。该公司以民间机构名义对外，以独立法人资格接受作者或其他版权所有者的委托，开展对台版权贸易，主要业务有代理商谈、签订版权贸易合同，代理取得转让版权，代理收转稿费和版税，提供有关版权贸易的咨询，提供书目和图书出版信息，代理版权诉讼等。此外，由三联书店、中华书局、商务印书馆香港总管理处在香港组建的中华代理公司，受中华版权代理总公司的委托，在香港代理对台版权业务。上述版权专业代理机构，在对台版权贸易和解决版权纠纷方面，发挥了重要作用。

（2）关于台湾同胞的专利权保护。与港澳同胞相同，台湾同胞也可以在大陆享有申请专利的权利，但也作了一些特别规定。1993年3月29日，原中国专利局发布了《关于受理台胞专利申请的规定》，明确指出，台湾地区同胞与大陆同胞一样，可就其发明创造向中国专利局申请专利、取得专利保护，但台胞向中国专利局提交的专利申请文件不得使用"中华民国"字样，而应使用"中国台湾"。在办理专利申请过程中，为了保证中国专利局与台湾地区同胞专利申请人的通信联系，台湾地区自然人申请专利均应通过在中国专利局登记公告的国内专利代理机构办理。台湾地区法人作为申请人向中国专利局提出专利申请的，应委托国务院以及国务院授权中国专利局指定的专利代理机构办理。

此外，台湾地区同胞与祖国大陆同胞一样，可依照《专利法》的规定，就其在中国专利局提出的第一次正规申请办理向其他国家申请专利的优先权手续，对其提交的、以在《巴黎公约》某一成员国提交的第一次正规申请为基础向中国专利局要求优先权的，中国专利局予以受理。

1993年4月23日，原中国专利局又发布了《中国专利局关于台胞申请专利手续若干问题的处理办法》，就台湾地区同胞向原中国专利局申请专利手续的有关问题提出以下办理办法：①台湾地区法人或者个人向中国专利局申请专利时，未按规定委托专利代理机构，而是通过大陆的其他单位或个人办理申请手续的，若申请符合受理条件，也可受理；但申请人应当在自申请日起两个月内或在接到中国专利局通知书后一个月内按规定委托专利代理机构，期满未办理的或委托仍不符合规定的，应当予以驳回。申请不符合受理条件的，作出不受理的决定。②台湾地区申请人委托专利代理机构时，可以由本人直接办理委托手续，也可以委托其在大陆的亲友代为办理委托手续。由亲友代为办理委托手续的，应当由申请人签署全权委托书，在其中载明委托事项、委托人和被委托人的姓名（名称）和地址。委托书应由委托人签章，并注明委托日期。有上述委托书的，办理专利代理委托手续时，专利代理委托书可由亲友代为签章。③台湾地区法人作为申请人向专利局提出申请时，应当委托中国国际贸易促进委员会专利代理部、中国专利代理（香港）有限公司、上海专利事务所、永新专利商标代理有限公司、北京柳沈知识产权公司办理。台湾同胞个人向专利局申请专利时，应当委托在中国专利局登记备案的专利代理机构办理。④台湾地区申请人以其在《巴黎公约》某一成员国提出的第一次正规申请为基础向中国专利局要求优先权，或者以在中国专利局提出的第一次正规申请为基础，要求本国优先权的，只要符合条件应当予以承认；但申请人以其在台湾地区的申请为基础，向中国专利局要求优先权的，不予承认。⑤台湾地区申请人提出的专利申请文件中，含有与中国现行法规相抵触的词句的，应当通知申请人在两个月内删除，期满不答复的，其申请被视为撤回。明显不涉及技术内容的词句，中国专利局可以依权删除并通知申请人；申请人不同意删除的，或经补正以后仍不符合规定的，应当驳回其专利申请。

（3）关于台湾同胞的商标权保护。祖国大陆关于台湾同胞的商标权保护没有发布专门的部门规章，但从1985年起，国家工商总局商标局就开始正式受理台湾地区企业在祖国大陆提出的商标注册申请。对台湾地区企业前来大陆申请注册商标，始终采取热情欢迎、提供方便的态度，在申请资格或条件方面与大陆企业一视同仁。考虑到海峡两岸间的实际情况，从方便联系和有效申请出发，台湾地区企业和个人在大陆申请商标注册，必须委托国家认可的具有受理资格的商标代理组织办理。此外，随着我国加入的有关商标公约的增多，台湾地区同胞在商标国际注册方面的权益保护也不断得到增强。例如，台湾地区同胞在向国家工商总局商标局申请商标注册后，可以在《巴黎公约》的其他成员国享有商标注册申请的优先权。台湾同胞还可以其在祖国大陆申请或获准注册的商标为基础，向世界知识产权国际局提交国际注册申请，指定延伸保护的国家。国家局将收到的申请件分发到有关国家进行个别审查，有关国家依照本国法律确定该商标能否在当地国获得注册保护。这样，台湾同胞就可以通过在祖国大陆的一次商标注册申请，只交一次费用，而使其商标在多国获得保护。

以上专门针对两岸知识产权保护问题的规范性文件，在两岸关系的特定时期，对规范两岸知识产权关系、解决两岸知识产权法律问题，促进两岸民商事法律关系的稳定发展起到了重要的积极作用。但这些规范性文件有的已较为久远，无法适应两岸关系新形势的需要，应对其进行清理，逐步予以修改或废止，以利于更好地维护两岸知识产权当事人的合法权益。

二、台湾地区调整海峡两岸知识产权制度冲突的立法与实践

台湾地区有三部现行"冲突法":2010年5月26日公布的"涉外民事法律适用法"、1992年9月公布的"两岸人民关系条例"和1997年4月公布的"香港澳门关系条例"。处理与外国有关的民事案件适用"法律适用法",处理与港、澳之间民事案件则适用"香港澳门关系条例",而"两岸人民关系条例"则是专门用来处理与大陆之间法律冲突的"区际冲突法"。由上可见,台湾地区是将涉外法律冲突和区际法律冲突区别对待的。

为规范海峡两岸人民的往来,并处理所衍生的法律问题,台湾地区"法务部"于1988年开拟订"两岸人民关系条例",1989年2月完成该条例草案初稿。草案出台后,引起了两岸社会各界人士的广泛批评。一些台湾学者当时就指出,草案许多规定对大陆人民不公平,不合时宜之处甚多。此后,台湾地区又以"法务部"草案为蓝本,对该条例进行多次修订,1992年7月16日由台湾地区"立法院"三读表决通过。"两岸人民关系条例"是台湾当局公布的第一个全面规范两岸关系的法律性文件,也是台湾当局处理两岸交往关系的基本"法律"依据。该条例共计96条,包括总则、行政、民事、刑事、罚则和附则6章。为了配合两岸关系的发展变化与政治经贸发展的需要,到2009年止,该条例历经16次修改。"两岸人民关系条例"属台湾当局单方面进行的全局性、综合性的"立法"。台湾当局制定这种包罗万象的"特别法",旨在使其成为效力高于其他"法律"、用以处理两岸民间交往一切事宜、使用方便的根本性"法律",以与两岸关系的特殊性、复杂性相适应。❶ 在相当长的时间里,台湾

---

❶ 曾宪义等:"关于'台湾地区与大陆地区人民关系条例'的评估及对策的初步研究",载海峡两岸关系协会编印资料:《涉台法律问题研究》,1994年1月。

当局一直无视祖国大陆法律的存在，不承认祖国大陆法律的效力。开放大陆探亲旅游之后，大量的人员、经贸往来，迫使台湾当局不得不承认祖国大陆的法律，最终把两岸的民事法律冲突定位于"区际法律冲突"，这在认识上是一个大的飞跃。但这种由单方面制定自己的"区际冲突法"来解决两岸之间的法律冲突存在不少弊端：❶①由各法域自己制定区际冲突法，其可能因各法域规定不相同而导致各法域区际冲突法本身的冲突，从而大大增加区际法律冲突的复杂性；②各法域区际冲突法规定的不同会产生反致、转致等问题，从而降低区际民事法律关系的透明度；③一方当事人从自己的利益出发很可能利用各法域区际冲突法规定的不同而"挑选法院"，使对方当事人处于不利地位，导致对案件处理不公。因此，台湾方面采用单方面制定"区际冲突法"解决两岸区际法律冲突的做法亦非最佳选择。

关于民事法律冲突的规定见于第3章"民事"部分，共24条。综观这些条文，有一部分采用了台湾当局声称的"法律冲突理论"和国际上通行的比较合理的作法，表明了台湾当局愿意在某些方面把国际私法的一般原则、规则适用于"区际冲突法"以解决两岸间的法律冲突问题，这种意愿和做法是应该肯定的。但该条例也存在不少缺陷：❷首先，在条例的措辞上，当提到应以台湾地区"法律"为"准据法"时，规定应"适用台湾地区之法律"，而在以祖国大陆法律为准据法的情况下，则改口为"适用大陆地区之规定"，刻意回避"法律"二字。这种歧视性的用语是对祖国大陆法律的不尊重，同时，也体现了台湾地区当局相当程度的政治顾虑。其次，条例中的冲突规范，尽量扩大台湾地区"法律"的适用，体现出明显的

---

❶ 余先予："中国区际冲突法应该及早出台"，载《法律科学》1989年第3期。

❷ 冯霞：《中国区际私法论》，人民法院出版社2006年版，第162~163页。

"法律属地主义"。条例大量采用单边冲突规范，忽视双边冲突规范的作用，将许多民事关系都规定为只能适用台湾地区"法律"，排除内地法律的适用。而且，在条例中有关当事人民事实体权利的规定中，也作了限制性的规定，如限制大陆地区继承人继承遗产的数额，既有悖于法理，也不合情理。再次，在合同的法律适用上，仍采用传统的确定合同准据法的原则，没有纳入作为国际私法新近发展趋势之一的最密切联系原则。[1]

总之，"两岸人民关系条例"是台湾地区单方面制定的法律性文件，由于台湾当局人为设置障碍，作了许多悖人情、违法理的规定，其局限性是显而易见的，这必然影响该条例的可操作性和实际作用。

为配合"两岸人民关系条例"的实施，台湾地区有关部门还制定了实施细则和一批配套性法规。1992年9月10日，台湾地区"行政院"根据"两岸人民关系条例"第96条的规定，制定了"台湾地区与大陆地区人民关系条例施行细则"。该细则共56条，对大陆人民去台定居、继承遗产、两岸"文书验证"、雇用大陆劳工及大陆地区出版品、电影片进入台湾地区等问题，均作了详细的规定。1993年3月，台湾地区"经济部"公布了"在大陆地区从事投资或技术合作许可办法"；同年4月，"内政部"公布了"台湾地区人民进入大陆地区许可办法"；同年5月，"经济部"公布了"大陆地区产业技术引进许可办法"；同年3月，"行政院"新闻局发布了"大陆地区出版品、电影片、录像节目、广播电视节目进入台湾地区，或在台湾地区发行销售、制作、播映、展览观摩许可办法"。台湾当局制定颁布的一系列"法律"、"法规"，初步形成了一个比较完备、相对独立的规范两岸关系的规范体系。

"两岸人民关系条例"关于处理两岸知识产权法律冲突问题的规

---

[1] 余先予主编：《台湾民商法与冲突法》，东南大学出版社2001年版，第615页。

第二章 海峡两岸知识产权制度冲突的产生及解决方法

定,基本上是移植 1953 年公布的"涉外民事法律适用法"的法律适用原则,❶ 即物权依物之所在地法,而对以权利为标的的物权则依权利成立地之规定。❷ 其所指的"权利成立地",也称为权利产生地、权利来源地、权利登记地、权利注册地、权利授予地。"成立地"对于工业产权之类的以登记产生的权利容易确定,但对于著作权来说则有一定困难。因为"成立地"是指专利权依权利取得地之规定、商标权依商标登记地之规定,而著作权的产生一般采取创作主义,无须登记即可自动产生。1987 年 11 月 11 日,台湾在公布的台湾出版业者申请出版大陆出版品的"审查要点"规定,出版业者必须事先取得"原著作权人或出版权人、授权出版之人"的授权,并且须经其他国家或地区的公证人公证签约,不得直接与大陆出版机构或人员接触。此一"审查要点"一经公布即受各方的批评,台湾当局迫于压力又再度公布了"出版中国内地出版物的办法",取消了必须通过第三者"中介"的规定。据此"办法"和台湾地区"著作权法"的规定,台湾地区司法实践对大陆的著作权原则上采用创作保护主义。

由上可见,台湾地区处理海峡两岸知识产权领域的法律冲突问题,采用的是戴赛(Dicey)和莫里斯(Morris)等人所主张的财产法律适用原则。根据戴赛和莫里斯等人的观点,财产争议的本座要看所争议财产是动产还是不动产来决定,而且诉讼一般位于财产被

---

❶ 2010 年 5 月 26 日新修订公布的《涉外民事法律适用法》第 42 条第 1 项关于涉外知识产权的法律适用明确规定:"以智慧财产为标的之权利,依该权利应受保护地之法律。"同条第 2 项规定:"受雇人于职务上完成之智慧财产,其权利之归属,依其雇佣契约应适用之法律。"

❷ 《两岸人民关系条例》第 51 条第 1~2 项。

恢复或被执行的国家。❶ 相应地，因为一项知识产权的实质是所有人在一定的地域内有权采取行为阻止其他人从事某类活动，所以一项专利、一个商标或一个版权被定位于法律对其存在进行管理的国家（地区）。这是地域性原则的体现。但地域性并非知识产权独有的特性，而知识产权的地域性之所以被强调，是因为其客体的无形性。物权基于对有形物的创造或占有而产生，同一有形物不会由不同的主体创造或占有，所以，法律基于创造或占有而认定权属不会引发权属冲突，即便该物权的主体和客体进入另一法域。而无形性使得同一知识财产可以由不同的主体创造或占有，所以法律必须就同一知识财产拟制一个唯一的权利主体。就同一知识财产而言，在发生涉外民商事法律关系时，一国法律拟制的知识产权可能会与另一国法律拟制的知识产权发生冲突。这就是强调知识产权地域性的根本原因。但是，随着国际交流的迅速发展和知识产权的国际化，出于保障国际民商事交往以及维护涉外民事法律关系稳定性的需要，知识产权的域外效力已被越来越多的国家和地区所接受。近年来，海峡两岸政治互信日益增强，交流合作不断拓展深化。尤其是随着知识经济的高速发展，两岸交流合作中知识产权所占的分量将越来越重，固守绝对的地域性不仅不利于维护两岸知识产权当事人的合理利益，也不利于两岸交流合作的深化发展。因此，台湾方面迫切需要在处理海峡两岸知识产权法律冲突问题上确立有理、有利的价值取向，以便更公平、更平等、更合理地解决两岸知识产权纠纷，促进两岸更加互信，更加和谐。

---

❶ Dicey and Morris, The Conflict of Laws, & Maxwell (12th, ed, 1993), Rule113, atp.915. 转引自彭欢燕：《商标国际私法研究——国际商标法之重构》，北京大学出版社2007年版，第128页。

第三节　海峡两岸知识产权制度冲突解决方法的选择

　　法律制度冲突，是指解决同一问题的不同国家或地区的法律制度由于各自内容的差异而导致相互在效力上的抵触。❶ 一般来说，只要各国或地区对同一问题作了不同的法律规定，而某种法律事实又将不同的法律规定联系在一起时，法律冲突便会发生。从国际上解决民商事法律冲突的实践来看，解决民商事法律冲突的方法主要有三种：冲突法解决方法、统一实体法解决方法以及司法协助（程序法）解决方法。知识产权法律制度冲突，是指对同一知识产权法律制度关系因所涉各国或地区法律规定不同而发生的法律制度适用上的冲突。由于知识产权法律制度冲突的性质与其他民商事法律冲突的性质相似，因此，同其他民商事法律冲突一样，解决知识产权法律制度冲突的方法也主要是以上三种。

一、冲突法解决方法

　　冲突法的方法是解决国际（区际）民商事法律冲突的最重要的方法之一。它是通过冲突规范的指引来决定具有跨法域因素的民商事关系应适用哪一法域实体法作为准据法的一种间接调整方法。之所以称为间接调整方法，是因为冲突规范本身并不能直接确定当事人的权利与义务，而必须通过由其援引的准据法来加以具体的确定。❷ 按照冲突法的立法渊源，冲突法解决方法可分为国内冲突法解决方法和国际统一冲突法解决方法。前者是各国（地区）通过制定自己的冲突法解决与本国有关的民商事法律冲突；后者是有关国家

---

❶ 余先予主编：《冲突法》上海财经大学出版社1999年版，第86页。
❷ 陈力：《一国两制下的中国区际司法协助》，复旦大学出版社2003年版，第28页。

（地区）通过以双边或多边的国际条约的形式制定统一的冲突法来解决国际民商事法律冲突。

19世纪中叶以后，随着科学技术的发展以及国际贸易的扩大，有关知识产权交易的国际市场也开始形成和发展起来。然而各国政治、经济、科技与文化发展的不平衡，决定了各国知识产权法律制度的重大差异，表现在知识产权的保护范围、保护期限、权利的取得方式等诸方面。为了协调各国知识产权保护的立法，各国先后签订了一些保护知识产权的国际公约，成立了一些全球性或地区性的国际组织，在世界范围内建立了一套知识产权国际保护制度。❶ 知识产权国际保护制度的建立，使缔约国的知识产权实体法在相当方面得到了统一，从而在一定程度上和范围内避免了法律冲突。然而，这并不意味着统一实体法将取代冲突法。首先，这些公约多数只是粗线条地规定了相互保护知识产权的基本原则和最低保护标准，各缔约国可以针对自身特点和需要对保护标准作"适当"提升，从而出现了缔约国之间不同保护标准的冲突，即缔约国国内法之间的冲突。譬如《巴黎公约》第2条规定，在提供国民待遇时，以各国自己的国内法为依据，规定相当宽松。其次，公约的缔约国一般难以覆盖所有的国家和地区，缔约国与非缔约国之间以及非缔约国相互之间的法律冲突自不待言；况且，即使在缔约国之间，因保留条款的存在，在声明保留的缔约国与未声明保留的缔约国之间，知识产权仍可能产生局部的实体抑或程序上的法律冲突。再次，这些国际公约的不同文本之间规定不尽相同，相互也存在冲突。即便是同一文本的公约，如果相关当事人对有关的条款解释产生歧异，仍需依据冲突规范援引特定的法律加以解决。❷ 由上可见，国际条约虽然在

---

❶ 屈广清：《国际私法导论》，法律出版社2003年版，第420页。
❷ 石魏："论知识产权的法律适用"，载《山东大学学报》（哲学社会科学版）2000年第1期。

一定程度和一定范围内避免了法律冲突，但是并不意味着统一实体法可以取代冲突法。❶

相比较而言，知识产权的冲突法问题在欧洲较早引起了重视，但也是在20世纪六七十年代以后。在学术界，欧盟在知识产权国际私法领域有着相对较多的兴趣。早在1970年受欧洲委员会委托的乌尔默（Eugen Ulmer）教授就开展了专题研究，❷ 在最近十年也已出版了几部有关知识产权国际私法问题的专著。❸ 在立法方面，1968年的《民商事案件管辖权和判决承认与执行公约》（布鲁塞尔公约）第16条第4款就对注册性知识产权效力事项的管辖权作出了规定。❹ 其主要原因是：一，欧盟内各国之间的民商事交往非常频繁，知识产权的国际利用和知识产权的国际侵权案件出现较多，故而奠定了重视国际私法问题的社会基础；二，1968年的布鲁塞尔公约以及后来相应的欧洲规则对有关知识产权事项规定了统一的管辖权规则，虽然各国对该专属裁判管辖规则的理解不同，欧洲法院也没有就此作出解释，但是毕竟就外国注册性知识产权侵权案件是否应该实行专属裁判管辖权展开了长久的争论，知识产权的冲突法问题得以隐藏

---

❶ 石魏："知识产权的法律冲突与法律适用探微"，载《现代法学》1999年第5期。

❷ E. Ulmer, Intellectual Property Rights and the Conflict of Laws（trans. ed. 1976），转引自徐祥："论知识产权的法律冲突"，载《法学评论》2005年第6期。

❸ See J. J. Fawcett & P. Torremans, Intellectual Property and Private International Law（1998）；C Wadlow, Enforcement of Intellectual Property InEuropean and International Law（1998）；Marta Pertegas Sender, Cross-Border Enforcement of Patent Rights（2002），转引自徐祥："论知识产权的法律冲突"，载《法学评论》2005年第6期。

❹ SeeCcouncil Directive 93/83/EEC of 27 September 1993 on The Coordination of Certain Rules Concerning Copyright and Rights Related to Copyright Applicable to Satellite Broadcasting and Cable Retransmission, 1993 O. J.（L 248），art. 1（2）（b）. 转引自徐祥："论知识产权的法律冲突"，载《法学评论》2005年第6期。

的基础比较薄弱。❶

　　随着科技的高速发展和国际经济交往的日益密切，在国际贸易中，知识产权所占的分量越来越重，各国知识产权权利人越来越希望在本国获得保护的知识产权在国外也能得到承认和保护，以最大限度保障自己的权利和利益。由此，有关知识产权的法律冲突和法律适用问题的讨论日渐增多，例如，世界知识产权组织曾先后组织了关于通过全球数据网传输的作品与邻接权客体的国际私法保护研讨会、互联网环境中使用商标的管辖权与法律适用专题研究、数字化时代版权法律适用专题研究和知识产权与国际私法论坛等。与此同时，许多国家的立法也开始对知识产权的法律适用问题作出规定。其体现方式主要有三种：①有的国家将调整知识产权法律冲突的规范规定在民法典中，如法国1804年《法国民法典》第2305条规定：文化及艺术产权由作品的首次发表地法规定；工业产权由注册或登记地法规定。②有些国家规定在涉外民事关系法律适用法中，如1989年1月1日生效的《瑞士联邦国际私法》将知识产权专列一编，就涉外知识产权的管辖、法律适用和外国法院判决的承认与执行三个方面分别予以规定。③有些国家规定在地区性国际公约或条约或是全球性的国际公约或条约中，如1928年美洲国家制定的《布斯塔曼特法典》在第一卷"国际民法"中，规定了知识产权的法律适用原则；另外，《伯尔尼公约》等世界性公约也规定了相应的统一冲突规范。

　　从一些国家的知识产权冲突法与国际公约来看，比较常见的知识产权法律适用规范主要有以下几种：①适用被请求保护国家的法律。②适用知识产权赖以产生的国家的法律。③有关知识产权合同的法律适用问题，与一般合同法律适用原则相同，当事人可以自行选择

---

❶ 徐祥："论知识产权的法律冲突"，载《法学评论》2005年第6期。

所适用的法律；没有选择的，可适用产权转让人或特许人住所地或惯常居所地的法律。④关于知识产权侵权问题，当事人双方可以自行选择所适用的法律；没有选择的，可适用侵权行为地法或者法院地法。

随着国际知识产权关系的发展，知识产权利用与侵权日益全球化，为了公正和便利地解决国际知识产权争议，越来越多的国家相继放弃了绝对的国际知识产权争议的专属裁判管辖权原则，在相互尊重各自知识产权立法管辖权基础上，开展知识产权国际司法合作。因此，间接调整方法，包括国内冲突法调整以及统一冲突法调整，仍有存在和发展的意义。

二、统一实体法解决方法

国际上解决民商事法律冲突的统一实体法解决方法，是指有关国家以双边或多边条约和国际惯例来直接确定当事人的权利和义务，从而避免或消除民商事法律冲突。这种方法又被称为直接的调整方法。在知识产权领域，解决知识产权法律冲突的统一实体法解决方法，是各国通过缔结双边或多边国际条约，确定彼此间的权利、义务，使得其成员国的知识产权实体法在一定程度上得到统一，从而在一定范围内解决知识产权的法律冲突。一个世纪以来，知识产权界一直在酝酿制定一部国际性的统一法典。❶ 这样一部法典将在世界范围内产生一致的效力，从而使法院在涉及知识产权法领域的重大问题上不需要再考虑如何选择冲突法的问题。

国际知识产权法律保护制度的产生，是资本主义的发展走向垄断化和知识、技术交流日趋国际化的结果。早在15世纪末，随着近代

---

❶ 威廉·布利格：《国际版权法》（1906年版）第162页，转引自李剑刚译："从板块模式到网络模式：应付国际知识产权变迁的对策"，见郑成思主编：《知识产权文丛》（第一卷），中国政法大学出版社1999年版，第289页。

科学技术和商品经济的发展，西方发达国家先后制定了有关知识产权保护的国内立法，在本国范围内对知识产权实行保护。随着商品经济的发展，技术输出在国际贸易中占有十分重要的位置，各国垄断集团迫切要求把智力成果的垄断专有权从国内扩展到国外，使知识产权能在国外产生效力。但由于知识产权的法律保护具有严格的地域性特点，即根据一国的法律受到保护的知识产权，只在这个国家领域内有效，如要在其他国家也取得法律保护，就必须依据有关国家的法律另行办理申请手续。解决这一矛盾的办法就是国际协调保护。

这种国际协调保护最初是以双边协定的形式出现的。双边协定保护，即通过两国政府之间的双边协商，达成双方接受的知识产权保护制度。例如，在版权领域，意大利于1843年分别与奥地利和法国签订了双边保护协定，法国也于19世纪中叶分别与英国、比利时等20多个国家签订了双边保护协定。据统计，在1883年，有近70个这样的双边协议。

但是，随着19世纪下半叶知识产品国际市场的形成，采取这种双边的形式保护知识产权的局限性就显露出来了。由于双边协定的谈判和签订手续烦琐，而且这种相互承认权利的协定既不全面也没有统一模式，于是，有关国家开始寻求多边保护方法，即签订国际知识产权公约，使缔约各国在一致的原则和相同的标准下相互保护知识产权。在一些工业发达国家的推动下，1883年，由11个国家在巴黎签订了《巴黎公约》。它标志着知识产权多边国际保护和协调的开始。《巴黎公约》明确规定了各缔约国之间必须共同遵守的一些原则，包括国民待遇原则、优先权原则和独立保护原则等。这些原则，对促进各缔约国之间知识产权的国际化和统一化发挥了重大作用。随后，一些国家先后建立了各种不同性质和类型的、保护知识产权的国际组织。如1967年，51个国家在斯德哥尔摩签署了《建立世界知识产权组织公约》，它于 1970 年生效。根据该公约建立起来的世界知识产权组织（WIPO），在 1974 年已成为联合国下属的一个专门机构。

在《巴黎公约》产生后的 100 多年来，随着经济全球化进程，知识产权国际保护制度不断迈向一体化。迄今为止，国际社会在 WIPO 等知识产权组织的协调下，已经签订了几十个国际知识产权条约。其中，有已达百年之久的《巴黎公约》（1883）、《伯尔尼公约》（1886）、《马德里协定》（1891）等；也有二战之后各国签订的《专利合作条约》（1970）、《世界著作权公约》等；还有 20 世纪后期缔结的反映科学技术发展最新水平和当代国际社会需求的条约，如《WIPO 著作权公约》（WCT）和《WIPO 表演与录音制品公约》（WPPT）等。另外，还有明确与国际贸易相联系的、于 1995 年生效的 TRIPs 协议。

首先，这些多边公约规定了各成员国共同遵守的基本原则以及对各成员国国内法的最低限度的统一要求。如 TRIPs 协议对各缔约方对知识产权的保护对象、范围、标准等提出了各国立法必须达到的水平，即所谓最低保护标准原则。最低保护标准原则，是指各缔约国依据本国法对该条约缔约国国民的知识产权保护不能低于该条约规定的最低标准。这些标准包括权利保护对象、权利取得方式、权利内容及限制、权利保护期间等等。最低保护标准原则，旨在促使缔约国在知识产权保护水平方面统一标准。缔约国以立法形式将知识产权国际公约（国际法）的相关规定转化为该国知识产权制度（本国法）的具体规范，遵循的即是最低保护标准原则。正是这一原则的适用，才使得各国知识产权制度出现统一保护标准成为可能。[1] 其次，通过缔结多边条约，加强了有关国家专利或商标机构间的合作，

---

[1] 吴汉东主编：《知识产权国际保护制度研究》，知识产权出版社 2007 年版，第 25 页。

简化了申请手续，为申请人申请其他国家的专利或商标提供了方便。例如，《专利合作条约》规定，一项发明通过一次国际申请便可同时在申请人选定的几个或全部成员国获得批准。《马德里协定》在简化商标的国际注册手续方面也取得重要突破。该协定成员国国民，在本国取得商标注册的基础上，该商标就可以向世界知识产权组织的国际局申请该成员国多个国家的国际注册。这些国际协调，使得其成员方（国）的知识产权实体法在许多方面得到了统一，从而在一定范围内解决了知识产权的法律冲突。

三、司法互助（程序法）解决方法

冲突法的方法以及统一实体法的方法仅仅解决了跨法域案件中的法律适用问题，即某一特定的跨法域案件应适用哪一法域的法律作为准据法或者是否存在各法域普遍适用的实体法的问题。上述两种方法只能在某种程度上解决有关的法律冲突问题，并不能解决所有的法律冲突问题。[1] 从审理涉及多法域的民事案件的完整过程看，不仅包括法律选择过程和适用实体法的过程，还包括适用程序规则的过程。而且，程序规则对冲突的解决有着重要的影响，如管辖权的确定决定着法律选择规则的适用乃至实体法的适用；调查取证和文书送达途径和方式是否得当，关系着案件能否顺利审理；判决的承认与执行能否完成，更直接关系着冲突能否最终解决。因此，解决法律冲突不能仅仅从选择法律和适用法律着眼，还必须在程序上寻求解决法律冲突的方法。[2]

国际知识产权程序法是有关国际知识产权争议救济程序的法律规

---

[1] 陈力：《一国两制下的中国区际司法协助》，复旦大学出版社2003年版，第31页。

[2] 沈涓：《中国区际冲突法研究》，中国政法大学出版社1999年版，第121页。

范的总称。其主要内容包括，有关国际争议救济手段和司法管辖权及判决、裁定的承认与执行等有关法律或法规。在知识产权国际保护中首先碰到的问题是，涉外知识产权纠纷由何国法院管辖。长期以来国际私法、惯例和各国立法所认同的是由权利要求地法院专属管辖。正如马丁·沃尔夫教授所言："在这一类权利最初出现时，流行的旧理论是认为它们具有君主或者国家所授予的个人特权或独占性的性质。后来这种理论逐渐被抛弃，但其后果之一却保留了下来，这就是国家只能保护它本身用特殊的法律（特权）或者用一般的法律所授予的那些专利权、外观设计、商标权和版权。关于专利权、版权等问题，任何国家都不适用外国法律，也不承认根据外国的法律所产生的这一类权利。"[1] 这一点可以从1968年欧共体在布鲁塞尔签订的《布鲁塞尔公约》中看得很清楚。该公约第16条规定："有关商标权、专利权等知识产权的注册或效力纠纷由办理注册的国家法院专属管辖。"

　　但这一制度在20世纪后半期科学技术的迅猛发展中遇到了极大的挑战。由于卫星技术的发展，在一国制作并送上卫星的节目，可能在几个甚至几十个国家遭到侵权；由于网络技术的发展，在一国终端上产生的作品可能被其他很多国家的终端非法调用；由于录音录像技术的发展而越来越猖獗的"海盗"行为；凡此种种情况之下，侵犯知识产权的行为很可能同时发生在数个国家，权利要求地相应也成为数个，而如果要求权利人依传统管辖权理论在这些地方一一提起诉讼将造成极大的麻烦与不公。于是，一种全新的知识产权管辖权理论应运而生：一国法院不仅有权管辖其地域内的知识产权纠纷，而且有权管辖在其地域之外发生的纠纷。换言之，非权利要求地法院也可以行使管辖权。1993年荷兰的海牙地方法院便作出类似

---

[1] 马丁·沃尔夫：《国际私法》，李浩培、汤宗舜译，法律出版社1988年版，第356页。

判决，这一判决在 1995 年被其高级法院所确认。❶ 此后，在跨国知识产权案件的司法实践中，西方国家开始突破司法管辖权的地域性限制，管辖发生在国外的知识产权案件，扩张了自己的司法管辖权的范围。在发达国家采用较多的是意思自治原则来选择适用法律和司法管辖，这表明了他们普遍主义的倾向。但在广大发展中国家，大多仍坚持严格的地域性观点，不仅不承认外国知识产权法的域外效力，也不承认和执行依据其国内法由外国法院作出的判决，以抵制发达国家的利益扩张，维护自己的内国利益。长期以来，国际社会一直在进行着协调国际管辖权的努力，但收效甚微。特别是在国际司法管辖权方面，国际社会至今仍没有一个被普遍接受的国际公约。1999 年海牙国际私法会议颁布了《民商事案件管辖权和外国判决承认与执行公约草案》(《海牙公约草案》)，试图通过国际公约来划分知识产权案件的管辖权，这是国际社会在这方面的最新成果。

尽管区际法律冲突是主权国家内部的法律冲突，而不是主权国家之间的法律冲突，解决区际法律冲突具有不同于解决国际法律冲突的特点，但是，国际私法就是解决不同法域之间的法律冲突，决定适用哪一个法域的法律。在英美普通法国家，对国际冲突和区际冲突是不加区分的。因而，国际上解决民商事法律冲突的上述三种方法，也可以作为解决两岸知识产权法律冲突的主要方法。

---

❶ 郑成思：《世界贸易组织与贸易有关的知识产权》，中国人民大学出版社 1996 年版，第 10 页。

第三章 海峡两岸知识产权制度冲突的冲突法解决方法

第一节 涉外知识产权法律适用的一般规则及其学说

法律适用是为解决法律冲突而设计的法律规则。国际私法上所讲的法律适用与一般意义上的法律适用有着本质的不同：前者指通过冲突规范的指引来选择准据法的过程，也就是说选择何国法来解决法律冲突的过程；而后者是指国家司法机关依据法定职权和法定程序，具体应用法律处理案件的专门活动。[1] 本章所讲的法律适用，是指国际私法意义上的法律适用。关于知识产权的法律适用，主要有以下几种规则及其学说。

一、来源国法说

来源国法说，主张知识产权受来源国法支配，即知识产权适用权利首次授予国法律或适用权利产生国法律。知识产权适用权利首次授予国法律，即专利权适用专利首次授予国法律，商标权适用首次登记国法律，著作权适用首次发表地法律。知识产权适用权利产生国法律则通常适用权利登记地国法（或权利授予国法）或行为地法。

---

[1] 朱榄叶、刘晓红主编：《知识产权法律冲突与解决问题研究》，法律出版社2004年版，第191页。

主张适用来源国法的理由可以归纳为以下几点:❶（1）适用外国法的困难不应被夸大,也不应使这种困难在法律选择上起决定作用；（2）应在不同的国家避免给相同的知识财产以不同的待遇；（3）与其许可侵权人有机会选择适用法,不如允许知识财产的创造者选择,因为前一种允许更为不合理。

适用来源国法,要求承认依外国法产生的知识产权在内国的效力,有利于外国知识产权在内国的保护,保证了同一知识财产在不同国家的相同待遇；但它同时也导致了来源于不同国家的同类知识产权在一国内的不同待遇,增加了法官适用外国法的负担,可能会与保护国法或在保护国取得的知识产权发生冲突,❷并且,依外国知识产权法评判本国国民的行为可能导致对本国的不利。❸因此,这样的立法往往会遭到知识产权输入国的反对,因为大部分知识产权为发达国家所控制,要作为知识产权的主要输入方的发展中国家承担与发达国家相同的保护知识产权的义务,势必给发展中国家带来很大的压力,如果不受某种国际条约的约束,它们是不会去适用原始国法律的。

来源国法说被国际公约和各国立法采用较多,尤其是在著作权领域。在《巴黎公约》订立时,普遍认为商标权应依商标所有者的属人法决定,也就是依来源国法决定。关于著作权,《伯尔尼公约》规定适用来源国法的地方不在个别。该公约第2条第7款规定,一国对于被视为实用艺术作品的保护,将依赖于该作品来源国的现有保护；

---

❶ 李振纲:"知识产权与法律冲突",载《中南财经大学学报》1999年第1期。

❷ 这在著作权领域很少见,但在商标权领域尤其具有可能性。比如同一图形在来源国和保护国都取得了商标权,就会导致法律和权利的冲突。

❸ 冯术杰、贺顺:"保护国法主义与分割论的结合适用——试论知识产权冲突规则的拟定",载《电子知识产权》2004年第12期。

第6条第1款规定，一国对于某作品的保护范围，在该作品来源国对其实行某些限制的情况下，也将依赖于来源国现有的保护；第7条第8款规定，一国对作品的保护的期限，应依赖于来源国的保护期；第18条第1款规定，保护国对公约对其生效前所产生的作品的保护期应依来源国法确定。《伯尔尼公约》所指的"来源国"是指：(1)对于首次在本联盟一成员国发表的作品，应以该国家为来源国；对于在给予不同保护期的本联盟数成员国同时发表的作品，来源国为立法给予最短保护期的国家；(2)对于在非本联盟成员国和本联盟某一成员国同时发表的作品，应视后者为来源国；(3)对于未发表的作品或首次在非本联盟成员国发表而未同时在本联盟成员国发表的作品，则以作者为其公民的本联盟成员国为来源国，然而对于其制片人于本联盟某一成员国有所在地或经常居所的电影作品，则以该国为来源国；对于建立在本联盟某一成员国内的建筑物或设置在本联盟某一成员国内房屋中的绘画和造型艺术作品，应以该国为来源国。❶

又如1974年的《阿根廷国际私法》第21条规定："文学和艺术作品受作品首次发表国的法律支配。外国文学艺术作品的保护期依照原始国的规定，但不得超过阿根廷准许的期限。"1928年，《布斯塔曼特法典》第115条规定："著作权和工业产权应受现行有效的或将来缔结的特别国际公约的规定支配，如无上述国际公约，则此项权利的取得、登记和享有均应依授予此项权利的当地法。"该法第108条规定："工业产权、著作权以及法律所授予并准许进行某种活动的一切其他经济性的类似权利，均以其正式登记地为其所在地。"第109条规定："特许权以其依法取得地为其所在地。"

而有些国家在著作权领域适用权利首次授予国法律，而在工业产

---

❶ 《伯尔尼公约》第5条第4款。

权领域则适用权利产生国法律,例如《法国民法典》第2305条规定:"文化及艺术产权由作品的首次发表地法规定,工业产权由注册或登记地法律规定。"

虽然来源国法说被国际公约和各国立法采用较多,但从实践的角度看,来源国法的适用应是有条件的。这些条件包括:(1)对等互惠原则。来源国与保护国有依国际公约或互惠原则而存在的多边或双边的知识产权保护合作关系,而互相为对方国家的知识产权提供对等保护。比如来源国与保护国同为1883年《巴黎公约》的缔约国而互相赋予对方国民以国民待遇。(2)依保护国法不受保护而依来源国法受保护的知识产权,不予承认或保护。如果保护依本国法不受保护的外国知识产权,将造成对外国国民和外国国家利益的待遇高于本国国民和本国国家利益,这对于保护国是不利的。就该公约确立的知识产权国际保护框架而言,在这些条件满足的前提下适用来源国法,其实只是在国民待遇原则的基础上前进了一小步,即对于根据国民待遇原则,本来可以获得保护国知识产权的外国知识产权,在仅仅因为未履行保护国法要求的申请或注册手续而不能获得保护的情况下,对其予以保护。❶

二、被请求保护国法说

被请求保护国法说,又称保护国法说,主张适用知识产权被要求保护的国家的法律。这种主张带有明显的属地保护痕迹,专利权、商标权等无体财产权成立与否以及效力如何,即以授予此种权利之

---

❶ 冯术杰、贺顺:"保护国法主义与分割论的结合适用——试论知识产权冲突规则的拟定",载《电子知识产权》2004年第12期。

第三章 海峡两岸知识产权制度冲突的冲突法解决方法

法律为准据,❶ 此谓之"属地主义"。❷ 有学者认为这实质上仍然没有摆脱"地域性"的"藩篱"。❸ 但也有学者认为适用被请求保护国的法律有三个方面的优点:首先,它与地域性原则相呼应,立足于公约建立的知识产权国际保护体制,有利于各国维护自身的政治经济利益;其次,可以使来源于不同国家的智力财产在同一国内得到同样的保护,从而避免了对于同类行为给予不同待遇的情况;再次,可以方便诉讼,使法官不必查找和适用其所不熟悉的外国法律。❹

这一法律适用原则为国际公约和各国立法广泛采用,是当前主流的理论观点和实践做法。《巴黎公约》第 2～3 条,《伯尔尼公约》第 5 条,都规定工业产权和著作权的保护只能依照被请求保护国法。按照被请求保护国法说,依保护国法所产生的工业产权,不仅包括狭义的工业产权,即关于发明、实用新型、外观设计和商标的权利,而且包括《巴黎公约》第 2～3 条范畴内广义的工业产权,例如原产地名称权等。工业产权的成立由属地法即权利授予国法或注册登记国法决定,工业产权的效力存续及消灭仅及于授予国或注册登记国的领域范围内;关于工业产权的禁止请求和损害赔偿请求也依保护

---

❶ 法学界对"保护国"的理解有所不同,一种观点认为,保护国法指给予立法保护也指给予司法保护的国家的法律,即法院地法。见郑成思:《知识产权法教程》,法律出版社 1993 年版,第 323～324 页。一种观点认为,保护国法仅指立法保护国,可以是权利授予国、注册登记国或侵权行为地法。被请求的法院的法律和实行保护的国家的法律可以分离。见德布瓦:《著作权与邻接权国际公约》,转引自安德烈:"知识产权与适用数字传输的法律的确定",高凌翰译,载《版权公报》1996 年第 2 期。

❷ 苏远成:《国际私法》,台湾五南图书出版公司 1990 年版,第 277 页。

❸ 吕岩峰:"知识产权之冲突法评论",载《法制与社会发展》,1996 年第 6 期。

❹ 冯术杰、贺顺:"保护国法主义与分割论的结合适用——试论知识产权冲突规则的拟定",载《电子知识产权》2004 年第 12 期。

国法。就著作权而言，由于它一般是自动产生的，按照被请求保护国法说，作品来源国以外的按《伯尔尼公约》负有义务的所有其他成员国的保护就是被请求保护国法的保护，作品在这类国家的保护当然由这些国家的法律规定。《伯尔尼公约》多处使用了"保护国"这一提法。该公约第5条第2款规定，除公约另有规定外，受保护的程序以及救济方式完全适用被保护国法。第6条之二第2款和第3款规定，作者死后其精神权利的行使以及其救济方法由被请求保护国法确定。第7条第8款规定，保护期的确定由保护国法决定。第14条之二第1项规定，电影作品的所有权由被请求保护国法确定。第14条之二第2款C段还规定，保护要求国可以规定专门合同的合同形式。即使权利人的经常居住地有不同的规定，保护要求国也可以规定，合同必须采用书面形式。

采用被请求保护国法说的国内立法的例子也很多。1978年《澳大利亚国际私法》第34条第1项规定，无体财产权的成立、内容和消灭，依利用行为或侵害行为发生地国法。1979年《奥地利联邦国际私法法规》第34条规定，无形财产权的创立、内容和消灭，依使用行为或侵权行为发生地国家的法律。[1] 1987年《瑞士联邦国际私法》第110条规定："知识产权由在那里请求保护知识财产的国家的法律支配。"再如，1979年《匈牙利国际私法法典》第3章规定，著作权依被请求保护国家的法律。我国（大陆）新颁布的《法律适用法》第48条规定："知识产权的归属和内容，适用被请求保护地法律。"

虽然被请求保护国法说在处理知识产权侵权案件中适用比较普遍，但对于被请求保护国的界定却存在争议，其焦点在于被请求保护国与原始国、侵权行为地国以及法院地国的关系。从实践上看，

---

[1] 李振纲："知识产权与法律冲突"，载《中南财经大学学报》1999年第1期。

被请求保护国常常既是原始国，又是侵权行为地，同时也是法院地，但是四者彼此独立、不能混同。侵权行为地与原始国属于静态的连接点，两者不难确定，区分的关键在于被请求保护国与法院地两个动态连接点之间的关系。被请求保护国，是指权利人认为其知识产权应当受到保护的国家，而受理诉讼请求的法院可能是被请求保护国，也可能不是被请求保护国。郑成思教授曾指出，某中国出版商出版了一部德文作品的中译本，出版后的中译本销售到德国。该德国作品在中国已过了保护期，但由于德国保护期比中国长，故该作品在德国仍受保护。权利人在中国起诉其在德国的销售行为侵权，法院应适用德国法而不是中国法。这也就是说，适用被请求保护国法，而不是法院地法。❶倘若权利人在德国起诉中国的出版商，那么法院同样应当适用德国法，但是从冲突规范的角度，法院适用的既是被请求保护国法，也是法院地法。本案当中，不论权利人在德国抑或是在中国起诉，适用的法律均是德国法。其原因在于，权利人希望其在德国的权利受到保护，而根据知识产权的地域性特征，其在德国的权利只能依据德国法确定，因而只能适用德国法，也即被请求保护国法。❷

三、分割适用法律说

分割适用法律说主张对知识产权法律关系的不同事项，分别确定适用不同的法律。具体地说，就是区分知识产权的本体关系和复合关系，对知识产权本体关系的不同方面以及知识产权侵权、知识产权合同，根据各自特点适用不同的法律，这也代表了近来知识产权法律适用规则的发展趋势。知识产权本体关系的争议，是指就知识

---

❶ 郑成思：《知识产权论》，法律出版社2007年版，第305页。

❷ 齐爱民、何培育："涉外知识产权纠纷的法律适用——兼评《涉外民事关系法律适用法》相关规定"，载《知识产权》2011年第2期。

产权客体的适法性、主体的适格性、权利效力、权利内容、权利归属等问题所产生的纷争。❶而知识产权侵权和知识产权合同则分别是知识产权与侵权关系、知识产权与合同关系的一种复合,因此称之为复合关系。❷在国外,这一法律选择方法在理论和实践上都有相当大的发展。

在理论上支持分割适用法律说的学者认为,知识产权的权属问题应适用来源国法,而权利的内容、有效期、保护方式等事项应适用保护国法。❸更有学者认为,在适用法律的原则方面,应以保护国法为基础,同时兼采来源国法。以保护国法为基础,是各知识产权公约的精神,也是最为现实的。因为,一方面,国民待遇原则是知识产权国际保护的基础,知识产权的被请求保护国对知识产权承诺和实施国际保护,是以其本国法的适用为基本前提的;而且它直接联系一套明确而详尽的国内法规则,有确切的现实的标准可循。另一方面,虽然基本适用来源国法的主张行不通,但是在一切情况下均适用保护国法而拒绝来源国法的主张也不合理。❹

由于分割适用法律说的做法比较灵活,目前在各国立法中采用的比较普遍。1984年修订后的《秘鲁民法典》第10编中的有关规定也是采用此说。该规定的内容为"凡有关知识产权的存在和效力,如不能适用国际条约或特别法的规定,应适用权利登记地法律",但"承认和实施这些权利的条件,由当地法确定"。这里的"当地法",

---

❶ 冯文生:"知识产权国际私法基本问题研究",见郑成思主编:《知识产权文丛》(第4卷),中国政法大学出版社2000年版,第222页。

❷ 朱榄叶、刘晓红主编:《知识产权法律冲突与解决问题研究》,法律出版社2004年版,第193页。

❸ James J. Fawcett and Paul Torremans: Intellectual Property and Private Znternational Law, Clarendonpress, 1998, p. 538.

❹ 李振纲:"知识产权与法律冲突",载《中南财经大学学报》1999年第1期。

既可能是被请求保护国的法律，也可能是使用行为或侵权行为地的法律。而在国际立法方面，1939年于蒙得维的亚签订的《关于知识产权的条约》也采取这种观点。该条约第6条规定："为了保护著作权的目的而合法成立的实体，未经利害关系人的充分授权，有权在其他成员国分别为之提起诉讼，但起诉时应遵守当地的法律。"第7条规定："任何国家对于文学或艺术产权的保护期限超过在本国境内所给予作者的此种权利的期限，无必须承认的义务。如作品原始国规定的期限较短，得以原始国规定的期限为准。"第12条规定："侵犯为本公约所维护的权利者应负的责任，由不法行为发生地国的法院依其法律定之；如其行为系在公约参加国发生，则由在其领土内将受到此行为后果影响的国家的法院依其法律定之。"

分割论将知识产权法律关系的连接点予以软化，对于不同的事项分别确定适用来源国法或保护国法。尽管这使法律选择和适用的工作复杂化，这种法律选择方法却可以使来源国法和保护国法得到结合适用，使得未在保护国取得知识产权的外国知识产权也可以得到保护。有关国家的司法实践也表明，分割论具有很大的可行性，将其作为知识产权冲突规范是具有现实基础的。

四、行为地法说

该说主张适用实施权利行为或侵权行为发生地的法律。这主要是针对知识产权侵权行为方面的法律冲突而定的。

采取这一学说的1978年《奥地利联邦国际私法法规》第34条规定："无形财产权的创立、内容和消灭依使用行为或侵犯行为发生地国家的法律。"又如1987年《瑞士联邦国际私法》第110条之二规定："有关知识产权侵权行为产生的请求，在侵权事件发生后，当事人可在任何时候约定适用法院地法。"这类冲突规范是以知识产权的地域性理论为基础的。知识产权诉讼多是由智力成果使用行为合法性的争议引起的。知识产权的地域性特点决定了判断此类行为的合法性只能依行为地法。所以，在由使用行为合法性争议引起的知识产权诉讼中，知识产权的成立、内容和消灭等事项理所当然地应适用行为地法。

行为地法说与知识产权地域性原则相符，但是，此种做法也有其局限性。当知识产权诉讼非由使用行为的合法性争议引起，如知识产权确权之诉，因不存在使用行为，也就无行为地法。如何适用法律？行为地法说并未给予答案。

五、法院地法说

该说主张以法院地法作为涉外知识产权法律关系的准据法。采用法院地法作为知识产权冲突法立法指导原则的国家还很罕见。1987年《瑞士联邦国际私法》第110条第2款规定：就侵权行为引起的请求而言，当事人得于损害事件发生后的任何时候约定适用法院地法。但这一条规定的法院地法的适用是有相当的限制条件的。首先，它的适用范围限于"因侵权行为而引起的请求"，这就是说，法院地法仅能适用于因侵权行为而引起的损害赔偿、补偿损失等事项，而侵权行为本身的认定仍必须适用该法第110条第1款的规定，即适用保护国法。其次，法院地法的适用是以侵权行为当事人的合意选择为前提的，所以这一条规定采用的立法指导原则其实是当事人意思自治原则，法院地法不过是法律限定的当事人选择的范围而已。

法院地法与知识产权法律关系并无必然联系，法院地法常被适用是因为法院地国与保护国、行为地国或侵权行为地国往往重合，所以主张法院地法说并无切实的理论根据，立法实践中采用此说的也很罕见。[1]

---

[1] 冯术杰、贺顺："保护国法主义与分割论的结合适用——试论知识产权冲突规则的拟定"，载《电子知识产权》2004年第12期。

六、意思自治原则说

该说主张通过当事人的自由选择来确定合同行为或侵权行为所应适用的法律。历史上确定合同准据法经历了不同阶段,19世纪以前,主要依合同缔结地或合同履行地等空间连接点为依据决定合同的准据法。19世纪中叶以后,以当事人的意思自治为主,强调依当事人的主观意向决定合同的准据法和以合同自体法❶为代表的开放性、灵活性的冲突规范决定合同的准据法。❷ 因而,对于合同、侵权纠纷的实体问题,各国国内立法、司法实践及国际立法都规定可适用当事人意思自治法,即坚持当事人意思自治原则。该原则包含当事人有权商定合同实体条款和选择准据法双重含义。当然,适用当事人选择的准据法会遇到某些限制。一是当事人选择的法律必须是实体法,而不是程序法或冲突法;二是当事人选择适用准据法必须是善意合法的,且不得违反有关国家法律的强制性规定或强行法等。❸ 因而当事人意思自治原则在知识产权领域的适用比较有限。

七、最密切联系说

该说主张综合考虑知识产权关系所涉及的各种因素,确定和适用与该法律关系有最密切联系的国家的法律。最密切联系原则是传统

---

❶ 合同自体法(the proper law of a contract)是英国学者首先提出的。戴斯和莫里斯的著作称,合同自体法是当事人明示选择的法律,当事人没有明示选择时,对合同的条款、性质和案件的情况推断当事人意图适用什么法律;如果当事人意图不明确时,不能通过情况推断的,合同受与其有最密切、最真实联系的法律支配。转引自齐爱民、何培育:"涉外知识产权纠纷的法律适用——兼评《涉外民事关系法律适用法》相关规定",载《知识产权》2011年第2期。

❷ 肖永平:《国际私法原理》,法律出版社207年版,第179页。

❸ 彭欢燕:《商标国际私法研究——国际商标法之重构》,北京大学出版社2007年版,第124页。

国际私法理论在知识产权法律适用问题的初步尝试，但法官对于最密切联系因素的确定具有很大的模糊性。

虽然利用冲突规范保护知识产权的规则、学说繁多，但就目前的理论和实践来看，还没有哪一个法律适用规则可以放之四海而皆准，因而也没有哪一个国家对一种法律冲突类型只适用一种法律适用规则。因此，在制定法律适用规则时不应局限于某一种。司法实践中，许多国家都是不同的法律适用规则同时存在，以便于正确选择适用，最典型的要属美国。在20世纪70年代"冲突法革命"之后，在美国，"规则"与"方法"并存，即就同一法律冲突问题，不同的州采取不同的法律适用规则，而且同一州就同一法律冲突同时存在不同的法律适用规则，法院在审理案件时选择性较大。❶ 这种实用主义的法律理念，不仅更加灵活，而且也增强了冲突规范的弹性。

第二节　涉外知识产权法律适用的具体规则

涉外知识产权领域的纠纷类型多种多样，不同类型的纠纷应采用不同的法律适用规则，这不仅是由法律纠纷的性质决定的，也是法院在处理国际私法案件时对案件进行识别的客观需要。❷ 知识产权法律关系分为知识产权的本体法律关系和复合法律关系，对知识产权本体关系的不同方面以及知识产权侵权、知识产权合同，根据各自特点适用不同的法律，是近年来知识产权法律适用规则发展的一种趋向。知识产权本体关系的争议，是指就知识产权客体的适法性、主体的适格性、权利效力、权利内容、权利归属等问题所产生的纠

---

❶ 彭欢燕：《商标国际私法研究——国际商标法之重构》，北京大学出版社2007年版，第139页。

❷ 齐爱民、何培育："涉外知识产权纠纷的法律适用——兼评《涉外民事关系法律适用法》相关规定"，载《知识产权》2011年第2期。

纷。而知识产权侵权和知识产权合同则分别是知识产权与侵权关系、知识产权与合同关系的一种复合，因此称之为复合法律关系。按照知识产权法律关系的这种分类，涉外知识产权领域的纠纷可以分为知识产权确权和效力纠纷、知识产权合同纠纷和知识产权侵权纠纷三种类别。

一、涉外知识产权确权和效力纠纷的法律适用

关于知识产权法律适用，历来有以普遍主义为基础的来源国法说和以属地主义为基础的保护国法说。适用来源国法抑或适用保护国法，蕴涵着明确的价值取向和政策导向，即将权利保护的出发点究竟定位于权利人及其成果，还是该成果的使用者及其行为。来源国法说主张知识产权的确认受来源国法支配，其目的在于尊重和保护既得权利，维护法律关系的整体稳定性，防止因各国法律规定不同，给当事人造成利益损害。在一定意义上讲，这种做法有利于权利人享有、行使和维护自己的权利，但知识产权是一种具有排他性的对世权，这种方法对其他保护此权的国家的相对人极为不利，他们难以查找到该权利的来源国或者为了利用某一知识产权而花费很大的费用查找外国法。这种方法的实质是将有关来源于外国的知识产权的交易费用转嫁到内国人身上，这与知识产权地域性原则严重对立。[1] 此外，这种规范技术所能达到的实际效果是将智力成果吸引到知识产权保护水平较高的国家（地区），加剧精神产品国际分布的不

---

[1] 依据来源国主义，通常适用权利登记地国法（或权利授予国法）或行为地法。因而有学者认为，这种规定才是地地道道的知识产权法律适用问题的规定。其更深层的意义在于，作出这种规定的国家已经在与规定相应的范围和程度上承认了他国知识产权法的域外效力，知识产权及其立法的地域性便在这相应的范围和程度上被突破了。见吕岩峰："知识产权之冲突法评论"，载《法制与社会发展》1996年第6期。

平衡。实际上,以来源国法为连接点的做法源于《伯尔尼公约》及《巴黎公约》有关注册商标保护中的规定。在《伯尔尼公约》中来源国的作用主要是对在非来源国的国家所产生的权利的限制,以作为版权独立原则的补充,进而可以达到平衡多国之间在版权领域的利益。如果把来源国法作为保护版权的准据法就势必与版权独立原则造成矛盾,亦违背公约的规定。在《巴黎公约》中,注册商标原属国的保护是决定其他成员国是否保护的肯定性条件(除非有公约规定的原因),但并不决定其他成员国保护该注册商标的内容。在原则上,各成员国对注册商标的保护也是独立的。总之,以来源国法作为保护知识产权的准据法是与现行知识产权国际保护法律体制相违背的。❶

目前占统治地位的是保护国法主义。所谓"保护国法",即在其领域内被要求保护有关知识财产的国家的法律,通常是法院地法或被请求保护国法。如1987年《瑞士联邦国际私法》第110条规定,知识产权适用提起知识产权保护诉讼的国家的法律。适用被请求保护国的法律与地域性原则相呼应,它是以其本国法的适用为基本前提的,因而有利于各国维护自身的政治经济利益,而且可以使来源于不同国家的智力财产在同一国内得到同样的保护,从而避免了对于同类行为给予不同待遇的情况。但适用法院地法或被请求保护国,其实意味着在有关知识产权的诉讼中,对案件行使管辖权的国家只适用其内国法,而排除外国知识产权法的适用,案件在何国诉讼,则适用何国法律,至于这种诉讼的结果能否使争议中的知识产权获得司法救济及获得怎样的救济,则不是立法者所关心的问题了。最终导致"有诉无济"的结局也是很可能的,因为法院地国或被请求保护国可能正是该项智力成果未曾取得知识产权的国家,对此种智

---

❶ 冯文生:"知识产权国际私法基本问题研究",见郑成思主编:《知识产权文丛》(第4卷),中国政法大学出版社2000年版,第298页。

力成果在该国被"侵犯"或被"无偿使用",该国当然没有理由提供"救济"。如果该国再规定有关知识产权的案件属于其专属管辖范围,其后果就更加明显。同时,也有的国家拒绝受理依外国法取得的知识产权被侵犯的案件,这就首先在程序上排除了此种知识产权在该国获得司法救济的可能性。即使在非诉讼场合,适用所谓"被请求保护国法",也不过意味着当事人在哪个国家提出保护请求,即适用哪个国家的法律,被请求保护国也就是调整该知识产权关系的准据法的所属国,或者是该项知识产权赖以产生的法律的所属国,这在实际上仍然没有摆脱"地域性"的"藩篱"。❶

上述两种法律适用方法在理论上尤其是在实践上,保护国法说占统治地位,但来源国法说也有一定市场,一国采用何种方法来确定案件的连接点取决于该国的价值取向和政策导向。在知识产权冲突规范的选择上,知识产权保护水平较高的国家一般要求采用知识产权的效力适用来源国的冲突规范,知识产权保护水平较低的国家则一般主张采用知识产权的效力适用被请求国法的冲突规范。目前,在著作权本体法律关系的争议中应适用的法律的连接点大致有以下两类:一是争议的作品(制品)的来源国;二是权利要求地国,即争议所指向的法律关系所在地国。在工业产权中,由于它是经过一国特定的法定程序、以个案的形式授予的权利,因此,针对工业产权本体法律关系发生的争议,一般认为应适用争议的权利授予国的法律。

我国 2010 年颁布的《法律适用法》第 48 条规定:"知识产权的归属和内容,适用被请求保护地法律。"这与《涉外民事关系法律适用法(草案)》中的规定略有不同,该草案第 51 条规定:"知识产权,适用权利保护地法律,也可以适用权利来源地法律。"该草案规

---

❶ 吕岩峰:"知识产权之冲突法评论",载《法制与社会发展》1996 年第 6 期。

定的条文属于选择性冲突规范,但对"知识产权"的内涵并未予以明确,知识产权法律关系的具体内容包括权利的产生、存在、效力、权属、内容、范围等,未作明确规定容易引发法律适用的困难。《法律适用法》第48条将其范围明确规定为"知识产权的归属和内容",并将选择性冲突规范变更为以被请求保护地为连接点的双边冲突规范。虽然新颁布的《法律适用法》关于知识产权法律适用的规定,采取了国际上先进的"被请求保护地法"原则,有利于知识产权的应用和保护。但仍有学者指出,《法律适用法》第48条的规定无论从冲突规范的范围还是连接点的选择上都存在一定的不足。首先,从冲突规范的范围来看,第48条仅仅规定"归属和内容"并不能完全涵盖知识产权权利本体纠纷的所有类别,若将其改为"知识产权的成立内容与效力"更为妥帖。其次,从连接点的选择来看,通说认为被请求保护地一般适用在知识产权侵权法律纠纷当中,而知识产权确权与效力纠纷则应当适用权利来源地法律作为冲突规范的系属更为合适。具体适用规则为:专利权的取得以及专利权的内容和效力,适用专利申请地的法律;商标权的取得以及商标权的内容和效力,适用商标注册地的法律;著作权的取得,适用作品最初发表地的法律。[1] 持这种观点的学者认为知识产权的确认应受来源国法支配。[2] 然而建立在同一事实关系基础之上的知识产权跨国法律关系具有空间分割性(地域性)和内容的综合性,这就决定了它们可能有不止唯一的连接点,且每一连接点指引的法律也可能不止一个,每

---

[1] 齐爱民、何培育:"涉外知识产权纠纷的法律适用——兼评《涉外民事关系法律适用法》相关规定",载《知识产权》2011年第2期。

[2] 冯文生:"知识产权国际私法基本问题研究",见《知识产权文丛》(第4卷),中国政法大学出版社2000年版,第287~288页。

个法律的性质也不仅限于私法。❶

二、涉外知识产权合同纠纷的法律适用

知识产权是一种财产性的权利，同时也是一种私有的权利，因此知识产权可以像其他财产一样通过买卖、赠予、继承等方式转移使用权和所有权。但知识产权本身又具有不同于其他财产权的性质，以知识产权表示的财产权，不是对物进行绝对支配的财产权，而是非物质化的无体财产权。因此，由专利权、商标权、版权等而来的财产权和一般的债权关系的请求权在本质上有所不同，所以，在法律适用上也必然会有所不同。❷ 以著作权转让合同为例，世界上只有极少数国家将其纳入民法典或合同法之中，一些国家颁布单行著作权合同法（如德国）。大多数国家都将著作权合同纳入著作权法之中进行特殊规定。我国在新《合同法》（1999）颁布之前曾有《技术合同法》，现在已被新《合同法》代替。

在知识产权领域有两类权利，一是依据法律产生的专利权、著作权、商标专用权、计算机软件版权、植物新品种权等；另一类是依技术合同产生的科技成果的使用权和转让权等。前者是为权利人所有的绝对权，后者则是依债权债务关系形成的相对权。这是两种性质不同的权利。例如，一项发明经申请被批准专利后，专利权人在

---

❶ 冯文生："知识产权国际私法基本问题研究"，见《知识产权文丛》（第4卷），中国政法大学出版社2000年版，第299～300页。

❷ 铭洋："契约自由原则在智慧财产权授权契约中之运用及其限制"，载《台大法学论丛》第23卷第1期，第323页。该文认为，由于"智慧财产权"授权契约属于"法律"行为之一种，故其仍属于契约之一种，而"民法"系对"法律"行为及契约最基本之一般性规范，因此，"民法"总则及债篇一般规定，对"智慧财产权"之授权契约仍有适用余地。但"智慧财产权"授权契约之特征既与"民法"上之有名契约不符，则与其将其勉强归入某契约类型而造成不当之结果，不如承认其为经济发展过程中，随着交易之需要而发展出来之新的独特之契约类型。

专利权存续期间享有实施该发明专利的排他权利。从这个意义上讲，专利权在性质上与所有权相类似。其权利主体是特定的，除了权利人以外的一切人都是义务主体，负有不侵害其专利权的义务。也正因为如此，人们才把这种权利称为绝对权、对世权、独占权。但是，对一项技术秘密成果而言，在申请和授予专利权之前，法律并没有确认其拥有者享有"所有权"或类似的绝对权、独占权。技术合同涉及技术秘密成果的使用权、转让权，是指特定的当事人之间依据法律规定或合同约定取得的使用、转让该项技术成果的权利。它在性质上与所有权或者专利权的不同之处在于：技术秘密成果的使用权、转让权的权利主体是特定的，其义务主体也是特定的。从这个意义上讲，它是因技术合同所发生的债权，是一种相对权、对人权、非独占权。根据我国《合同法》，因技术合同所发生的知识产权之债，主要是合同涉及的技术成果的使用权、转让权。

从现实生活的情况看，知识产权的交易也包括两个方面：

（1）知识产权本身的转让。例如，我国《专利法》（2008）第10条规定，专利申请权和专利权可以转让。转让专利申请权或者专利权的，当事人应当订立书面合同，并向国务院专利行政部门登记，由国务院专利行政部门予以公告。《商标法》第39条规定，转让注册商标的，转让人和受让人应当签订转让协议，并共同向商标局提出申请。受让人应当保证使用该注册商标的商品质量。

（2）知识产权使用权的转让。该种形式的转让是知识产权人保留知识产权的所有权，而通过转让使用权获得利益。各国法律都允许知识产权使用权转让。我国《专利法》第12条规定："任何单位或者个人实施他人专利的，应当与专利权人订立实施许可合同，向专利权人支付专利使用费。被许可人无权允许合同规定以外的任何单位或者个人实施该专利。"我国《商标法》第43条规定："商标注册人可以通过签订商标使用许可合同，许可他人使用其注册商标。

许可人应当监督被许可人使用其注册商标的商品质量。被许可人应当保证使用该注册商标的商品质量。"

在经济全球化背景下,知识产权的国际转让越来越频繁,但目前国际上还没有专门调整知识产权转让的统一实体规范。1974年联合国大会第6次特别会议上通过决议,要求制定一项符合发展中国家需要的技术转让国际行动守则。从此,这项制定守则的工作在联合国"贸易和发展会议"的主持下拉开了序幕。1978年,根据第32届联合国大会通过的第32/188号决议,联合国《国际技术转让行动守则》谈判大会在日内瓦举行。经过艰苦谈判,一些实质性问题仍未取得进展。此后,联合国又举行过多次会议,直至1985年6月,经过各次会议的各方努力,终于对草案的大部分案文达成协议。但是,在一些重要问题上,分歧仍然严重,最后终于导致谈判陷入僵局。《国际技术转让行动守则》草案至今无法通过的主要原因之一是发展中国家与发达国家之间对于是否允许合同当事人选择合同准据法,未能达成一致。发展中国家的当事人通常是国际技术转让合同的受让方。这些国家为了维护本国的经济发展,防止在技术上受制于人,大都建立了对技术进口的严格审查制度。因此在国际技术转让合同中,这些国家主张必须适用受让方本国法律,反对适用合同当事人约定的转让方或其他第三国法律。而发达国家通常作为国际知识产权转让合同的转让方,希望合同受转让方国家法律支配。在国际知识产权转让合同谈判中,转让方处于有利地位,因此所订立的合同往往选择转让方本国法律。发达国家普遍支持当事人意思自治原则,由此产生的分歧导致了联合国贸易与发展大会所提出的《国际技术转让行动守则》至今无法通过。

目前国际私法中有关合同的法律适用的主要依据是1980年《罗马公约》。尽管该公约制定时并没有列举出知识产权,由于知识产权合同实质上满足了公约的各方面条件,该公约所确立的意思自治原则和最密切联系原则自然也被认为同样适用于知识产权合同。

意思自治原则,即当事人有选择可适用的法律的自由。国际私法中的当事人意思自治是16世纪法国法学家杜摩兰首创的。杜摩兰(Charles Dumoulin)在他的《地方法则和习惯总结》这一历史巨著中,将法则和习惯分为两类,一类是与形式有关的法则,包括程序规则;第二类是涉及法律事实的内容的法则。对于第二类法则他又分为两个领域,其中又包括物的法则和人的法则。[1] 对于与当事人的意愿有关的法则,杜摩兰提出了他的著名论断,即应当遵循当事人的意愿而予以适用。对当事人意愿的解释可以是合同缔结地或当事人此前或现在的住所地等。19世纪后期,随着意大利著名法学家孟西尼等人的极力鼓吹,国际私法上的当事人意思自治原则逐渐被越来越多的国家接受,尤其是在合同领域。

首先在知识产权领域的司法上引进意思自治原则理论的是英美法系国家。英国法院在17世纪和18世纪对涉外案件普遍适用法院地法,理由是:原告既然在英国提起诉讼,他必定想要适用英国法。这一观点与我们所说的知识产权的地域性有点相似。在过去,很多人认为原告想要在一国主张对其知识产权进行保护,必然应当引用该国的法律。美国法官马歇尔(John Marshall)在 Wayman v. Southard 一案中为美国法院引入意思自治原则。[2] 现在,几乎所有国家都把当事人选择的法律优先确定为合同准据法。最早在成文法中确立当事人意思自治原则的是1865年《意大利民法典》,该法第25条规定:"因合同发生的债,双方当事人有共同国籍者,适用其本国法;否则,适用缔结地法。但在任何情况下,如当事人另有意思表示,从

---

[1] Franz Gamillscheg: Der Einfluss Dumoulins auf die Entwicklung des Kollisionsrechts, *Tuebingen* (1955), S. 20. 转引自杜涛:《涉外民事关系法律适用法释评》,中国法制出版社2011年版,第60页。

[2] 韩德培主编:《中国冲突法研究》,武汉大学出版社1993年版,第126页。

当事人的选择。"

最密切联系原则，即有关当事人没有选择合同应适用的法律时，适用与合同有最密切联系的法律。该原则可以追溯到现代国际私法之父萨维尼的法律关系"本座"学说。萨维尼认为，"对于任一法律关系，应当探求根据其本身的性质该法律关系所归属或服从的那一法律区域"❶，即"为每一种法律关系找到其在本质上所归属的地域（法律关系的'本座'所在地）"。❷但萨维尼主张每一法律关系只有一个"本座"所在地，由此建立起一套机械的冲突规范体系。1880年，英国学者韦斯特莱克受萨维尼的影响提出"最真实联系"（the most real connection）的概念；在此基础上，切希尔首倡合同冲突法上的"适当法"（proper law）理论。20世纪50年代，在美国"冲突法革命"的推动下，里斯（Reese）在他所主持编纂的美国《第二冲突法重述》中提出了"最重要关系"的概念，并将其作为《第二冲突法重述》的一个最基本原则。1980年欧洲罗马《合同之债法律适用公约》正式采用"最密切联系"（the closest connection）这一术语，使之成为合同法律适用的基本原则之一❸，并迅速被世界各国接受。在晚近各国国际私法改革中，有的国家仿照奥地利国际私法经验，将最密切联系原则上升为一项指导法律选择的基本原则。

此后，各国纷纷在各自国内的合同领域立法中确立了意思自治原则和最密切联系原则。❹我国的立法也不例外。如1986年通过的

---

❶ Savigny: *System des heutigen komischen Recht*, VIII, s. 28. 转引自杜涛：《涉外民事关系法律适用法释评》，中国法制出版社2011年版，第57页。

❷ Savigny: *System des heutigen komischen Recht*, VIII, s. 108. 转引自杜涛：《涉外民事关系法律适用法释评》，中国法制出版社2011年版，第57页。

❸ 《美国冲突法重述（第二次）》第145条、第188条。

❹ 朱榄叶、刘晓红主编：《知识产权法律冲突与解决问题研究》，法律出版社2004年版，第223页。

《民法通则》第145条规定:"涉外合同的当事人可以选择处理合同争议所适用的法律,法律另有规定的除外。涉外合同的当事人没有选择的,适用与合同有最密切联系的国家的法律。"1999年通过的《合同法》第126条规定:"涉外合同的当事人可以选择处理合同争议所适用的法律,但法律另有规定的除外。涉外合同的当事人没有选择的,适用与合同有最密切联系的国家的法律。"我国2010年颁布的《法律适用法》第49条也规定:"当事人可以协议选择知识产权转让和许可使用适用的法律。当事人没有选择的,适用本法对合同的有关规定。"结合该法第41条的规定[1],可以解释为"当事人可以协议选择知识产权转让和许可适用的法律;没有协议选择的,适用履行义务最能体现该合同特征的一方当事人经常居所地法律或其他与合同有最密切联系法律"。本条规定体现出显著的合同自体法特征,符合国际司法的发展潮流,既肯定了意思自治原则,适应了各国经济社会发展的需要,又补充了意思自治原则的不足,对当事人没有选择的情况作出了规定。同时,还把最密切联系原则吸收进来,在另一个层次上保证了法律适用方法的灵活性,也可以防止当事人

---

[1] 我国《涉外民事关系法律适用法》第41条规定,"当事人可以协议选择合同适用的法律。当事人没有选择的,适用履行义务最能体现该合同特征的一方当事人经常居所地法律或者其他与该合同有最密切联系的法律。"

利用意思自治选择合同准据法以规避本应适用的强制规则。❶

虽然，意思自治原则已成为各国知识产权转让合同法律适用中一个普遍承认和奉行的基本原则，它意味着合同当事人有权协议选择支配其合同的准据法。但是，意思自治原则并不表明合同冲突法对其毫无限制。在现代市场经济条件下，国家为保护重要的政治、经济和社会利益，在各领域制定了大量的强制规制。在国际技术转让方面也不例外。在实践中，对当事人意思自治的限制主要表现在以下两方面：(1) 必须适用接受方住所地或营业所所在地国家的法律。泰国、菲律宾、墨西哥等国家坚持这种主张。如《墨西哥技术转让法》规定，凡在墨西哥领土内产生效果的国际技术转让合同，应适用墨西哥法律和墨西哥参加的国际条约。(2) 禁止当事人选择适用外国法律。阿根廷等国采取这种主张，例如，其法律规定，如果国际技术转让合同要求适用外国法律或者服从外国法院或仲裁机构的管辖，则国家不给予这种合同以注册。这样规定的目的，是政府要求在知识产权转让的过程中，不管是出口知识产权还是进口知识产权，都要适用内国法律，不允许外国法律的适用。❷ 我国《合同法》

---

❶ 对于何为强制规则，各国并没有形成统一观点，通常说来，可以将强制规则分为国内强制规则和国际强制规则。在大陆法系国家中，从国内法角度讲，强制规则是与"任意规则"相对的概念。任意规则往往允许当事人可以在合同中另行约定以改变法律的既有规定；而强制规则却是指那些不能被当事人通过协议减损的法律规则。目前世界上任何国家或地区都不存在一个被称外"强制规则"的部门法，众多的强制规则均散布于各个法律部门及单个法律文件之中。如根据我国《合同法》第126条第2款规定："在中华人民共和国境内履行的中外合资经营企业合同、中外合作经营企业合同、中外合作开发自然资源合同，适用中华人民共和国法律。"此类合同就不允许当事人通过协议规避中国法律的适用，又如我国《涉外民事关系法律适用法》第41条规定，"适用履行义务最能体现该合同特征的一方当事人经常居所地法律或者其他与该合同有最密切联系的法律。"都具有强制性规则的特性。

❷ 朱榄叶、刘晓红主编：《知识产权法律冲突与解决问题研究》，法律出版社2004年版，第224页。

第126条虽然允许涉外合同的当事人选择处理合同争议所适用的法律,但同时规定"法律另有规定的除外"。同法第355条规定:"法律、行政法规对技术进出口合同或者专利、专利申请合同另有规定的,依照其规定。"我国《专利法》第10条第2款规定:"中国单位或者个人向外国人、外国企业或者外国其他组织转让专利申请权或者专利权的,应当依照有关法律、行政法规的规定办理手续。"

三、涉外知识产权侵权纠纷的法律适用

知识产权与传统私权既有相同之处,也有差别。传统上,侵权行为有两大法律适用原则:适用侵权行为地法和适用法院地法。以侵权行为地作为侵权案件应适用的法律的连接点,是国际私法最早采用的方法,国际私法的创始人巴托鲁斯认为,这是"场所支配行为"原则的具体体现。这一方法在最近被引介到了知识产权领域。一些作者把有关公约中规定的"被要求给予保护的国家"理解为"侵权发生国",来确定侵害著作权案件应适用的法律。❶ 以侵权行为地作为知识产权侵权关系的连接点得到了知识产权地域性理论的支持。以受理案件的法院地作为侵权关系的连接点的理论是德国法学家萨维尼在其著作《现代罗马法体系》第8卷中首先提出的,他认为,侵权行为与犯罪行为常相牵连,侵权责任也与法院地的公共秩序、善良风俗关系密切,因此侵权行为应该适用法院地法。

侵害知识产权的行为是民事侵权行为的一种,它的法律适用与一般侵权的法律适用并无大的区别,因而有的国家,如英国,明显将一般侵权法律适用原则适用于知识产权,即没有特别的知识产权法

---

❶ 安德列·凯莱维:"知识产权与适用数字传输的法律的确定",载《版权公报》1996年第2期。转引自冯文生:"知识产权国际私法基本问题研究",见《知识产权文丛》(第4卷),中国政法大学出版社2000年版,第292页。

律适用原则。❶ 然而，知识产权具有非物质性的定在性特征，知识产权的这一特征决定了知识产权侵权与一般侵权不尽相同。一般民事侵权行为是行为人由于过错侵害他人的财产和人身，依法应承担民事责任的行为以及依法律特别规定应当承担民事责任的其他损害行为。❷ 而侵害知识产权的行为，是违反法律的强制性规定或禁止性规定，侵害他人知识产权的行为。❸ 由此可见，知识产权侵权与一般侵权的最大差别在于侵犯的客体是知识产权。与一般的民事侵权行为相比，侵害知识产权的行为在行为形态、危害程度上都有鲜明的特点：(1) 侵害形式的特殊性，侵害知识产权的行为主要形态是剽窃、篡改和仿冒等，而不是侵占、妨害、毁损；(2) 侵害行为的高度技术性，由此导致行为比较隐蔽、富有欺骗性，行为与损害之间的因果关系难以证明；(3) 侵权范围的广泛性，知识产权可以在同一时空下产生合法使用与侵权使用；(4) 侵害类型有多样性，可以分为直接侵权行为和间接侵权行为。❹ 侵害知识产权的行为在行为形态、危害程度上与一般的民事侵权行为相比，存在不少差异，因而，传统国际私法虽然为解决知识产权跨国侵权关系提供了具有指导意义的模本，但同时也存在一定的局限性。具体而言，知识产权的侵害事实通常与承载知识产权的物质如设备、商品、作品等密切相关，而随着这些物质的流动，侵权行为地和结果地也随之变动。此种情形下，适用侵权行为地法很难奏效。尽管现在对侵权行为地的理解有

---

❶ 彭欢燕：《商标国际私法研究——国际商标法之重构》，北京大学出版社2007年版，第134页。

❷ 佟柔主编：《中国民法》，法律出版社1990年版，第557页；王利明、杨立新编著：《侵权行为法》，法律出版社1996年版，第1页。

❸ 阳平：《论侵害知识产权的民事责任——从知识产权特征出发的研究》，中国人民大学出版社2005年版，第90页。

❹ 吴汉东主编：《知识产权法学》，北京大学出版社2000年版，第21～22页。

所扩大,包括侵权行为实施地和侵权结果发生地,然而在多个实施地和结果地之间作出抉择就必须有其他利益的考量。在侵权领域法律适用上的新发展❶同样影响到知识产权侵权的法律适用,尤其在当今网络非常发达而使与网络有关的知识产权保护问题日显突出的情况下,就更需要考虑新的法律适用方法。于是有一些国家作出知识产权侵权不同于一般侵权法律适用的规定,主要是适用被请求保护国法。这一法律适用原则已被国际公约和各国立法广泛采用,是当前主流的理论和实践做法。我国《法律适用法》第50条规定:"知识产权的侵权责任,适用被请求保护地法律,当事人也可以在侵权行为发生后协议选择适用法院地法律。"这里的"保护地"并非诉讼法意义上的法院地,它指的是知识产权被请求保护地或是知识产权主张地,可以是知识产权申请国、授予国,也可以是使用行为地或侵权行为地。在具体案件中,可由法院结合当事人的权利要求进行确定。❷有学者认为,"被请求保护地法律"作为知识产权准据法,其调整范围涉及与知识产权本身有关的所有问题,既包括知识产权的取得、变更和消灭、内容和解释,也包括侵犯知识产权的责任等问题。❸

还有学者认为,由于知识产权侵权原告往往是在侵权所在地起诉,被请求保护国往往就是法院地国。但被请求保护国并非一定就是法院地国,原告也可以依据属人管辖权在被告的惯常住所地起诉,

---

❶ 20世纪50年代以后,随着社会的不断发展和科技、通讯的突飞猛进,侵权行为变得非常复杂。尤其是网络出现后,侵权行为地的认定就更加困难了。这些情况造成侵权行为地适用侵权行为地法并不总是最为合理和便利。

❷ 王承志:"论涉外知识产权审判中的法律适用问题",载《法学评论》2012年第1期。

❸ 杜涛:《涉外民事关系法律适用法释评》,中国法制出版社2011年版,第411页。

当被告的惯常住所地不在侵权所在地国时，被请求保护国同时是侵权行为地，但并非法院地国。正因为法院地国与被请求保护国有可能出现不一致，《法律适用法》第 50 条才规定："当事人也可以在侵权行为发生后协议选择适用法院地法律。"这种立法模式吸收了当事人意思自治原则的精神，同时避免了外国法查明的诉累，具有一定优势。但从另一个方面来说，当事人选择法院地法有可能破坏知识产权的"地域性"特征。以原告山东省医药保健品进出口公司诉被告中国包装进出口山东公司"至宝"三鞭酒商标侵权案为例，原告向中国香港知识产权署申请注册登记了"至宝"三鞭酒的商标，被告向香港地区经销"至宝"三鞭酒。原告以被告明知原告为"至宝"三鞭酒香港地区商标所有人的情况下，向香港地区销售"至宝"三鞭酒，侵犯了原告的商标专用权，向青岛市市南区人民法院起诉，请求法院根据香港法律判定被告停止侵害原告"至宝"三鞭酒的商标，承担经济损失和赔偿律师费用。该案的法院地在中国内地，原告请求保护其在香港地区的商标专用权，被请求保护地与侵权行为地均为香港地区。倘若本案中原被告协议适用中国内地商标法来判定是否构成侵权，则等于承认了依照香港地区法律登记的商标权在中国内地生效，也即商标权具有了域外效力，这显然违反了《巴黎公约》的独立性原则。虽然物权侵权当中当事人协议法律适用比较普遍，但是物权的域外保护已成为各国司法实践的共识，而这一点在知识产权领域始终被"地域性"原则所排斥。因此，在知识产权侵权领域由双方当事人协议约定适用法院地法，其合理性尚待考察。[1]

由上可见，至今仍有许多学者坚持绝对地域性原则。究其原因，在于对知识产权地域性及其法律冲突认识上的偏差以及对涉外知识

---

[1] 齐爱民、何培育："涉外知识产权纠纷的法律适用——兼评《涉外民事关系法律适用法》相关规定"，载《知识产权》2011 年第 2 期。

产权案件"涉外性"认识的不足。❶（1）对知识产权地域性的错误理解。所谓地域性，《布莱克法律辞典》明确将其归为国际法范畴，指的是国家在边界范围内拥有主权的原则。地域性在国际层面为各国在自己领土范围内行使主权，制定法律划定了界线，因而有时也被解释为"立法主权"。由此可见，地域性并非知识产权独有的特性，而是所有法律的共同属性。其实质是对主权国家法律适用空间范围的界定，同时也是对本国法律适用于本国境内效力的确认。至于本国法律在境外是否有效，则超出法律地域性所及范围，而成为所涉其他国家的考量对象。"地域性"作为一个中性的法律概念，本身并不引起否定外国法效力的后果。因此，法学理论及司法实践中动辄以法律地域性为由拒绝适用外国法是对"地域性"这一概念的误读。（2）忽视知识产权领域的法律冲突。我国大多学者认为，知识产权法律冲突的产生与否取决于它的地域性特征。传统观点坚持知识产权具有严格的地域性，导致人民法院在司法实践中忽视知识产权领域法律冲突的解决。法院在审理涉外知识产权案件时，往往直接依据中国知识产权法的实体规范作出判决，即使涉及知识产权国际条约的适用，所涉条约也只是起到确认适用中国法的效果，而未给外国法的适用留下空间。（3）罔顾涉外知识产权案件的"涉外"属性。错误解读知识产权的地域性，忽视知识产权领域存在的法律冲突，必然导致对涉外案件定性的偏差。北京市高级人民法院在《关于涉外知识产权民事案件法律适用若干问题的解答》中明确表示：审理外国人主张我国专利权、商标权、著作权的民事案件以及审理外国人要求制止在我国实施的不正当竞争行为的案件，不存在适用外国法律的可能，无须引用冲突规范，应适用我国相关法律。

把适用被请求保护地法律与当事人意思表示（合意）结合作为

---

❶ 王承志："论涉外知识产权审判中的法律适用问题"，载《法学评论》2012年第1期。

侵犯知识产权跨国案件的连接点是意思自治原则在现代向侵权法入侵的新现象，并已成为国际上通行的做法。例如，《瑞士联邦国际私法》第110条第2款即规定，知识产权侵权，包括不正当竞争侵权的损害赔偿，适用当事人合意选择的法律；当事人未选择的，适用侵权行为地法或被请求保护的国家的法律，亦可适用法院地法；对于是否构成侵权以及构成侵权后的补救措施，依侵权行为地法。❶把被请求保护地与当事人意思自治原则结合起来，有利于消除私权与主权的矛盾，符合私权的特征，能够有效地促进案件的了结。我国《法律适用法》首次对涉外知识产权关系的法律适用问题作出了规定，纠正了我国理论及实务界对知识产权地域性的错误理解和对知识产权法律冲突的不当认识。

第三节　海峡两岸知识产权制度冲突的冲突法解决方法

由于海峡两岸关系的复杂性和不确定性，要在短期内建立起一个健全的知识产权法律适用制度既不现实、也是不可能的，因此，只能循序渐进、逐步完善。

一、类推适用涉外知识产权法律适用规则

鉴于我国台湾地区的特殊法律地位，大陆的法律和大量的司法解释及有关部门的相关规定中都明确指出，对台湾同胞的法律保护可以"比照"或"参照"法律对外商的保护。本书认为，大陆区际冲突法出台之前，涉台知识产权诉讼可比照适用《法律适用法》第7章中关于知识产权法律适用的规定。理由是：（1）在区际冲突法出台之前涉台民事案件比照涉外民事案件适用法律是必然选择。在很

---

❶ 尚锦：《国际私法》，中国人民大学出版社1992年版，转引自石魏："论知识产权的法律适用"，载《山东大学学报》（哲学社会科学版）2000年第1期。

长一段时期里，大陆（内地）一直不将涉港、澳、台案件视为涉外案件，但随着香港、澳门的回归和两岸关系和平发展，大陆（内地）开始认识到港、澳、台均为我国境内独立的法域，在涉港、澳、台民事案件中，各自的实体法应有平等的被适用的机会。事实上，最高人民法院的有关司法解释也是将涉港、澳、台民事案件视为"特殊的国内案件"对待，规定应比照"涉外案件"处理的。实践中大陆法院一般也是比照适用涉外民事诉讼程序的有关规定处理涉港、澳、台民事案件的。由此可见，在区际冲突法出台之前，涉港、澳、台民事案件比照涉外民事案件适用法律是必然选择。自然地，在区际冲突法出台前，涉台知识产权案件比照《法律适用法》中关于知识产权法律适用的规定，也是必然选择。（2）知识产权是一种民事权利，应和其他民事权利一样受到保护。在我国《民法通则》所构筑的民事权利体系中，知识产权是与财产权、债权、人身权相并列的一种权利。知识产权是私权，但其产生、内容、期限、维持与救济等都是由国家公权力直接授予和作用的，其规范具有强烈的公法色彩。现代知识产权法的出现融合了公法与私法，模糊了传统公法与私法划分的界限。❶ 为了统一各国对知识产权性质的认识，TRIPs协议"引言"部分也明确宣示：全体成员"承认知识产权为私权"。私权是基于私法而产生的权利，属于法定权利性质。❷《布莱克法律词典》指出：私法是指"在公民和公民之间施行的那一部分法律。或者当享有权利和承担义务的双方当事人均是私人时有关权利定义、

---

❶《民法通则》第五章"民事权利"：第一节，财产所有权和与财产所有权有关的财产权；第二节，债权；第三节，知识产权；第四节，人身权。

❷ 郑万青：《全球化条件下的知识产权与人权》，知识产权出版社2006年版，第44页。

第三章　海峡两岸知识产权制度冲突的冲突法解决方法

规定和实施的那一部分法律"。❶ 我国《民法通则》第 5 章规定知识产权是民事权利，就是将知识产权作为无形财产所有权同土地、房屋等有形财产所有权同样以成文法的形式加以确认，国家公权力必须依法加以保护。目前有关司法解释已将涉港、澳、台民事案件视为"特殊的国内案件"对待，规定应比照"涉外案件"处理。知识产权也是一种民事权利，与民事法律关系问题具有"共同性"，既然涉台民事案件可以比照涉外民事案件适用法律，涉台知识产权案件也应可以比照涉外知识产权案件适用法律。（3）涉外法律适用法中的"涉外"应既指有一定领土范围的国家，也指一个国家内部的不同地区。国际私法中的法律冲突，系指解决同一问题的不同国家（或地区）的法律由于各自内容的差异而导致相互在效力上的冲突。❷可见，国际私法中的"外国"，不仅是不同的主权国家之间的相互称谓，也是一个主权国家之内，实行不同法律和法律制制度的地区之间的互相称谓。严格地说，这里的"外国"，应该为"外法域"。国际私法就是解决不同法域之间的法律冲突，决定适用哪一个法域法律的法。❸ 在英美普通法国家，对国际冲突和区际冲突是不加区分的，其认为冲突法的意义只在于调整法域之间的冲突，因此，其冲突法不以不同国家之间的法律冲突为调整对象，而是以不同法域之间的法律冲突为调整对象。英国、美国国际私法中也用"外国"，不仅指主权意义上的外国国家，而且指国内具有不同法律制度的地区。台湾及香港、澳门地区都是中国境内另外的独立的法域，因而，应该按照涉外民事诉讼程序确定其管辖权，确定港、澳、台当事人的诉讼权利和义务，依据冲突法的相关规定确定应当适用的准据法，才

---

❶ Blacke's Law Dictionary, 1983 年英文第 5 版，第 624 页，转引自郭寿康主编：《知识产权法》，中共中央党校出版社 2002 年版，第 9 页。

❷ 黄进：《中国国际私法》，法律出版社 1998 年版，第 81 页。

❸ 董立坤：《国际私法》（修订本），法律出版社 2000 年版，第 473 页。

能保障当事人的合法权益,才能公正地处理涉台、港、澳知识产权案件。(4)涉台知识产权案件比照涉外知识产权案件处理,有利于及时合理地解决涉台知识产权争议,促进海峡两岸民商事关系正常发展。随着两岸关系和平发展不断深化,两岸人民之间的民商事往来也愈趋频繁和密切。据统计,仅 2009 年,法院就审结一审涉台案件 3 953 件。❶ 因此,在大陆区际冲突法出台之前,涉台知识产权案件的审理比照《法律适用法》的相关规定,不仅有利于及时合理地解决涉台知识产权争议,而且有利于促进两岸关系健康、和谐发展。

二、制定海峡两岸统一的知识产权法律适用规范

涉台知识产权案件比照适用《法律适用法》的相关规定,只能是一种权宜之计,它并不是解决两岸知识产权法律冲突的最佳选择。大陆和台湾地区(包括香港、澳门特别行政区)可以通过制定统一的"中国区际民事关系法律适用法"来解决四地的知识产权制度冲突问题。制定统一的区际知识产权法律适用法既可以使管辖权冲突问题得到彻底解决,而且可以避免各法域冲突法之间的冲突,是解决海峡两岸乃至中国区际知识产权制度冲突问题的一种较为理想的方式。

---

❶《人民法院工作年度报告(2009 年)》,人民法院出版社 2010 年版,第 19 页。

第四章 海峡两岸知识产权制度冲突的实体法解决方法

第一节 知识产权国际保护的形成与发展

一、知识产权国际保护的形成

从一般意义而言,知识产权国际保护制度,是指以多边国际公约为基本形式,以政府间国际组织为协调机构,对各国国内知识产权法律进行协调,并使之相对统一的国际法律制度。[1] 任何事物的产生和发展都离不开内因和外因的推动。内因指事物的内在矛盾,外因指一事物和他事物的互相联系和互相影响,即外部矛盾。要理解和掌握事物的发展过程,必须把握事物的内因,又不可忽视其外因。知识产权国际保护产生和发展的外因是经济全球化发展,其内因则是知识产权制度自身变革的需要。

经济全球化是世界经济发展的必然规律。随着经济全球化的不断深入发展,世界各国经济均被纳入统一的世界经济体系之中,各国经济相互依赖、互相渗透,越来越趋于一体化。经济全球化,就本质来说是由于生产力的迅速发展,国际分工达到前所未有的新阶段,人类经济活动开始大规模地突破国家、民族界限,各国经济逐渐融

---

[1] 吴汉东等:《知识产权基本问题研究》,中国人民大学出版社2005年版,第131页。

为一体的历史过程。❶

  与经济全球化相对应，知识产权保护也伴随着经济全球化的演进，经历了从依据国内法保护逐渐过渡到依据国际法保护，从依据双边保护拓展到多边保护的发展过程。知识产权保护制度最初是在资本主义商品经济条件下产生的，它是商品经济发展到一定阶段的产物，是基于对商品生产和商业交易过程中的经济利益的保护。同全球化历史轨迹的起点同步，知识产权作为工业革命的伴生物，也产生于15世纪的欧洲。1474年，在商业繁盛的威尼斯，颁布了世界上第一部专利法。在商标制度方面，法国首先于1803年制定了《关于工厂、制造场和作坊的法律》，这是世界上第一部含有保护商标规定的法律。1709年，世界上第一部成文的著作权法——《安娜法》在英国诞生。17世纪以后，随着资本主义的发展，商品经济的兴盛，知识产权作为一种特殊商品进入市场，知识产权制度先后在各国建立。到了20世纪，这一制度又逐步推广到世界各国。

  从18世纪60年代开始，首先在英国，随后在欧美其他国家相继发生了工业革命。工业革命使生产力获得了前所未有的大发展，引起了社会经济的重大变化。工业革命的结果促进了世界市场的进一步成熟，此时机器大工业突破了以往手工业技术力量，积极进行对

---

❶ 美国匹兹堡大学社会学系教授罗兰·罗伯逊在1992年出版的《全球化》一书中，勾画了全球化演进的轨迹。罗伯逊强调了全球化发展的过程性。罗伯逊认为，全球化是先于现代性的，全球化不等同于、也不能被看做是一种不定型地表达的现代性的直接后果，相反都是全球化直接推动了现代性的扩展。他对全球化的历史进程作了观念上的描述，提出了全球化发展前后递进的5个阶段，要求人们从连续性和阶段性的统一中去把握全球化。他指出，全球化的"萌芽阶段"是发生在15世纪早期到18世纪中叶的欧洲。而后经历了18世纪中叶到19世纪70年代的"早期发展阶段"，从19世纪70年代到20世纪20年代中期的"起飞阶段"，又经历了20世纪20年代中叶到60年代末的"争夺霸权阶段"，最后到达始于60年代末迄今仍在持续的"不确定阶段"。

外扩张。而此时的交通与通信手段的革命,更使各地区之间的距离大大缩短,使国际贸易扩展到全球各个地区。在此期间,商品生产的空前发展、交通通信业的近代化,密切了世界各国的经济联系,形成了真正意义上的国际分工。世界各国的社会生产都被吸引到国际分工的体系之中,资本主义生产关系迅速地在全世界扩展开来。马克思、恩格斯在《共产党宣言》中指出:"资产阶级,由于开拓了世界市场,使一切国家的生产和消费都成为世界性的了。……过去那种地方的和民族的自给自足和闭关自守状态,被各民族的各方面的互相往来和各方面的互相依赖所代替了。物质的生产是如此,精神的生产也是如此。"❶ 这段话精辟地概括了经济国际化到来的景象。

经济走向国际化的过程,同时也是经济走向全球化的过程。经济国际化,是指各民族国家随着相互之间贸易的发展,各种生产要素诸如资本、劳动力的日益跨国界流动的一种状态。它主要是通过商品资本与货币资本在国与国之间的流动来实现的,占主导地位的国际交换是商品与货币流通。在此阶段,参与的国家是有限的,主要是以几个发达国家为一方,以原料产地的发展中国家为另一方,相互的市场基本是固定的,即经济行为仅限于双边国家。

法律制度的发展变化,总是由它赖以生存的社会经济基础的发展变化引起的。经济全球化发展到一定阶段时,必然要求经济规则统一,经济规则全球统一反过来又加深了经济活动全球化进程。在19世纪之前,知识产权的保护主要局限于国内。知识产权领域因各国国内法规定不一致而产生的矛盾日益显露。但是由于知识产权的地域性特征,一国只保护根据本国法律产生的知识产权,而不保护依他国法律而产生的知识产权。这在客观上必然引起两种后果:一是本国的知识产权在外国得不到适当的保护,导致其外国市场的丧失,

---

❶ "共产党宣言",见《马克思恩格斯选集》(第1卷),人民出版社1995年版,第255页。

损害本国智力成果创造者的利益；二是外国的知识产权在本国得不到适当的保护，导致其对本国市场的冲击❶。这种现象严重地阻碍了国际贸易的增长。为了促进国际贸易的发展，客观上要求对各国知识产权制度进行国际协调。知识产权保护国际协调主要是采取订立双边或多边知识产权保护条约的方式来进行的，即由两国或多国政府通过双边或多边谈判，达成双边或多边协议，对知识产权保护的实体性标准，比如权利客体、权利内容等，或程序性制度，比如取得知识产权的程序等，进行约定，然后由协议参加国在国内法中采纳，使协议参加国建立起相对合理的知识产权保护制度。

同全球化的发展轨迹同步，伴随着经济全球化的形成和初步发展，知识产权的国际保护最初也是以双边协定保护的形式出现的。双边协定保护，即通过两国政府之间的双边协商，达成双方接受的知识产权保护制度。例如，在版权领域，意大利于1843年分别与奥地利和法国签订了双边保护协定，法国也于19世纪中叶分别于英国、比利时等20多个国家签订了双边保护协定。据统计，在1883年，有近70个这样的双边协议。❷ 这些协议全都规定了商标的保护，有1/3规定保护工业品外观设计，只有两个规定保护专利。❸ 此外，当时各国专利法有的对外国申请人完全不提供专利保护，有的规定种种限制。

19世纪后半期，随着经济全球化的深入发展，国际经济交往活动日益频繁，国际贸易快速增长，尤其是国际贸易中技术因素的增长和无形的技术贸易的发展，客观上要求对知识产权的法律保护进行国际协调，以最大限度地消除因知识产权地域性而造成的国际贸

---

❶ 古祖雪：《国际知识产权法》，法律出版社2002年版，第28页。
❷ 郑万青：《知识产权法律全球化的演进》，《知识产权》2005年第5期。
❸ 斯蒂芬·拉达斯：《专利、商标和有关权利》，第43页，转引自郑万青：《全球化条件下的知识产权与人权》，知识产权出版社2006年版，第60页。

易发展的障碍。❶ 在这种情况下，国际社会谋求对知识产权保护问题进行国际协调，以最大限度地消除知识产权地域性对国际经济贸易秩序的妨碍。其结果是以多边国际条约为核心的知识产权国际保护体制的形成。

知识产权多边保护的导火索是1783年的维也纳国际博览会。由于担心本国国民的发明或商标在博览会上得不到保护，而被其他国家的厂商利用，大多数接到邀请的国家都不愿意参加，世界第一次多边知识产权冲突爆发了。为排除障碍，博览会举办国奥地利政府颁布法律，对参展的发明或商标给予临时保护。此次偶发事件，揭示出了缺乏知识产权国际协调必将阻碍世界经济贸易交流的严重后果。基于对这种严重后果的共同认识，在世界各国的共同努力下，从19世纪后半期开始，知识产权的国际保护开始出现。1883年由比利时、巴西、法国、危地马拉、意大利、荷兰、葡萄牙、萨尔瓦多、塞尔维亚、西班牙和瑞士11个国家共同发起，在巴黎签署了《巴黎公约》。

《巴黎公约》是世界上第一个保护工业产权的综合性公约，也是知识产权保护的第一部国际公约。其保护范围涉及发明、实用新型、外观设计、商标、服务商标、商号、原产地标记或原产地名称以及制止不正当竞争。它是迄今影响最大的工业产权公约，其他绝大多数工业产权公约把一国参加《巴黎公约》作为接受其为成员国的前提条件。

著作权的国际保护也是全球化的必然产物。著作权的国际保护一开始便同国际贸易有关。据学者考证，从1847年开始，欧洲各国便订立了一系列双边保护协定，但是这些条约难以统一，同时适用范围有限，而图书和音乐传播的全球化要求有一个和谐的、跨国界的

---

❶ 万鄂湘主编：《国际知识产权法》，湖北人民出版社2001年版，第14页。

保护体系。法国是当时的文化强国,在1887年以前就已经与25个国家签订了28个著作权保护的双边保护协定。❶但这些条约不足以适应越来越国际化的文学艺术传播要求。在19世纪,法国的文学和艺术家们创作了许多深受人民群众喜爱的作品,他们的作品当时在本国已受到法律保护,但是因为在国外得不到保护,所以屡屡被他人盗印,他们为此深深感到苦恼。因此,维克多·雨果等著名文学家首先于1838年创建了法国文学家协会,呼吁建立国际保护制度。以后他们又联合其他国家的文学家于1878年在巴黎成立国际文学协会。这是最早倡导签订一个世界性条约以保护文学艺术作品的非政府间组织。它于1882年在罗马开会,决定于1883年在伯尔尼召开会议,讨论起草条约问题,并请求瑞士政府主持。瑞士政府接受了这个请求,派出代表主持1883年的会议。会议通过了一个条约草案,由瑞士政府分送各国研究。然后于1884年、1885年和1886年分别开了3次外交会议,于1886年通过了《伯尔尼公约》,除公约文本外,还有一条增补条文和最后议定书。在公约上签字的有10个国家:比利时、法国、德国、英国、海地、意大利、利比里亚、西班牙、瑞士和突尼斯。翌年有8个国家批准公约,随即于1887年12月5日正式生效。《伯尔尼公约》是世界上第一个保护文学、艺术和科学作品的国际公约,也是最重要的、影响最大的保护版权的国际公约。《巴黎公约》和《伯尔尼公约》覆盖了工业产权和版权这两个知识产权的主要领域,这两大条约缔结、生效,意味着知识产权的国际保护体系正式形成。

二、知识产权国际保护的发展

自从1883年第一部知识产权保护的国际公约——《巴黎公约》

---

❶ [西班牙]德利娅·利普希克:《著作权与邻接权》,中国对外翻译出版公司2000年版,第465页。

缔结后，知识产权国际保护随着经济全球化的演化而不断发展演进，尤其是 20 世纪 80 年代中期以来，经济全球化同以往相比具有一个突出的特点，就是经济和知识化浪潮结合在一起，知识经济的兴起使经济全球化如虎添翼。❶ 经济全球化使各国相互依存与合作关系日益紧密，这必然促进调整跨国经济贸易关系的国际统一规则的加快发展。这在知识产权国际保护方面有突出的表现。主要体现在：

（1）知识产权国际条约体系日益健全完善。《巴黎公约》签署生效后，知识产权国际保护通过制定新的国际条约、不断地修订已有的国际条约及不断扩大条约的地域适用范围，使知识产权国际条约体系日益健全完善，适用范围不断扩大。

①制定新的国际条约。在知识产权法的协调统一进程中，国际条约扮演了举足轻重的角色。一方面，知识产权国际条约的调整内容和保护水平是知识产权法全球化进程中的国际标准。另一方面，知识产权国际条约影响甚至决定着其条约成员的知识产权保护水平，即使对非条约成员也有指引和参照作用。知识产权国际条约，是指各国（地区）之间为确定彼此间的权利义务而达成的规范知识产权法律关系的协议。在 WIPO、WTO 等国际组织的推动下，面向全球的知识产权国际条约已达 30 个左右，这些国际条约覆盖了广泛的领域，在知识产权法的国际协调中发挥了重要的作用。

在工业产权领域，继《巴黎公约》缔结之后，又相继缔结了《制裁商品来源的虚假或欺骗性标志马德里协定》（以下简称《马德里协定》，1891）、《工业品外观设计国际保存海牙协定》（1925）、《商标注册商品和服务国际分类尼斯协定》（1957）、《保护原产地名称及其国际注册协定》（1958）、《保护植物新品种国际公约》

---

❶ 袁真富："知识产权：全球化背景下的发展与适应——以多边国际条约为线索"，见王立民、黄武双主编：《知识产权法研究》（第 2 卷），北京大学出版社 2005 年版，第 7 页。

(1961)、《建立工业品外观设计国际分类洛迦诺协定》(1968)、《专利合作条约》(1970)、《国际专利分类斯特拉斯堡协定》(1971)、《商标注册条约》(1973)、《建立商标图形要素国际分类的维也纳协定》(1973)、《国际承认用于专利程序的微生物保存布达佩斯条约》(1977)等国际条约。

在版权领域,继《伯尔尼公约》之后,又相继缔结了《保护表演者、录音制品制作者与广播组织公约》(简称《罗马公约》,1961)、《录音制品公约》(1971)、《印刷字体的保护及其国际保存协定》(1973)、《关于播送由人造卫星传播的载有节目信号的公约》(1974)、《避免对版权使用费收入重复征税多边公约》(1979)、《视听作品国际登记条约》(1984)、《世界知识产权组织版权条约》(1996)、《世界知识产权组织表演与录音制品条约》(1996)等国际条约。

上述新制定的国际条约,既有关于保护标准的实体性规范,又有关于申请与注册的程序性规范,还有关于分类体系的服务性规范,这对统一知识产权实体法,减少法律冲突起了很大作用。

②不断地修订已有的国际条约。不论是最初缔结的、处于主导地位的《巴黎公约》和《伯尔尼公约》,还是后来缔结的专门协定,都具有一种共同的动态机制,即经过修订或修正,使之适用不断发展的国内法与国际法,并进而满足科技与文化发展的需要。为此,《巴黎公约》第17~18条,《伯尔尼公约》第26~27条,都分别对其修改或修订作出了规定。按照这些规定,《巴黎公约》于1900年在布鲁塞尔、1911年在华盛顿、1925年在海牙、1934年在伦敦、1958年在里斯本、1967年在斯德哥尔摩分别召开了修订会议,形成了6个修订文本;《伯尔尼公约》于1896年在巴黎、1908年在柏林、1928年在罗马、1948年在布鲁塞尔、1967年在斯德哥尔摩分别进行了修订,形成了5个修订本;《马德里协定》于1900年在布鲁塞尔、

1911年在华盛顿、1925年在海牙、1934年在伦敦、1957年在尼斯、1967年斯德哥尔摩进行了6次修订，也形成了6个修订文本。❶其他相关的国际协定也都有过修订。

知识产权国际条约在不断修订和不断制定新条约的过程中，为适应经济交往、科技进步的需要，为满足发达国家的经济与政治要求，其条约规定越来越细，可操作性越来越强，在覆盖范围、保护水平和实施力度上，发生了令人瞩目的变化。

③促使更多国家接受相关条约，扩大条约的地域适用范围。在《巴黎公约》和《伯尔尼公约》缔结后，在国际组织、尤其是世界知识产权组织的有效运作与影响下，越来越多的国家接受了这两个公约。在这两个公约缔结时，其成员国还比较少，空间效力十分有限。因此，其缔结后的主要任务之一，就是发展成员国，扩大地域范围。经过80多年的努力，到1967年世界知识产权组织成立时，《巴黎公约》的成员国已由生效时的14个发展到75个，《伯尔尼公约》的成员国已由生效时的9个发展到57个，工业产权领域的其他专门协定的成员国数量也在不断增加。

这些知识产权国际公约之所以在国际社会能够不断地扩大适用空间，主要是因为：第一，它们作为多边国际条约，与双边条约相比具有相当的稳定性。这种多边结构的优越性，既是其永久效力的重要保证，也是其吸引不同国家加入的基本因素。第二，《巴黎公约》和《伯尔尼公约》所采取的是"自由加入"的开放原则，为每一个国家加入公约提供了很大的方便。第三，《巴黎公约》和《伯尔尼公约》所确立的国民待遇原则，是不同社会经济制度和不同发展水平的国家都能够接受的基本原则。这一原则既不要求法律的一致性，也没有要求适用外国法的麻烦，只是要求每个国家在自己的领土内

---

❶ 古祖雪：《国际知识产权法》，法律出版社2002年版，第31页。

适用本国的法律,不分外国人还是本国人。这种尊重各国法律差异的现实主义原则大大促进了公约地域适用范围的不断扩大。❶

(2) 知识产权国际保护的组织化程度不断加强。国际知识产权组织的产生,经历了一个从国际行政联盟到专门性国际组织的演进过程。

为了实施《巴黎公约》,1883 年成立了保护工业产权巴黎联盟,为了实施《伯尔尼公约》,1886 年成立了保护文学艺术作品伯尔尼联盟。两个联盟分别设有自己的执行机构,称为"国际局"(International Bureau)。两个国际局各自管理上述国际公约,并置于瑞士联邦政府的监督之下。1893 年两个国际局合二为一,成立了"保护工业产权和文学艺术产权联合国际局",后来该机构名称几经变化,最后定名为"保护知识产权联合国际局"(BIRPI)。联合国际局不仅管理《巴黎公约》和《伯尔尼公约》,而且还管理在《巴黎公约》下缔结的"专门协定"。作为知识产权保护的国际组织,联合国际局的主要任务是促进各国对知识产权的保护,准备公约的修订并加以改进等。第二次世界大战以后,联合国于 1945 年成立。作为联合国专门机构的教科文组织主持缔结和管理了一些重要的国际公约,也成为一个促进知识产权国际保护的机构。❷

为了协调知识产权国际保护的工作,更好地执行国际条约、协定,世界上 51 个国家于 1967 年 7 月 14 日在斯德哥尔摩签订了《建立世界知识产权组织公约》,建立了一个政府间的国际机构——世界

---

❶ 古祖雪:《国际知识产权法》,法律出版社 2002 年版,第 32~33 页。

❷ 除联合国际局主导下缔结的知识产权国际公约外,联合国教科文组织在促进知识产权国际保护方面也发挥了积极作用。它的活动主要在著作权领域,先后主持缔结了 1952 年《世界版权公约》与 1961 年《保护表演者、录音制品制作者和广播组织国际罗马公约》。基于前者,产生了与《伯尔尼公约》相并列的另一著作权保护体系;基于后者,邻接权国际保护制度开始创立。

知识产权组织（World Intellectual Property Organization，WIPO），1970年4月公约正式生效。根据该公约成立了世界知识产权组织，WIPO于1974年成为联合国的一个专门机构，总部设在瑞士日内瓦。截至2003年年底，该组织共有179个成员。我国于1980年6月3日加入。

世界知识产权组织的建立，使知识产权保护纳入了一个政府间国际组织的职能范围，各联盟的活动可以持续而协调地进行。该组织因成为联合国的专门机构而极大地提高了权威性，相当于在知识产权领域内负起了发展有关国际法的责任。❶ 因此，世界知识产权组织作为联合国专门机构的产生是国际知识产权法发展史上的一块里程碑，它标志着知识产权制度国际协调的组织化，已具有现代国际法的意义。国际知识产权法的形成与发展是与知识产权制度国际协调的组织化联系在一起的。自1967年以来，世界知识产权组织在努力发挥其协调和指导作用的同时，主持或者促成了数量多、涉及范围广的保护知识产权的国际条约，其中有提供实质性权利保护的条约，还有便于多国获得知识产权保护的条约以及建立国际分类的条约。这些条约通过各缔约国的国内立法加以实施，从而在国际上形成了相对统一的知识产权保护制度。

（3）知识产权国际保护贸易化。知识产权保护国际协调的发展历程中，最重要的发展就是贸易机制的引入。

世界知识产权组织的诞生对知识产权国际保护的发展起到了十分积极的作用，形成了以众多知识产权国际条约为基础，以世界知识产权组织为协调机构的知识产权国际保护体制。然而，到了20世纪80年代，这一体制面临着来自国际经济关系发展和新技术革命的挑战。传统的国际经济关系是以国际货物贸易为主要形式的，虽然知

---

❶ 郭克强：《论版权的国际保护》，武汉大学博士论文1997年，第104页。

识产权国际保护因国际贸易的发展而起，但它与国际货物贸易并无多少直接的联系。它注重对各国国内知识产权法的协调，以达到在世界范围内保护智力成果和促进科学技术和文化艺术传播的目的。但是，国际经济关系的发展，尤其是新技术革命的发展，已使传统的国际贸易出现多元化趋势，出现了以金融、通信、技术转让等为形式的服务贸易。在这一转化过程中，知识产权的作用和商业价值越来越得到体现和提高。另一方面，新技术的发展使得技术因素在经济增长中起着非常重要的作用。不仅有形货物中的技术含量日益提高，而且技术或其他智力成果也因成为国际贸易的标的而在国民经济中占有重要的地位。因此，知识产权国际保护日益直接表现为世界性的贸易问题。

面对国际经济关系的这种新变化，原有的以世界知识产权组织为核心的国际保护体制，日益显示出它的缺陷与不足。首先，传统知识产权国际保护的整体水平不高，使得它无法适应新技术革命对知识产权保护提出的更高要求。其次，原有的知识产权国际条约由于各国的经济、社会和文化水平的参差不齐而造成了对知识产权保护范围、保护措施、权利限制与侵权救济等方面的规定各不相同，甚至还存在较大的差异，保护程度的参差不齐可能导致同一条约的缔约国对同一主题的知识产权提供不同程度的保护。再次，原有的知识产权国际保护体制是在关贸总协定的框架之外独立建立起来的国际保护体系，它从一开始就与国际贸易制度脱节，世界知识产权组织是联合国的专门机构，它与关贸总协定（现在的世界贸易组织）是两个不同的组织，其成员国也不尽相同。制度上的这种安排导致的一个后果是，现有的知识产权国际保护体制难以解决国际贸易中的知识产权保护问题，进而使得知识产品贸易或知识产权国际交易

受到了不公平的待遇，成为关贸总协定原则贯彻实施的一大障碍。❶

鉴于传统知识产权国际保护体制的这种缺陷，国际社会开始寻求对知识产权国际保护体制的完善。尽管世界知识产权组织在20世纪80年代就开始探讨修订《巴黎公约》，以期对原有的国际保护体制进行修改，然而，由于在世界知识产权组织体制下，发展中国家和发达国家之间因利益分配而造成的严重对峙，以美国为首的发达国家意识到修改世界知识产权组织体制的目标在短期内难以实现，它们进而希望打破由世界知识产权组织单独左右知识产权国际保护的局面，尝试在关贸总协定的框架内以另一种方式重建知识产权国际保护体制。❷

在以美国为首的发达国家的推动下，1982年11月，关贸总协定首次将假冒商品贸易的议题列入议程。但在发展中国家和发达国家之间存在重大分歧。以美国、瑞士等为代表的发达国家强烈主张，应将知识产权列入多边谈判的议题；美国代表甚至扬言，如果不将知识产权作为新议题，美国将拒绝参加第八轮谈判。

1986年9月15日，在乌拉圭埃斯特角城发起的第八轮谈判中，瑞士等20个国家提出把"服务贸易""投资保护"和"知识产权"作为三个新议题纳入谈判范围的提案。尽管一些发展中国家不同意将知识产权问题引入到国际贸易中来，甚至发达国家内部意见也未取得一致，贸易大国之间的共识还是起了决定性的作用。经过各国长达8年的艰苦谈判，终于在1994年达成了TRIPs协议，并于1995年1月1日开始生效。TRIPs协议所确立的宗旨是：减少国际贸易中出现的扭曲和阻力，促进对知识产权的国际保护，防止知识产权执法的措施与程序变成合法贸易的阻碍。这一宗旨表明世界贸易组织

---

❶ 丁丽瑛："论知识产权国际保护的新体制"，载《厦门大学学报》（哲社版），1998年第1期。

❷ 万鄂湘主编：《国际知识产权法》，湖南人民出版社2001年版，第18页。

及其制度已将知识产权保护纳入到国际贸易体系之中,体现了国际知识产权保护的贸易化发展新趋势。

与以往的知识产权公约相比较,TRIPs 协议除了第一次明确将国际贸易与知识产权保护相联系、将贸易机制引入知识产权领域外,还具有以下几方面的突出特点:

(1) 将各项知识产权制度融为一体,对知识产权实施全面保护。以往的知识产权公约多为单一性公约,例如,《巴黎公约》只涉及有关工业产权的规定,不涉及著作权和邻接权问题;《伯尔尼公约》为专门保护著作权的公约,它只涉及文学、艺术作品的版权保护问题;《罗马公约》专门保护邻接权。而 TRIPs 协议将以往众多的国际条约,如《巴黎公约》《伯尔尼公约》《罗马公约》等主要条约的内容融为一体,并且较好地处理了与原有知识产权国际公约的关系。TRIPs 协议把已有的知识产权国际公约或条约分为三类:一类是基本完全肯定、要求全体成员都必须遵守并执行的国际公约或条约,共有四个,即《巴黎公约》《伯尔尼公约》《罗马公约》和《华盛顿公约》。同时 TRIPs 协议也对这四个公约或条约的个别条款作了少量的限制修改和保留。另一类是基本完全肯定、要求全体成员以对等原则执行的国际公约或条约,主要包括《巴黎公约》的子公约,如《专利合作公约》《马德里协定》等。第三类是不要求全体成员遵守并执行的国际公约,TRIPs 协议没有提及的公约,如《世界版权公约》《录音制品公约》等即属此类。这样,TRIPs 协议就通过与贸易利益相挂钩的方式,保留了原属 WIPO 管理的主要知识产权条约的基本原则和主要内容,增加了知识产权新类型,实现了与原有知识产权国际公约的衔接,[1] 成为迄今为止内容最为全面的多边知识产权协议。

---

[1] 刘剑文主编:《TRIPS 视野下的中国知识产权制度研究》,人民出版社 2003 年版,第 17~18 页。

第四章 海峡两岸知识产权制度冲突的实体法解决方法

（2）保护标准最高。TRIPs 协议以传统知识产权国际公约中的义务为起点，添加了大量新的标准，为知识产权保护提供了一套新颖的更高的国际统一标准。具体体现在：①权利范围广。TRIPs 协议除尽量采纳了《巴黎公约》《伯尔尼公约》《罗马公约》和《关于集成电路的知识产权条约》等已有规定的权利种类外，还强调了专利权人拥有对专利产品的进口权，计算机软件和电影作品的版权人的出租权；此外，还规定了在知识产权侵权中被侵权人的知情权。②保护期限长。TRIPs 协议第 12 条规定，除摄影作品或实用艺术作品外，不以自然人的一生为计算基础的作品的保护期不少于经许可而出版之年年终起 50 年，自作品完成起 50 年未被许可出版的，则保护期应不少于作品完成之年年终起 50 年。依《伯尔尼公约》，电影的保护期 50 年是自作品经作者同意向公众提供之后计算，即只要是合法的向公众提供，不以出版为限，这样，TRIPs 协议规定的保护期实际上可能较《伯尔尼公约》为长。其他如对表演者和录音制品制作者提供的保护期也远比《罗马公约》为长，达 50 年。集成电路布图设计的保护期为 10 年，也比《华盛顿公约》的规定长两年。③对权利限制进行限制。尽管 TRIPs 协议允许成员基于社会公益、防止权利滥用等考虑，对知识产权进行限制，同时却又对这种权利限制给予反限制，即明确要求权利限制不得与权利的正常使用相冲突，不得不合理地损害权利人的利益，不得损害第三人的合法利益。④规定了争端解决机制。以往的知识产权国际公约对争端解决机制或付之阙如，或原则性地规定可诉诸国际法院，缺乏可操作性。该协议规定，争端解决适用《关贸总协定》的第 22～23 条。有了这种制度化的多边争端解决机制，有助于防止诸如美国"301 条款"之类的单方报复行为。❶

---

❶ 孔祥俊：《WTO 知识产权协定及其国内适用》，法律出版社 2002 年版，第 8 页。

（3）强化了知识产权执法程序和保护措施。知识产权保护的实施程序过去一直被视为国内立法问题，所以各公约均没有这方面的专门规定。TRIPs协议则以大量的篇幅❶详细地规定了有关行政和司法程序的具体义务、临时措施、边境措施等。这是协议的一大特色和重要革新，是世界知识产权组织管辖的各国际公约所没有的。❷ 具体内容主要是：①司法复审制度，即对于行政性的终局决定以及至少是对案件的初审司法判决的法律问题，诉讼当事人有权提请司法复审。②民事程序，即实行公平、公正的民事程序，要求保障被告的诉讼权利，允许当事人聘请律师参与诉讼，保证当事人的证明权，对秘密信息进行识别和保护。③损害赔偿，即司法当局有权命令侵权人向知识产权人支付足以补偿其损失的损害赔偿金。④临时措施，即司法当局或行政当局对于"即发侵权"之类可预见到又并非无根据地推断出来的侵权准备活动，采取诉前禁令、财产保全和证据保全的"临时措施"。⑤边境措施，即由司法当局或行政当局对进出口的侵权产品采取由海关执行的中止放行的措施。以往的知识产权公约的实施一般是依靠成员国的国家强制力，而TRIPs协议则增加了国际强制力，首次将知识产权保护的国内实施程序转化成为统一规定的国际标准，从而使它们成为各国必须严格履行的国际义务,❸ 这在以往有关知识产权的国际公约或条约中是前所未有的。

此外，1994年4月的《马拉喀什宣言》宣布成立一个"世界贸易组织"来代替"关税与贸易总协定"（GATT）。1994年12月8日，《建立世界贸易组织协定》执行会议在日内瓦召开，会议决定世界贸易组织于1995年1月1日成立。《建立世界贸易组织协定》第4

---

❶ 《TRIPS协定》第41~62条。

❷ 吴汉东主编：《知识产权法通识教材》，知识产权出版社2007年版，第312~313页。

❸ 古祖雪：《国际知识产权法》法律出版社2002年版，第44页。

条明确规定设立一个"与贸易有关的知识产权理事会"（简称 TRIPs 理事会），负责监督执行知识产权协议。这标志着世界知识产权保护进入了一个崭新的阶段，开创了世界贸易组织与世界知识产权组织共同促进知识产权国际保护的新体制。

在 1995 年世界贸易组织产生以前，世界知识产权组织是在知识产权保护方面唯一的全球性国际组织，世界贸易组织成立之后，打破了这种局面，从而使知识产权制度的国际协调形成了"两制并存"的新格局。

从目前两组织在知识产权管理方面行使的职能范围来看，世界知识产权组织偏重于知识产权管理工作，如世界知识产权组织 1996 年通过的两个"因特网条约"和世界知识产权组织官方网站的筹建，都是侧重于在新技术条件下发展知识产权国际保护的新标准，便利以及完善全球知识产权信息交流系统；而世界贸易组织则侧重于在国际贸易领域对知识产权国际保护的具体执行和运用世界贸易组织的争端解决机制解决国家间的知识产权争端。世界知识产权组织和世界贸易组织这两个在知识产权事务上职能相似的国际组织虽无明文的分工，但在实践中还是各有侧重的。世界知识产权组织和世界贸易组织在知识产权领域的协调，对知识产权国际保护制度的发展产生了深远的影响。一方面世界知识产权组织在缔约国自愿的基础上，达成有关知识产权国际保护新标准的协议，在缔约国范围内，从立法上促进了知识产权保护制度的进一步国际化；另一方面，世界贸易组织通过自身的贸易争端解决机制和 TRIPs 协议的实施机制和执行程序，从执法和司法上促进了知识产权保护制度在国际范围内的协调，同时世界贸易组织在世界贸易领域的权威性对非成员国也具有一定的威慑力，也迫使非成员不同程度地修改国内知识产权法以便与国际知识产权条约保持一致，这在客观上也加快了知识产权制度一体化的进程。

第二节 区域经济一体化与知识产权制度协调

一、区域经济一体化的内涵与类型

经济全球化与区域经济一体化是当今世界经济发展的两大趋势。区域经济一体化与经济全球化既有联系，又有区别。它们的联系是：二者的内在动因相同，即二者的内在动因都是科学技术和生产力迅速发展；二者追求的目标相同，即二者的目标均是实现规模经济、提高经济效益和增强竞争能力；区域经济一体化是经济全球化最终目标实现的一个重要过程，它推动全球化的进程，是全球化进程的产物。它们的区别首先是范围不同，区域经济一体化的范围是区域性的，而经济全球化的范围是全球性的。此外，它们的主体不同、表现形式不同、实现方式不同、对经济权力的挑战程度不同。❶ 20世纪80年代中期以来，经济全球化与区域经济一体化"彼此消长"。WTO成立以后巩固和加强了多边贸易体制，区域贸易协定在20世纪末发展势头有所减弱，而21世纪初由于WTO多边贸易谈判屡屡受挫，许多WTO成员开始"移情别恋"，寻求区域贸易合作新路径。

---

❶ 有学者认为世界经济一体化与经济全球化有5个方面的区别：（1）两者主体不同，世界经济一体化的主体是政府和国家，经济全球化的主体是跨国公司；（2）两者表现形式不同，经济一体化的表现形式是各部分经济结成整体的状态或过程，而经济全球化则以资本的流动为方式；（3）两者实现方式不同，经济全球化是社会生产力发展，尤其是科学技术进步不断推动下出现的经济现象，并自发地产生作用，经济一体化总是以和平的谈判方式获得实施的，同时以对等谈判、条约签订、组织机构建立、权利义务规定等自觉的方式来实现；（4）两者对经济主权的挑战也不同，经济一体化要求让渡经济权力，而经济全球化要在上述经济权力让渡的条件下才能实现。湛柏明："再探经济一体化理论"，载《世界经济研究》1999年第4期。

有学者甚至认为："世界贸易组织贪大求全，在推动多边谈判过程中，遭遇重重阻力。所以，区域性合作组织和双边自由贸易协定将最终取代世界贸易组织。现在，世界各国都在加紧区域性合作的谈判，希望与更多的国家签订自由贸易协定。自由贸易协定的数量在达到一定规模之后，世界贸易组织的存在就变得毫无意义了。"❶ 在当今地缘政治不稳定和各种影响世界经济的威胁存在的情况下，区域经济一体化蓬勃发展，区域贸易集团似乎已从替补角色成长为国际贸易的新宠。

(一) 区域经济一体化的内涵

早期没有"区域经济一体化"这个概念，只有"经济一体化"❷的概念，经济一体化既指两个或几个国家之间的经济一体化，也指世界所有国家之间的经济一体化。前者即现在所称的区域经济一体化，后者即世界经济一体化。美国经济学家贝拉·巴拉萨在其1961年出版的《经济一体化的理论》一书中提出："我们建议将经济一体化定义为既是一个过程，又是一种状态。就过程而言，它包括采取种种措施消除各国经济单位之间的歧视；就状态而言，则表现为各国间各种形式的差别的消失。"❸ 可见，早期的经济一体化就是指区域经济一体化。

关于区域经济一体化的内涵，学界至今仍存在许多分歧，尚未有一致的定义。西方发达国家的学者如前面提到的贝拉·巴拉萨将经

---

❶ Victor Fung: Bilateral Peals Destroy Global Trade, Fin, *Times*, Nov. 4, 2005, at 13. available at thhp://www.ft.com/home/us. 转引自郑玲丽：《WTO 关于区域贸易协定的法律规范研究》，南京大学出版社2008年版，第125页。

❷ "经济一体化"的英文为"economic integration"，由于英文单词的多义性，因此两岸三地称谓不同，中国大陆称"一体化"，在中国港、台地区则译为"整合"。

❸ 《新帕尔格雷夫经济学大词典（第2卷）》，经济科学出版社1992年版，第45页。

济一体化定义为既是一个"过程",又是一种"状态"。该定义在西方为许多经济学家所重视,并且被广泛引用。而有的西方学者则认为,区域经济一体化是通过共同的商品市场和共同的生产要素市场,达到生产要素价格的均等和自由流通以及成员方之间的自由贸易。❶另有西方学者认为,一体化主要是经济发展水平相近的国家在国民经济之间发展深刻的相互联系和开展分工的客观进程❷。在我国,对经济一体化的研究大约开始于20世纪70年代初,进入20世纪90年代后,区域经济一体化成为现代经济发展中重要的国际经济现象,因而,"经济一体化"一词在我国的经济文献中使用频率也越来越高。有的学者认为,经济一体化是以参与者为了共同利益而让渡部分国家民族经济主权,并由参与者共同进行国际经济调节和行使这部分经济主权。❸也有学者指出,所谓"经济一体化",就其一般意义而言,既是一个经济发展过程,又是一种经济发展状态。作为一个过程,是指各国(地区)通过共同、平等协商,利用共同市场,促进国际专业分工,发展规模经济,逐步消除生产要素(包括人员、资本、技术、制度等)的流动与贸易、投资障碍的过程;作为一种状态,是指各国(地区)经济相互依存,产品、生产要素实现了自由流动和最优配置,各国(地区)互惠互利、共同发展。其核心是消除经济(包括生产要素流动、贸易、投资自由化)障碍,障碍的消除可以是制度性的,即通过具有立法性质的超国家组织管理机构制定各种约束性规章制度自上而下地推进。因此,无论是"过程"

---

❶ [美]彼得·林德特、查尔斯·金德尔伯格:《国际经济学》,谢树森等译,上海译文出版社1985年版,第204页。

❷ [苏]法里佐夫:"发展中国家间的经济合作",转引自刘力、宋少华著:《发展中国家一体化新论》,中国财政经济出版社2002年版,第3页。

❸ 刘崇义:"集团对抗是资本主义制度的基本经济趋势",载《世界经济》1985年第3期。

还是"状态"都并不意味着"超国家机构"的建立和作用，但都有不同程度的国家主权转移，这部分主权转移对参与成员来说更有利于本国（地区）的经济发展。❶区域经济一体化是一个动态的、内涵不断丰富的历史发展过程。随着区域经济一体化的不断深入发展，其内涵也在不断拓展变化。因此又有学者指出：传统的区域经济一体化的含义是指在地理区域上相近的两个或两个以上国家或地区之间，为了谋求共同的经济贸易发展，由政府出面，通过签订经济一体化文件或签署自由贸易协议等形式，以增强区内经济利益最大化为目标，而建立起来的经济贸易联合的过程。现今的区域经济一体化随着经济和世界经济格局的发展，其含义有了新的变化。现今的区域经济一体化，是指区域集团各成员方为实现各自利益最大化，通过政府合作的形式，以关税和非关税壁垒的削减，金融、货币及工业政策等方面互惠互利为手段，实现区域内国家之间市场的相互开放和扩大，促进各国经济优势的发挥和生产分工的专业化，同时增加国家之间的政治联系和依存，维护区域成员各方安全，以提高区域在国际中的整体竞争力和地位的一种过程。

（二）区域经济一体化的类型

经济学家按照不同的分类标准，对区域经济一体化类型给予了不同的分类。宏观经济学将其分为自由贸易区、关税同盟和共同市场三种；国际经济学将其分为四种，即除上述三种外再加上完全的经济同盟。❷此外，还有五种之说，即除以上四种之外再加上完全的政治联盟。另有学者在欧洲经济共同体经济学中将其分为六种，即单一商品上的经济一体化、自由贸易区、关税同盟、共同市场、全面

---

❶ 姬广坡："论经济一体化的逻辑构成"，载《财贸经济》1999年第9期。

❷ 伍贻康、周建平主编：《区域性国际经济一体化比较》，经济科学出版社1994年版，第19~21页。

的经济同盟以及完全的经济一体化。❶除了以上分类方法外,还有根据区域经济一体化组织成员国的经济发展水平,将其分为三种类型:"北北型"区域经济一体化、"南南型"区域经济一体化和"南北型"区域经济一体化。"北北型"是发达国家之间的一体化组织。"南南型"是在发展中国家之间建立的经济一体化组织。"南北型"是由发达国家和发展中国家组成的区域经济一体化组织。不过,大多数学者是按照区域经济一体化程度的高低将其分为六种类型,即优惠贸易安排、自由贸易区、关税同盟、共同市场、经济联盟及完全的经济一体化。

(1)优惠贸易安排(Preferential Trade Arrangements,PTA)。它是指成员方之间通过签订优惠贸易条约或其他形式的安排,对全部或部分商品实行特别的关税优惠。优惠贸易安排是区域经济一体化中最低级和最松散的组织形式,最典型的例子是英国与加拿大、澳大利亚等国于1932年建立的英联邦特惠制。优惠贸易安排虽是最低级的经济一体化形式,但一旦优惠贸易安排的成员之间彼此取消了所有关税和进口数量限制,就形成了自由贸易区。

(2)自由贸易区(Free Trade Area,FTA)。它是指成员方之间在消除关税和非关税壁垒,实行商品的完全自由流动,但每个成员方对非成员方的贸易壁垒不发生变化。自由贸易区也是一种层次较低的合作形式。自由贸易区对外不实行统一的共同关税,因此不同成员方的对外关税差别很大,这就为非成员方的出口避税提供了可能。因为原产自非成员方的商品可以通过先进入自由贸易区中关税较低的成员方,然后再转入关税较高的成员方的办法来逃避较高的关税。为防止区外的商品冒充区内的商品避税,自由贸易区需要制

---

❶ 尤先迅:《世界贸易组织法》,立信会计出版社1997年版,第347~348页。

定统一的原产地规则。❶自由贸易区是区域经济合作的最主要形式。在向世贸组织通告的并且目前正在运行的所有区域贸易协定中，自由贸易协定占84%以上。自由贸易区最典型的例子是建立于1994年的北美自由贸易区（NAFTA），中国—东盟自由贸易区也属此一类型。

（3）关税同盟（Custom Union，CU）。它是指在成员方之间在消除贸易壁垒、允许商品自由流动的基础上，通过实行共同的对外关税而形成的一种区域经济一体化形式。关税同盟的成员对所有非成员采取共同的对外关税和外贸政策，在一体化程度上比自由贸易区有实质的进步。关税同盟比较典型的是建立于1958年的欧洲经济共同体。目前全球正式生效的关税同盟只有8个。

（4）共同市场（Common Market，CM）。它是指成员方之间除取消贸易壁垒、允许商品自由流动并实行共同的对外关税之外，还允许生产要素（商品、资本、人员和服务）自由流动。共同市场也可以说它是关税同盟加生产要素自由流动。共同市场的一体化程度比优惠贸易安排、自由贸易区、关税同盟更高。它在商品自由流动方面，既有一致对外的统一关税，又有协调间接税制度、产品标准化制度；在资本的自由流动方面，有协调筹资制度；在劳动力自由流动方面，有学历和技术等级的相互承认制度等。共同市场下经济调节的超国家性质也比关税同盟更进一步❷。欧盟于1993年1月1日建成共同市场。

---

❶ 一般来说，"原产地规则"规定的原产地产品，指成品价值的50%以上是在自由贸易区各成员方生产的产品。有的自由贸易区对某些敏感产品的原产地规定更加严格，要求产品价值的60%，甚至75%以上产自成员方时才符合原产地产品的规定。

❷ 董瑾：《国际贸易理论与实务》，北京理工大学出版社2005年版，第124页。

(5) 经济联盟（Economic Union，EU）。它是指在共同市场的基础上，成员方之间还在某些经济政策和社会政策上进行统一和协调。经济联盟的特点是：在实现共同市场一体化的基础上，进一步协调成员方之间的经济、政治和社会政策，包括货币、财政、经济发展和社会福利政策以及有关贸易和生产要素流动政策，并拥有一个制定这些政策的超国家的共同机构。❶经济联盟是现实中存在的最高级的区域经济一体化形式，到目前为止，世界上只有欧洲联盟达到这一阶段。

(6) 完全经济一体化（Complete Economic Integration，CEI）。它是指在经济联盟的基础上，成员方之间还要在政治、外交和军事上的合作或者政策协调，并且这些政策由超国家的经济组织制定和实施，超国家的协调管理机构享有相当充分的超国家主权，甚至形成一个联合在一起的扩大的国家。有学者认为，从结果来看，完全经济一体化的形式主要有两种：一是邦联制，其特点是各成员方的权力大于超国家的经济一体化组织的权力，如今后的欧盟；二是联邦制，其特点是超国家的经济一体化组织的权力大于各成员方的权力。❷欧盟正在向完全经济一体化的目标迈进。至今，全球尚未出现这种形式的区域经济合作。

上述6种类型的区域经济一体化组织是由低级向高级排列的，但综观近年来世界各地区域经济合作的实践，可以发现区域经济合作的动力机制和发展模式日趋复杂化、多样化，许多现象用传统的区域经济一体化理论已无法给出一个明确的解释。因此在具体划分现实的一体化组织的时候，还要具体问题具体分析。

---

❶ 张荣芳：《经济全球化与国际贸易法专题研究》，中国检察出版社2008年版，第246页。

❷ 郑玲丽：《WTO关于区域贸易协定的法律规范研究》，南京大学出版社2008年版，第84页。

二、区域经济一体化的形成与发展

最早的区域经济一体化组织可以追溯到1241年成立的普鲁士内部各城邦之间建立的"汉萨同盟"。❶ 而现代意义的区域经济一体化组织则是第二次世界大战以后逐步兴起,并发展成为当今重要的国际经济现象的。第二次世界大战以来,区域经济一体化的发展大致经历了三个阶段。

(一) 20世纪40年代末至60年代——发轫兴起时期

现代意义上的区域经济一体化组织起源于欧洲。"二战"后欧洲国家为了快速摆脱战争的阴影,在美国的支持下开始了区域经济合作的实践。1944年9月,比利时、荷兰、卢森堡三国签订了《伦敦关税协定》,并于1948年1月正式成立"比荷卢关税同盟"(Benelux Customs Union),开了欧洲国家结盟的先河,同时,比荷卢关税同盟也是第一个现代意义上的区域经济集团。❷ 1951年,法国等西欧6国在巴黎签订了《建立欧洲煤钢共同体条约》(又称《巴黎条约》)。1952年欧洲煤钢共同体正式成立。1957年上述6国又在罗马签订了《建立欧洲经济共同体条约》和《建立欧洲原子能共同体条约》,统称《罗马条约》。1958年欧洲经济共同体和欧洲原子能共同体正式组建。1965年上述6国又签订《布鲁塞尔条约》决定将3个共同体的机构合并,称欧洲共同体。1967年7月,欧洲共同体正式成立,并随着关税壁垒的逐步取消,于1969年底建立了关税同盟。此外,英国等7国也成立了欧洲自由贸易联盟。在欧洲兴起建立区域经济组织的影响下,亚洲、非洲和拉美地区,也兴起了一大批一体化经济

---

❶ 李瑞丽:《区域经济一体化对世界多边自由贸易进程的影响》,中国财政经济出版社2008年版,第18~19页。

❷ 赵媛、诸嘉:"区域经济一体化的动力机制及组织类型",载《世界地理研究》2007年第3期。

组织。在非洲，具有代表性的区域经济组织有西非经济共同体（1959）、中非关税与经济同盟（1959）和东非共同体（1961）等；在拉美，有中美洲共同市场（1959）、加勒比共同体（1968）等；在亚太，有阿拉伯共同市场（1964）、东南亚国家联盟（1967）等。据统计，20世纪60年代，全球共成立了19个区域经济一体化组织。该时期的区域经济一体化组织兴起的主要特点是：（1）区域经济一体化组织的成员主要是以意识形态为标准的，其建立主要是基于政治和安全战略方面的考虑，经济合作虽然也列为其合作的宗旨，但并未将其摆到首要的位置上。（2）区域经济合作组织都是在毗邻或地理位置相近的国家之间缔结形成。（3）区域经济组织之间的一体化合作层次较低，合作内容主要集中在货物贸易领域方面。

（二）20世纪70年代至80年代初——稳步发展时期

两次世界性的石油危机后，世界各国贸易保护主义抬头，以关贸总协定维系的多边贸易体制运作效力下降，世界各国把贸易自由的希望再度寄托在区域性经济集团身上，于是引发了区域贸易安排发展的第二次高潮。[1] 这一时期虽受全球经济危机的打击，区域经济一体化发展速度有所放慢，但还是稳步发展。1972年，欧共体6国建立欧共体"共同农业政策"，为欧洲区域经济合作在更广泛的基础上建立联盟排除了一个重要障碍。随后，丹麦等国先后加入欧洲经济共同体，使其成员增加到10个。1983年，澳大利亚和新西兰成立自由贸易区。这一时期发展中国家区域经济一体化的发展尤为显著，出现了许多新的规模较大的区域经济一体化组织。例如亚洲的海湾合作委员会（1981）、拉美的拉美自由贸易区（1973）、非洲的西非国家经济共同体（1975）等。该时期区域经济一体化发展的主要特

---

[1] 慕亚平、李伯侨等：《区域经济一体化与CEPA的法律问题研究》，法律出版社2005年版，第12页。

点是：(1) 区域经济一体化组织虽仍未摆脱冷战时期的政治与安全色彩，但经济利益的重要性已日渐凸显；(2) 区域经济合作的内容有所增加，合作的层次有所提高；(3) 区域经济组织往往是内向型的，保护性关税是维护区域内经济发展的重要手段，具有"自保"性和"排他"性；(4) 区域经济一体化组织仍沿袭传统做法，通常是在经济发展水平相似的国家间建立，即要么全部由发达国家组成，建立"北北型"的区域经济一体化，要么全部由发展中国家组成，建立"南南型"的区域经济一体化。发达国家之间经济发展水平相似，市场规模相对较大，合作空间较大，因此，"北北型"区域经济一体化发展得比较成功，而在发展中国家之间建立的区域经济一体化组织则由于他们的经济发展水平较低，合作内容有限，因此，"南南型"区域经济一体化合作的效果并不理想。

(三) 20 世纪 80 年代末至今——蓬勃发展时期

随着世界经济的复苏和现代科学技术的广泛运用，区域经济合作呈现出蓬勃发展的态势，不论是发达国家还是发展中国家都纷纷卷入了区域化浪潮之中，原有的区域经济一体化组织之间的合作也日益深化。例如，1991 年 12 月通过《欧洲联盟条约》；1993 年 11 月，该条约生效，欧共体转变为欧盟。1997 年，欧盟理事会正式签署《阿姆斯特丹条约》。1999 年 1 月，欧洲经济货币联盟正式启动，2002 年 1 月 1 日，欧元现金在市场正式流通，形成了由 16 个成员组成的欧元区。1989 年 1 月，美加自由贸易区正式建立。1992 年 10 月，美、加、墨草签《北美自由贸易协定》。1994 年 1 月，该协定正式生效，开创了发达国家和发展中国家共同组建区域经济组织的先例。在欧美大国的示范带动下，这一轮区域一体化浪潮中，主要通过南南合作与南北合作两种方式进行，双边、区域和多边合作从而形成了区域合作与多边合作并重且区域合作快于多边合作的趋势，而且全球形成了双边自由贸易协定（FTA）交叉重叠、网络化发展局面。❶ 新时期区域经济一体化发展呈现出一些新特点：（1）区域经济一体化形式以双边自由贸易协定为主。自20世纪80年代末以来，区域经济一体化发展迅速，数量激增，并形成了一种纵横交错的自由贸易区网络，形成"意大利面条碗效应"。而就自由贸易协定的构成情况来看，目前已经签署或正在谈判的自由贸易协定中，绝大多数是双边协定。截至2011年5月，通过WTO的区域贸易协定有489个❷，其中双边贸易协定和局部的自由贸易协定占到90%以上，关税同盟只占了不到10%。（2）区域经济合作组织打破了原有单一类型的结构，形成了类型不同的国家共同组建区域经济合作组织的局面。传统的区域经济组织中成员国是经济水平相近的国家，成员国之间实行的多是水平分工方式，以达到较高层次上的竞争和互补关系。当今的区域经济组织已打破了原有的单一类型结构。如北美自由贸易区就是由发达国家和发展中国家共同组成的区域经济一体化组织，而欧盟与东欧的欧洲协定则是社会制度和价值观不同的国家之间的经济合作。（3）区域经济一体化组织的合作内容不断充实。目前，大多数区域经济一体化组织的合作内容，一般均从货物贸易领域扩展到服务贸易、投资、知识产权、竞争政策等领域，有的还涉及环境保护与劳动权利标准等问题，有的甚至规定了统一的行业标准，如日本和新加坡签订的《日新新时代经济合作协定》规定了统一的服务业、科技、广播、旅游业等多种行业的统一标准。（4）地缘关系不再是组建区域经济一体化组织的障碍，跨洋、跨洲的交叉重叠的区域经济合作组织不断涌现。如2004年9月，日本与墨西哥签署

---

❶ 孙玉红：《论全球FTA网络化》，中国社会科学出版社2008年版，第2页。

❷ 与传统RTA相比，这些新兴的区域贸易协定不限于一定区域内，即不限于邻国间鉴定的协定，而是包括所有跨地区、跨大洋的国家、国际组织等主体间签订的协定；同时，这类协定的内涵也与传统RTA有别。

第四章　海峡两岸知识产权制度冲突的实体法解决方法

了自由贸易协定，该协定于2005年4月生效；而新加坡—欧洲自由贸易联盟则跨越亚欧两大洲。2009年4月，我国也与秘鲁签署自由贸易协定，这是中国与拉美国家签署的第一个自贸协定。(5) 区域经济合作组织出现交叉重叠、网络化发展趋势。据统计，欧盟、美国分别与亚洲、拉美、中东欧国家、地中海国家、非洲国家组建的区域经济合作组织约60个。而在一些发展中国家如墨西哥已经与包括美国、欧盟和日本在内的世界39个国家（经济体）和地区签署了22个自由贸易协定。从而形成区域经济合作组织交叉重叠、网络化发展的局面。

三、区域经济一体化与知识产权保护

知识产权制度的协调统一，最早就是以区域化协调的方式表现出来的。建立区域经济组织的最主要目的是在本区域范围内实现经济一体化。而知识产权所具有的地域性、专有性、私权性等特性以及知识产权法律保护的现实，使其与区域经济一体化目标中所强调的货物贸易自由化、区域内的各经济领域的公平竞争、实行统一的经济竞争政策等有很大的矛盾和冲突，其结果势必会损抑区域经济组织的目标。❶ 因而，各区域性经济组织都根据其自身一体化的进程和发展要求，相继建立了区域性知识产权协调保护机制。

（一）法语非洲知识产权组织的《班吉协定》

20世纪60年代，中非、乍得、刚果等12个法语非洲国家为了消除因工业产权地域性而造成的对区域贸易发展的障碍，决定在工业产权保护方面进行合作。1962年9月，在加蓬首都利伯维尔缔结

---

❶ 杨丽艳：《区域经济一体化法律制度研究——兼评中国的区域经济一体化法律对策》，法律出版社2004年版，第266页。

《建立非洲、马尔加什工业产权局协定》（简称《利伯维尔协定》），决定成立非洲及马尔加什工业产权局，负责各成员国有关专利、商标及工业品外观设计和新型立法所规定的共同管理程序。1962年，协定成员国共同制定第一部统一的专利法。1963年，协定成员国又制定通过《统一商标条例》。1977年3月，在中非首都班吉签订《关于修订〈建立非洲、马尔加什工业产权局协定〉及建立非洲知识产权组织的协定》（Bcmqui Agreement，简称《班吉协定》）。该协定规定，一切工业产权将在该组织地域内按统一规定颁发和维护。为此，制定了统一的专利法、商标法和版权法，并设立了统一的专利局。《班吉协定》是世界上产生的第一个全面跨国工业产权与版权的地区性多边公约。

《班吉协定》由本文部分和9个附件组成：专利、实用新型、商标与服务商标、工业品外观设计、商号与不公平竞争、产地名称、版权与文化遗产、专利文件与情报中心及成员国对附件条文可保留的范围。附件构成了协定的重要组成部分，并规定了若干重要的实体性内容。

该协定成员国于1977年在班吉对专利法作了一次修订，1982年2月8日在全部成员国生效。其主要内容是：

（1）关于专利的种类、有效期及保护范围。非洲知识产权组织对于发明、实用新型分别立法保护。专利法明文规定，违反公共秩序和社会道德等8种发明不能取得专利权保护。发明专利的有效期为自申请日起10年。根据实用新型法的规定，它的保护对象是劳动工具或实用物品。它的有效期为5年。

（2）关于授予专利的条件。专利法规定，授予专利的条件是新颖性、创造性、工业实用性。

（3）关于专利的审批程序。专利法规定，对发明专利采用登记制，对发明不进行实质审查。专利局收到申请文件后，进行形式审

第四章 海峡两岸知识产权制度冲突的实体法解决方法

查,形式审查合格的予以登记和颁发证书。根据实用新型法的规定,实用新型也采用登记制,在形式审查后予以登记并颁发实用新型证书。

(4) 关于对专利局决定不服的申诉程序。专利法在这方面未作明确的规定,但是在作出驳回专利申请的决定前规定了有助于申请人申辩的措施。

(5) 关于强制许可的规定。专利法规定,自申请日起 4 年或自专利批准日起 3 年之后,若专利权人未在一成员国内实施其发明,或实施未达到产品所要求的标准,或专利权人拒绝给以合理条件许可他人实施的,则任何人可以向法院请求强制许可。

在《班吉协定》通过后,《统一商标条例》的基本规定成了《班吉协定》的一部分。在附件 3 就商品商标与服务商标作了专门规定,并沿用至今。依照它获得的注册商标,在全部成员国同时有效,并受条例的统一保护。其主要内容是:

(1) 关于商标权取得方面,实行先申请原则。该协定第 5 条规定,凡是在非洲知识产权组织成员国地域内有住所的人,都可以通过自己所在国的主管部门,也可以直接向非洲知识产权组织雅温得总部申请商标注册。如果申请人在非洲知识产权组织成员国没有住所,那就必须在某个成员国中指定代理人,由代理人将申请直接提交雅温得总部。此外,在非洲知识产权组织中心设立了"高级申诉委员会"。任何人如果对总部关于驳回申请案的决定不服,都可以向这个委员会申诉。

(2) 关于禁止使用的商标。该协定规定,凡是违反公共道德或公共秩序,或违反法律的标记以及属于《巴黎公约》第 6 条之二规定的禁用标记,无论其注册与否,都不准作商标使用。另外,含有欺骗性内容的标记,缺乏识别性的标记和已成为某类商品通用名称的标记,都不能作为商标使用。

(3）关于注册商标的有效期限。该协定规定，注册商标的有效期为自申请案提交之日起 10 年，可以重复续展，每次展期为 10 年。注册商标所有人可以部分或全部转让商标，也可以许可他人使用。转让商标时，可以连同企业，也可以不连同企业转让。

（4）关于注册商标的无效判决。在注册商标的整个有效期间，任何有利害关系的第三方或公共检察机关，均可依据下列理由之一，请求法院判其无效：有关商标属于不可以作为商标使用的标记；有关商标不具备识别性，或者虽然曾经具有识别性，但后来在使用中已经变成了它所标示商品的通用名称；有关商标的注册应当属于某个享有优先权的人。法院在最终判决一项商标无效时，必须通知雅温得总部。

（5）关于对商标侵权行为的制裁。根根据《班吉协定》第 15 条规定，任何一个成员国依照协定附件 1 至附件 9 对工业产权所作出的最终司法判决，对其他成员国都具有拘束力。非洲知识产权组织没有专门处理商标专用权纠纷的机构，也没有规定商标侵权诉讼的时效期限，但规定，只有注册商标在成员国之一的地域内付诸使用之后，它的所有人才有权对侵权行为提起诉讼。

此外，《班吉协定》总则还就《班吉协定》与世界性知识产权公约的关系作了规定，为了有利于履行协定中规定的义务，成员国都应当批准或加入《巴黎公约》（1967）、《伯尔尼公约》（1971）或《世界版权公约》（1971）、《保护原产地名称及其国际注册协定》（1967）及《商标注册条约》等国际公约及其新文本，从而使包括商标在内的非洲知识产权符合全球性国际公约所规定的标准。如果有关国际公约文本所提供的保护高于《班吉协定》规定的标准，那么任何获得非洲知识产权组织知识产权的所有人，都可以要求享受上述公约的待遇。同时，《班吉协定》第 14 条规定，如果协定或附件

的任何条文与 WIPO 所管理的国际公约不一致，则前者必须服从后者。❶

《班吉协定》虽是世界上产生的第一个全面跨国工业产权与版权的地区性多边公约，但 20 世纪 90 年代后，随着欧共体加速了地区知识产权一体化进程，北美国家也签订了地区性多边条约，《班吉协定》的影响逐渐被淡化，但它的缔结及其实施，对于了解现代知识产权国际保护制度及其发展趋势，仍具有重要意义。

《班吉协定》知识产权协调机制的主要特征是：（1）专利制度方面，在各成员国之间只成立一个共同的专利局，不分别设国家专利局，也不制定国家单行法，申请人提交一份申请文件，经审批，即可获得各成员国的专利。（2）商标制度方面，依照协定获得的注册商标，在全部成员国同时有效，并受条例的统一保护。（3）对商标侵权行为的制裁方面，规定任何一个成员国依照协定附件 1 至附件 9 对工业产权所作出的最终司法判决，对其他成员国都具有拘束力。

（二）英语非洲工业产权组织的《哈拉雷议定书》

1976 年 12 月，继法语非洲知识产权组织之后，英语非洲的加纳、肯尼亚等 7 个国家在赞比亚首都卢萨卡签署了一项《关于建立英语非洲国家工业产权组织协议》，并根据该协议建立了英语非洲工业产权组织（English Speaking African Industrial Property Organization，简称为 ESAIPO），其宗旨是促进各成员国工业产权领域法律的协调与发展，建立各成员国之间在工业产权领域的紧密合作，培养有关法律、行政管理的工作人员，并组织会议交流经验及研究成果。该组织的常设机构是委员会和秘书处。委员会可设立有关业务机构。

---

❶ 万鄂湘主编：《国际知识产权法》，湖北人民出版社 2001 年版，第 394～396 页；杨金路、赵丞津主编：《知识产权法律全书》，中国检察出版社 1992 年版，第 244～246 页。

由于这个工业产权组织的成员国在地理位置上比较分散,在统一各成员国的工业产权制度上碰到很多困难,因此,1982年12月,该组织的加纳、肯尼亚等国,在津巴布韦的哈拉雷布共同签署了关于专利和工业品外观设计的议定书,即《哈拉雷议定书》。该议定书于1984年4月生效。议定书规定了统一审批专利和注册工业品外观设计的制度。其有关专利法的主要内容为:

(1)授予专利的条件。根据议定书的规定,专利性条件是:新颖性、创造性和工业实用性。新颖性是指发明未包含在申请日或优先权日前的现有技术中。

(2)代理申请。向非洲工业产权组织申请专利,必须委托专利代理人办理。

(3)专利的审判程序。首先,审查申请是否符合规定的形式条件。该组织将符合形式条件的专利申请通知指定国,并对专利申请进行新颖性、创造性和工业实用性的审查。申请人对作出的决定不服的,可以在规定的期限内向该组织请求复审;同时也可以在收到该组织驳回通知之日起3个月内,要求将其申请作为某一指定国的国家申请,按该国的法律规定审批专利。各指定国判断专利能否在其领土内生效,主要根据议定书在本国的法律规定。❶

《哈拉雷议定书》的主要特点是,专利申请应向一成员国工业产权部门提交,在申请中指定寻求专利保护的国家,专利批准后在指定国生效。《哈拉雷议定书》虽然建立了统一的审批专利和注册工业品外观设计的制度,但专利只能在指定国有效,而不能在全体成员国内有效,因而它不能完全消除专利的地域性构成的对商品自由流通的障碍,因而《哈拉雷议定书》的协调作用非常有限。

---

❶ 杨金路、赵丞津主编:《知识产权法律全书》,中国检察出版社1992年版,第246~247页。

第四章 海峡两岸知识产权制度冲突的实体法解决方法

（三）比、荷、卢经济联盟的《比、荷、卢统一商标法》

1958年，比利时、荷兰及卢森堡三国成立了经济联盟。为了便利三国境内的经贸往来，三国决定建立统一的商标保护制度。1962年，三国通过了《比、荷、卢统一商标法》（Uniform Benelux Trademark Law，《统一商标法》）。它的产生，是比、荷、卢三国在经济方面高度一体化的产物和需要。《统一商标法》于1971年1月生效。后来，三国议会以议定书的方式分别于1983年和1992年对《统一商标法》进行了修订。该法共分7章49条。

第1章为"个体商标"。第1条定义了个体商标，即凡以名称、图案、标记、印章、字母、数字、商品形状或包装以及任何其他用来识别某一企业商品的标记，均视为个体商标。但商品性质本身所决定的、影响商品实际价值或产生工业效果的商品形状，不得视为商标。第2条规定，倘不违反通常民法上的规定，姓氏可用作商标。但此种商标所有人，不得对抗同姓氏者把其姓氏用于仅使人辨认自身而不赋予商标性质之用途。商标注册实行先申请原则，商标专用权只能通过注册取得。

除了《巴黎公约》规定的禁止作为商标使用的标记之外，违反比、荷、卢联盟任何一成员国的善良习惯或公共秩序的标记；欺骗公众的标记；类似于任何商品的已注册的集体商标的商标申请，此集体商标取得的权利已于申请注册的前3年内终止的；能造成同《巴黎公约》第6条之二意义上的属于第三者的某一驰名商标相混淆的商标的申请，而此第三者又不同意者；恶意的注册申请等都不得作为商标使用或通过注册申请而取得商标权。

第2章规定了"集体商标"。第19条定义了集体商标，即注册时指定为集体商标的、用以区别来自不同企业的商品的一个或几个共同特征的全部标记，这些企业在商标所有人的监督下贴用商标。集体商标所有人不得在他自己的企业或直接或间接由他参加管理或监督的企业的商品上使用集体商标。第20条规定,除另有规定外,个别及集体商标均适用同一规章制度。第21条规定,只有在申请注册时随同商标附有使用和监督使用的章程,才能取得对集体商标的专用权。

第3章是对"过渡条款"的规定。在该章中规定,自《统一商标法》生效之日起,比、荷、卢注册簿开放办理商标注册申请,自同日起,各国不再接受本国注册。

第4章为"一般条款"第37条就商标案件的管辖权规定:除合同另有明确约定外,商标案件的管辖以被告的住所地确定,或依引起诉讼的行为发生、完成或应完成的地点确定。商标的申请或注册地,不得单独作为决定管辖的基础。如上述标准尚不足以确定管辖,则原告得在其住所地或居所地法院起诉;或者,如原告在比、荷、卢境内无住所或居所,可选择在布鲁塞尔、海牙或卢森堡的法院起诉。❶

《统一商标法》取代了其成员国的国内商标法,彻底实现了区域性商标法一体化,在形式上作为一部超国家的商标法,几乎具有一般国内法的一切特点。这主要表现在:在形式上采用统一法典;商标的注册申请由比荷卢商标局统一办理;统一规定了商标专用权的内容,统一了侵犯商标权的救济方式;比、荷、卢最高法院的建立保证了成员国法院对统一商标法的统一解释和适用。实际上,这一点是非常重要的。因为在法律传统方面,荷兰属于普通法系国家,强调商标通过使用而获得权利即普通法权利,对商标注册奉行严格的审查制度。而比利时却属于大陆法系国家,对商标权的取得奉行注册主义,在注册程序上采用的几乎是不审查的登记制。这样如果

---

❶ 万鄂湘主编:《国际知识产权法》,湖北人民出版社2001年版,第396~400页;杨金路、赵丞津主编:《知识产权法律全书》,中国检察出版社1992年版,第73页。

没有统一的权威解释，便很可能破坏法律的统一。[1]《统一商标法》打破了商标权的地域性限制，使一件商标一经比荷卢商标局获得注册，即可在比、荷、卢全部领土上生效，大大简化了商标注册程序，从而有利于商标所有人在比荷卢全境内开展商业活动，这也为欧盟统一商标法的产生积累了立法和实践经验。

（四）安第斯组织《卡塔赫纳协定》中的知识产权保护

1969年5月，拉丁美洲玻利维亚、哥伦比亚、厄瓜多尔、秘鲁、委内瑞拉及智利在哥伦比亚港口城市卡塔赫纳，缔结了一个经济合作条约，即《卡塔赫纳协定》，由于缔约国都分布在安第斯山脉一带，故该协定又称为《安第斯协定》，参加协定的国家组成了安第斯组织。

根据《卡塔赫纳协定》，安第斯组织成立了协调其成员国事务的委员会。这个委员会于1974年5月发布了一项"85号决议"，它的名称是《工业产权适用规则统一条例》（以下简称《统一条例》）。这个条例的作用是初步统一安第斯组织成员国的工业产权法，主要是发明专利法、外观设计法与商标法。目前这一条例实际上仅仅只统一了厄瓜多尔、哥伦比亚和秘鲁3个安第斯国家的工业产权法，其"统一"作用十分有限。[2]

（1）关于发明专利。《统一条例》并不像大多数国家的专利法那样，要求获得专利的发明必须具备"三性"，它仅仅要求"两性"，即新颖性和实用性。它为新颖性下的定义是：未在任何地方以口头或书面形式或以实施有关技术的形式，使发明被公众所知。这种新颖性实质是"绝对新颖性"。《统一条例》对不同申请人以同一项发明申请专

---

[1] 万鄂湘主编：《国际知识产权法》，湖北人民出版社2001年版，第394~400页。

[2] 郑成思：《知识产权论》（修订本），法律出版社2001年版，第700~701页。

利的情况，采取"先申请者获专利"的原则。按照《统一条例》办理专利申请时，在成员国中并不发生任何简化手续的后果。申请人如果希望获得在3个成员国中的专利，就必须分别向3个国家的专利局提交申请案。专利权人所享有的独占权包括使用权、制作权、销售权等，但不包括"进口权"。统一条例还对颁发强制许可证的条件作了较宽的规定。在批准专利之后3年内，如果有关专利未曾实施，或虽然曾付诸实施，但中断达1年以上，或虽已付诸实施，但有关产品的数量、质量或价格不符合国内市场的要求，或专利许可证所规定的使用费或其他条款不合理，则任何人都可以向批准专利的成员国主管当局申请颁发强制许可。对于关系到成员国的公共卫生事业或国家经济发展的专利，主管当局也有权根据需要，颁发强制许可证。在专利保护期的"展期"内（批准专利满5年之后），专利批准国的主管当局就不必再提出任何理由，可以不受任何限制地颁发强制许可证了。

把强制许可证的颁发条件放得这样宽，在发展中国家是极为少见的。有人认为，近年来在哥伦比亚、委内瑞拉与秘鲁的外国人的专利申请案大大减少，与这种强制许可证制度是有关系的。[1]

（2）关于工业品外观设计。《统一条例》仅仅为工业品外观设计提供保护。安第斯组织的国家与绝大多数拉丁美洲国家一样，并不保护实用新型。《统一条例》中对工业品外观设计的保护方式是外观设计注册制。对于平面设计的要求是线条组合或色彩组合，它们能使工业品或手工制品具有特殊外观，却又不改变产品原有的功能。对立体设计的要求是：使工业品或手工制品具有特殊的外型，但并不产生任何技术效果。凡应用于服装的设计，均不能获得外观设计注册。凡违反公共秩序或公共道德的设计，也不能获得注册。

（3）关于商标。《统一条例》要求各成员国为商品商标、服务商

---

[1] 郑成思：《知识产权论》（修订本），法律出版社2001年版，第703页。

标与集体商标提供注册保护。对于不能取得注册的标记,该条例沿用了《巴黎公约》第 6 条之二中的有关规定。除此之外,该条例还规定,如果商标中包含外国文字,或包含有并非商品实际产地的地理名称,则在商标之外必须另以醒目的标记指明商品的实际产地,否则,该商标不能注册。

《统一条例》规定,转让注册商标者,必须在注册国主管部门登记。注册商标的许可证合同,必须经过注册国主管部门的批准。该条例中特别强调商标许可证合同中不得含有任何"限制性条款"。该条例还要求,无论是专利许可证、外观设计还是商标许可证,都必须包含被许可人保证产品或服务的质量的条款。该条例还要求成员国与任何非成员国或国际组织在工业产权保护上达成的协议,均不能与该条例相冲突。

随着国际上工业产权法逐步走向统一的趋势,尤其是随着关贸总协定的乌拉圭回合多边谈判把知识产权国际保护纳入关贸总协定体系,原《卡塔赫纳协定》中的工业产权条例显得越来越不能适应新形势的需要。

为了顺应知识产权国际保护发展的新趋势,1992 年 2 月,管理《卡塔赫纳协定》的安第斯组织委员会通过了一项"313 号决议",全面地更新了原"85 号决议"的内容。"313 号决议"第一次在成员国内建立起了实用新型法律保护制度,同时也对"85 号决议"中的商标保护内容作了一定修改,对有关发明专利保护的内容作了很大幅度的修改。有关专利保护方面的修改主要是,将原有一些在"85 号决议"中未明确的(如对计算机程序的保护)加以明确,对原来一些普遍不可取得专利的发明(如药品、食品发明)放宽了取得专利的范围;虽然仍排除动物品种获得专利,但并不像过去那样排除植物品种的可专利性。该决议还明确了"微生物"发明是可获得专利的发明,并将专利保护期从原来的 10 年改为 15 年;在专利权人的权利中还增加了"进口权"。此外,还首次增加了版权保护的内容,同时规定了对商业秘密的保护,还具体规定了对驰名商标的保护以及认定驰名商标的标准。

(五) 欧洲联盟与知识产权保护

1. 欧盟的产生和发展

欧洲联盟（European Union）简称欧盟,欧盟是根据1993年11月1日生效的《欧洲联盟条约》而建立的。欧洲的经济一体化,从一开始就着眼于高目标。在1949年欧洲委员会的协商大会的一项提案中就曾建议:建立一个超国家的经济、技术协调与管理组织。1951年4月18日在巴黎签署的《建立欧洲煤钢共同体条约》（ECSC）,在欧洲一体化的历史进程中具有奠基石的作用。该条约的前言开宗明义:"鉴于只有通过创造性的努力,消弭威胁世界和平的危险,才能使之得到维护……决心以合并各国的根本利益,取代世世代代的对立;通过建立经济共同体,为因流血冲突而长期分裂的各国人民间的更为广阔与深刻的共同体打下基础;以及为引导今后共同命运的组织机构奠定基石。"1957年3月25日,比利时、法国、意大利、卢森堡、荷兰和当时的联邦德国等6国签署了两个罗马条约,即《建立欧洲经济共同体条约》（EEC）和《欧洲原子能共同体条约》（EAEC）,据此,同时建立这两个共同体。1965年4月8日,6国又签署了《布鲁塞尔条约》,决定将3个共同体的机构合并,统称"欧洲共同体",但3个组织仍各自存在,以独立的名义活动。1967年7月1日,《布鲁塞尔条约》正式生效。从此,欧洲共同体开始进入世界历史舞台,并在国际事务中扮演着举足轻重的角色。可以说,从欧洲煤钢共同体到欧洲共同体,欧洲一体化实现了第一次跨越,即从特定经济领域的共同体转化为一个全面的经济共同体。1968年,共同体成员国之间取消了关税,从而逐渐形成了最初的欧洲关税联盟。20世纪70～80年代,共同体成员日益增多。英国、丹麦和爱尔兰于1973年,希腊于1981年,西班牙和

第四章　海峡两岸知识产权制度冲突的实体法解决方法

葡萄牙于1986年加入欧洲共同体。1987年7月1日，经签署的《单一欧洲法》（SEA）生效，从而促进了统一欧洲大市场的建立。20世纪90年代后，随着"冷战"的结束和德国的统一，欧洲一体化进程加快。1991年12月11日，欧共体在荷兰马斯特里赫特召开首脑会议，通过了以建立欧洲政治联盟和经济货币联盟为目标的《欧洲联盟条约》，通称《马斯特里赫特条约》（以下简称《马约》）。1993年11月1日，《欧洲联盟条约》正式生效，欧洲联盟正式建立。❶ 至此，欧洲一体化又实现了一次巨大飞跃，即从一个主要是经济上的共同体转变成为一个政治经济联盟。

1997年，欧盟❷理事会正式签署了《阿姆斯特丹条约》。1999年1月，欧洲经济货币联盟正式启动，2002年1月1日，欧元正式流通，形成了由16个成员国组成的欧元区。自2004年5月1日起，波兰、捷克、匈牙利等10个东欧国家正式成为欧盟成员国。这是欧盟

---

❶ 根据《欧洲联盟条约》的规定，欧洲共同体作为欧盟的主要支柱仍然存在，《欧洲联盟条约》生效后，欧共体也未就其称谓的变更问题作出决定，但欧共体内部和国际上较普遍地使用"欧洲联盟"这个称谓。目前"欧共体"和"欧盟"两种称谓均可使用。

❷ 也有学者认为，目前人们普遍地将"欧洲区同体"或"欧共体"称为"欧洲联盟"或"欧盟"，但是这两个名称具有不同的含义。从严格的法律意义上讲，尽管欧盟在组织结构上实现了一体化，原来的三个共同体各自仍然是独立的法律人格者，而欧盟并不具有法律人格，欧盟是在三个共同体的基础上建立起来的，但它并不能取代三个共同体，三个共同体是欧盟三大支柱之一（另两个支柱分别是共同体的外交与安全政策和司法与民政合作）。因此，《建立世界贸易组织协定》明文规定享有正式成员资格的是"欧洲共同体"，而不是欧洲联盟。所以，在阐述欧共体的对外经贸关系包括它与WTO组织的关系时，不可用欧盟替代。见曾令良："欧共体及其成员在WTO中的双重地位及其对中国的影响"，载《法学评论》1998年第1期。虽然欧洲联盟已于1993年11月1日随着《欧洲联盟条约》（《马斯特里赫特条约》）的生效而正式建立，但在实践中，"欧盟"这一概念常常与"欧共体"互换，为了论述方便，本书对此也未作区分。

189

历史上第五次"扩容"，同时也是规模最大的一次。在签字仪式后，当时的德国总理施罗德表示，吸收10个欧洲国家入盟是可与1989年柏林墙被推倒相提并论的大事，它宣告了第二次世界大战后东、西欧"分裂局面的终结"，缔造了一个经济繁荣、政治稳定的和平新欧洲。欧盟这次东扩，使其成员国从15个扩大到25个。2007年1月1日，又有罗马尼亚和保加利亚正式成为欧盟成员。2013年7月，克罗地亚正式成为欧盟第28个成员国，欧盟成为大型区域经济一体化组织。

进入21世纪以来，欧盟的政治一体化也在加速发展，在多方努力之下，至2009年11月初，所有成员国都已先后批准了被称为"简版欧盟宪法"的《里斯本条约》，该条约于2009年12月1日起生效。随后，欧盟27国领导人在布鲁塞尔召开特别峰会，一致选举比利时首相范龙佩为首位欧洲理事会常任主席，来自英国的欧盟贸易委员凯瑟琳·阿什顿当选为欧盟外交和安全政策高级代表。根据职务特点和内容，这两个职务还被形象地称为"欧盟总统"和"欧盟外长"。它标志着欧洲一体化进程沿着《里斯本条约》的方向迈出了重要的一步。如果说欧元的正式流通和欧元区的建立标志着欧洲经济一体化发展到更高层次，那么《里斯本条约》的实施和欧盟新领导机制及其人选的诞生则预示着欧洲政治一体化进入崭新阶段。欧盟一体化大大增强了其在21世纪多极化的世界政治经济格局中的地位。

2. 欧盟知识产权制度的协调与一体化

法律是服务于市场的。按照《欧共体条约》的规定，欧盟的目标之一是，通过取消成员国之间一切有形和无形的经济边界，建立商品以及其他生产要素——人员、资本和服务不受任何限制地在共同体内部自由流动的统一大市场。而统一的欧洲市场必然需要统一的欧洲法律的调整。随着欧洲统一市场的建立和发展，欧洲法律的趋同和一体化现象日益凸显，尤其是在知识产权法领域，这种趋同化、一体化的态势更加明显。

欧盟的知识产权法律体系可以分为三个等级。第一等级是《欧共体条约》的相关规定。就知识产权与共同市场而言，主要是指条约第 28～30 条有关商品自由流动的规定。第二等级是欧共体有关知识产权法律的各项条例和指令，包括共同体商标条例、外观设计条例和植物品种条例以及协调成员国版权、商标、外观设计和专利的指令和条例。第三等级则是成员国的知识产权法律，尤其是贯彻实施相关指令和条例之后所形成的版权法、商标法、外观设计法和专利法。在欧盟知识产权法律体系中，《欧共体条约》具有最高的法律效力。欧共体立法机构如理事会、委员会和议会所制定的指令、条例以及成员国的知识产权法律，都不得与《欧共体条约》的相关规定相冲突。至于成员国的知识产权法律，既不得与《欧共体条约》相冲突，也不得与欧共体的指令和条例相冲突。❶

欧盟作为一个经济一体化程度最高的区域组织，在知识产权保护的立法形式上，却没有一个单独的知识产权的条约，也没有一个完整的知识产权的法律制度，它的知识产权法主要是分散在众多的判例和单行的条例和指令当中。但它依靠一整套从立法、判例到实施的有效机制，来推行欧盟知识产权法的区域协调。

（1）欧洲法院在判例中创设知识产权保护规则。欧洲法院是欧洲联盟的最高司法机关。它的职能是确保欧洲联盟的法律得到确实执行。在欧盟，欧洲法院不仅起着"一体化发动机作用"，而且还发挥着一个"一体化传动机"的作用。❷ 在欧洲一体化进程中，各成员

---

❶ 李明德、闫文军、黄晖、邻中林：《欧盟知识产权产权法》，法律出版社 2010 年版，第 114 页。

❷ 米健：“司法创制对欧洲一体化的推动”，见米健主编：《欧洲法在欧洲一体化进程中的作用》，法律出版社 2009 年版，第 4 页。

国一开始并不愿意将其知识产权国内法置于欧共体法律的规范之下，这就使得知识产权成了欧共体"这片汪洋大海中的孤岛"。❶ 为了解决单一市场与知识产权地域性的冲突，欧洲法院通过一系列判例对欧共体知识产权法律制度确立了一系列的原则，为欧共体的知识产权制度协调发挥了重要的作用。欧洲法院所确立的原则包括：

①相称原则。它是指个人的行动自由只能在必要的公共利益的范围内才受到限制，而成员国或欧共体机构所采取的措施必须与其所要实现的目的相适应，并且是为实现这些目的所必需的。在知识产权的判例中，相称原则的作用主要在于约束《欧共体条约》第30条❷货物自由流动原则的例外措施的适用。根据该原则，虽然第30条明确规定了知识产权保护是货物自由流动原则的例外，但是，这一例外规定并非意味着知识产权保护措施完全不受欧共体法的制约和调整。它只是表明成员国在不损害共同体利益的前提下可以减损欧共体法律规则的适用，并且这种减损措施必须是与其所要实现的目的相适应的，禁止以保护知识产权的名义而实施对本国市场的保护，或人为分割共同市场。需要注意的是，相称原则在知识产权领域的运用，只限于知识产权专有权的"使用"与欧共体法律原则的相称性的审查。欧共体法院既不对授予知识产权的国内法的合理性及其与欧共体法律原则的相称性进行审查，也不对知识产权的授予是否为实现知识产权的功能所必需作出判断。

---

❶ Inge Govaere, The Use and Abuse of Intellectual Property Rights in EC Law, Sweet & Maxwell, 1996, p16. 转引自余劲松主编：《国际经济交往法律问题研究》人民法院出版社2002年版，第369~370页。

❷ 《欧共体条约》第30条规定，对于禁止或者限制是基于：公共道德、公共政策和公共安全；保护人类的健康和生命，保护动物和植物；保护具有艺术、历史和考古价值的国家宝物；以及保护工商业产权。但是这种禁止或者限制，对于成员国之间的贸易来说，不应当构成任意歧视的手段，或者隐蔽的限制。

②所有权与使用权"二分法"原则。该原则是欧洲法院为解决知识产权所固有的特性与建立和维护共同市场目标之间的矛盾而创立的。它在一定程度上解决了知识产权国内法与欧共体法律规则之间的冲突。在1968年的帕克—戴维斯（Parke Davis）一案中，欧共体法院首次使用了权利存在和权利行使的概念。其在判决中指出，在欧共体成员国对知识产权没有统一规定的情况下，各国对知识产权不同程度的保护是专利产品在共同体内自由流动的障碍，并损害了共同体市场上的竞争。因而，欧洲法院判决将知识产权的"存在"与"行使"区别开来，知识产权的"存在"不属于《欧共体条约》的调整范围，但知识产权"使用"却要受到条约禁止性规范的约束。换言之，知识产权的授予是成员国国内法管辖的事项，《欧共体条约》的一般原则不影响国内财产所有权制度，但是，条约保护知识产权的权利行使，一旦权利人要行使其权利，就有可能受到条约有关规则的限制。

欧共体法院创设的区分知识产权的"存在与使用"这一可持续发展的弹性机制，将知识产权的使用置于《欧共体条约》的制约之下，欧共体就能够控制知识产权对其共同市场目标可能造成的侵害。它为解决知识产权特性与建立和维护共同市场目标之间的矛盾发挥了重要作用。

③权利用尽原则。它是指只要知识产权所有人自己或者经其同意而将体现了有关作品、专利技术和商标的商品，首次投入任何一个成员国市场，权利人就不得再干预该商品的进一步流通或者购买者的使用、消费。在欧共体法中，权利用尽原则具有三个方面的含义：一是权利用尽是以权利人的"同意"为前提的，因此，权利用尽原则不适用于强制许可的情形，因为强制许可生产和销售并非出自权利人的意愿。二是对于某一产品而言，知识产权所蕴含的专有权是一次性的。欧洲法院在判例中多次指出，权利人对产品只享有"第

一次投放市场的排他的权利",无论是直接投放市场,还是授权他人投放市场,权利人所付出的创造性劳动就已经获得了回报,他不得再根据国内法而采取措施阻止产品在欧共体内的自由流通。三是该原则是建立在第30条规定的货物自由流动原则的基础上的,因而它只适用于成员国之间的进出口贸易,如果涉及与非成员国之间的贸易,则不适用该原则。❶ 该原则由于为欧洲法院的许多判例所引用,而被视为欧共体法中"不可更改的法律规则"。

④特定主题原则。欧洲法院在"德国唱片案"中将该原则表述为:第36条(新30条)允许基于保护工业和商业产权的正当理由而禁止或限制货物的自由流动,但是这类限制只有在保护作为该产权之特定主题的权利的正当范围内才被允许。"特定主题"就专利权和商标权而言,欧洲法院在"Centrafarm 案"中作了较为明确的界定。欧洲法院指出,就专利这种工业产权而言,它用来保护专利权利人在享有制止侵权行为权利的同时,还享有利用其发明来生产工业产品,并将此种产品第一次投放市场的排他性的权利。无论是直接投放市场,或是授权第三人投放市场以及制止侵权行为,都是对发明人所付出的创造性劳动的回报。而商标这一商业产权的特定主题是要保证商标持有人享有利用其商标第一次将某一产品投入流通的排他的权利,并由此保证持有人能制止他人利用该商标的优势和信誉销售假冒该商标的产品而引起的竞争。❷ 从欧洲法院的这一定义中可以发现,知识产权所有人获得回报的权利是决定某一知识产权的"特定主题"的决定性因素之一,也就是说,欧洲法院在解决知识产权与货物流动自由之间的冲突时,引入了所谓的"回报理论"。

---

❶ Case51/75, EMI Records Ltd. v. C. B. S., [1976] ECR329. 转引自余劲松主编:《国际经济交往法律问题研究》,人民法院出版社2002年版,第374~375页。

❷ Cases15/74, Centrarm v. Sterling Drug, [1974] ECR1147. 转引自余劲松主编:《国际经济交往法律问题研究》,人民法院出版社2002年版,第375~376页。

其基本含义是，如果发明人能够获得回报，他的权利的特定目标就已经实现，发明人也就不能再援引其专有权阻止平行进口。并且对某一产品而言，这种回报只能是一次性的，只要权利人同意将其产品投放市场，就意味着权利人已经获得回报。但是，"回报理论"并不是特定主题的全部含义。保持商标的信誉和制止假冒商标也是商标权的特定主题之一。由此可见，"特定主题"原则不是一个确定的概念，它需要在具体的案例中予以界定和澄清。由于特定主题原则也涵盖了权利人获得回报的权利，因此，它在一定程度上与权利用尽原则相重叠。

在目前缺少统一的知识产权法律规范的情况下，欧盟主要是依靠欧洲共同体法院在个案中行使《欧共体条约》所赋予的"预先裁决权"（preliminary ruling）[1]对条约的适用作出司法解释，以协调各国知识产权保护下的局部利益与欧共体法律的冲突，以寻求共同体利益与保护知识产权创新性的平衡点。[2]这在一定程度上扫除了货物自由流动中的障碍，但这并不能完全解决地域性的知识产权与单一市场之间的冲突。因为这种冲突的根源在于，知识产权是依据成员国的法律产生的，成员国的知识产权法律，无论是在权利的获得方面，还是在权利的实施方面都存在很大差异，因而，还必须对成员国的知识产权法进行协调和统一。

（2）知识产权法立法的协调与统一。欧盟知识产权立法主要采取协调和统一两种方式。所谓知识产权法律的协调，是指欧共体根据条约的授权所采取的使成员国的知识产权国内法趋于一致的立法措施；而统一的方式，是指欧共体根据条约的授权制定适用于所有

---

[1] 所谓预先裁决，指根据成员国法院的请求，对该法院正在审理的案件中涉及欧盟法令的含义及其合法性问题进行审查并作出裁决。

[2] 张旗坤等编著：《欧盟对外贸易中的知识产权保护》，知识产权出版社2006年版，第11页。

欧共体成员国的统一的知识产权法律。无论是知识产权法的协调还是统一，它们都服务于共同市场的完整和正常运作的目的。所不同的是，欧共体制定知识产权协调或统一措施有着不同的法律形式和法律依据。[1] 知识产权法协调的主要法律依据是"指令"（directive）；而知识产权法统一的法律依据则是"条例"。

指令是由委员会、理事会和议会共同制定的法律文件。《欧共体条约》第95条第1款规定：在某些特定的情况下，欧盟委员会可以在多数同意的情况下，发布相关的协调指令。它的目的是为了协调成员国的法律和政策，并使之趋于一致。在实践中，知识产权协调指令往往是针对国内法某一方面的具体法律规定，即只有当有关的差异有可能妨碍共同体内部商品、服务、人员和资金的自由流动的时候，才有必要加以协调。也就是说，欧共体的协调措施并不影响成员国知识产权法律制度的独立性，它仅要求成员国将指令在某一方面的规定在国内法中贯彻落实，使所有成员国的法律制度趋于一致。

根据共同体条约关于立法形式的分类，指令的最大特点是，在成员国内国法中不具有直接的法律效力，而且指令不能对个体直接设定权利或者义务。但是根据欧洲法院的判例，指令在一些例外的情况下具有直接的适用效力：第一，成员国在转化期限届满之后，仍然没有将该指令转化为内国法；第二，指令中给个体设定了权利；第三，从指令的内容上看，指令对于个案已经是无条件的，确定的，并且具有充分的适用性。在上述三个条件满足的情况下，个体可以直接援引指令中有利于自己的条款，以对抗国家行政当局与各级

---

[1] 张旗坤等编著：《欧盟对外贸易中的知识产权保护》，知识产权出版社2006年版，第6页。

第四章　海峡两岸知识产权制度冲突的实体法解决方法

法院。❶

指令是欧洲一体化顺利发展的润滑剂。在欧盟内部，各成员国之间法律制度、法律传统、经济发展程度、文明发达程度的不同以及共同体法律适用领域的不同，决定了仅仅采用单一的条例立法形式是不现实的。欧盟机构尽管可以不顾各成员国的实际情况，直接以条例的形式进行立法，却往往招致成员国的反对，常有欲速则不达之嫌，而指令则弥补了这一不足。由于指令仅在其所欲达到的目标上有拘束力，而在实现该目标的方式和方法上，则由指令所发向的成员国根据各自实际情况自行决定，从而赋予了成员国在履行共同条约义务上较大的自主权，在一定程度上消除了在欧洲一体化进程中，因成员国之间的制度差异所造成的阻碍。❷

在共同体法律体系中，存在大量这种以法律协调或趋同为目的的法律文件。到目前为止，欧共体或欧盟机构已经颁布了一系列有关版权、外观设计、专利和商标的指令。由于版权属于自动获得，不需要成员国相关机构的审查或授权；同时，欧盟各成员国又都是《伯尔尼公约》的成员国。因此，成员国国民的作品一旦创作完成，就可以依据《伯尔尼公约》和相关成员国的法律，获得所有成员国的版权或著作权。这样，只要协调成员国有关版权保护的条件，确立版权在欧盟范围内用尽的原则，就相当于创设了一种在欧盟范围内一体有效的版权，再通过相关条例统一版权法律就不是太必要了，因而，在版权领域有关版权保护的指令就比较多。1991～2006年，欧盟已经颁布了7项指令来协调各国的版权法，即1991年5月通过的

---

❶ ［德］马迪亚斯·赫蒂根著，张恩民译：《欧洲法》，法律出版社2003年版，第185页。

❷ 谢罡：《欧盟法中的指令》，转引自杨亦莹："欧盟法中的指令及其在欧洲政治经济一体化中的作用——从Francovich一案谈起"，见米健主编：《欧洲法在欧洲一体化进程中的作用》，法律出版社2009年版，第50页。

《计算机软件保护指令》；1992年11月通过的《出租权与出借权指令》；1993年9月通过的《卫星广播和有线转播指令》；1993年10月通过的《版权和邻接权保护期指令》；1996年3月通过的《数据库保护指令》；2001年4月通过的《信息社会版权指令》以及2001年9月通过的《艺术作品再转让指令》。由上可见，欧盟在版权领域的区域协调都是依靠"指令"进行的。而指令主要是通过内容上的协调，为各成员国设定一致标准，并要求成员国将指令的内容转化为本国内国法，从而实现区域协调。这种形式的协调不是一体化的协调，因此，可以说欧盟的版权协调，是其在知识产权制度协调中一体化程度最低的领域。

关于外观设计、专利和商标，欧共体或欧盟分别颁布了一项指令，即1998年10月通过的《外观设计保护指令》；1988年12月通过的《商标协调一号指令》；1998年6月通过的《生物技术专利指令》。

条例（regulation）是由理事会或委员会针对特定事项发布的法律文件。协调成员国的知识产权法，是为了减少或者消除成员国法律之间的差异，从而确保商品在欧共体范围内的自由流动。然而，协调成员国之间的知识产权法律，仍然不能从根本上解决共同体市场与知识产权地域性的冲突。因为，即便通过各项协调指令的贯彻与实施，成员国有关知识产权保护的条件已经达成一致，商标权、专利权和外观设计权等知识产权，仍然是依据地域性的成员国的法律而产生的，仍然有可能与共同体市场的宗旨发生冲突。❶ 因此，解决这一冲突的最根本的途径就是创设一种在欧盟范围内一体有效的知识产权。于是，欧盟以条例的形式创设在欧盟范围内一体有效的知识产权。条例一旦公布生效，即自动在各成员国生效，成为各成

---

❶ 李明德、闫文军、黄晖、邻中林：《欧盟知识产权产权法》，法律出版社2010年版，第108页。

员国法律的一部分。对于各成员国来说，条例具有普遍的适用性，可以由成员国政府直接适用，而不必在相应的成员国立法中加以实施。在具体的司法实践中，各成员国的自然人和法人可以直接依据相关的条例，主张权利或者利益。

至2006年，欧盟理事会已经颁布了三个条例，即1993年12月通过的《共同体商标条例》；1994年7月通过的《共同体植物品种权条例》以及2001年12月通过的《共同体外观设计条例》。依据这三个条例，相应地产生了在欧盟范围内一体有效的商标权、外观设计权和植物品种权。而在专利和版权方面，尚没有创设一体有效的权利。版权方面是因为暂无必要，而专利则是一直难以通过。1973年曾在慕尼黑签订《欧洲专利公约》(European Patent Convention 简称EPC)，该公约于1977年10月1日生效。签订EPC的目的是协调欧洲各国的专利法，建立统一的欧洲专利保护制度，以适应建立欧洲统一大市场的需要。因此，它采用单一的专利申请、授权程序来取代向各国分别申请专利的多重程序，使得申请人只要向欧洲专利局提出一次申请就可以根据申请书中的指定请求授予在一个或数个缔约国有效的"欧洲专利"。但根据欧洲专利局提供的资料，申请人指定的成员国平均只有6~8个。这就造成了一项发明可能在一些成员国受到保护，而在另一些成员国则不受保护的问题，因此，1975年签订《共同体专利公约》，第一次以法律条文形式确定只需一份申请就能获得在欧共体全体成员国均有效的"共同体专利"。2000年7月，欧盟委员会又向欧盟部长理事会递交了《共同体专利条例》的建议稿。该建议稿提出设立一种效力遍及整个欧盟范围的专利，即共同体专利。与"欧洲专利"作为一束专利不同，一件共同体专利作为一个整体，在整个共同体范围内不可分割并有同样的效力；共同体专利的授予、转让、宣告无效或终止均遍及整个共同体，因而没有"欧洲专利"那种在不同指定国有不同效力的不确定性。设立共同体专利，有利于消除源于权利保护的地域性而产生的竞争障碍，保证专利商品的自由流动。但建立拟议中的欧盟单一专利制度可谓是一波三折。继 2010 年初对若干重要问题达成共识后，欧盟委员会又于 2010 年 7 月对一直停滞的共同体专利申请文本的翻译问题提出折中建议，但仍有一些棘手的法律障碍需要排除。2006 年止，除意大利和西班牙外，欧盟其他 25 个成员国均已对建立欧盟单一专利制度表示支持。

虽然欧盟已经颁布了有关商标、外观设计和植物新品种一体化保护的条例，但远没有像人们所期望的那样，完全取代成员国的商标权、外观设计权和植物新品种权，各成员国的商标、外观设计和植物新品种制度照常运行，形成一种复式的制度体系。看来，创设单一的、完全取代各成员国的欧盟知识产权法律制度，还是一个遥远的目标。

（3）知识产权法律实施的协调与统一。在 2004 年欧盟发布知识产权实施指令前，成员国在实施措施方面存在很大差异，例如，有关证据保全的临时措施，有关损害赔偿的计算方式以及有关禁令的适用，成员国之间的规定各不相同。又如，有的成员国没有规定关于信息获得的措施和程序，有的成员国没有规定由侵权人承担费用。这些差异不仅损害了共同体市场的运行，使得知识产权所有人在欧盟范围内不能获得同等保护，而且妨碍了对于知识产权的有效保护，损害了市场主体在共同市场上从事商业活动的信心，进而影响了主体对于创新的投资。❶ 此外，欧盟作为一个经济实体，也以自己的名义加入了世界贸易组织，必需落实 TRIPs 协议，包括落实协议规定的实施措施的义务。

---

❶ recitals 7，8，9，Directive 2004/48/EC on the enforcement of intellectual property rights. 转引自李明德、闫文军、黄晖、邰中林：《欧盟知识产权产权法》，法律出版社 2010 年版，第 119 页。

出于以上两个方面的考虑，欧盟理事会于 2004 年 4 月通过了《知识产权实施指令》，就协调成员国的知识产权实施机制作出了一些必要规定。这一方面是为了协调成员国有关知识产权实施的措施、程序和救济；另一方面也是为了落实欧共体所承担的执行 TRIPs 协议的义务。《知识产权实施指令》融合了两大法系的侵权赔偿制度，对知识产权的行使制定了基本标准，在证据、诉讼程序中的各项命令、扣押、禁令、对合理的成比例的律师费用的补偿等问题上协调欧盟 27 个成员国各自不同的知识产权侵害赔偿制度，但该指令没有提出刑事处罚，也没有要求诉讼程序的一致。该指令于 2006 年 4 月 29 日起施行。指令仅仅是设定了一个必须达到的最低标准。在此基础上，成员国还可以采取其他的有效实施知识产权的措施。

此外，欧盟还于 2003 年颁布了新的《知识产权海关条例》，条例详细规定了海关保护的具体程序，例如权利人提出申请，海关扣押疑似侵权物品，允许货物所有人提出反对以及最终销毁和处置侵权产品。

知识产权的实施，不仅涉及具体的民事、刑事和边境措施，而且也涉及实施这些措施的机构，如法院和海关组织。与此相应，知识产权措施的协调和一体化，也必然包括实施机构的协调和一体化。在这方面，依据《欧共体条约》而成立的海关联盟，基本实现了欧共体海关组织一体化的目的，从而保障了知识产权在进出口环节上获得有效的保护。

然而与海关组织的一体化相比，欧盟司法体系一体化的进程则要缓慢得多。在目前情况下，无论是依据成员国法律而获得的知识产权，还是依据共同体条例获得的商标权、外观设计权和植物品种权，在发生侵权纠纷时，包括对权利的效力提起异议时，都是由成员国的法院管辖，并作出相应的是否侵权、权利是否有效的判决。

欧盟知识产权制度协调的特点主要体现在以下几方面：

第一，以指令、条例、公约以及欧洲法院所确立的原则共同构成区域知识产权制度的协调机制。作为欧盟基础法律的《欧共体条约》把保护工业产权作为货物自由流动的基本原则的一个例外，不受欧共体法律的调整，后来的《单一欧洲法》《欧洲联盟条约》也没有把知识产权列入其中，因此，欧盟没有制定一个专门、完整的知识产权保护的法律文件。目前欧盟的知识产权法律除了商标外，仍未有统一的法律。但它依靠一整套从立法、判例到实施的有效机制，如以《欧共体条约》作为欧共体知识产权法律制度的基础法律，以指令（directives）、条例（regulation）、建议与意见（recommendations and opinions）以及欧洲法院判例作为欧盟知识产权法律制度的渊源，使成员国必须按指令去制定和修改其国内法，这样使得各成员国的法律规定基本趋于一致，从而为欧盟建立自己的知识产权法律制度奠定了法律技术上的基础。另外，它已有了统一的商标法律制度，创设了其效力及于整个欧盟的"共同体商标"规则。在专利和外观设计等领域的知识产权也已经有了相当完备的法律草案。[1]加上欧盟法院的判例，又为其提供了法律的可操作性基础。欧盟采取以指令、条例、公约以及欧洲法院所确立的一系列原则来推行欧盟知识产权法的区域协调，一方面可避免制定统一法律可能遭受政治、经济利益掣肘，另一方面也保障了知识产权区域协调能较为迅速有效地得到落实和实施。

第二，先易后难，分阶段逐步推动。由于知识产权具有严格的地域性、专有性和私权性等特征，因此，知识产权协调往往会触及敏感的政治、经济问题，难以一蹴而就。知识产权国际协调如此，知识产权制度协调也不例外。在TRIPs谈判中，从一开始就存在被称为

---

[1] 陈建德：《欧共体知识产权法律制度研究》（博士论文），武汉大学法学院2000年，第171~174页，转引自杨丽艳：《区域经济一体化法律制度研究——兼评中国的区域经济一体化法律对策》，法律出版社2004年版，第271页。

第四章　海峡两岸知识产权制度冲突的实体法解决方法

"南北争议"的发达国家和发展中国家的分歧，随着谈判的进展，又出现了被称为"北北争议"的发达国家之间的分歧，最后也只能订立出一项关于知识产权最低保护标准的多边协议。在欧盟的知识产权制度协调过程中也同样存在诸多争议，协调进程充满荆棘和羁绊。以商标法律制度协调为例，欧盟及其前身早在20世纪60年代初就开始努力建立单一的商标体系，但单一的共同体商标体系的建立遇到了重重的阻力。1984年6月《共同体商标条例（草案）》出炉后，各成员国对该条例涉及的共同体商标权与国内商标权的协调问题、商标权取得原则问题、权利用尽问题、再包装问题以及商标局的地址、工作语言等问题都存在争议。尽管欧洲议会、欧洲部长理事会曾听取各有关团体、公民的大量意见、建议，经过多次讨论，对文本进行了多次修改，但还是鉴于各成员国的商标法差距太大而迟迟未通过该条例草案，以致欧盟协调其成员国商标法律制度的进程极其缓慢。至1988年，欧共体理事会在不断总结和提炼《共同体商标条例（草案）》的基础上，又制定了《缩小成员国商标法差别的指令》，要求各成员国应当最迟在1992年底之前，按该指令设定的政策目标修改其国内法律、条例及行政规章，使其与指令相符，并将转为国内法的指令内容付诸实施，以求得各成员国商标法的趋同和一致。❶ 此外，从《商标指令》的标题中使用的"Approximate"一词也反映出该指令仅是统一欧共体成员国商标法的第一步，它既不同于世界知识产权组织有关"协调"各国商标法的"建议性"用语，也不同于"统一"各国商标法的"强制性"用语，其本身就带有"阶段性"或"过程性"的含义。❷

第三，参照知识产权国际公约的规则，并根据一体化要求和新技

---

❶ 朱雪忠：《知识产权协调保护战略》，知识产权出版社2005年版，第140页。

❷ 郑成思：《知识产权与国际贸易》，人民出版社1995年版，第487页。

术挑战制定新标准、增加新内容。欧盟在协调知识产权制度方面吸收了国际知识产权制度协调的许多成果。例如《信息社会版权与有关权指令》吸收了世界知识产权组织（WIPO）1996年的《WIPO版权公约》和《WIPO表演及录音制品公约》的许多内容，甚至比美国的《跨世纪数字版权法》更接近这两个公约。《数据库保护指令》的讨论及最后通过则受到了《伯尔尼公约》附加议定书（修正《伯尔尼公约》1971年巴黎文本的附件）谈判的影响以及GATT乌拉圭回合谈判最终成果的影响。❶此外，欧盟还根据一体化要求和新技术挑战制定出更高的保护标准并新增了大量的新内容，以应对新技术对知识产权法的挑战。例如，对《伯尔尼公约》中所规定的保护期限由作者终生加死后50年提高到作者终生加死后70年；在《出租权、出借权和邻接权指令》中规定了对作品的出租权、限制版权用尽原则；在计算机程序、卫星数字传输、数据库等一系列指令中确定了卫星传输适用于"发射地法"、将网络通信视为"点对点的传输"归属于"向公众传播权"，对内容由非版权作品构成的数据采用特别权（Sui Generis Right）保护，规定"规避版权保护装置"，制造、销售或展示针对版权技术保护系统的装置为侵权等，在一定程度上解决了新技术对版权制度的挑战；同时，也对国际版权制度的发展完善产生了深远的影响。❷

第四，建立区域统一的立法及其实施机构。欧盟虽然没有制定一个专门、完整的知识产权保护法律文件，但建立了统一的立法及其实施机构，保障了知识产权法的协调和实施。例如，1993年通过《共同体商标条例》，2001年通过《共同体外观设计条例》，创设了在共同体范围内一体有效的商标权和外观设计权。为保障共同体的

---

❶ 郑成思：《知识产权论》（第三版），法律出版社2003年版，第531页。

❷ 陈传夫："评欧盟信息社会版权立法的发展及其国际影响"，载《法学评论》2000年第1期。

有效保护，尤其是对于相关纠纷的有效处理，两个条例都提出了成员国应当指定专门的共同体商法法庭和共同体外观设计法庭的要求。此外，两个条例还要求，成员国应当将指定特别法院或法庭的情况，报告给欧共体委员会。正是通过审判机构一体化的推动，在很大程度上减少了成员国法院在知识产权审判方面的差异。此外，还依据《欧共体条约》成立了海关联盟，基本上实现了欧盟海关组织一体化的目的，从而保障了知识产权在进出口环节上获得有效的保护。

（六）北美自由贸易区与知识产权保护

1. 北美自由贸易区概述

1992年8月，美国、加拿大及墨西哥三国签署了《北美自由贸易协定》（North American Free Trade Agreement，NAFTA）。1994年1月，"北美自由贸易区"（North American Free Trade Area，NAFTA）宣告成立。它拥有3.65亿人口，年国民生产总值达6.5万亿美元，在当时是世界上最大的自由贸易区。

北美自由贸易区最明显的特点在于它是典型的南北合作型、大国主导的区域经济一体化组织。其运行的基本模式是美国和加拿大利用其发达的技术和知识密集型产业，通过商品和资本的流动来进一步加强它们在墨西哥的优势地位，扩大在墨西哥的市场；而墨西哥则可利用本国廉价的劳动力来降低成本，大力发展劳动密集型产品，并将商品出口到美国，同时还可以从美国获得巨额投资和技术转让以促进本国产业结构的调整，加快本国产品的更新换代，在垂直分工中获取较多的经济利益，三国之间密不可分的经济关系成为它们合作的纽带。[1]

与第二次世界大战后为了避免"重蹈覆辙"而逐步形成的、旨在促进区域性经济、政治和社会合作的欧洲联盟有所不同，北美自

---

[1] 高凛、任丹红等：《国际经济法热点问题研究》，中国民主法制出版社2007年版，第34页。

由贸易区是单纯的区域性国际经济与贸易合作联盟。有学者认为，北美自由贸易区与欧盟相比，有以下几方面的区别：首先，组织目标不同，北美自由贸易区只想在区域内建立一个促进贸易自由化的自由贸易区，而欧盟有更远大的政治统一和社会目标。其次，法治化领域不同。欧盟为了达到其目标，不仅在经济一体化方面有法规，而且在政治、社会方面也要立法，甚至经济一体化是为政治统一服务的；而北美自由贸易区主要的法治领域只在经济一体化方面。再次，实现手段不一样，即法治化的模式有很大区别。欧盟借助系统、分权的超国家因素机构以及一级、二级的立法及其直接效力原则等，实行经济一体化，而北美自由贸易区设立的机构只是为贸易自由化服务的，同时以授权于第三方、以各国的承诺、以强硬的争端解决机构和以中止义务等构筑成北美自由贸易区实施的保障机制。[1]

为实现贸易自由化这一目标，《北美自由贸易协定》规定，缔约国将在15年内逐步削减直至取消所有货物贸易关税，取消货物和服务贸易、对外投资的非关税壁垒，实现商品、服务、投资资本的自由流动。协定的具体内容包括：（1）实行国民待遇，分阶段逐步消除相互之间的关税；（2）取消配额和许可证制度，确定了原产地规则；（3）规定了投资、服务、竞争政策、知识产权等条款；（4）规定了争端解决程序，特别是制定了倾销和补贴案件中专家小组的条款和争端的解决。在1988年1月，美国与加拿大签署的两国间自由贸易协定，包括关税减让或取消、原产地规则、贸易的技术壁垒、农业市场进入与补贴、保障措施、政府采购、服务贸易、投资等协议，但没有知识产权保护的规定。而在美国、加拿大及墨西哥三国签署的《北美自由贸易协定》则包括了知识产权保护内容，可见，其目的在于提高墨西哥的知识产权保护水平，保障美国与加拿大厂

---

[1] 杨丽艳：《区域经济一体化法律制度研究——兼评中国的区域经济一体化法律对策》，法律出版社2004年版，第271页。

第四章 海峡两岸知识产权制度冲突的实体法解决方法

商的知识产权利益。

2. 北美自由贸易区知识产权制度的协调机制及其特征

知识产权在《北美自由贸易协定》中占据着非常重要的位置，在该协定的序言中特别指出："鼓励创新，并推动知识产权领域的贸物和服务贸易。"可见，为知识产权提供适当而有效的保护并保障知识产权的实现，是缔结《北美自由贸易区协定》的重要目的。

《北美自由贸易协定》在第 6 部分第 17 章，第 1701~1721 条设立了详细的有关知识产权制度协调的规则。它的知识产权保护条款及其结构与 TRIPs 协议相似。在保护范围上不仅包括了通常的版权、商标、专利、地理标志、工业设计、商业秘密等的知识产权，而且对录音、密码程序、输送卫星信号等也要求予以保护。具体内容如下：

（1）一般规定。协定要求一缔约方应给予另一缔约方的国民以充分有效的知识产权保护，并保证知识产权保护措施本身不构成正常贸易的障碍。为充分有效地保护知识产权，《北美自由贸易协定》的知识产权保护规则要求每一缔约方应遵守知识产权的国际公约，按照《保护唱片制作者防止其唱片被擅自复制日内瓦公约》《伯尔尼公约》《巴黎公约》《保护植物新品种国际条约》和《北美自由贸易协定》第 17 章（知识产权）的规定，对知识产权进行保护。同时，规定缔约方在知识产权保护方面应相互为对方的国民提供国民待遇。因此，北美自由贸易区的知识产权法的区域协调，从性质上来说，完全属于通过国际公约或者条约进行区域协调的类型。❶

（2）关于实体的规定。

①版权方面。该协定第 1705 条等，是有关版权保护的规定。协定要求北美自由贸易区的成员，必须按照《伯尔尼公约》第 2 条所

---

❶ 钟云龙、马聪：《知识产权法前沿问题报告——全球化与信息化背景下知识产权法前沿问题研究及其启示》，中国经济出版社 2007 年版，第 36~37 页。

划的范围，为有关作品提供版权保护。在《北美自由贸易协定》缔结时，《伯尔尼公约》第 2 条规定的受保护作品包括：以任何形式所表现的文字、科学与艺术领域的成果，诸如图书、小册子及其他文学作品；讲课、演讲、讲学及其他口述作品；戏剧或音乐—戏剧作品；舞蹈艺术作品和哑剧；配词与未配词的乐曲；电影作品及以类似摄制电影的方法表现的作品；图画、油画、建筑、雕塑、雕刻及版画作品；摄影作品及以类似摄影方式表现的作品；实用艺术作品；与地理、地形、建筑或科学有关的插图、地图、设计图、草图及立体作品以及汇编作品、演绎作品。此外，当时的《伯尔尼公约》尚未明确计算机程序及数据库是否应纳入受保护范围，《北美自由贸易协定》特别规定版权保护的范围包括计算机软件与数据，要求各成员方保护对计算机软件的商业出租权。

②商标方面。该协定第 1708 条，集中对成员国在商标保护方面的义务作出了规定。该条所规定的商标保护制度与各成员国已有的国内法类似，包括服务商标的保护，但成员国不应把注册前的"实际使用"作为申请注册的前提条件。协定规定，注册后的商标，必须持续使用，方能维持其注册有效，同时规定，如果政府明令禁止某种商品或服务进口，则该商品或服务所使用的商标，不应被视为没有满足使用要求。协定禁止对商标权采用任何形式的强制许可制度。关于商标权的转让，协定规定商标的注册所有权人，有权转让自己的商标；有权把商标连同经营一道转让，也有权仅仅转让商标本身。

③专利方面。该协定 1709 条，集中规定了专利保护。协定要求成员国在专利保护方面，不应当因技术领域的不同、搞出发明的地域不同或有关发明产品是本地的或是进口的等差异，而给予不同的保护。但是，允许某一成员国将微生物之外的植物与动物、治疗人类和动物的诊断及手术方法、再生动植物的生物学工艺排除在可授

第四章　海峡两岸知识产权制度冲突的实体法解决方法

予专利的范围之外。协定还规定,各成员国必须为先前未加保护的药品和农业化学产品提供专利保护;规定某成员国授予强制许可使用专利的范围,仅限于非常紧急状态或强制许可的申请人未能得到专利人许可的情况。在这两种情况下,强制许可的范围和期限均应受到限制。这种强制许可只应是非独占性、非转让性的,并必须向专利权人支付许可使用费。

(3) 关于实施的规定。在实施程序方面,《北美自由贸易协定》与 WTO 的 TRIPs 协议相似,实施程序既有行政的,也有民事、刑事、边境和临时的程序。协定要求各成员国承担基本义务,根据其国内法,采取有效行动,制止任何侵犯协定所保护的知识产权,包括阻止侵权的临时补救与防止进一步侵权的补救。第 1714 条规定,各成员国必须保证实施知识产权的程序公正、公平,便于当事人,没有非合理性的期限或无保障的推延。协定在加强知识产权保护的实施方面所取得的主要成果之一是,明确规定了各成员国有义务采取禁令的实施方式。协定第 1715 条第 2 款(C)项要求各成员国授权司法机关颁布有关停止侵犯知识产权的禁令;第 1716 条规定可采取初步禁令,以阻止被指控侵权的产品进入商业渠道。关于知识产权的边境保护,协定在第 1718 条规定了各成员国必须采取有关的程序,以使知识产权人可要求有关机关在提供保证金之后禁止被指控侵权的产品进口。❶

北美自由贸易区知识产权制度协调的特点主要体现在:

第一,在自由贸易协定中设专章规定对知识产权的保护。由于欧洲经济一体化起步于 20 世纪 50 年代初,当时人们的知识产权意识还比较淡薄,对知识产权保护不很重视,因此在《欧共体条约》《单一欧洲法》《欧洲联盟条约》中都没有把知识产权保护列入其中。而

---

❶ 刘文华主编:《WTO 与中国知识产权制度的冲突与规避》,中国城市出版社 2001 年版,第 114 页。

《北美自由贸易协定》签署于20世纪90年代初,在当时,知识产权随着科学技术的高速发展,与区域经济和贸易的联系已经十分密切,而且北美自由贸易区主要是由最为强调知识产权保护的国家——美国主导的,因此,在草拟《北美自由贸易协定》时,就把知识产权纳入其中,并对知识产权的保护范围和标准作出了详细明确的规定。此外,为阻止侵害知识产权的行为,并在发生侵权时为权利人提供充分有效的救济,协定还具体规定了缔约方在知识产权执行方面的一般义务、民事和行政程序、临时措施、刑事程序和边境措施。

第二,以知识产权国际公约为法律基础,并根据自由贸易区的需要和条件提高保护标准。与欧盟相同,北美自由贸易区的知识产权制度协调也吸收了大量的国际知识产权保护的规则,甚至直接规定要求其成员国实施《日内瓦公约》(1971年文本)、《伯尔尼公约》(1971年文本)、《巴黎公约》(1967年文本)以及《保护植物新品种国际公约》(1979年文本或1991年文本)。[1] 此外,为了能够更为有效地推动贸易集团的内部经济交流,北美自由贸易区也在国际知识产权保护规则的基础上,相应地提高了保护标准。例如《北美自由贸易协定》第5条规定,每一缔约方除应向作者及其权利继受者提供《伯尔尼公约》中列举的各项权益外,任何就版权及相关权利获得或拥有经济权利的人,还可以为开发及受让人愿意之目的,以合同方式自由或分别转让这些权利;任何通过合同(包括创作作品和音像制品的雇用合同)就版权及相关权利获得或拥有经济利益的人,应该能以其自己的名义行使这些权利,并有权享有由这些权利取得的全部收益。

第三,没有设立"超国家性"的区域协调机构。欧洲联盟的最终目标是实现经济和一定程度上的政治一体化,而成员国法律的统

---

[1] 《北美自由贸易区协定》第1701条第2款。

第四章　海峡两岸知识产权制度冲突的实体法解决方法

一和协调是推进欧盟实现最终目标的重要工具。因此，欧盟在知识产权制度协调方面建立了一系列具有共同的权威的立法机构和法定的立法程序、共同的法律渊源的司法与仲裁机构。而设立北美自由贸易区的目的仅仅是为了促进区域内的贸易和投资，并没有政治一体化方面的设计，因而，在北美自由贸易区并没有像欧盟那样设立超国家性的立法及其推动实施的区域协调机构，而是建立专门的争端解决机制，并就知识产权的区域协调设定了相应的保障程序。其知识产权制度的协调主要体现在《北美自由贸易协定》中的有关知识产权以及相关争端解决机制的规定上。❶

（七）东盟及其知识产权保护

1. 东盟的产生和发展

东盟是东南亚国家联盟（the Association of Southeast Asian Nations, ASEAN）的简称。1967年8月8日，为抵制战后大国的影响，提高本地区经济、社会、文化发展水平，增强在冷战夹缝中生存的能力，泰国、马来西亚、新加坡、印度尼西亚、菲律宾等东南亚五国在曼谷举行会议，发表了《曼谷宣言》，正式宣告东南亚国家联盟成立。20世纪80年代和90年代，又吸收了文莱（1984年）、越南（1995年）、缅甸（1997年）、老挝（1997年）和柬埔寨（1999年）5国加入该组织，使东盟由最初成立时的5个成员国扩大到目前的10个成员国。

东盟自成立以来经历了从特惠贸易安排到自由贸易区的发展，再向经济共同体迈进的过程。1976年2月，在印尼巴厘岛举行的东盟第一次首脑会议上，各国首脑签署了《东盟国家协调一致宣言》，正式提出要促进建立东盟区域内特惠贸易制度。1977年2月24日，在

---

❶ 钟云龙、马聪：《知识产权法前沿问题报告——全球化与信息化背景下知识产权法前沿问题研究及其启示》，中国经济出版社2007年版，第35页。

新加坡举行的东盟经济部长特别会议上正式签署了《东盟特惠贸易安排协定》，这标志着东盟区域经济一体化迈出了重要的一步。特惠贸易安排属于区域经济一体化中最初的和松散的合作形式。它主要是在实行特惠贸易安排的成员国之间通过协议或其他形式，对全部商品或部分商品规定特别的关税优惠。因此东盟特惠安排对其区内贸易扩大的贡献有限，但它为东盟自由贸易区的建立奠定了基础。1991年10月，第23次东盟经济部长会议同意在15年内建成一个区域性的自由贸易区。1992年1月，在新加坡举行的第4次东盟首脑会议上，东盟6国政府首脑正式决定设立东盟自由贸易区（ASEAN，简称AFTA）。会后发表的《新加坡宣言》和《加强东盟经济合作的框架协议》提出了东盟自由贸易区的建设目标，即从1993年1月1日起的15年内建成东盟自由贸易区，关税最终降至0~5%。同时，各国经济部长正式签署了《共同有效优惠关税协定》，这标志着东盟自由贸易区的进程正式启动。为应对国际经济新形势，在第26次东盟经济部长会议上，决定将原定15年内实现东盟自由贸易区的期限缩短至10年，即在2003年1月1日前建成东盟自由贸易区。1997年，亚洲金融危机爆发使东盟国家经济受到沉重打击。1998年12月，在越南河内举行的第6次东盟首脑会议上，各国认识到必须加强经济合作来克服金融危机带来的经济和社会困难。在此次会议上，东盟通过了《河内宣言》和《河内行动计划》，决定将东盟自由贸易区的实现时间再提前至2002年。2002年1月1日，东盟自由贸易区正式启动。2003年10月，东盟第9次首脑会议在印尼巴厘岛召开。与会各国首脑在会上签署了《第二巴厘宣言》，宣布将在2020年将东盟建设成类似欧盟的"东盟共同体"，包括"东盟经济共同体""东盟安全共同体"和"东盟社会与文化共同体"，决定在2020年建立一个内部共同市场，从而实现商品、投资、服务与人员的自由流通。2007年11月20日，东盟10国领导人在新加坡举行的第13届首脑会议上签署了《东南亚国家联盟宪章》（以下简称《东盟宪章》）和《东盟经济共同体蓝图宣言》等重要文件。《东盟宪章》是东盟成立40年来第一份对各成员国具有普遍法律约束力的文件，这一文件的签署将使东盟在发展历程中迈出重要的一步。《东盟宪章》不仅明确了东盟的发展方向，还制定了实现东盟战略目标的重要举措。宪章明确规定，东盟共同体将由东盟经济共同体、东盟安全共同体和东盟社会文化共同体组成，使未来的东盟具有一个目标、一个身份和一个声音，共同应对未来的挑战。宪章还在三个方面为东盟实现战略目标提供保障：第一，提供了法律上的保障。宪章规定，成员国应当严格认真地遵守宪章的规定，在本国法规与宪章有任何冲突时要以宪章为准则，从而保障成员国都在相同或相似的法律框架下推行一体化进程。第二，确立了东盟的法人地位。这将确保东盟能够作为一个整体对外交往，并与其他国家和组织签署重要协议。第三，确保机构高效运转。将对东盟的机构进行改革，使其拥有四个分工明确的理事会和一个权力更大的秘书处，以便决策更加灵活。❶《东盟经济共同体蓝图宣言》则是东盟经济一体化建设的总体规划文件。该宣言将《第二巴厘宣言》确立的2020年建立东盟单一市场的目标提前了5年，即2015年实现建成东盟共同体的战略目标。宣言的主要内容包括东盟经济一体化相关措施及其时间表。此外，宣言还规定了一套监督措施，以确保各成员国遵守相关自由贸易协议，并将对未能按时推行自由贸易政策的成员国进行制裁。

东盟秘书长鲁道夫·塞维里诺于2001年12月31日在设于雅加达的东盟秘书处表示，东盟要在日趋全球化和讲求经济效益的时代有效地竞争和吸引投资，就必须仿效欧盟那样成功整合其成员国的经济，必须转型为欧盟那样的单一市场。《东盟宪章》《东盟经济共

---

❶ 《福州晚报》2007年11月21日，第A28版。

同体蓝图宣言》以及东盟国家此后推出的一系列推动共同体建设的新举措预示着 2015 年东盟建成共同体后，东盟将从一个较松散的、以经济合作为主体的地区联盟，变成一个成员国之间在各领域关系更紧密、具有超国家因素的区域经济一体化组织。虽然东盟成员国目前仍在政治制度、意识形态、语言文化、价值取向方面存在较大差异，在经济发展方面也很不平衡，但它们正搭乘东盟这艘航船，朝着共同体的目标前进。这从东盟自由贸易区进程的几次加速推进即可得到很好的证明。

2. 东盟的知识产权制度协调

东盟知识产权制度协调的法律依据是《东盟知识产权框架协定》，该协定是东盟作为其遵守、履行世界贸易组织的《与贸易有关的知识产权协定》以及其他有关知识产权国际公约，并协调东盟内部知识产权合作及争端的一个框架性法律文件。随着贸易自由化、经济一体化的不断深入，知识产权法制的一体化趋势不可避免。1995 年 12 月 5 日，东盟各成员国通过了《东盟关于知识产权保护合作的框架协议》，确立了加强各成员国在知识产权领域的合作，探索适合东盟各国国情的知识产权保护合作机制，探索建立东盟专利事务局和商标事务局，促进建立统一的区域性专利和商标保护制度的实现；同时规定了坚持互利、坚持国际公约与区域协定相一致、坚持有利于保护知识产权各方当事人利益、承认和尊重各国知识产权保护制度独特性、坚持承认各国有权采取措施制止滥用知识产权保护等五项原则。另外，还规定了在著作权及其邻接权、专利权、商标权、外观设计、地理标志、集成电路布图设计等领域开展合作。1996 年 4 月，又通过《东盟知识产权合作行动计划》，其主要包括在1996~1998 年建立区域电子信息网络、知识产权数据库、统一的外观设计、专利和著作权保护制度等。近年来，东盟各国的司法界已将建立"统一的知识产权注册和保护法律体系"提上议事日程，且

第四章　海峡两岸知识产权制度冲突的实体法解决方法

在2007年"东盟知识产权协会"年会上，基本达成了向严谨且强调执行力的欧盟体系学习的共识。可以预见，在不久的将来，东盟很有可能借鉴欧盟的经验，构建一个"统一且多样性的知识产权保护体系"。❶ 从实施效果来看，东盟内部的知识产权法制的区域协调已经取得一些成效。

东盟虽在知识产权制度协调方面有一个完整的框架协定，但缺乏像欧盟那样扎实的法律基础和实施机制，因此，并没有什么实际效果。究其原因，一是与两组织的知识产权的发展水平有关。欧盟的成员国主要是以发达国家为主，与知识产权有关的贸易实践颇多，对知识产权的立法需求也就极为迫切，而东盟的情况却与欧盟相距较远，成员国中除了原5个创始国（新、菲、马、泰、印尼）的经济相对发达外，其他5个国家中有的属于最不发达国家，10个国家本身对知识产权的实践、立法的需求不一致，没有需求的紧迫性。二是受区域组织的经济一体化发展水平的影响。欧盟内已实现了资本、劳动力、市场以及贸易自由化，经济一体化水平处于世界前列，法律实施机制也很完善，它的欧盟法优先原则更是加强了这种基础。而东盟目前在其组织内仍然坚决地奉行互不干涉内政的"东盟方式"（ASEAN way），这与其区域组织内统一立法、统一实施之间隐含着很大冲突。❷

东盟知识产权制度协调的特点主要体现在：

第一，制定专门完整的知识产权保护协定。在各区域经济组织中，东盟的知识产权框架协定在形式上是最为完整的，它借鉴、吸收了TRIPs协议的框架和规则，完整地规定了知识产权的目标、原

---

❶ 王一流："东盟知识产权保护法制一体化之思考"，载《知识产权》2009年第4期，第91页。

❷ 杨丽艳：《区域经济一体化法律制度研究——兼评中国的区域经济一体化法律对策》，法律出版社2004年版，第271~272页。

215

则、合作范围及其合作活动的审议乃至争端的解决；同时也提出了具有可操作性的合作内容，如第 3 条第 3 款 C 段，提出建立司法当局工作网和知识产权执法机构等。虽然东盟制定了专门完整的知识产权保护协定，但缺乏相应的法律基础和有效的实施机制，因此并未发挥多少实际效果。❶

第二，知识产权协调范围仅限于与贸易有关的领域。东盟与北美自由贸易区相同，其区域经济一体化的主要目标是建立自由贸易区，而非追求政治和社会的一体化，因而，知识产权协调也旨在推动知识产权领域的货物和服务贸易；而且，东盟也没有计划建立统一的知识产权制度，只是借鉴 TRIPs 协议的法律框架，确立一些区域知识产权的保护标准。由此可见，东盟的知识产权制度协调基本上是通过知识产权国际公约或者条约来推行的。《东盟知识产权框架协定》虽然在形式、内容上非常完整，但缺乏区域性特色。

（八）《跨太平洋伙伴关系协定》——区域知识产权保护新发展

《跨太平洋伙伴关系协定》（《TPP 关系协定》）最初的谈判是由智利、新加坡、新西兰 3 国领导人在 2002 年的第 10 次亚太经济合作组织领导人非正式峰会期间倡议发起的，旨在提高知识产权保护和经贸合作自由度。2005 年 7 月，文莱加入《TPP 关系协定》的谈判。该协定被称为"P4 协定"。《TPP 关系协定》的核心内容是进行在知识产权保护基础上自由贸易，并免除成员国 90% 的货物关税。2009 年 11 月，第 17 次亚太经济合作组织峰会前，美国高调宣布将加入《TPP 关系协定》谈判，引发了全球的强烈关注。随后，秘鲁、越南和澳大利亚也宣布加入该协定谈判，实现了由"P4"向"P8"的转

---

❶ 杨丽艳：《区域经济一体化法律制度研究——兼评中国的区域经济一体化法律对策》，法律出版社 2004 年版，第 271~272 页。

变,并呈现出亚太地区参与国家扩大的趋势。2010年10月,马来西亚宣布将加入,使《TPP关系协定》进入"P9"谈判时期。2010年,第18次亚太经济合作组织峰会上,该协定被作为实践亚太自由贸易区构想的可能路径之一被正式写入文件,TPP首度获得亚太经济合作组织官方承认。至此,参与TPP谈判的已经有美国、澳大利亚、文莱、智利、马来西亚、新西兰、秘鲁、新加坡和越南9个国家。据国际货币基金组织数据计算,2010年参与该协定谈判的9国的国内生产总值(GDP)总和达16.9万亿美元,占世界27.2%。假若日本、加拿大和墨西哥等陆续加入,GDP规模约占世界经济总量的40%,是欧盟经济规模的1.5倍,其将成为世界最大的自由贸易区。

该协定被称为具有"高标准的21世纪"自由贸易协定,它具有以下几方面的特征:首先,该协定的内容具有约束性,为定在前面的亚太经合组织成员国加快自由贸易机制化的步伐,实现本国或本地区的福利增长,提供了必要的政治性设计。其次,该协定的发展具有"弹性次序,多轨多速"的贸易自由化特征,有效考虑了成员国的多样性。再次,该协定坚持开放性和包容性原则,欢迎亚太地区各国和亚太经合组织成员国积极加入,同时坚定支持亚太经合组织的广泛自由化进程。与此同时,对于该协定缔约各方原有的自由贸易协定,可根据各自实际情况自主选择适用原则,以最大限度保护各自的贸易利益。最后,目前该协定拟包含的内容和条款具有高标准和全面自由贸易协定的特征,增加了劳工、环境保护等内容,明显具有设立全球新自由贸易协定标准的倾向和趋势。❶美国奥巴马政府已经逐渐将该协定视为美国主导未来亚太政治经济格局的一块战略基石。美国加入该协定的长远战略意图就在于保证美国在亚太市场准入等经济利益,构建符合美国理念的价值观,维护和巩固美

---

❶ 刘中伟,沈家文:"跨太平洋伙伴关系协议(TPP):研究前沿与架构",载《当代亚太》2012年第1期。

国在亚太地区政治、经济和安全方面的支配地位。❶ 目前，该协定已完成了 7 轮谈判。美国提出要将该协定打造成 21 世纪自由贸易区的典范，仅"知识产权"一章，内容就长达 38 页，涉及商标、地理标志、专利、互联网域名、著作权及邻接权、加密卫星和电缆信号节目、农业化学品、药品数据、商业秘密等众多知识产权客体。它将众多知识产权国际公约与有关国家知识产权保护的"最佳实践"相结合，详细规定了有关知识产权客体的管理和执法保护内容。这既预示了当今全球知识产权保护发展的最新方向，也彰显出当今知识产权国际强保护的进一步发展。

《跨太平洋伙伴关系协定》知识产权草案的主要内容：❷

（1）总则。缔约方确立在 WTO《与贸易有关的知识产权协定》下相互间的权利与义务，每一方应接受 2005 年 12 月 6 日作出的《关于修改 TRIPs 协议的议定书》。缔约方应在《TPP 关系协定》生效之日前批准或加入《专利合作公约》《巴黎公约》等 10 个国际公约条约。

（2）商标和地理标志。①商标。关于商标注册，该协定规定：作为商标注册的条件，任何缔约一方不得要求拟注册标识必须视觉上可感知，任何缔约一方也不得对仅由声音或气味组成的标识拒绝给予商标注册；缔约方的商标保护应包括证明商标；任何一方应对地理标志提供商标形式的保护；缔约方应保证对商标中有关商品或服务的通用名称的使用要求，如大小、位置、风格等，不对商标的使用或有效性构成障碍；缔约方应提供商标电子申请程序，商标申请、注册的在线电子数据库应公开可获得。

---

❶ 赵建国："美国亚洲战略的一张新牌——《跨太平洋战略经济伙伴协定》解析"，载《中国知识产权报》2011 年 8 月 10 日，第 4 版。

❷ 陈福利："知识产权国际强保护的最新发展——《跨太平洋伙伴关系协定》知识产权主要内容及几点思考"，载《知识产权》2011 年第 6 期。

关于驰名商标保护，该协定规定：任何缔约方不得仅因为一个驰名商标没有在其境内注册、没有纳入驰名商标目录或缺乏对相关商标驰名的认知，而拒绝对驰名商标给予救济保护。

②地理标志。关于地理标志的申请，该协定规定：如一缔约方通过商标注册方式提供对地理标志的保护或申请认可，在有关申请程序方面，它应该：接受有关申请而不需缔约他方代表其国民进行协调；用最少的程序要求处理有关申请；确保涉及申请的有关规定能够公开可得，并且程序步骤清晰明了；提供足够的联系信息以对公众提供一般程序性的指导，允许申请人或其代理人了解相关具体申请的状态，并得到有关指导；确保提供对地理标志申请的异议程序和撤销程序。

（3）计算机域名。为解决商标网络盗版问题，每一缔约方应对网络环境下国家及地区代码顶级域名管理提供争端解决程序，该程序应建立在由国际互联网域名及代码分配合作中心所制定的"统一域名争端解决规则"所规定的原则之上。每一缔约方还应在线提供有关域名注册者的信息数据库。

（4）著作权及邻接权。①保护原则。该协定规定：每一缔约方应保证作者、表演者、唱片制作者有权授权或禁止对其作品、表演和唱片进行任何形式的复制。每一缔约方还应保证作者、表演者、唱片制作者有权授权或禁止对其作品、表演和唱片进行进口，进行销售，或通过其他方式改变其所有权。就某一特定作品而言，其作者权、表演权、唱片权同时存在，相互间没有先后之分。缔约方应保证任何获得或拥有一作品、表演和唱片经济权利的人，可以通过合同自由转让其权利。

②保护期。该协定规定：作品（包括摄影作品）、表演权或唱片权，其保护期在以自然人的生命为基础计算时，为作者终生加死后70年。

③技术保护措施。该协定规定：缔约方应规定任何人以故意谋求商业利益或个人收益为目的，从事下列行为，应接受刑事程序调查并承担有关刑事责任，非营利性的图书馆、档案馆、教育机构或公共非商业性广播组织除外，这些行为包括：未经授权，规避任何以阻止接入受保护的作品、表演、唱片或其他著作权的有效技术保护措施；任何以规避有效技术措施为目的，而生产、进口、销售、要约销售有关设施、产品或元器件，或提供促销、广告或市场营销等服务，包括提供设计等其他为规避提供便利的行为。

④权利管理信息。该协定规定：缔约方应规定，任何人未经授权不得在明知或应知的情况下，采取以下行为以引诱、支持、便利或隐藏对著作权和相关权利的侵权：故意移除或改变权利管理信息；在明知相关权利管理信息未经授权已被移除或改变的情形下，销售或为销售目的而进口该权利管理信息；在明知相关权利管理信息未经授权已被移除或改变的情形下，销售、为销售目的而进口、播放或采取其他传播方式向公众提供相关作品、表演或唱片复制品。

⑤著作权。该协定规定：在不减损《伯尔尼公约》第10条第1款第2项、第11条之二第1款第1项和第2项、第11条之三第1款第2项、第14条第1款第2项和第14条之二第1款的前提下，缔约方应保证作者享有允许或禁止对其作品通过有线或无线方式向公众传播的排他性的权利。

⑥相关权利（邻接权）。该协定规定：缔约方应保证表演者有权授权或禁止向公众传播其未录制的表演和录制其未录制的表演。缔约方应保障表演者和唱片制作者有权允许或禁止通过有线或无线方式向公众传播其表演或唱片。在确保表演者或唱片制作者得到相当补偿的前提下，成员方可以对其非交互式权利传播进行限制。

⑦通过卫星和电缆信号传输的加密节目的保护。该协定规定，每一缔约方应对下列行为提供刑事保护：明知或应知某些设施或系统

未经授权而可有助于解密通过卫星或电缆传输的加密节目源，仍制造、加工、修改、进出口、销售、租赁或采取其他方式分销有形或无形的该相关设施或系统；明知是未经授权而非法解密的卫星或电缆节目信号，仍故意接收、使用或故意继续传播；以商业营利为目的，故意继续传播明知是未经授权而非法解密的卫星或电缆节目信号。缔约方还应对上述行为提供相应的民事救济。

（5）专利。该协定规定：只要一发明具有新颖性、创造性和实用性，缔约方应对所有技术领域的该发明，不论是产品还是加工工序，授予专利。另外，在符合有关专利标准的前提下，缔约方还应保证对已知产品应用中任何新的形式、方法等给予专利，即使这些发明并不能增加该产品的功效。

缔约方应对以下发明授予专利：动植物；对人或动物的诊断、治疗和外科手术方法。缔约方只有在为保护公共秩序、公众良俗、人类和动植物生命健康、保护环境的情况下，可以对某些发明拒绝授予专利。

（6）农业化学品。该协定规定：如果一个缔约方作为市场准入的批准条件要求提交某一新的农业化学品的安全或功效信息，该缔约方未经信息提供者同意，不应批准另一申请方基于以下情况的相同或类似产品的市场准入：以同样安全或功效信息为支撑申请市场准入；在该缔约方批准进入其市场之日起10年之内。

（7）知识产权执法。①一般义务。该协定规定：缔约方执法资源的自主分配并不能成为该缔约方拒绝执行本《协定》知识产权义务的理由。就著作权及其邻接权的民事、行政、刑事执法而言，除非有相反证据，缔约方应假定正常被标为作者、制作者、表演者、出版者的人，是相关作品、表演和唱片的所有权人。就商标的民事、行政、刑事程序而言，缔约方应在可反驳的前提下承认注册商标的有效性。就专利的民事、行政、刑事程序而言，缔约方应在可反驳的前提下承认授权专利的有效性。

②执法透明度。该协定规定：缔约方应保证其最终司法判决和行政决定在陈述相关事实和法律依据的基础上书面作出，该判决和决定应以缔约方官方文字对外公开，或应政府或权利人要求可以获得。

③民事和行政程序及救济。该协定规定：缔约方应履行 TRIPs 协议第 44 条关于禁令的规定，并应为阻止侵权货物出口提供禁止措施。在民事司法程序中，缔约方司法机关应有权判定侵权者对权利人给予赔偿，该赔偿应与权利人所受损失相当，至少对著作权及邻接权和商标侵权而言，还应包括侵权者的营利。

在假冒商标和著作权及邻接权侵权民事司法程序中，缔约方应建立先行赔付制度，供权利人选择，该赔偿数额应足以补偿侵权对权利人造成的所有损失，并达到对未来侵权起到震慑作用的程度。对专利侵权，司法机关应有权判定侵权人承担所造成损害数额的三倍赔偿。在民事司法程序中，如拒不遵守司法机关判令，司法机关有权采取罚款或拘押处罚措施。

④边境措施。该协定规定：权利人可向缔约方有关机关申请中止放行涉嫌假冒和盗版货物，该机关对有关侵权信息的要求不得不合理地阻碍中止放行程序的进行。缔约方应保证中止放行申请适用于其境内的所有港口，中止放行措施从申请之日起至少不低于 1 年，或与受保护著作权或商标权的有效期相同，二者以时间较短的为准。有机关对申请人提供的担保要求不得不合理地阻碍中止放行程序的进行。在程序中，有关申请费、储存费或销毁费的要求也不得不合理阻碍程序的进行。

⑤刑事执法。该协定规定：缔约方应至少对达到商业规模的故意假冒商标或著作权及相关权利盗版案件提供刑事程序和处罚。缔约方应视故意进出口假冒或盗版商品的行为为非法，并承担相应刑事

责任。

在下列情况下，即使无故意假冒商标或著作权及相关权利盗版意图，缔约方仍应提供刑事程序和处罚：使用假冒商标已使用的任何类型或特征的标识或包装，足以引起混淆、错误或欺骗；在有关唱片、计算机程序拷贝、文学作品和电影及其他影视作品复制件以及上述著作权产品的包装、说明材料上粘贴假冒或非法标识，或使用假冒文件或包装。

未经电影或其他影视作品权利人授权，在公共影视展播中盗录上述作品。对此，缔约方也应提供相关刑事程序及处罚。缔约方应确保其法律对上述犯罪中的帮助、教唆行为提供刑事程序或处罚。

⑥数字环境下的执法措施。该协定规定：缔约方应确保其法律中有关民事和刑事的执法程序同样适用于数字环境下的商标、著作权及邻接权侵权行为，包括为防止侵权的快速救济措施和震慑未来侵权的相关措施。

缔约方应通过法律、法令、法规、政府发布的指南或有关行政执行命令等，要求其中央政府各部门不得使用未经许可的盗版计算机软件，同时，措施中还应包括软件获取和管理的措施。为保证执法的有效性，缔约方应在法律上鼓励网络服务提供者与著作权人进行配合，以阻止未经授权的有关版权材料的储存和传输。

《跨太平洋伙伴关系协定》知识产权保护机制的特点：❶

第一，保护内容全面、系统。拟议中的《跨太平洋伙伴关系协定》有关知识产权保护的内容非常全面、系统。在保护对象上，涉及商标、地理标志、专利、互联网域名、著作权及邻接权、加密卫星和电缆信号节目农业化学品、药品数据、商业秘密等众多知识产权客体。在保护手段上，提供了民事、行政、刑事和边境措施等多

---

❶ 陈福利："知识产权国际强保护的最新发展——《跨太平洋伙伴关系协定》知识产权主要内容及几点思考"，载《知识产权》2011年第6期。

种方式，既有依申请给予救济，也有依职权主动查处。在规则上，既涵盖程序内容，又明示实体规范。尤其值得注意的是，草案内容将众多知识产权国际公约与有关国家知识产权保护的"最佳实践"相结合，详细规定了有关知识产权客体的管理和执法保护内容，这将极大地推动知识产权国际保护规则的发展，甚至可能会形成一种新的知识产权保护的国际规范。

第二，提高保护标准和执法力度。拟议中的《跨太平洋伙伴关系协定》有关知识产权的保护，不仅标准提高，而且强化了执法力度。例如，在与国际保护接轨方面，该协定共涉及包括TRIPs协议在内的13个国际公约，要求缔约方在该协定生效之日前批准或加入。在商标注册管理方面，对声音、气味等新型商标给予注册的规定。在地理标志方面，该协定在TRIPs协议之外，进一步在国际层面统一了地理标志保护的程序和实体规定。在著作权方面，统一了对版权作品任何形式复制的保护原则。突破了现有国际条约和有关国家法律，大大延长了对著作权的保护期。进一步明确了数字环境下有关技术保护措施和权利管理信息的权利、义务。规定了对相关加密节目源的刑事及民事保护。提出了缔约方政府软件正版化的要求。在专利方面，扩大了有关创新成果的可专利性，如缔约方应对动植物以及对人或动物的诊断、治疗和外科手术方法等授予专利。在执法方面，该协定整体上进一步强化了通过执法打击知识产权的侵权力度，原则上要求各种执法手段在实施效果上能够对未来侵权起到震慑作用。要求各成员方对执法资源的分配不得减损其在《TPP关系协定》下的义务。

当前，WTO多哈谈判举步维艰，而以自由贸易区为代表的各种区域贸易安排却"方兴未艾"。关于自由贸易区的安排，在WTO《关税与贸易总协定》（GATT, 1994年）第24条和《服务贸易总协定》（GATS）第5条均作出了例外规定，而TRIPs协议作为GATT和

GATS 并列的三大支柱，却没有将自由贸易区作出例外安排，这样，各种自由贸易区协定中的知识产权内容将适用 TRIPs 协议中的国民待遇和最惠国待遇原则。由此，《TPP 关系协定》中的知识产权内容将可能会得到扩大适用，这将会对双边、诸边、多边知识产权规则带来较大影响。

国际区域经济一体化知识产权协调保护经过长期的实践和发展，取得了良好的成效，为中国区域经济一体化的知识产权制度协调与合作提供了十分有益的启示：

（1）知识产权制度协调是国家或地区之间经济、科技和文化交流合作发展到一定水平的必然要求。19 世纪 60 年代，商品生产和交通通信获得了巨大的发展，各国对知识产权跨国保护的要求更加强烈，在各国的努力下，一系列的知识产权保护的国际性公约相继诞生。与此同时，一些国际区域性经济组织为适应区域经济一体化发展的需要，也签订了一系列区域性的知识产权保护协定。随着现代科学技术的快速发展，知识产权与区域经济和贸易的联系越来越密切，知识产权保护协调已成为现代国际经济技术交流合作的基本条件之一，而且区域协定中的知识产权条款日益完善，保护范围日益广泛，保护标准日益提高。知识产权制度国际协调的产生及其发展趋势表明，知识产权制度协调是国家或地区之间经济、科技和文化交流合作发展到一定水平的必然要求。

（2）不同法域之间知识产权制度的差异和冲突只有通过协调才能予以解决。每一个国家或地区的知识产权制度都是与该国（地区）的经济、科技和文化发展水平相适应的，但由于各国（地区）的社会经济、科学技术发展水平参差不齐，所以在知识产权的保护对象、保护期限以及权利的取得方式等方面的规定都存在很大差异。因此，只有通过协调各国（地区）的知识产权制度，才能比较有效地解决知识产权地域性的限制以及不同法域知识产权制度差异的冲突问题。

（3）建立知识产权制度协调机制必须坚持平等协商原则。国际区域知识产权制度协调的经验表明，在不同法域间建立知识产权制度协调机制，必须平等协商。平等协商意味着双方应在平等基础上就建立知识产权协调机制问题，共同协商，达成共识。

（4）建立知识产权制度协调机制要循序渐进。国际区域知识产权制度协调的经验表明，建立知识产权协调机制是一项艰难复杂的系统工程，要在一开始就建立起健全的、完整的协调机制体系既不现实，也是不可能的。因此，应先易后难，先急后缓，循序渐进，逐步完善。

第三节　中国的知识产权区域协调保护

虽然亚洲区域经济一体化启动时间较迟，但进入21世纪以来，亚洲区域经济组织蓬勃兴起，发展势头异常迅猛。为了顺应区域经济一体化发展趋势，中国自20世纪90年代开始积极参加亚洲的区域经济一体化进程，较具典型意义的是共同建立中国与东盟自由贸易区、中日韩自由贸易区以及在中国内部中国内地分别与港澳台地区签订了区域经济合作协议；与此同时，与各缔约方开展了区域知识产权保护合作。

一、中国—东盟自由贸易区及其知识产权保护

20世纪90年代，中国开始积极参与区域经济一体化进程。1997年，中国和东盟确定了建立面向21世纪的睦邻互信伙伴关系。经过双方的不断努力，中国与东盟的友好合作关系不断深化，合作机制不断健全，合作领域日益扩大。实现了从"面向21世纪的睦邻互信伙伴关系"到"面向和平与繁荣的战略伙伴关系"，再到建成中国—东盟自由贸易区的发展过程。

1999年，中国时任国务院总理朱镕基在马尼拉召开的第三次中国—东盟领导人会议上提出，中国愿意加强与东盟自由贸易区的联系。这一提议得到了东盟方面的积极回应。2000年11月，中国正式提出建立中国—东盟自由贸易区的宏伟构想。2002年11月，在中国与东盟领导人第五次会议上，中国与东盟10国领导人签署了《中国与东盟全面经济合作框架协议》，决定到2010年建成中国—东盟自由贸易区，正式启动中国—东盟自由贸易区建设进程。中国与东盟的关系有坚实的基础，发展中国与东盟的关系，符合双方的根本利益，也正是这些根本利益，成为促进中国与东盟关系发展的内在动力。

2003年10月1日，根据中泰两国签署的关于在《中国—东盟全面经济合作框架协议》"早期收获"方案下加速取消关税的协议，在两国之间首先对188种蔬菜和水果产品实行零关税，并于2004年1月1日全面实施降税计划，对来自东盟的600多种农产品及制成品提早减税。从此开启了中国东盟自由贸易的大门。

2004年11月29日，在老挝首都万象召开的第八次东盟与中国领导人会议上，双方正式签署了《中国—东盟全面经济合作框架协议货物贸易协议》和《中国—东盟争端解决机制协议》。根据该货物贸易协议，2005年7月1日全面启动中国—东盟自由贸易区降税进程，大约7 000类产品将逐步实现零关税，这标志着中国—东盟自由贸易区进入了全面实质性的实施阶段。

除货物贸易领域的合作外，中国与东盟还在直接投资、服务贸易、经济技术合作等领域也进行了积极的合作。2007年1月14日，中国与东盟在菲律宾签署了中国—东盟自贸区《服务贸易协议》，它标志着中国—东盟自由贸易区的建设又向前迈出了关键的一步。2009年10月24日第六届中国—东盟博览会上，中国与东盟签署《中国—东盟贸易便利化南宁倡议》《农业合作谅解备忘录》、中国与东盟金融合作《共同宣言》。

按照《中国—东盟全面经济合作框架协议》的时间框架，2010年1月1日，中国—东盟自由贸易区如期建成。这标志着由中国和东盟10国组成、拥有19亿人口、近6万亿美元生产总值和4.5万亿美元贸易总额的区域，开始步入零关税时代。自贸区建成启动后，中国与文莱、菲律宾、印度尼西亚、马来西亚、泰国、新加坡6个东盟成员国间，将有超过90%的产品实行零关税，中国对东盟的平均关税将从自贸区启动前的9.8%降至0.1%，上述东盟成员国对中国的平均关税将从12.8%降至0.6%。越南、老挝、柬埔寨和缅甸4个东盟新成员将在2015年对90%的中国产品实现零关税的目标。中国—东盟自贸区是世界第三大自由贸易区、人口最多的自由贸易区，也是发展中国家之间最大的自由贸易区。它的建成，在亚洲乃至世界的区域合作方面具有划时代意义。

随着中国—东盟自由贸易区的建立，我国与东盟各国有关知识产权的经贸往来日益频繁，知识产权纠纷也日益增多。在著作权纠纷方面，由于著作权的门槛较低，涉及中国与东盟国家的著作权纠纷日益增多。如2008年我国著名画家靳尚谊的6幅假画在新加坡画展中展出；此外，在缅甸、越南等地，"盗播"中国电视剧的现象也很严重，如中国版的《还珠格格》《西游记》《神雕侠侣》在越南被疯狂翻拍等。在专利权纠纷方面，南宁五菱桂花车辆有限公司生产的"桂花"牌农用手扶拖拉机曾在越南被大量仿冒侵权而无法得到保护。在商标权纠纷方面，如我国云南999电池股份有限公司主要生产出口"999"牌电池。据勐腊海关统计，2001~2003年，这家企业通过其海关出口到老挝的电池达7 251.42万只，创汇415.9万美元。但自2004年起，"999"牌电池在邻国老挝市场就从高峰跌入低谷，出口量减少了近3成。因为"999"这一商标在老挝被抢先注册，阻断了通向老挝市场的出口之路。广州市电筒工业公司的"虎头牌"商标也在印度尼西亚被抢注等。在传统知识产权方面，来源于中国

的二十四节令鼓，经马来西亚华人研究创新后，马来西亚准备申请为非物质文化遗产等。❶

为了加强中国与东盟的知识产权合作与保护，2009年10月，中国与东盟国家在泰国签订《中国—东盟知识产权领域合作谅解备忘录》《中国—东盟关于技术法规、标准和合格评定程序谅解备忘录》。根据备忘录，双方除加强政策层面的沟通外，还将展开众多知识产权领域的实质性合作，其中包括知识产权审查、质量控制、审查员培训、自动化与数据库建设等方面的交流。此外，中国还分别与东盟各国建立了双边的知识产权对话和协调机制。如2009年8月25日，我国与越南签署《中国和越南商标及商标相关领域合作谅解备忘录》，双方将在查处商标侵权行为、反垄断、反不正当竞争等领域建立信息交换机制，还明确了协商、争议解决等相关条款。

中国与东盟签署的上述两个有关知识产权保护合作的备忘录为中国—东盟知识产权保护与合作机制的构建奠定了基础。然而，知识产权法律协调是一项复杂、系统的工程。由于各国发展不平衡，成员国之间的经济、政治、文化、传统等的不同，使得知识产权法律协调必然经历一个艰难的过程。目前，中国—东盟知识产权保护与合作机制还主要停留在政策对话、交流研讨、人才培训等软约束阶段，具有刚性的合作机制和制度性安排还比较欠缺。鉴此，有学者建议应从以下几方面不断完善中国—东盟知识产权保护与合作机制：首先，建立一个双边知识产权法律协调机构，缔结合作条约，具体建议是在中国—东盟商务理事会下设立一个专门的知识产权协调部门。用以协调各方的行动，并制定相关的制度为各方所共同遵守，通过双方官方谈判形成共识，签订合作条约，合作得以制度化。其次，为了推进区域内知识产权的保护工作，还要推选出区域内知识产权

---

❶ 廖柏明：“中国—东盟知识产权争端解决机制探析——兼论环境知识产权纠纷的解决”，载《知识产权》2010年第5期。

协调机制的主导者,并由其推进知识产权保护的行动,包括负责知识产权协调工作的开展,定期汇总各方的工作进展,召开定期知识产权合作会议,促进保护工作经验与教训的交流,努力协调各方的保护措施,并能通过"主导者"的权威身份要求开展不同项目的行动。再次,在知识产权法律协调制度建设过程中,要区别对待区域的整体排他与国家的单独对外合作。最后,完善知识产权的双边争端解决机制,适时建立区域知识产权争端解决机构。虽然,2004年11月,中国与东盟在老挝万象签订《中国—东盟全面经济合作框架协议争端解决机制协议》,该协议规定了争端解决机制的定义、适用范围、磋商、调解或调停、仲裁、补偿和中止减让条款等内容,但由于中国与东盟经贸关系的特点,中国—东盟争端解决机制处理的核心问题是货物贸易,其中很大一部分是农产品贸易,而对于由于货物贸易引发的知识产权纠纷则没有提及,中国与东盟之间知识产权纠纷的解决仍存在很大障碍。因此,中国与东盟双方应着重建立专门的知识产权争端解决机制,并考虑建立区域知识产权争端解决机构,来解决双方的知识产权争端。解决双方知识产权纠纷,可以根据东盟国家注重协商的特点,充分利用协商、调停、调解、磋商等自愿性争端解决方法,使双方达成共识,取得共赢,既避免了报复,同时也节约了时间、降低了知识产权争端解决成本。❶

二、中日韩自由贸易区及其知识产权保护

与欧洲相比,东北亚❷的政治、历史、社会、文化基础薄弱,经

---

❶ 贾引狮:"中国—东盟知识产权法律协调机制变迁的路径依赖与创新",载《法学杂志》2011年第5期。

❷ 东北亚应包括哪些国家,没有绝对的、客观的标准,它具有多种含义。一般来说,东北亚包括中国、日本、韩国、朝鲜、俄罗斯和蒙古,这里则以中、日、韩三国为中心。

济上处于多种形式的发展阶段,并缺乏传统的地域主义基础。但是,1997年末的通货危机与2008年的金融危机,加强了东北亚地域的联系和团结,进一步加深和促进了经济制度化合作的可能性。1999年中日韩三国领导人开始启动中日韩合作进程。2003年10月7日,在印度尼西亚巴厘岛举行的三国领导人会议发表《中日韩推进三方合作联合宣言》(以下简称《联合宣言》)。2004年6月21日,在中国青岛举行三方委员会首次会议。2004年11月27日,中、日、韩三方委员会通过《中日韩三国合作行动战略》。2007年11月20日,中国、日本、韩国领导人会议在新加坡举行。三国领导人就三国合作达成8项共识,其中包括:保持高层交往,加强政治对话与磋商;制订三国合作行动计划,建立网络秘书处,具体规划和指导合作;本着平衡、务实、共赢的原则,促进三方投资协议谈判,继续开展三国自贸区联合民间研究;等等。2009年10月10日,中国、日本、韩国领导人会议在北京举行。三国领导人回顾总结了中日韩合作10年历程,展望规划了三国合作的未来,并就共同关心的国际和地区问题深入、坦诚地交换了看法,达成了广泛共识。会议发表了《中日韩合作十周年联合声明》和《中日韩可持续发展联合声明》,声明一致同意:增进政治互信;深化互利合作;扩大人文交流;促进亚洲和平稳定与繁荣;积极应对全球性问题。目前,三国经济总量已占东亚的90%、全球的近17%,为推动亚洲乃至世界经济增长发挥了重要作用。❶ 近年来,中、日、韩三国经贸合作成效显著,三国间贸易额从1999年的1300多亿美元增加到2011年的6 900多亿美元,增长超过4倍,中国已连续多年成为日本、韩国最大贸易伙伴。❷

2012年5月13日,在北京举办的第五次中日韩领导人会议中,三国领导人同意年内正式启动中日韩自由贸易区谈判。会谈结束后,

---

❶ 《福建日报》2009年10月11日,第3版。

❷ 《中国知识产权》2012年5月16日,第3版。

三方签署了《中日韩三国关于促进、便利和保护投资的协定》。中日韩三国同处东北亚，人口总数占全球1/5，经济总量占世界1/5，属世界三大经济圈之一。中日韩三国自由贸易区谈判如果成功，将建立一个规模匹敌北美自由贸易区和欧盟的庞大自由贸易区。与日韩建立自贸区，从长远来看对我国是有利的。首先，有助于促进我国与日韩贸易关系的稳定发展。日本和韩国是我国最大的贸易伙伴，也是我国劳动密集型农产品最大的潜在出口市场，而两国又均对农业部门实行高保护政策。我国与日韩建立自贸区，将使我国与日韩之间的贸易获得更大的发展空间。其次，有利于吸引日韩增加对我国的投资，提高我国工业的国际竞争力。

中、日、韩三国之间的经济互补性比较强，[1] 内部贸易发展迅速，是三国知识产权保护区域协调的根本动力。2001年9月，应韩国知识产权局的提议，中国国家知识产权局与日、韩特许厅在日本东京举行了第一次三局局长会谈，确立了"中日韩三国知识产权局局长政策对话会议"机制。2007年，三方第七次三局长会议首次审议通过"三局合作路线图"，确立了三局未来合作的中期目标和远期目标。2011年，第十一次三局局长会议更新了合作路线图，并签署《中日韩三局关于加强知识产权领域合作的共同声明》，标志着三国知识产权合作进入新阶段。

自建立知识产权局局长会议机制以来，中、日、韩三方在人员互访、信息交流、培训、现有技术联合检索、电子交换优先权文本、知识产权保护和执法以及国际知识产权事务等方面不断加强交流合作，并且在一些特定领域已经启动具体的合作项目。例如在信息产业领域，2003年9月，中国信息产业部、日本经济产业省及总务省和韩国情报通信部签署了《中日韩三国信息通信领域合作安排》，为

---

[1] 其互补性涵盖了自然资源的互补、劳动力资源上的互补、科学技术的互补和产业结构的互补。

三国在信息产业各领域开展实质性的合作奠定了基础。2004 年 4 月，由中国信息产业部、日本国经济产业省及总务省和韩国情报通信部联合主办的"首届中日韩三国 IT 局长 OSS（开放源代码软件）会议"在北京召开。会议期间三方签署了《中国信息产业部、日本经济产业省、韩国情报通信部开放源代码软件合作备忘录》，决定以 Linux 等开放源代码软件开发为基础，三国在标准制定、软件开发、推广应用、认证服务、人才培养、知识产权等方面开展交流与合作。2004 年，由中国网络域名管理机构（CINNIC）主导，中国在中国台湾地区、日本与韩国三方的网络域名管理机构（JPNIC、TWNIC、KRNIC）制定的"中日韩多语种域名注册标准"正式被国际互联网标准制定组织（IETF）认可并发布，从而为中、日、韩三方在网络域名领域的知识产权协调奠定了基础。[1] 与此同时，近年来，在中国知识产权局受理的外国专利申请中，来自日本的专利申请量一直高居前列，日本同时也是中国专利申请人向国外提交专利申请的主要目的国。此外，日本特许厅还是首个与中国国家知识产权局建立专利审查高速公路（PPH）的知识产权管理机构，在中国设立研发机构的日本企业也在逐年增加。而在中韩交往方面，2011 年 11 月，中、韩两国也签署了关于 PPH 的谅解备忘录，并于 2012 年 3 月正式启动了为期 1 年的 PPH 试点项目。中、日、韩三国在知识产权领域的合作，有力地推动了各自知识产权领域的发展。

　　当然，中、日、韩三方知识产权法的区域协调仍处于较低层次，在整体上仍然处于磋商与合作阶段。其中的原因有很多，但是一个不可忽视的原因是特定的历史与现实环境所形成的政治原因。尽管

---

[1] 中华人民共和国互联网络信息中心网站的相关报道，载 http：//www.cnnic.net.cn/html/Dir/2002/07/25/0799.htm，2006/6/1. 转引自钟云龙、马聪：《知识产权法前沿问题报告——全球化与信息化背景下知识产权法前沿问题研究及其启示》，中国经济出版社 2007 年版，第 52~53 页。

从经济领域来看,三方的经济一体化程度已经达到一定高度,然而政治因素将会对东北亚地区的区域主义形成消极影响。[1] 即使如此,经济一体化的发展仍然对知识产权法的区域协调提出了深化的要求,这一点在信息产业领域表现尤其突出,因为信息化以及网络化的跨国性导致在一国领域之内的调整已经无法应对知识产权保护的需求。因此,在贸易的推动下,中、日、韩三方的知识产权法的区域协调仍然以一种特殊的"问题主导"的方式在进行着。由此可见,在中、日、韩三方的知识产权法的区域协调方面,政治因素影响着区域协调的方式,而经济因素则决定着区域协调的必然性。[2] 从2003年开始,以中、韩、日三国国际私法学会为中心,三国共同研究了东亚的共同原则,韩方提交了关于知识产权的一般规定、国际审判管辖权、准据法、外国裁判的承认与执行等内容的草案。尽管因三国之间历史、社会政治、经济和文化制度发展上的差异等原因未能得到支持,但是在自由贸易区的建立乃至经济一体化的过程中,协调乃至统一的知识产权制度是自由贸易区法制的重要组成部分。随着中、日、韩三国自贸区的建立和发展,三国的知识产权制度的区域协调必将日趋深化。然而,近年来,由于日本在领土、领海等问题上否定历史事实,激起了中、韩强烈反对,使三国合作充满变数。

三、中国内地与港、澳特别行政区的知识产权协调保护

(一) 中国内地与港、澳特别行政区签订更紧密经贸关系安排

中国内地和香港、澳门特区具有深厚的地缘、人缘和文化方面的历史渊源。香港地处我国南海北端,位于珠江入海处,在香港700万

---

[1] 陈勇:《新区域主义与东亚经济一体化》,社会科学文献出版社2006年版,第78~79页。
[2] 钟云龙、马聪著:《知识产权法前沿问题报告——全球化与信息化背景下知识产权法前沿问题研究及其启示》,中国经济出版社2007年版,第53页。

第四章 海峡两岸知识产权制度冲突的实体法解决方法

居民中,中国人占98%。澳门位于我国大陆东南部沿海,正当珠江口西岸,与香港、广州鼎足分立于珠江三角洲之外缘,东隔伶仃洋与香港相望,西与广东省珠海市的湾仔镇一衣带水,北边以古老砂堤与珠海市拱北相连,南面则濒临浩瀚的南海。澳门人口50万,其中95%以上是华人。内地与香港的经贸关系十分密切,香港一直是内地商品出口的主要市场和转口港,"中国因素"也是香港、澳门经济发展的重要动力。

在区域经济一体化的大趋势下,以中国大陆(内地)与台、港、澳经济合作为主要内涵的中华经济圈也引起人们的关注。1980年,香港学者黄枝连在其未来学专著《美国2003年,对"美国体系"的历史与未来学的分析》一书中,率先提出"中国人共同体"的概念,之后,关于四地经济合作模式的问题开始引起四地社会各界人士的热烈讨论。

自1978年内地推行改革开放以来,中国内地与香港、澳门的经贸关系日益紧密。1997年7月1日和1999年12月20日,香港、澳门相继回归祖国,成为中华人民共和国的特别行政区。从此,香港、澳门开始进入"一国两制""高度自治"和"港人治港""澳人治澳"的历史新时期。在经济上中国内地与港澳地区在金融、贸易、旅游等方面的交流合作也更趋紧密。

2001年12月11日和2002年1月1日,中华人民共和国与中国台湾地区先后成为世界贸易组织正式成员,经中央政府同意香港和澳门也于1995年1月1日分别成为WTO创始成员,由于中国实行"一国两制",香港、澳门在回归后继续保持其在WTO中的成员地位,因此,在WTO体制中,便出现了"一国四席"局面。四地经济制度化合作再次受到社会各界人士的关注。2002年5月,中国法学会世界贸易组织法研究会在深圳召开中国"入世"后内地、香港、澳门经贸法律新问题研讨会,多数专家认为:中国内地、香港、澳

门可以根据 GATT 第 24 条建立关税同盟或自由贸易区。❶

2000 年 1 月初，香港总会在"中国加入世贸对香港商界的影响"报告中首先提出香港与内地订立自由贸易协议的倡议。2000 年 3 月，香港总商会致函行政长官，提议内地与香港订立区域贸易协议。2001 年 12 月 19 日，董建华特首上京述职时，提出香港、澳门与内地共同设立"类似自由贸易区"的构想❷，并获得中央政府的支持。

2002 年 1 月 25 日，香港特区财政司司长梁锦松与中央政府对外贸易经济合作部安民副部长在北京举行首次会议，正式将自贸区易名为"更紧密经贸关系安排"，并达成五项"磋商原则"。❸ 内地与澳门相关的磋商工作也于 2003 年 6 月在北京启动。2003 年 6 月 29 日，内地与香港签署《内地与香港关于建立更紧密经贸关系的安排》（简称《安排》或 CEPA），10 月 17 日又与澳门签订了同样的《安排》。两个《安排》都分为正本和相关附件。其核心内容主要包括货物贸易、服务贸易和投资贸易促进三方面的安排：一是逐步减少或取消内地与香港、澳门之间所有货物贸易的关税和非关税壁垒。从 2004 年起，首先对 273 个税目的港产、澳产产品实行零关税，2006 年后对所有港产、澳产产品实行零关税；二是从 2004 年开始，内地

---

❶ 参见李国安："中国'入世'后海峡两岸经贸法律新问题研讨会综述"及李存捧、胡春秀："中国'入世'后大陆、香港、澳门地区经贸法律新问题研讨会综述"，见孙琬锺主编：《中国经贸法律的热点问题——入世后海峡两岸及香港、澳门地区的经贸法律新问题》，中国人民公安大学出版社 2004 年版，第 374、380 页。

❷ 《大陆研拟与港澳共建自由贸易区排除台湾参与》，"中央社"2001 年 11 月 27 日。

❸ "磋商原则"包括：（1）符合 WTO 的规则和"一国两制"的原则，是国家主体同其单独关税区之间的经贸关系安排。（2）适应两地经贸关系发展的趋势，考虑两地产业结构调整和提升的要求，当前与长远目标相结合，达到互惠互利效果。（3）遵循先易后难，逐步推进的工作方式。（4）广泛听取两地政界、工商界、学术界等领域的意见。（5）共同努力，积极推进该项安排，不断取得进展。

对与香港、澳门经济关系密切的管理咨询、会展服务、运输服务、旅游服务、银行业等服务行业率先开放，降低准入门槛并逐步实现服务贸易自由化，减少或取消双方实质上所有歧视性措施；三是内地与香港、澳门在贸易投资促进、通关便利化、商品检验检疫等7个领域协调合作，相互提供便利以逐步实现双方投资贸易自由化。2004年1月1日，两个《安排》开始正式实施。两个《安排》是在一个国家前提下，内地对香港、澳门特别行政区在促进区域经济一体化方面所做出的特殊安排。按照"先于世贸、优于东盟"的原则，内地在对港澳的开放时间、开放领域、开放程度上均比世贸组织和东盟自由贸易区承诺更为提前、扩大和优惠；而且根据逐步推进的原则双方承诺将通过不断扩大相互间的开放，增加和充实《安排》的内容。但令人遗憾的是，中国内地分别与香港、澳门特别行政区签署的两个《安排》及其附件作为一个集货物贸易、服务贸易、投资便利于一体的经贸协定，均未将区域知识产权协调保护问题纳入。这不仅影响了《安排》本身内容和结构上的完整性，更与知识经济时代区域经济一体化法制要求不相适应。

（二）中国内地与港、澳特别行政区的知识产权协调保护

每一个国家或地区的知识产权制度都是由其历史、经济和文化背景所决定的。中国内地及香港、澳门特别行政区的知识产权法律制度也都是在不同的历史条件下形成的。

香港回归前的法律制度移植于英国法，具有明显的普通法系传统，在英国殖民统治期间，香港的知识产权法除商标法外，主要源于英国知识产权成文法和判例法。通过英国的枢密院令和香港法例，英国的专利法、版权法和外观设计法直接延伸至香港。1984年12月19日，中、英两国政府在北京签订《关于香港问题的联合声明》。《联合声明》第1条明确规定："中华人民共和国政府决定于1997年7月1日对香港恢复行使主权。"1990年4月4日，全国人大七届三

次会议通过《中华人民共和国香港特别行政区基本法》（以下简称《香港基本法》）。《香港基本法》第 8 条规定："香港原有法律，即普通法、衡平法、条例、附属立法和习惯法，除同本法抵触或经香港特别行政区的立法机关作出修订者外，予以保留。"第 139 条规定："香港特别行政区政府自行制定科学技术政策，以法律保护科学技术的研究成果、专利和发明创造。"第 140 条规定："香港特别行政区政府自行制定文化政策，以法律保护作者在文学艺术创作中所获得的成果和合法权益。"上述规定为香港实现知识产权法本地化提供了法律依据。所谓知识产权法本地化，就是将香港回归前主要是从英国延伸到香港生效适用的知识产权法律，根据香港本地区的实际情况进行有计划的系统整理、考察、调整和修订，最后再由香港本地的立法机关完成必要的立法程序，从而使之真正成为香港地区的法律。

1995 年 10 月，中英联合联络小组就香港法律本地化问题达成协议，双方认为，应在香港就专利制度、注册外观设计制度、版权制度进行本地立法，以取代英国的有关知识产权法律，制定香港知识产权法律制度。但香港的知识产权法律制度必须符合其非主权地区的地位，必须符合有关国际公约的规定和中央政府为香港所承担的国际权利与义务。随后，香港设立了独立的立法机构，开始进行保护知识产权的本地立法。根据全国人大常委会的决定和香港特别行政区的法律规定，1997 年 7 月 1 日前适用的《专利条例》《版权条例》《注册外观设计条例》《商标条例》以及相关的附属立法，被采用为香港特别行政区的法律，从而实现了香港特别行政区知识产权法律制度的本地化。

中国香港新知识产权制度与回归前比较，最显著的特征就是其独立性。这主要体现在：（1）立法的独立性。香港回归后，设立了独立的立法机构。该立法机构专门制定了保护知识产权的有关法律，并经香港立法会三读通过，从制定到通过都是香港地区独立完成的，所建立的知识产权法律制度既不同于英国，也不同于中国内地，是一个完全独立的法律制度体系。（2）程序上的独立性。例如，香港特别行政区新专利制度虽然仍实行注册制，但其内涵和具体的操作程序与原有专利制度之注册制有很大不同，香港特别行政区的专利机关不仅职能得到健全和加强，而且具有较大的独立性。

1849年，中国澳门沦为葡萄牙的殖民地后，葡萄牙人在澳门逐步推行殖民统治，并将其法律实施于澳门。❶ 因此，澳门的知识产权法律制度是以葡萄牙的《工业产权法典》和《版权法典》为其基本法源；此外，澳门当地也颁布了一些有关商标和版权的法律和法规，上述两方面的法律、法规共同构成了澳门知识产权法的基本框架。

1987年4月13日，中葡两国在北京正式签署《中华人民共和国政府和葡萄牙共和国政府关于澳门问题的联合声明》，1993年4月1日，《中华人民共和国澳门特别行政区基本法》（以下简称《澳门基本法》）正式公布，它标志着澳门特别行政区法律发展自此进入了一个以《澳门基本法》为依据的法律本地化时期。所谓法律本地化，就是将现行澳门法律，主要是从葡萄牙延伸到澳门生效适用、在制

---

❶ 有澳门学者根据澳门的历史发展情况并综合已有的各种看法，将澳门法律的发展史大体上分为：(1) 租地时期——1553~1849年。这个时期的澳门法律制度总体上是中国的法律制度，对葡萄牙人亦不例外。(2) 殖民时期——1849~1976年。这一时期内，葡萄牙人在澳门逐步推行了殖民式的统治，并将其法律实施于澳门。(3) 管治时期——在葡国殖民统治期间，澳门的法律制度是以葡萄牙的法律制度为其基本法源，因此，澳门基本上没有自己独立完整的知识产权体系，其知识产权制度主要是延伸适用澳门的《工业产权法典》和《版权法典》。上述两部法典在葡国分别于1995年、1985年被新法取代而失效。但在澳门回归前仍在澳门有效。1976~1987年。该时期葡萄牙开始着手为澳门单独立法。(4) 过渡时期——1987~1999年。该时期是澳门法律本地化时期。米健等：《澳门法律》，澳门基金会1994年出版，第1~3页。

度和理论上占有重要地位的法律，根据澳门本地区的实际情况进行有计划的系统整理、考察、调整和修订，最后再由澳门本身的立法机关完成必要的立法程序，从而使之真正成为澳门地区的法律。❶ 在澳门回归前的过渡期间，澳门即开始对在澳门施行的知识产权法律进行清理和分类，并根据澳门的实际情况进行必要的修订，使其在内容上与《澳门基本法》相衔接，并符合澳门社会的特点，满足澳门经济、文化、科技发展与进步的需要。对那些从葡萄牙直接引申到澳门的知识产权法律，仍有需要的，则通过立法程序，使其成为澳门当地的法律后才能过渡为澳门特别行政区的法律。澳门在回归前即顺利地完成了知识产权制度本地化的全部进程，建立了新的知识产权法律体系。它主要是由1999年12月13日正式生效的澳门《工业产权法律制度》和已生效的《著作权及有关权利的制度》《规范有关电脑程序、录音制品、录像制品的商业及工业活动》共同构成。其《工业产权法律制度》不仅将专利、工业外观设计及实用新型纳入工业产权法的保护范围，而且将商标、地理标志（包括原产地名称）、集成电路布局设计图等纳入保护范围。在澳门特别行政区适用的国际条约包括《巴黎公约》《世界版权公约》《与贸易有关的知识产权协议》和《尼斯协定》。

澳门特别行政区知识产权制度本地化的意义就在于割断与葡萄牙的法律关系，从而建立适应澳门本地需要的独立的知识产权保护体系。因此，澳门特别行政区的新知识产权法既独立于葡萄牙法律，也独立于在中国内地适用的法律，具有完全的独立性。

中国内地与香港、澳门特别行政区各自在不同的历史条件下形成了各自独立的知识产权法律制度，三个法域的知识产权制度存在很大差异，因此，三个地区的知识产权区际冲突不可避免。

---

❶ 米健等：《澳门法律》，澳门基金会1994年出版，第13页。

早在2000年中国内地与香港、澳门特别行政区就开始区域知识产权协调保护与合作问题的对话协商，内地与香港及内地与澳门更紧密经贸关系的安排签署后，为三地的知识产权领域的合作开辟了广阔的空间，三地知识产权协调保护的对话协商与合作不断深化。就在《安排》签署的当年，中国内地和香港、澳门特别行政区的有关官员、学者和企业界代表就在北京聚会，探讨知识产权促进经济发展、知识产权与中小企业服务以及知识产权司法保护等议题，谋求三地的知识产权法的区域协调。签署《安排》以来，国家知识产权局与香港特别行政区政府知识产权署，澳门特别行政区经济局为加强三地的知识产权合作保护，三地共同采取了一系列的积极措施：

（1）举办研讨会。共同举办研讨会，探讨合作的新思路、新模式和新方法，是三地知识产权合作的重要形式。至2011年，内地与香港、澳门特别行政区知识产权研讨会已举办12届，对提高内地、香港、澳门地区企业运用知识产权制度的意识和参与竞争的能力起到了积极的促进作用。

（2）加强有关知识产权的信息沟通。例如，为加强三地之间有关知识产权的信息沟通，广东省、香港特别行政区及澳门特别行政区的多个政府部门，包括广东省知识产权局、广东省工商行政管理局、广东省版权局、香港特别行政区知识产权署以及澳门特别行政区经济局知识产权厅联合推出"粤港澳知识产权资料库"，工商业者可以透过一站式的网站，检索粤港澳三地知识产权制度的资料。

（3）修订法律。例如，为避免同时在内地与香港地区注册的专利在其中一个地区修改，被宣布无效或者被撤销之后，在另一个地区失去相应的法律保护，香港特别行政区政府专门对其《专利条例》进行修改，要求如果涉及指定专利当局修改、撤销专利或者宣布专利无效，专利所有人可以向香港特别行政区知识产权署提交副本，

经公布后即相应视为以同样方式修改、撤销或者提请法院撤销该专利。❶

（4）通过签署补充协议加强知识产权保护领域的合作。虽然中国内地与香港、澳门特别行政区签署的两个《安排》及其附件均未将区域知识产权协调保护问题纳入，但在后续签署的补充协议中都不断加强知识产权保护领域的合作。例如，在内地与香港《安排》补充协议一及补充协议二中，规定了内地向香港地区开放专利代理等法律服务。与此同时，2004年11月24日，国家工商总局颁布《香港、澳门服务提供者在内地开展商标代理业务暂行办法》，规定："自2005年1月1日起，允许香港、澳门服务提供者在内地以合资、合作、独资的形式设立有限责任公司，从事商标代理业务。"在《安排》补充协议五中规定，双方采取以下措施，进一步加强知识产权保护领域的合作：为进一步加强商标领域的交流与合作，国家工商行政管理总局商标局与香港知识产权署成立商标工作协调小组，作为双方固定的联系机制，加强两地在商标注册业务和商标保护工作等方面的交流与合作。这些补充协议的出台和实施，为解决三地知识产权法律冲突进行了有益的尝试。

（5）建立区域知识产权合作保护机制。2005年7月26日，中国香港、澳门两个特别行政区与内地泛珠三角区域9省区❷在成都签署《泛珠三角区域知识产权合作协议》。该协议提出，加强沟通，促进优势互补，协商解决相互关联的重大知识产权问题；加强调研及学术交流与合作，实时研究政府知识产权工作面临的共性问题、难点和热点问题及战略性问题，探索有效的解决渠道和措施，提高政府

---

❶ 香港《专利条例》第43~44条。2004年7月5日修改。

❷ 泛珠三角区域包括福建、江西、湖南、广东、广西、四川、海南、贵州、云南九个内地省区和香港、澳门两个特别行政区，简称"9+2"，泛珠三角区域合作是目前中目国规模最大的区域合作工程。

知识产权管理水平；将在泛珠三角区域形成统一、有效、规范的知识产权保护秩序，整体提高区域知识产权保护水平。它为未来泛珠三角区域知识产权合作确立了内容目标。2009年12月2日，泛珠三角区域9省区知识产权局又在广东省佛山市共同签署了专利行政执法协作协议。按照协议，省级协作成员由9省（区）知识产权局组成，市级协作成员由9省（区）的具备执法能力和条件的（地、州）知识产权局组成。各省级成员方负责指导、监督和协调本辖区内市级成员方开展执法协作活动，各市级成员方应及时报告情况，并接受其上级的指导和监督。在案件、线索移送方面，省与省、省与市、市与市之间均可直接移送，从而搭建起泛珠三角区域各省（区）广泛的专利行政执法协作平台。专利行政执法协作机制的建立，对加强专利行政执法，破除地方保护主义，保护专利权人合法权益，促进地方经济发展具有重要意义。

（6）签订知识产权合作协议。2011年11月16日，国家知识产权局与香港特别行政区政府知识产权署在香港签署了首份知识产权合作协议。该协议旨在继续加强内地与香港在知识产权领域的合作，促进两地交流，深化彼此沟通，共同通过重视知识产权，促进创新和经济增长。该协议涵盖的知识产权合作领域包括：交流法律、宣传教育及自动化服务信息；国家知识产权局可应香港知识产权署要求提供人员培训；交换两地信息和出版刊物；推动两地知识产权运用水平，以推进企业转型升级以及合作举办展览会、研讨会、技术交流会议。国家知识产权局与香港知识产权署签署首份合作协议，标志着双方的合作迈进新里程。❶

目前，内地和港澳地区知识产权法的区域协调仍处于较低层次，在整体上仍然处于初步合作阶段。21世纪是知识经济的世纪。在知

---

❶《中国知识产权报》2011年11月23日，第1版。

识经济时代，综合国力的竞争，越来越集中地体现在科技水平和知识总量的竞争。因而作为对智力成果及其知识产品直接管理的知识产权法律制度，已经成为区域经济一体化法律制度中重要的组成部分。《安排》实施以来，内地与香港、澳门的经贸合作保持了全方位、多层次、宽领域的发展势头。2012年7月1日，在香港回归15周年之际，国家发改委等五部门又出台了中央促进两地交流合作新措施，未来，内地与香港交流合作将不断深入，联系更加紧密。内地与澳门的交流合作也不例外。自2009年以来，粤澳合作在多个领域取得重大突破，可谓跨出历史性步伐。继《珠江三角洲地区发展规划纲要》后，又相继推出《横琴总体发展规划》和《粤澳合作框架协议》。2011年3月6日签署的《粤澳合作框架协议》，是粤澳落实《珠江三角洲地区发展规划纲要》和《内地与澳门关于建立更紧密经贸关系的安排》携手推进更紧密合作的重大举措。框架协议明确粤澳合作的发展定位、基本原则、主要目标等宏观战略，提出合作开发横琴、产业协同发展、基础设施与便利通关社会公共服务、区域合作规划等重点合作领域和主要合作内容。随着中国内地和港澳经济合作不断深化，包括知识产权在内的民商事交往将更加频繁，知识产权法律冲突也将日益凸显。内地和港澳地区应在知识产权合作协议的基础上逐渐增加、补充、修改和完善知识产权合作的范围、内容、机制和制度等，以最终实现三地知识产权法律冲突的有效解决。

第四节　海峡两岸知识产权制度冲突的实体法解决方法

冲突法的解决方法是通过冲突规范的指引来决定具有跨法域因素的知识产权关系应适用哪一法域实体法作为准据法的一种间接调整方法。采用这种解决方法，各区域的区内法并未直接赋予他区域知识产权法律效力，而只是承认权利人依其本区域所获得的知识产权。如果两区域的知识产权冲突规则不同，一区域就可能以公共秩序保留而否认对他区域知识产权的保护。因而采用冲突法方法解决两岸知识产权法律冲突的作用有限。而统一实体法解决方法是通过对各法域知识产权实体法的协调，使各法域的知识产权法最大限度地趋于一致，从而避免因有关知识产权规范不同而产生的冲突。统一实体法方法较之冲突法方法有诸多优点，国际及多法域国家在解决知识产权法律冲突问题上也主要采用协调和统一实体法的方法，从最早的知识产权国际公约——《巴黎公约》到TRIPs协议以及区域中欧盟的指令、条例，北美自由贸易区的《北美自由贸易协定》都是采用协调和统一实体法的方法进行知识产权的跨法域协调的。

但国际区域知识产权制度协调保护的实践表明，知识产权制度的区域协调并不是一个孤立的进程，不同的一体化目标对知识产权法的区域协调的类型将产生重要的影响。当今国际区域经济组织中知识产权制度协调的模式主要有3种类型，即欧盟模式、北美自由贸易区模式和东盟模式。这3个模式的形成都与其一体化目标有着直接的关系。欧盟的一体化目标包括政治目标和经济目标，其政治目标是在欧洲国家的人民之间建立密切的联盟关系；在世界事务上以共同外交与安全政策为基础，采取一致立场；在内部事务上以司法与内政领域的合作为基础，建立欧洲人民共同的家园；其经济目标则是通过进一步发展三个欧共体推进欧洲单一市场和欧洲经济与货币联盟，建立一体化的欧洲经济，使欧洲人民的生活水平得以提高和保持稳定发展。欧盟一体化的目标是实现经济、政治、社会和文化的全面统一，因此欧盟的协调涉及知识产权的各个领域并致力于在欧盟范围内建立统一的知识产权制度。在立法形式上，它通过指令、条例的形式推行区域知识产权法的协调与统一。而北美自由贸易区缔结《北美自由贸易协定》的目的是促进贸易和投资的自由化，没有政治、社会、法律一体化的任务，因此，它的知识产权法区域协调仅仅限于与贸易投资相关的知识产权保护问题，是一种定向而非全面的区域协调。其立法形式是在《北美自由贸易协定》中设立专章对知识产权保护问题作出规定。东盟的一体化目标，也旨在促进贸易自由化，所不同的是它借鉴、吸收了《与贸易有关的知识产权协定》的立法形式，签署了一个单独的知识产权条约，完整地规定了知识产权的目标、原则、合作范围及其合作活动的审议乃至争端的解决。

知识产权法的区域协调应根据区域一体化的目标及其发展需要进行设计安排，海峡两岸知识产权法的区域协调亦不能例外。海峡两岸一体化的目标是政治、经济、文化、社会和法律全面互动，相互融合与统一，因此，海峡两岸知识产权法的区域协调应根据这一目标及其发展需要，遵循先易后难，先急后缓，循序渐进，逐步完善的指导原则规划两岸知识产权法协调统一的路径。

一、加强对话沟通，深化合作共识

海峡两岸知识产权协调保护制度是两岸交流合作的一种制度性安排，这种制度性安排需要通过对话沟通，反复协调才能完成。目前，两岸之间已经建立了类型众多的对话沟通平台，例如"两会"平台、国共平台、海峡论坛平台等，这些对话沟通平台的建立，有助于两岸双方直接交流，凝聚共识，对促进两岸关系和平发展发挥了十分重要的先导作用。随着知识经济的蓬勃发展，知识产权对经济竞争力和社会、文化发展的影响越来越大，两岸的知识产权保护合作问题成为各个重要沟通对话平台上热议的话题。早在1993年4月，海协会与海基会在举行"汪辜会谈"时，双方曾就两岸知识产权保护合作问题进行过对话协商。在2012年第八届两岸经贸文化论坛上形成的多项"共同建议"中也提出：要加强知识产权保护，营造创新

第四章 海峡两岸知识产权制度冲突的实体法解决方法

发展的良好环境，共同打造民族自主品牌，携手开拓世界市场；要共同维护出版秩序，建立两岸打击盗版合作平台，切实保障业者和权利人合法权益。及时有效的对话沟通有利于增进共识，巩固互信，为逐步解决两岸交流合作中的障碍问题创造良好条件。

目前，海峡两岸协商逐步进入深水区，攸关双方更核心、更重要的利益调整，而海峡两岸政治互信还不是十分牢固，政治障碍还没有实质性的突破，很难就具体法律层面的制度问题达成共识，两岸知识产权制度的协调统一之路充满荆棘和羁绊。因而，要建立更加有效的知识产权保护机制，必须利用多元化的对话沟通平台，尤其是两岸知识产权民间的对话沟通平台。近10年来，两岸已经建立了丰富多样的知识产权沟通平台，例如"海峡两岸知识产权学术研讨会""海峡两岸知识产权论坛""两岸专利论坛""两岸商标论坛"以及"两岸著作权论坛"等，两岸知识产权民间团体的交流具有直接性、灵活性和亲密性等优势和特点，是两岸知识产权保护合作问题对话沟通的重要通道。2008年，大陆中国版权协会与台湾海峡两岸商务协调会暨台湾商业总会在四川成都共同举办"两岸著作权（版权）论坛"。本次论坛系首次由两岸著作权民间团体以非官方的方式，就著作权保护合作问题进行首次对话沟通，为两岸此后的著作权保护合作奠定了极为良好的基础。2009年6月，应台湾海峡两岸商务协调会邀请，大陆中华商标协会赴台参加"2009年两岸商标研讨会"，双方围绕建立两岸商标案件沟通机制、两岸商标专业人员考察交流、互相提供驰名商标认定保护信息以及两岸商标案件的解决途径等了问题进行了交流沟通，建立了两岸商标领域对话沟通渠道。目前两岸商谈进入攻坚克难阶段，要进一步利用两岸知识产权民间团体交流具有直接性、灵活性和亲密性的优势和特点，加强两岸知识产权民间团体的对话协商，深化两岸知识产权保护合作的共识。

二、确定知识产权保护合作的目标、原则

知识产权协调保护的过程实质上就是利益冲突、利益平衡和利益协调的过程，因此，如何消除利益冲突，通过利益协调达到利益的大体平衡，将是知识产权协调保护过程的焦点问题。确定海峡两岸知识产权协调保护的目标，主要就是要为两岸双方履行相关义务提供指导，保证两岸知识产权协调保护符合双方的共同利益。此外，由于两岸双方对两岸知识产权保护合作具体规范的理解可能产生分歧，需要对相关条款进行解释，有关目标的确定即可作为解释的参考依据。无论是国际知识产权保护条约，还是区域知识产权保护协议都明确规定了知识产权保护的目标。例如，TRIPs 协议第 7 条关于知识产权保护的目标规定，知识产权的保护与执法，应有助于促进技术革新、有助于技术转让与传播、有助于技术知识创造者和使用者的互利，同时能改善社会和经济福利，并有助于权利与义务的平衡。北美自由贸易区的知识产权保护的目标规定在《北美自由贸易协定》中的第 1701 条，该条明确规定，每一成员方应该在其领土内给予另一成员方的国民提供充分和有效的知识产权的保护和实施，同时，还要保证知识产权的实施本身不成为合法贸易的壁垒。欧共体在《欧共体条约》中也对共同体的目标作了明确的设定。虽然欧盟内并没有统一的知识产权保护的立法形式，但它采用以知识产权的"存在"与"使用"的二分法、权利用尽、知识产权特定主题等具有直接效力的欧洲法院判例、共同构成了为实现欧共体目标的比较坚实的知识产权保护制度。而在《海峡两岸知识产权保护合作协议》中关于知识产权保护的目标只是简单地规定：双方加强专利、商标、著作权及植物新品种权等两岸知识产权保护方面的交流与合作协商解决相关问题，提升两岸知识产权的创造、应用、管理及保护。在执法方面，双方同意建立执法协处机制，依各自规定妥善处

理知识产权保护事宜。这里只是简单地规定了两岸知识产权保护合作的目标，指导意义不大，也不能为双方提供充分有效的知识产权保护。海峡两岸知识产权协调保护的目标除了应重申 TRIPs 协议第 7 条关于知识产权保护的目标规定外，还应强调：在对知识产权提供充分有效保护的前提下，减少双方对贸易的扭曲和阻碍，确保实施知识产权的措施和程序本身不成为合法贸易的障碍；促进双方经济和社会的发展，保证公共健康及其他公共政策目标不受损害；防止与知识产权相关的、构成权利滥用、限制竞争或可能阻碍新开发的转让和传播的行为；加强双方在知识产权制度制定与执行方面的合作与交流，特别是在边境措施方面的合作与交流，促进双方知识产权保护水平的提高；等等。只有制定较为完整的目标，才能为两岸双方履行相关义务提供较全面的指导，才能保证《海峡两岸知识产权保护合作协议》的实施符合两岸双方的共同利益。

区域知识产权保护协调是依据一定法律准则或原则而建立和运行的。海峡两岸知识产权保护协调是一个十分复杂的体系，但其政策价值取向则是有内在统一性的，而这种内在的统一性就集中地体现在海峡两岸知识产权保护协调的基本原则上。根据海峡两岸关系的实际情况以及相关国际条约的具体规定，两岸知识产权保护协调应遵循以下原则：

（1）坚持"一个中国"原则。"一个中国"原则是台湾问题的核心，也是发展两岸关系的前提和基础，因此，海峡两岸知识产权保护协调必须在"一个中国"原则下才能进行。在国际上的知识产权保护协调都是国与国之间的协调，因此，往往会存在主权之争。海峡两岸同属一个中国，目前虽然台湾地区已加入 WTO，但仍然改变不了其作为中国不可分割的一部分的事实，两岸"入世"后，大陆与台湾的关系既是 WTO 成员间的关系，也是主权国家与其单独关税区的关系。在海峡两岸知识产权保护协调过程中制造"两个中国"，或"一中一台"都是违反"一个中国"原则的。坚持"一个中国"原则，就是在两岸知识产权保护协调的方式、途径和步骤上都应有助于促进和维护祖国的统一。

（2）平等协商、互惠互利原则。两岸在一国的主权下，事实上已形成两个相对独立的法域。法域平等是"一国两制"基本国策中"两制"的具体要求。在 WTO 框架下，祖国大陆和台湾地区是平等的 WTO 成员，处于平等地位，享有相同的权利、承担相同的义务。因此，祖国大陆和台湾地区之间知识产权制度的区域协调，只能采用平等协商原则。这意味着祖国大陆和台湾地区不仅在解决两岸知识产权制度冲突问题上，而且在两岸知识产权制度的协调统一方面都要平等协商。互惠互利作为法律奉行的一种价值观一直受到世界各国的重视。因此，祖国大陆和台湾地区的知识产权制度协调不仅要坚持平等协商原则，而且要坚持互惠互利原则，合理地协调两岸之间的利益关系，共同建立起一种利益均衡的知识产权保护制度。

（3）循序渐进，逐步完善原则。目前，海峡两岸尚未实现统一，两岸的政治互信仍有待增强，即便是实现和平统一，两岸之间的制度协调也是充满荆棘，因此，要在短期内实现两岸知识产权制度的协调统一既不现实，也是不可能的，只能采取先易后难，先急后缓，循序渐进，逐步完善的发展策略。

（4）遵守国际规则的原则。立足本国国情，遵守国际义务，不仅是中国建立和完善知识产权制度的基本原则，而且也是海峡两岸知识产权制度协调统一的基本原则。因此，两岸知识产权制度的协调统一必须根据两岸关系的实际情况，认真履行知识产权国际保护公约所确立的一系列基本原则，如国民待遇原则、最惠国待遇原则、优先权原则、保护公共利益原则以及透明度等原则。但鉴于上述原则一般是在国与国之间适用，而两岸之间知识产权制度的协调统一是在一个国家内主权国家与其单独关税区之间的协调，因此，为了避免可能产生的政治干扰,在适用上述原则时可以作适当变通,例如,"国民待遇""最惠国待遇"的用语政治敏感性相对较强,在适用时可将其分别表述为"居民待遇"和"最惠待遇"。

(5)有利于促进海峡两岸关系和平发展的原则。2005年,两岸双方达成了两岸关系和平发展的五点共同愿景,目前和平发展已经成为两岸关系发展的主题,两岸的对话协商、交流合作都应紧紧围绕两岸关系和平发展这个主题,两岸关系和平发展是政治、经济、文化和制度全面互动、融合,全面发展的过程,其最终目标是实现经济和政治的一体化,共同实现中华民族伟大复兴,因而,两岸知识产权制度的协调不能仅仅是为了促进两岸之间的贸易、投资自由化、便利化,也不能停留在签订一些用来解决一些专门问题或临时性问题而缔结的契约性文件上,而应该根据两岸关系和平发展的目标和实际需要,逐步实现两岸知识产权制度的趋同化和一体化。

三、推动海峡两岸知识产权制度的趋同与统一

法律趋同是通对法律协调使各法域的域内法逐渐趋于一致。法律统一是共同制定一部统一适用的法律。法律趋同的过程也是一个法律协调统一的过程。建立海峡两岸统一的知识产权保护制度,才能彻底解决两岸的知识产权制度冲突问题。但两岸尚未实现统一,两岸之间固有的结构性矛盾尚未得到彻底解决,在这种特殊情况下,两岸之间很难就具体制度层面的制度建设问题达成共识。然而,我们也欣然看到,2008年5月,国民党重新在台湾地区执政后,两岸双方秉持建立互信、搁置争议、求同存异、共创双赢的精神,采取积极的政策措施,按照先易后难、先经后政、把握节奏、循序渐进的思路,推动两岸关系不断改善。❶ 海峡两岸已经进入大交流、大合

---

❶ 王毅:"十年来对台工作的实践成就和理论创新",载《求是》2012年第20期。

作、大发展时代。当前，法律冲突问题已成为继续深化两岸交流合作的重要障碍，要消除这种障碍就必须协调统一两岸制度。知识产权属于私法范畴，大多是技术性规范，协调相对容易，同时它也是两岸经济一体化的必然要求。

根据国际知识产权制度协调和区域一体化组织知识产权法协调统一的经验和两岸关系和平发展的渐进性、阶段性特点，两岸知识产权实体法的协调统一，可以分阶段采用以下方式推进：

(1) 推动海峡两岸知识产权制度趋同化。每一个国家或地区的知识产权法律制度都是由其历史、经济和文化背景所决定的。由于各国发展不平衡，在知识产权保护制度上存在很多差异；同时，知识产权具有地域性，在一国受保护的知识产权并不必然在他国受到保护，即使可以根据公约或互惠原则受到保护，通常也只能适用受保护国的法律。因此，在国际经济交往中，因知识产权保护水平不同导致了大量的经济纠纷，严重地影响了国际经济交往。为了解决因知识产权保护制度差异而造成的矛盾和冲突，有关国家签订了一系列国际知识产权公约，使国际知识产权保护制度逐渐实现趋同化。[1]

国际知识产权保护制度趋同化的主要方式就是在知识产权的某些重要权利上规定了最低保护要求，各成员国的知识产权制度都必须建立在这种标准的基础之上，从而使各缔约方在保护标准上趋于一致。虽然在不同知识产权保护体制下的法律规范所设定的最低保护标准有高低之分，不同调整对象的法律规范所设定的最低保护标准呈相异之状，但对知识产权的保护范围、保护期限、权利内容与权

---

[1] 法律趋同，是不同国家的法律，随着社会共同需要的发展，在国际交往日益频繁的基础上，逐渐相互吸收、相互渗透，从而趋于协调、接近，甚至一致的现象。李双元："21世纪国际社会法律发展基本趋势的展望"，见李双元：《法律趋同化问题的哲学考察及其他》，湖南人民出版社2006年版，第113页。

利获得等设定最低标准,却是各种法律规范用以协调各国知识产权制度的共同方式。例如,TRIPs协议在权利保护对象、权利取得方式、权利内容及限制、权利保护期间等方面均确立了最低保护标准,并以此作为各缔约方国内立法的原则和依据。这就是最低保护标准原则。正是这一原则的适用,才使国际知识产权保护制度不断走向趋同,才使成员国之间因制度差异而造成的法律冲突问题得到纾解。

制定最低保护标准也是知识产权区域化协调中普遍采用的一种方式。例如,《北美自由贸易协定》第 1701 条规定了义务的性质和范围,要求每一成员国应在其领土内对其他成员国国民的知识产权提供充分和有效的保护措施,如提供不低于《巴黎公约》1967 年文本所规定的标准等。欧盟在协调成员国知识产权保护标准上有自己的特点。它主要是通过各类指令来协调成员国知识产权保护标准的。指令是欧盟二级立法中的重要内容。与共同体一级立法及条例相比,指令由于仅要求成员国达到指令所规定的目标,将实施方式的选择权留给成员国而具有很大的灵活性,因此可以说,指令是欧洲一体化顺利发展的润滑剂。在欧盟内部,各成员国之间法律制度、法律传统、经济发展程度、文明发达程度的不同以及共同体法律适用领域的不同,决定了仅仅采用单一的条例立法形式是不现实的。由于指令仅在其所欲达到的目标上有拘束力,而在实现该目标的方式和方法上,则由指令所发向的成员国根据各自实际情况自行决定,从而给予了成员国在履行共同体条约义务上较大的自主权,在一定程度上消除了在欧洲一体化进程中,因成员国之间的制度差异所造成的阻碍。世界性及区域性知识产权法律协调的成功经验表明:在条件尚不成熟、无法制定统一的知识产权法律制度的情况下,采用比较柔性的立法措施,在知识产权的某些重要权利上规定最低保护标准,使各缔约方的保护标准趋于一致是较为可行、较为有效的协调方式,同时,它也是最终实现统一知识产权法律制度的必由之路。

海峡两岸知识产权制度的协调统一不是一个孤立的进程，它必须在两岸关系和平发展进程的大背景下循序渐进。目前两岸尚未结束敌对状态，两岸之间还存在一些历史遗留的结构性难题尚未解决，即便是两岸实现和平统一，也必须遵循"一国两制"的方针政策，尊重台湾知识产权制度的独立性，因此，两岸可以借鉴世界性及区域性知识产权法律协调的成功经验，在两岸之间通过平等协商，求同存异，在知识产权的某些重要权利上，或在某些急需协调的领域制定最低保护标准，使两岸在互相尊重独立保护原则的基础上共同遵守最低保护标准的规定。这样，两岸既可以按照自己的意愿建立适合本地区经济社会发展需要的知识产权制度，又可以使两岸的知识产权能得到相同或相近的保护，避免或减少冲突的发生。

（2）制定统一的知识产权制度。虽然共同制定最低保护标准，使知识产权保护水平趋于一致，可以减少冲突，但仍然不能从根本上解决两岸的知识产权制度冲突问题，因而它也只能是海峡两岸知识产权制度协调统一的阶段性目标，两岸关系和平发展的最终目标是实现两岸和平统一，两岸知识产权协调的最终形式也应该是制定统一的知识产权法，建立统一的知识产权保护制度。

国际上制定统一知识产权法、建立统一知识产权法律制度的方式有两种。一种是建立复式的知识产权法律制度，既有统一的知识产权法律制度，又有成员国的知识产权法律制度，例如欧共体理事会虽然通过了《共同体商标条例》《共同体外观设计条例》和《共同体植物品种保护条例》，创设了在欧盟范围内一体有效的注册商标、注册外观设计和植物新品种保护制度，但它并没有取代成员国的商标权、外观设计权和植物新品种权。这样在欧盟就同时存在两种相关权利。美国的知识产权法也是由两个部分构成。一是联邦法律，如国会依据宪法制定的专利法、版权法、商标法和反不正当竞争法等；一是州法，即各州主要由判例法构成的商业秘密法、反不正当竞争法等。以联邦法和州法两个体系对各种知识产权提供不同程度或不同角度的保护，是美国不同于其他国家的一个特色。另一种是制定统一的知识产权法来取代各国的知识产权法，在成员国之间建立单一的知识产权保护制度。如部分法语非洲国家通过《班吉协定》而建立起来的商标注册制度，欧洲的比利时、荷兰、卢森堡三国于1968制定的《统一商标法》。创设海峡两岸单一的知识产权保护制度虽然是最为完美的，但解决台湾问题是一个长期的、复杂的过程，将来两岸实现和平统一，按照"一国两制"的方针，台湾地区也还将在相当长的时间内维持其知识产权法的独立性。因此，两岸知识产权法的统一，宜先采用复式的模式，即共同制定两岸统一的知识产权法，同时保留两岸现有的知识产权法，并设置相应的机制来协调管理这两种知识产权。当然，知识产权部门很多，不可能在一次协调中全部解决。欧共体早在20世纪60年代就开始起草共同体的知识产权法律，至今欧共体或欧盟机构也只是通过了三个统一的条例，即1993年通过的《共同体商标条例》，1994年通过的《共同体植物品种保护条例》和2001年通过的《共同体外观设计条例》。海峡两岸可以先选择较容易协调统一的领域，如商标、植物新品种领域先共同制定统一的法律，到条件成熟时则可建立单一的知识产权法律制度，彻底解决两岸的知识产权法律冲突问题。

第五章　海峡两岸知识产权程序制度的冲突及其解决方法

如果说知识产权法是通过法律适用规范的规定以期实现对争议处理的"实质正义"的话，知识产权程序法的科学规范则是实现争议处理"程序正义"的必要条件。"程序正义"是实现"实质正义"的重要保证。知识产权程序法主要包括诉讼管辖权、诉讼和非诉讼文书的送达、取证、法院判决和仲裁裁决的承认与执行等方面的内容。这些法律冲突的解决，直接影响到海峡两岸知识产权保护合作关系的顺利发展。

第一节　海峡两岸知识产权诉讼管辖权的冲突及其解决方法

区际民事诉讼管辖权，是指各法域法院受理区际民商事案件的权限范围及法律依据。由于海峡两岸民事诉讼管辖权制度设定和实践上存在不少差异，随着两岸交往日益频繁，民商事案件管辖权冲突问题日益突显。管辖权问题不仅关系到程序法与实体法的适用、生效判决在对方法域的认可与执行，而且关系到有关当事人合法权益的取得和保护，因此协调解决两岸管辖权冲突对于保护当事人的合法权益，维护两岸间正常的经济交往具有十分重要的意义。知识产权是一种新型的民事权利，民事诉讼法所规定的基本原则及一般制度也适用于知识产权诉讼，但知识产权是一种有别于其他财产所有权的无形财产权，因此，知识产权诉讼与其他民事诉讼既有不少的共同点，又有一些不同的特点。在诉讼管辖权方面，亦是如此。

一、涉外民商事诉讼管辖权的一般制度

由于各个国家或地区的情形不同，它们所采用的管辖根据也不尽相同。一般说来，确定涉外民商事纠纷管辖权的制度有以下几类。❶

（一）普通管辖

普通管辖是确定涉外民商事案件审理权限划分的一般根据，因此，又称一般管辖。各国确定普通管辖的标志大致有3种：（1）以被告住所地为根据，案件由被告住所地法院审理。德国、日本、瑞士等国都实行这一原则。依被告住所地确定普通管辖是"原告就被告"这一民事诉讼的基本原则在涉外诉讼领域中的体现。被告住所地作为被告生活关系的中心，往往与案件具有密切的联系，以被告住所地作为行使管辖权的根据便于被告参加诉讼，有利于保护被告的合法诉讼权利，也可以增加对判决的有效性的保障，同时，一个有效判决的顺利执行同样也符合原告的利益。由于以被告住所地为普通管辖的标志能较好地体现维护国家主权原则和民事诉讼的基本原则，因此它已在国际上得到普遍的承认。（2）以国籍为根据，案件由当事人所属国的法院审理。法国和受法国民法典影响的比利时、荷兰、西班牙等国，基本上都是以国籍作为普通管辖的根据。国籍是个人隶属于某国的法律上的连接纽带。国家对本国国民负有保护责任，因此，当涉及本国国民的诉讼时，以国籍作为根据行使管辖

---

❶ 徐卉：《涉外民商事诉讼管辖权冲突研究》，中国政法大学出版社2001年版，第58~109页。赵相林主编：《中国国际私法立法问题研究》，中国政法大学出版社2002年版，第505~510页。朱榄叶、刘晓红主编：《知识产权法律冲突与解决问题研究》，法律出版社2004年版，第37~43页。李旺、陈义进："国际民事诉讼上的'过渡管辖权'及其规制"，见李旺主编：《涉外民商事案件管辖权制度研究》，知识产权出版社2004年版，第1~29页。

权,具有维护本国国民的利益的意义。(3) 以送达地为根据,只要在本国境内将传票送达给被告,即便是暂时过境的外国被告,本国法院即取得对该外国被告的对人诉讼管辖权。这一管辖权的确定根据在英美普通法国家具有重要地位。英美法系的民商事诉讼分为对人诉讼(Action in Perssonal)和对物诉讼(Action in Rem)两种。对人诉讼,是指那些旨在解决当事人之间权利义务的诉讼。在对人诉讼中,确定管辖权的标志是:只要在起诉的时候,被告人出现在这个国家,并向他送达了传票,法院对此人的管辖权即已确立。对物诉讼意在获取一个不仅影响当事人而且影响第三人的判决,主要属于物权诉讼和法律地位诉讼,起诉目的在于请求法院确定某物的所有权或其他权益,判决的效力可及于第三人。在对物诉讼中,诉讼的标的物被视为被告,只要该标的物在该国境内出现,法院能够把传票张贴在标的物上,即便该标的物马上又离开该国,该国法院也可以行使管辖权。

(二) 特别管辖

特别管辖是以案件与法院地的特定联系因素为根据来确定管辖权。特别管辖根据一般包括以下几种:(1) 关于合同的诉讼,由合同缔结地或履行地法院管辖;(2) 关于侵权行为的诉讼,由侵权行为地法院管辖;(3) 由刑事诉讼而提起的附带民事诉讼,由刑事诉讼审理法院管辖;(4) 由公司商行的分支、代理或其他机构经营业务而引起的争议,由该分支、代理或其他机构所在地法院管辖;(5) 关于物权的诉讼,由诉讼标的物所在地法院管辖。

各国在依据涉外民事诉讼的原因发生在法院地国作为行使管辖权根据的规定上,虽然有许多相似之处,但也存在着明显的差异。譬如,美国在对人诉讼中除了依据实际控制对在美国出现的被告人行使管辖权外,还根据"长臂管辖"对境外的非居民被告取得管辖权。所谓长臂管辖,就是对不需要其同意接受、也不居住在那里的人和公司行使管辖权，也就是对原来没有管辖权的人和公司行使管辖权。

（三）专属管辖

专属管辖，是指通过国内立法或国际条约规定一国法院对某些具有特别性质的民事诉讼案件具有独占的或排他的管辖权，他国法院若受理此类案件，所作的判决将不为本国法院承认和执行，当事人也不能以协议变更这类案件的管辖。一般而言，各国都只是在很少的案件中规定专属管辖权，主要是在有关国家本身的实体法制度支配下的案件和私人权利的主张会影响到国家的政治利益以及国家机构的利益大于当事人利益的案件中采用专属管辖权。专属管辖权往往是内国实体法适用的最后和最有力的担保。

在有关内国专利权和其他受类似保护的权利的案件中，内国法院之所以享有专属管辖权，是因为这些权利是有地域限制的。在内国法院享有专属管辖权的任何案件中，外国法院所做出的判决都不可能被承认，更不要说获得执行，即使有关外国法院是通过适用内国法而取得该判决的也不例外。

（四）协议管辖

协议管辖，是指由当事人双方在争议发生之前或之后达成管辖权协议以确定案件的管辖法院。通常各国法律对于协议管辖都有一些限制性规定，如果当事人滥用协议管辖权，则管辖协议无效。协议管辖的方式，一般有书面、明示或默示之分，许多国家的法律都规定，协议管辖应为明示形式。

默示协议管辖，又称为推定管辖，也称被告人的同意。关于被告人的这种同意，从各国的司法实践和国际公约的规定来看，下列行为被视为被告人已接受管辖：（1）被告人出庭。1958年在海牙签订的《国际有体动产买卖协议管辖权公约》第3条规定，如果被告人到某缔约国的法院出庭应诉……应视为已接受法院的管辖。但是，为了对此管辖提出异议，或者为了维护已被扣押的或有被扣押危险的标的物,或者为了解除扣押而出庭的,则为例外。(2)被告人提出答辩状。(3)被告人通过律师出庭辩护。(4)被告人提起反诉。

1972年在巴塞尔签订的、西欧和北欧国家参加的《关于国家豁免的欧洲公约》第1条第3款规定,缔约国在另一缔约国法院提起反诉时,既不仅单就反诉部分,而且就本诉部分,也自愿接受了该国法院的管辖。

(五)平行管辖

平行管辖又称任意的、竞争的、可选择的管辖。它是指同一国际民事案件,两个或两个以上的国家的法院依据案件中的不同连接因素,都享有对这一案件的管辖权。原告可以选择在有管辖权的国家中的一个国家法院起诉,原告选择的国家可对案件行使管辖权,该国对案件行使管辖权时,并不否认外国法院对该案件也享有管辖权。可以说,每一个不属于专属管辖范围又没有排除外国法院管辖权的案件都处于平行性管辖权的控制之下。平行管辖案件的这些特征,往往导致"一事两诉""一事再理"情况的发生。"一事两诉",是指就同一国际民事案件,同一原告在对案件有管辖权的一国起诉后,对同一被告就同一案件在有管辖权的另一国起诉;或者原告在对案件有管辖权的一国起诉后,被告就同一案件在有管辖权的另一国起诉原告。"一事再理",是指国际民事案件的诉讼请求已为某国法院受理或已作出生效判决,另一国法院对该案的同一诉讼请求再予受理并作出判决。"一事两诉"与"一事再理"是互相关联的两个概念,"一事两诉"是从当事人角度而言,就同一案件在不同国家起诉。"一事再理"是从法院角度而言,同一案件不同国家的法院先后受理并审理。

二、海峡两岸民商事管辖权制度比较

(一)祖国大陆域外民商事管辖权的立法与实践

大陆地区的国际民商事诉讼管辖权制度,主要体现在我国国内立法和我国参加的国际条约中。在国内立法方面主要有：《中华人民共和国民事诉讼法》[1]以及最高人民法院《关于适用〈中华人民共和国民事诉讼法〉若干问题的意见》（以下简称《民诉意见》），《中华人民共和国海事诉讼特别程序法》以及最高人民法院《关于适用〈中华人民共和国海事诉讼特别程序法〉若干问题的解释》和最高人民法院《关于涉外民商事案件诉讼管辖若干问题的规定》。我国缔结或参加的涉及民商事诉讼管辖权的国际条约主要有：1953年参加的《1951年国际铁路货物联运协定》，1958年参加的《1929年统一国际航空运输某些规则的公约》，1980年参加的《1969年国际油污损害民事责任公约》。此外，我国和某些国家缔结的双边协定也涉及有关管辖权的规定，例如，《中法民商事司法协助协定》以及《中美领事条约》等。此外，大陆地区在2002年3月1日开始施行的《关于涉外民商事案件诉讼管辖若干问题的规定》第5条规定，"涉及香港、澳门特别行政区和台湾地区当事人的民商事纠纷案件的管辖，参照本规定处理。"因此，大陆（内地）对于涉港、澳、台民事案件

---

[1] 1991年《中华人民共和国民事诉讼法》实施后，2007年进行了第一次修改。此次修改，仅限于再审程序和执行程序的若干条文，并没有触及民诉法立法体例和模式的根本。2012年又进行了第二次较大幅度的修订，修订内容达60项，涉及民诉法的各项制度程序。在管辖制度方面，新修订的《民事诉讼法》仍维持了旧法的基本框架。第二次修订的内容主要涉及到管辖制度的条款一共有以下4个：（1）增设了公司诉讼的特殊地域管辖（第26条），即"因公司设立、确认股东资格、分配利润、解散等纠纷提起的诉讼，由公司住所地人民法院管辖"。（2）对明示的协议管辖的适用范围作了扩充，即除可适用于合同纠纷之外，还可适用于其他财产权益纠纷。（3）在立法体例上，将管辖权异议制度调整到普通程序审理前的准备程序中，突出了程序进行的连贯性，并在同一条文中间接地肯认了国内民事诉讼的应诉管辖制度。（4）对"下放式"管辖权转移制度作了限制，将相关条款修改为38条第1款，即上级人民法院有权审理下级人民法院管辖的第一审民事案件；确有必要将本院管辖的第一审民事案件交下级人民法院审理的，应当报请其上级人民法院批准。

比照"涉外案件"处理。

我国（大陆）通过长期的立法和司法实践确立了我国域外民事诉讼管辖权的下列一般规则。

（1）一般管辖。大陆《民事诉讼法》没有关于涉外民事案件一般管辖的专门规定，但根据《民事诉讼法》第259条的规定，涉外民事诉讼程序特别规定中没有规定的，适用民事诉讼法的其他有关规定。❶据此，大陆地区域外民事诉讼管辖的一般原则是：①"原告就被告原则"，以被告住所地作为一般地域管辖的依据。根据我国《民事诉讼法》第21条和有关司法解释的规定，对公民提起的民事诉讼，由被告住所地人民法院管辖；被告住所地与经常居住地不一致的，由经常居住地人民法院管辖；对法人或其他经济组织提起的民事诉讼，由被告住所地人民法院管辖。②"被告就原告原则"的例外情形。我国《民事诉讼法》第22条规定的对不居住在我国境内的人提出有关身份关系的诉讼，对下落不明或者宣告失踪的人提起的有关身份关系的诉讼，由原告住所地或经常居住地人民法院管辖。

（2）特别管辖。根据我国《民事诉讼法》和有关司法解释的规定，关于特别管辖的规定主要有：①关于涉外合同的纠纷。根据《民事诉讼法》第265条的规定，涉及涉外合同纠纷和其他财产权益纠纷的管辖，即使被告在我国领域内没有住所，我国法院也有管辖权。民事诉讼法以合同签订地、合同履行地、诉讼标的物所在地、可供扣押的财产的所在地或者被告代表机构所在地，作为确定管辖权的依据，只要这5个地点中的一个在我国领域内，我国法院就可以依法行使管辖权。之所以把上述各种因素作为法院行使管辖权的依据，主要是从最密切联系原则出发，从有利于判决的承认与执行的目的考虑，从保护本国国家和公民、法人的利益的要求出发而作出

---

❶ 《民事诉讼法》第25章专门就涉外民事诉讼管辖权作了有关规定，此外，该法第2章关于管辖的一般规定，也可扩大适用于涉外民事诉讼。

第五章 海峡两岸知识产权程序制度的冲突及其解决方法

的规定。②关于其他财产权益纠纷。《民事诉讼法》和有关司法解释还对不同种类的财产纠纷规定了一些特殊管辖,例如,《民事诉讼法》第24条规定,因保险合同纠纷提起的诉讼,由被告住所地或者保险标的物所在地人民法院管辖;第25条规定,因票据纠纷提起的诉讼,由票据支付地或者被告住所地人民法院管辖;第26条规定,因公司设立、确认股东资格、分配利润、解散等纠纷提起的诉讼,由公司住所地人民法院管辖。第29条规定,因铁路、公路、水上和航空事故请求损害赔偿提起的诉讼,由事故发生地或者车辆、船舶最先到达地、航空器最先降落地或者被告住所地人民法院管辖;第30条规定,因船舶碰撞或者其他海损事故请求损害赔偿提起的诉讼,由碰撞发生地、碰撞船舶最先到达地、加害船舶被扣留地或者被告住所地人民法院管辖;等等。

(3) 专属管辖。《民事诉讼法》第33条和第266条分别对四类案件规定了专属管辖:①因不动产纠纷提起的诉讼,由不动产所在地法院管辖;②因港口作业中发生纠纷提起的诉讼,由港口所在地人民法院管辖。③因继承遗产纠纷提起的诉讼,由被继承人死亡时住所地或主要遗产所在地人民法院管辖。④因在中华人民共和国履行中外合资经营企业合同、中外合作经营企业合同、中外合作勘探开发自然资源合同发生纠纷提起的诉讼,由中华人民共和国人民法院管辖。由大陆法院管辖这四类案件,便于调查取证,便于当事人诉讼,便于法院迅速审理案件,有利于法院判决的执行。

(4) 协议管辖。我国在1991年废止《民事诉讼法(试行)》(1982) 时确立了协议管辖制度。《民事诉讼法》(1991) 分别以第25条和第242条规定了国内民事诉讼的协议管辖和涉外民事诉讼协议管辖,形成了国内与涉外民事诉讼协议管辖分置的格局。其中,第25条的规定适用于国内民事诉,即合同的双方当事人可以在书面合同中协议选择被告住所地、合同履行地、合同签订地、原告住所地、标的物所在地人民法院管辖；而涉外民事诉讼中的协议管辖则由第242条规定调整，即涉外合同或者涉外财产权益纠纷的当事人，可以用书面协议选择与争议有实际联系的地点的法院管辖。立法上的这种双重标准造成了两种不同的协议管辖之间存在很大差异。《民事诉讼法》（2012）改变了这种状况，其第34条规定："合同或者其他财产权益纠纷的当事人可以书面协议选择被告住所地、合同履行地、合同签订地、原告住所地、标的物所在地等与争议有实际联系的地点的人民法院管辖，但不得违反本法对级别管辖和专属管辖的规定。"另一方面，涉外民事诉讼中的协议管辖制度被明确删除，协议管辖的特别法规范被取消，国内和涉外民事诉讼协议管辖制度被整合在了一起，国内和涉外民事诉讼领域得以统一适用第34条的规定，客观上起到了在民事诉讼中贯彻国民待遇原则的效果。而且，通过第34条的规定明示协议管辖的适用范围由过去适用于单一合同纠纷扩张到"合同或者其他财产权益纠纷"，可选择法院的范围也大为扩大，除保留《民事诉讼法》（1991）中具体列举的5个法院外，还增加了"与争议有实际联系的地点的人民法院"这样的弹性选择范围。

将国内与涉外民事诉讼中的协议管辖进行整合，顺应了协议管辖制度的本质要求。两种民事诉讼中的协议管辖均属管辖权扩张的情形，都会使原本没有管辖权的法院获得管辖权，其意义皆在于尊重当事人的自治行为，便利当事人进行诉讼，当事人可以根据经济往来的客观情况和自身主观条件选择他们方便和信赖的法院。❶

（5）平行管辖。最高人民法院在《关于适用〈中华人民共和国民事诉讼法〉若干问题的意见》中还规定了平行管辖原则。该意见第306条规定："中华人民共和国人民法院和外国法院都有管辖权的

---

❶ 王福华："协议管辖制度的进步与局限"，载《法律科学》2012年第6期。

案件，一方当事人向外国法院起诉，而另一方当事人向中华人民共和国人民法院起诉的，人民法院可予受理。判决后，外国法院申请或者当事人请求人民法院承认和执行外国法院对本案做出的判决、裁定的、不予准许；但双方共同参加或者签订的国际条约另有规定的除外。"司法实践中，我国对某些内、外国都有管辖权的涉外民商事案件，既主张本国法院的管辖权，同时也不否认外国法院的管辖权。也就是说，法院在处理国际民商事诉讼管辖权积极冲突时，允许平行诉讼。根据2002年3月1日开始施行的《关于涉外民商事案件诉讼管辖若干问题的规定》中第5条的规定，涉及台湾地区当事人的民商事纠纷案件的管辖，可以比照上述规定处理。

为了解决大陆地区和台湾地区之间的平行诉讼问题，1998年5月，最高人民法院发布了《关于人民法院认可台湾地区有关法院民事判决的规定》，在该规定中，关于两岸之间的平行诉讼，也是采取既允许又限制的做法。该规定第13条规定：案件虽经台湾地区有关法院判决，但当事人未申请认可，而是就同一案件事实向人民法院提起诉讼的，应予受理；第15条规定：对人民法院不予认可的民事判决，申请人不得再提出申请，但可以就同一案件事实向人民法院提起诉讼。上述规定表明大陆法院是允许海峡两岸之间的平行诉讼的。但大陆法院对两岸之间的平行诉讼也有一些限制。该规定第12条规定：人民法院受理认可台湾地区有关法院民事判决的申请后，对当事人就同一案件事实起诉的，不予受理；第16条规定：人民法院作出民事判决前，一方当事人申请认可台湾地区有关法院就同一案件事实作出的判决的，应当中止诉讼，对申请进行审查。经审查，对符合认可条件的申请，予以认可并终结诉讼；对不符合认可条件的，则恢复诉讼。

（6）涉外民事纠纷的管辖权的特别规定。关于涉外民商事纠纷的管辖权，主要的法律依据是《民事诉讼法》（2012）中对于涉外民事纠纷的管辖权的特别规定。该法第265条规定:"因合同纠纷或者其他财产权益纠纷,对在中华人民共和国领域内没有住所的被告提起的诉讼,如果合同在中华人民共和国领域内签订或者履行,或者诉讼标的物在中华人民共和国领域内,或者被告在中华人民共和国领域内有可供扣押的财产,或者被告在中华人民共和国领域内设有代表机构,可以由合同签订地、合同履行地、诉讼标的物所在地、可供扣押财产所在地、侵权行为地或者代表机构住所地人民法院管辖。"第266条规定:"因在中华人民共和国履行中外合资经营企业合同、中外合作经营企业合同、中外合作勘探开发自然资源合同发生纠纷提起的诉讼,由中华人民共和国人民法院管辖。"

(二) 台湾地区域外民商事管辖权的制度设定与实践

台湾地区在"民事诉讼法"及"两岸人民关系条例"中规定了域外民商事管辖权制度。台湾地区"民事诉讼法"中关于管辖权的确定原则与大陆地区大致相似。

(1)一般管辖。台湾地区在"民事诉讼法"中确立了"原告就被告"原则,无论被告是当地居民或外国人,只要其在台湾地区内有住所、居所或曾有住所,则不管其在外国是否拥有住所或居所,台湾地区法院一概享有管辖权。台湾地区"民事诉讼法"第1条规定:"诉讼,由被告住所地之法院管辖,被告住所地之法院,不能行使职权者,由其居所地之法院管辖。""被告在台湾现无住所或住所不明者,以其在台湾之居所,视为其住所;无居所或居所不明者,以其在台湾最后之住所,视为其住所。""在外国享有治外法权的台湾人,不能以前两项规定管辖法院者,以台湾政府所在地视为其住所地。"该"法"第2条规定,当民事案件中的被告为法人时,则以其国籍、主事务所及主营业所为管辖依据。

(2)特别管辖。台湾地区"民事诉讼法"第3~19条对地域管辖作了具体规定:①财产权纠纷,其管辖依据主要是扣押财产地和请求标的所在地，台湾地区"民事诉讼法"第 3 条规定，被告在台湾地区无住所或住所不明时，而因财产权涉讼者，被告可扣押之财产或请求标的所在地的法院有特别管辖权；若被告之财产或请求标的为债权，以债务人之住所或该债权担保之标的所在地，视为财产或请求标的之所在地。②因契约涉讼者，例如确认契约是否成立，或因契约的履行、解除，或因契约不履行而产生的损害赔偿等案件，如果当事人双方约定有债务履行地，则该债务履行地法院拥有管辖权。③一般侵权行为的管辖法院为侵权行为地法院，侵权行为地既可以是侵权行为发生地，也可以是侵权行为结果地，只要其中之一在台湾地区，则台湾地区"法院"就拥有管辖权。此外，还对因海难救助、因遗产的继承等的管辖作了具体规定。

（3）专属管辖。台湾地区"民事诉讼法"等规定，台湾地区"法院"专属管辖范围包括：①不动产纠纷专属不动产所在地法院管辖；②和解和破产宣告的声请，专属债务人或破产人住所地地方法院管辖；③人事诉讼专属管辖案件包括婚姻案件、亲子关系案件、禁治产案件和宣告死亡案件。涉及人事诉讼案件的专属管辖规定是台湾地区"民事诉讼法"的一大特色。❶

（4）协议管辖。台湾地区"民事诉讼法"第 24 条规定："当事人得以合意定第一审管辖法院。但以由一定法律关系而生之诉讼为限。"第 25 条规定，被告不抗辩法院无管辖权，而为本案之言辞辩论者，以其"法院"为有管辖权之"法院"。第 26 条规定：前二条之规定，于本法有专属管辖之诉讼，不适用之。台湾地区"民事诉讼法"所规定的协议管辖范围与大陆相同，也是仅限于合同纠纷和财产权益纠纷，也要求协议管辖不得违背专属管辖的规定。

（5）平行诉讼。平行诉讼是不同法域管辖权冲突下的必然产物，

---

❶ 冯霞：《中国区际私法论》，人民法院出版社 2006 年版，第 234 页。

只要存在管辖权的冲突，平行诉讼必然存在。目前台湾当局不允许大陆居民以民事诉讼为由进入台湾地区。根据台湾地区颁布的"大陆人民进入台湾地区许可办法"的规定，大陆居民以诉讼方面的事由申请进入台湾地区仅限于两种情形：①大陆人民经司法机关羁押，所犯为死刑、无期徒刑或最轻本刑为5年以上有期徒刑之罪者，其父母、配偶、子女或大陆红十字会人员得申请进入台湾地区人道探视；②大陆人民因刑事案件经司法机关传唤者，得申请进入台湾地区进行诉讼。上述规定排除了大陆居民以提起或参加民事诉讼为由进入台湾地区的可能性，造成了两岸当事人诉讼地位的不平等，使一些本应在台湾地区诉讼的案件不得不在大陆法院起诉，从而为两岸当事人就同一事件在祖国大陆与台湾地区重复诉讼提供了可能。

（6）涉大陆民商事案件管辖。随着海峡两岸民间各种交往的日益频繁，两岸关系法律问题日益突显。台湾当局为了使其对大陆政策进一步规范化、制度化。于1992年颁布了"两岸关系条例"，此后又陆续颁布了一系列配套性规定，建立了一个比较完备、相对独立的规范两岸关系的制度体系。"两岸关系条例"所调整的范围非常广泛，包括行政、民事、刑事等诸多方面。但由于两岸关系的复杂性，台湾当局采用了弹性的"立法"原则，从而使"两岸关系条例"中条文的弹性之大、"法律"不确定因素之多，在台湾"立法"例上史所罕见。❶ 正是"两岸关系条例"规定过于原则，引起了台湾内部对于涉大陆案件管辖权问题的争议。"两岸关系条例"第41条规定："台湾地区人民与大陆地区人民间之民事事件，除本条例另有规定外，适用大陆地区之规定。"该条规定在被提请台湾"法务部大陆法规研究委员会"讨论时，曾引起很大的争议。一种观点认为，该条例欠缺相关之程序规定，例如：（1）涉及台湾地区与大陆地区之民

---

❶ 宋浚主编：《台湾"两岸人民关系条例"评析》，中国人民公安大学出版社2000年版，第23页。

事事件，台湾地区"法院"有无管辖权？（2）大陆地区人民可否在台法院提起诉讼？（3）大陆地区人民之当事人能力与诉讼能力如何判断？（4）同一事件在两地区重复诉讼，是否构成在台湾地区"法院"诉讼不合"法"？同一事件之判断标准如何？因此，上述程序问题（管辖权问题）应增列补充规定。另一种观点认为：①涉及台湾地区与大陆地区之民事事件，台湾地区法院当然有管辖权，否则"两岸关系条例"中即无设法律适用准据规定之必要；②纵为大陆地区人民相互间之民事事件，亦有在台湾地区"法院"提起诉讼之可能，台湾地区"法院"受理后，即应依"两岸关系条例"第41条第2项定其准据法；③大陆地区之裁判，除以给付为内容，经依"两岸关系条例"第74条声请台湾地区"法院"裁定认可得为执行名义者，或将来其他"法律"或特别"法"授权订定之协议中就其效力有特别规定者外并不承认其效力，故似不构成所称在台湾地区之诉讼不合法问题。综上论之，"两岸关系条例"第41条尚无增列补充之必要。[1] 最后，由于争议未果，"两岸关系条例"第41条仍予以保留。由此可见，台湾方面对于涉大陆案件管辖权的"法律"依据问题仍难以确定，这无疑增加了台湾在涉大陆案件管辖权确定上的随意性。

三、知识产权诉讼管辖权的特点及发展趋势

知识产权最初是欧洲封建君主恩赐并作为特许权而出现的，所以，由此产生的特权也只能在相应的地域内有效，超出这个地域也就无效了。在整个封建时代，知识产权的这种地域性都始终存在。到了资本主义社会，知识产权的性质发生了变化，它不再是君主赐

---

[1] 台湾"法务部"编印：《"法务部"大陆法规研究委员会资料汇编（二）》，第25～26页，转引自陈力：《一国两制下的中国区际司法协助》，复旦大学出版社2003年版，第100～101页。

予的特权而成为依法产生的"法权",但其"地域性"的特点却被沿袭下来。❶ 但是,早期资本主义国家依照其主权原则,仍然只对依本国法律所取得的知识产权予以保护。正如马丁·沃尔夫教授所言:"在这一类权利最初出现时,流行的旧理论是认为它们具有君主或者国家所授予的个人特权或独占性的性质。后来,这种理论逐渐被抛弃,但其后果之一却保留了下来,这就是国家只能保护它本身用特殊的法律(特权)或一般的法律所授予的那些专利权、外观设计、商标和版权。关于专利权、版权等纠纷的解决,任何国家都不适用外国法律,也不承认根据外国的法律所产生的这一权利。"❷ 由于知识产权自产生以来一直坚持其严格的地域性,国际私法长期以来奉行知识产权案件由权利要求地专属管辖,适用权利要求地法。因此,与一般民商事诉讼管辖权冲突多为积极冲突不同的是,在知识产权领域,一国对于侵犯外国知识产权的诉讼往往是持拒绝管辖的态度。

　　英美法系国家的法院针对该类案件,常常适用"不方便法院原则"(forum non conveniens)这一普通法原则,认为本国法院为不方便法院,以达到拒绝行使管辖权并主张由权利登记地法院专属管辖之目的。不方便法院原则,是指一国法院虽然对案件具有管辖权,但如案件的审理将给当事人及司法带来种种不便之处,从而无法保障司法的公正,不能使争议得到迅速有效的解决,此时如果存在对诉讼同样具有管辖权的可替代法院,则原法院可以自身属不方便法院为由,依职权或根据被告的请求作出拒绝行使管辖权的自由裁量。根据该理论,如果法院认为自己是"严重不方便"的法院,而指示原告去另一个更为方便的法院进行诉讼,将可以最大限度地满足当

---

❶ 郑成思主编:《知识产权法教程》,法律出版社1993年版,第6页。
❷ [英] 马丁·沃尔夫:《国际私法》,李浩培、汤宗舜译,法律出版社1988年版,第536页。

第五章　海峡两岸知识产权程序制度的冲突及其解决方法

事人及公众利益，那么法院就可拒绝行使管辖权。❶长期以来，该理论经常被用来拒绝受理外国原告的起诉，一方面的原因是他们进行诉讼的主要目的在于从更为有利的法律当中获取利益；另一方面，一般认为一国法院最熟悉本国法律，懂得如何正确适用本国法律，因此，由争议事项准据法所属国法院来审理案件更为方便。而在以制定成文法为传统的大陆法国家，侵犯本国知识产权的案件往往被民商事诉讼法规定为属于本国专属管辖的范围，外国法院无权管辖。因此，在大陆法系国家一般通过制定成文法将侵犯本国知识产权案件规定为本国法院专属管辖。

但随着科技的发展和世界经济一体化进程的加速，尤其是近几十年来，随着知识经济和计算机网络等高新技术的迅猛发展，传统的注册地国法院的专属管辖权制度遇到了极大的挑战。在网络环境下，信息的传输是交互性的，即每一个用户不但是信息的接受者，同时又可以立即成为该信息的传输者，信息的传送不再是单向的直线，而是循环往复流动。在这种交互式的传输中，一方面权利人因侵权受到的损害程度将大大加深，另一方面要寻找侵权行为的明确来源，并进而以侵权行为地来确定司法管辖则变得更加困难。❷例如，由于卫星技术的发展，在一国制作并送上卫星的节目，可能在几个甚至几十个国家遭到侵权；由于网络技术的发展，在一国终端上产生的作品可能被其他很多国家的终端非法调用。在这种情况下，保护国可能有很多个，如果适用传统的管辖权理论，权利人要在所有的这些保护国提起诉讼会遇到很多实际的麻烦。这就要求不仅保护国可

---

❶ RUssel Weintraub, Commentary On the Conflict of Laws。West information Pub Group（1986），pp. 4～33. 转引自朱榄叶、刘晓红主编：《知识产权法律冲突与解决问题研究》，法律出版社 2004 年版，第 44～45 页。

❷ 郑成思主编：《知识产权研究（第 6 卷）》，中国政法大学出版社 1999 年版，第 81 页。

以对涉外知识产权纠纷有管辖权，非保护国也可以对涉外知识产权纠纷有管辖权。❶

为解决知识产权管辖权冲突问题，国际社会一直在通过努力缔结一些国际公约，以规定各缔约国法院行使跨国知识产权案件管辖权的原则和依据。同时一些欧美国家在突破知识产权诉讼地域性管辖原则方面也做了许多有益的尝试。

四、相关国际公约关于知识产权管辖权的特殊规定

尽管管辖规则是各国国内法的范畴，然而也有一些有关管辖的国际公约规定了一些管辖规则。这些管辖规则有助于克服某些国家的"贴标签"管辖等不断扩大国内管辖权的现象，因此是对管辖国国内规则的一种限制。这样的公约主要有《布鲁塞尔公约》与《洛加诺公约》以及《海牙公约草案》《知识产权公约草案》。

（一）《布鲁塞尔公约》与《洛加诺公约》

1965年4月8日，欧共体6国❷在布鲁塞尔签订《布鲁塞尔公约》，它是欧洲共同体国家在国际民事诉讼法领域努力合作的结果，是现今国际社会在国际民商事案件管辖权方面规定得最为详尽完备、适用范围最为广泛的一个地区性国际公约。它的签订标志着欧洲共同体国家在对外国判决的承认和执行上制定统一的、非歧视的规则方面取得了实质性的进展。1988年，欧共体又与欧洲自由贸易联盟在瑞士的洛加诺签订了《关于民商事案件管辖权和判决执行公约》（简称《洛加诺公约》）。《洛加诺公约》与《布鲁塞尔公约》的规定基本相同，但其适用范围只限于欧洲自由贸易联盟成员国❸的居民。

---

❶ 李先波：《国际民商法专题研究》，中国方正出版社2003年版，第309页。
❷ 法国、德意志联邦共和国、意大利、荷兰、比利时和卢森堡。
❸ 即冰岛、挪威、瑞士。

鉴于知识产权的特殊性,特别是知识产权存在的注册或授予要求,作为民商事案件的一般管辖公约,《布鲁塞尔公约》第16条第4款规定了专门的知识产权管辖规定:"有关专利、商标、外观设计以及必须备案或注册的其他类似权利的注册或效力的诉讼,专属业已申请备案或注册的缔约国法院。"第19条规定:"如果一缔约国法院受理的诉讼为另一缔约国法院专属管辖,则该法院应依职权放弃此权。"由于公约不能在知识产权案件地域性问题上有有效的突破,一旦被告被起诉侵权,则他完全可以立即提起对知识产权有效性的反诉,使得知识产权的有效性立即成为反诉案件中的主要问题,本诉法院不得不将诉讼移交至对此问题具有专属管辖权的法院,也就是知识产权登记地法院,这就等于又回到了会产生诸多讼累的传统管辖权制度上来了。[1]

(二)《海牙公约草案》

在美国的提议下,海牙国际私法会议从1992年开始起草《民商事管辖权和外国判决公约》,试图通过国际公约来划分知识产权案件的管辖权。经过多年的努力,目前已基本定稿,并且在1999年10月30日由管辖权特别委员会公布了《民商事案件管辖权和外国判决承认与执行公约草案》(简称《海牙公约草案》)。该草案由美国提议,目的是进行一种协调,因为欧洲国家将开放它们的承认政策,而美国则将不允许更广泛的管辖观念,如禁止贴标签管辖和只基于原告国籍的管辖,或者将一般管辖建立在被告与法院之间的系统而持续的联系的基础上。

该公约第12条是规定专属管辖权问题的,共规定了四类专属管辖,其中第4~6款专门规定了知识产权案件的排他性管辖权规则:(1)第4款规定,以专利、商标、外观设计或其他要求注册或登记

---

[1] 朱榄叶、刘晓红:《知识产权法律冲突与解决问题研究》,法律出版社2004年版,第47页。

的类似权利的登记、有效、无效、撤销或侵权为标的的诉讼,由注册或登记申请地、注册或登记地,或根据国际公约被视为注册或登记地的缔约国法院专属管辖。但本规定不适用于版权或邻接权,即使有可能对这些权利进行登记或注册。(2) 第 5 款规定,以专利侵权为标的的诉讼,前款规定不排除其他任何法院根据本公约或缔约国国内法的管辖权。(3) 第 6 款规定,以上各款规定在其提及的事项作为先决问题提起时不应适用。

从上述三款规定来看,该公约在知识产权问题上,就诉讼请求是关于专利、商标、外观设计和实用新型以及其他必须登记的类似的权利的诉讼,建立了注册或登记申请地、注册或登记地,或根据国际公约被视为注册或登记地的缔约国法院排他性的专属管辖权。管辖权被授予缔约国的那些法院,即登记申请或者进行登记的地方法院,或者依据某个国际公约登记本应该发生的地方的适当的法院。❶海牙国际私法会议代表对于草案争议很大,在涉外知识产权管辖权问题上意见无法统一,以致公约迟迟不能通过。

1997 年,管辖权特别委员会发布的一份工作文件中指出的事实引起了专家们的注意:在知识产权事务上目前国际上比较新的趋势是,一项由专利、商标、版权或者其他知识产权权利授予的权利,可能会被呈送到那些非知识产权权利登记地的法院去。相应的可能是,授予权利登记地法院以管辖权,也授予与此知识产权权利相关的侵权、合同有管辖权的法院以管辖权,或者其他审理任何相关的涉及该知识产权的案件的法院以管辖权。在这种情况下,登记地法院作出的决定,对双方都是有约束力的,而根据条约其他拥有管辖

---

❶ 何晓刚:"涉外知识产权案件管辖权的协调—兼评海牙《民事案件管辖权和外国判决承认与执行公约草案》中关于知识产权案件管辖权的特殊规定",见李旺主编:《涉外民商事案件管辖权制度研究》,知识产权出版社 2004 年版,第 109~110 页。

第五章 海峡两岸知识产权程序制度的冲突及其解决方法

权的法院作出的决定，仅仅对提起诉讼一方有约束力。

针对管辖权特别委员会公布的这份工作文件，英国和澳大利亚代表团认为，权利有效性问题和侵权问题是紧密联系的。过去的经验表明，这几乎是不可避免的，被告会在诉讼中攻击声称被侵犯的专利的有效性。此外，除了德国和澳大利亚，在大部分国家的法律体系中，这两个问题都是由同一个法院，而且一般是特别法院来处理。如果两个法院，一个审理有效性问题，一个审理侵权问题，即使不与权利的登记相悖，也可能会导致对专利的范围有不同的看法。那么这样会导致有悖于这样一个概念，即一项专利是赋予某项产品或者生产过程以垄断地位，那么该专利的有效性和对该专利的侵权也不应该就该专利的范围有两个不同意见。因此这两个代表团认为应该赋予权利登记地法院以排他性管辖权，不管是有效性问题还是侵权。中国代表团也表示赞同。❶

另一部分代表团，包括瑞士、芬兰和瑞典，支持一种较弹性的观点，即有效性诉讼和侵权诉讼之间的关系问题，可以通过其他方式，而不是规定登记地法院就登记的权利涉及的所有问题都拥有排他性管辖权。例如，可以通过由审理侵权案件的法院暂时中止诉讼，等待权利登记地法院审理有效性诉讼之后再行审理。但是，问题也是显而易见的，这样做的后果是，如果该专利在很多国家进行了登记，特别是在知识产权国际保护的情况下，这是非常有可能的，那么，是否需要由每个登记的国家都进行一次专利有效性的审理呢？例如，中国审理一起对在国外登记的知识产权侵权的案件，而该项权利在不止一个国家进行了登记，或者根据现有的知识产权国际保护机制，

---

❶ 何晓刚："涉外知识产权案件管辖权的协调——兼评海牙《民商事案件管辖权和外国判决承认与执行公约草案》中关于知识产权案件管辖权的特殊规定"，见李旺主编：《涉外民商案件管辖权制度研究》，知识产权出版社2004年版，第115～116页。

申请了国际登记，那么中国是否需要等待所有的登记国都作出了关于该权利效力的判决之后，再进行侵权案件的审理呢？进一步说，这些国家的判决，存在互相冲突的可能性。因此，所谓的弹性观点是站不住脚的。❶

鉴于《海牙公约草案》在2001年终未获得通过，从2002年开始，海牙国际私法会议重新起草了一个公约，即仅就1999年《海牙公约草案》中已成熟的内容进行了草拟，形成了"小"公约，即《协议选择法院公约草案》。2005年6月30日，在荷兰海牙和平宫召开的第20届海牙国际私法会议上此草案获得通过，正式形成了《协议选择法院公约》。其适用范围是所有国际案件，完全没有知识产权管辖的特别规定。

（三）《知识产权公约草案》

《知识产权公约草案》是根据1999年《海牙公约草案》文本而提出的有关知识产权管辖和判决承认的专门公约。该公约包括TRIPs协议所保护的所有知识产权。但有两个例外，一是有关专利的诉讼，二是有关域名争议。不像《布鲁塞尔公约》试图通过对人管辖来表明一个法院是一个特别争议的最合适的解决地；也不像《海牙公约草案》通过对人管辖去创造一个合适选择的狭窄范围，这个公约表明多个法院对当事人有裁判权。一方面，这是一种联合行为的结果。如果所有法院受理了平行诉讼，当事人的选择不需要受限制，他们与这些法院一起共同选择对整个争议裁判最好的法院。反过来说，如果有几个法院对所有当事人有管辖权，法院和当事人能够选择更好的法院（从便利于当事人和证人，作出决定的专家与争议的关系

---

❶ 何晓刚："涉外知识产权案件管辖权的协调——兼评海牙《民商事案件管辖权和外国判决承认与执行公约草案》中关于知识产权案件管辖权的特殊规定"，见李旺主编：《涉外民商案件管辖权制度研究》，知识产权出版社2004年版，第116页。

而言)。另一方面,这种决定也来自这种观点,即在知识产权争议中挑选法院的情况无论如何不可能通过对人管辖来控制,因为知识产权及其侵权行为能够被定义在许多地方,这使对人管辖成为对有实力法院管辖的一种有效限制。同时,像《海牙公约草案》一样,这也是一个"混合性"公约。它既规定了在所有成员国可执行的管辖原则,也规定了禁止涉及在成员国有惯常居所的外国人案件适用的管辖原则。它留给成员国自由决定依据其他管辖原则的判决可否被执行的条件。从内容上看,该公约是对其他公约的发展,特别有一些针对知识产权特点的规定,如针对知识产权开发合同不同于以往简单、小额的消费合同,而具有全球化、规模化的特征及仲裁方式解决的普遍性,对管辖法院采取了宽泛的选择等。但是,公约基本上以版权保护为例,因此重在解决版权争议的管辖。

综上所述,知识产权管辖问题虽已引起世界的关注,也已经产生了专门的管辖公约草案,但一方面这些草案并未生效,另一方面它们所提出的管辖规则也没有很好地揭示出知识产权的特点,以致有的排除对有关版权诉讼的管辖(如《布鲁塞尔公约》中知识产权的特别管辖规定),有的则排除有关专利诉讼的管辖(如《知识产权公约草案》)。当然,正如学者所认为的,《海牙公约草案》和《知识产权公约草案》,严格地说,可能最好被描述为"公国际私法"(public private international law)。这些条约并不直接决定实体国际知识产权法适用规则,但却更多关注我们决定适用规则的方式。最基本的是,这些建议提到了日益非国内化世界中起诉国国内权利的实际问题。从整体上讲,它们将为国内法院致力于发展一种国际知识产权法的形式提供基本条件。知识产权管辖问题发展不尽如人意,也许如前所述,是由于知识产权法律特征难以把握,使得不可能有一个全面的知识产权管辖公约将传统知识产权的三大部分同时放在

一起调整。❶

五、美欧国家解决知识产权管辖权冲突的理论与实践

（一）美国解决知识产权管辖权冲突的理论与实践

美国主要是通过"最低限度联系原则"以及"连带原则"来对知识产权地域性管辖原则进行突破的。

1. 最低限度联系原则

随着现代州际、国际商务的发展，美国法院为了扩大其管辖权，进一步放宽了对于法院地管辖权的限制。表现在：规定在以正当程序条款为基础，如果州与诉讼所及的事务有最低限度联系，则该州法院可以对位于该州边界以外的人和组织行使管辖，即"最低限度联系原则"。

美国对司法管辖权严格属地性进行修正的是 1945 年联邦最高法院在国际鞋业诉华盛顿一案中所作的裁定：正当程序条款允许各州对位于本州之外的人行使属于一项属人的判决，正当程序仅仅要求被告与法院地之间具有某种最低联系，这种联系使得诉讼的进行不致违背传统的公平和公正观念。"最低限度，被告在美国境外所发生的侵权行为，必须与其在美国境内所发生的侵权行为有关，并可以归责于被告"时❷，法院就能行使管辖权。

美国法院将"最低限度联系原则"适用于知识产权诉讼，从而突破对知识产权诉讼严格的地域性管辖的是两个著名案例。其一是

---

❶ 彭欢燕：《商标国际私法研究——国际商标法之重构》，北京大学出版社 2007 年版，第 203~205 页。

❷ Campbell Mclachlan Peter Nygh Transnational Tort LITIGATION; Jurisdictional Pimple. New York: Transnational Publishers, Ins, 1996, 第 128~133 页。转引自李先波、刘林森："论涉外知识产权诉讼管辖权之协调"，载《湖南社会科学》2004 年第 1 期。

Reebok International Ltd. v. Manatech Enterprises Inc. et al 一案。❶ 在该案中，美国第九巡回上诉法院维持了一项联邦地区法院的禁止令，认为美国法院对在墨西哥与美国边界接壤的城镇出售假冒鞋是侵犯美国商标权的行为，有权行使管辖权。法院接受了原告的主张，即根据有关证据显示，侵权产品不仅在墨西哥同美国出口的注册商标产品相竞争，而且该产品定期返销美国市场。另外，被告是在美国组织其在墨西哥进行侵权制造活动。根据上述联系，美国法院认为，即使本案的侵权行为当时发生在墨西哥的边境，美国法院仍然可以行使管辖权。

对知识产权诉讼管辖权地域性原则突破的另一个案例是 Ocean Garden Inc. v. Marktrade Co. Inc 一案。❷ 在该案中，美国法院认为美国的 Lanham 商标法案应适用于在墨西哥包装的金枪鱼，因为该包装的金枪鱼在远东地区销售时侵犯了美国的商标权。原告请求法院管辖的根据是其在美国所受的货币损失及被告有美国国籍，并且在美国管理被告在墨西哥的经营业务，法院以该批货物经过了一个美国的对外贸易区为依据，作为管辖该案件以及该商标法律可适用于在美国境外发生侵权行为的依据。❸

美国"最低限度联系原则"的实践表明，即使一个非居民被告没有在法院地"出现"，只要他与法院地有某种联系，法院就倾向于对该种知识产权纠纷行使管辖权，从而突破了传统的地域性管辖原则。

---

❶ 970F. 2d 552. 23USPQ. 2d 1377（9th Cir 1992），转引自李先波、刘林森："论涉外知识产权诉讼管辖权之协调"，载《湖南社会科学》2004 年第 1 期。

❷ 953F. 2d 500. [21 USPQ 2d 1493（9th Cir 1991），转引自李先波、刘林森："论涉外知识产权诉讼管辖权之协调"，载《湖南社会科学》2004 年第 1 期。

❸ 罗艺方："跨国知识产权侵权管辖原则的新发展"，载《政法学刊》2003 年第 2 期。

2. 连带关系原则

美国的一些州法院对通过连带关系或代理责任的确认而对发生在美国国外的知识产权诉讼行使管辖权，这也是对知识产权诉讼地域性管辖权原则的突破。在美国加利福尼亚州法院审理 ITSI T. V. Productions Inc. v. Califomia Anthority of Racing Fairs❶一案时，法院就是通过运用连带关系原则，对国外的当事人行使了管辖权。在该案中，一家在加利福尼亚州经营业务的伊利诺斯公司对一家墨西哥公司提出了版权侵权诉讼。原告称，被告在墨西哥播出的某些赛马广播中的节目，是原告为加州一赛马频道特别制作而用于闭路电视的，被告的行为是对原告版权的侵害。法院最后裁定，尽管版权法在本质上是本地性的，但它也可以适用于代理在美国国内进行侵权而承担责任的第三人。法院明确表示，本案对版权法规范范围所作的裁决并不能解决法庭是否对被告有对人管辖权的问题。正如法院所解释的：换一种说法，对于被告来说，他可能在美国之外进行侵权，而有足够的证据证明该侵权同其他人在美国之内的侵权行为有连带关系就应承担责任。

从以上案例可以看出，在司法实践中，美国已逐渐突破对知识产权诉讼严格的地域性管辖原则。

（二）英国解决知识产权管辖权冲突的理论与实践

英国解决知识产权管辖权冲突的重要特点是，通过民商事管辖权的有关国际公约，实现了欧盟成员国间有关民商事纠纷管辖权的协调。也就是说，英国对于知识产权地域性管辖原则进行突破的实践，主要是通过加入欧盟的国际公约以及对自身的一些实体法进行解释来实现的。知识产权的权利范围可通过一项国际公约延伸到单一地

---

❶ 785F. Supp 854. 864（ED Cal. 1992），转引自李先波、刘林森："论涉外知识产权诉讼管辖权之协调"，载《湖南社会科学》2004年第1期。

域管辖权之外，英国著名知识产权专家柯尼胥（William Cornish）曾经主张，英国法院完全可以受理侵犯外国知识产权的案件，只要该外国为欧盟或者欧洲经济区的成员，这是《布鲁塞尔公约》与《洛加诺公约》基本原则的体现。[1] 柯尼胥的这一主张在实践中获得英国判例的支持。1997 年英国高等法院受理了这样一起版权纠纷案件（Pearce v. Ove Arup Partnership Ltd.）[2]：原告建筑设计图的版权分别在英国与荷兰遭到了侵犯。而该案件中的几个被告有的住所地在荷兰，有的住所地在英国。原告向英国法院提起诉讼并且要求将该案件中的所有侵权行为合并审理。该案件的主审法官基本同意了原告的请求，认为英国法院有权受理侵犯荷兰版权的案件，只要被告在英国有住所。这一处理的依据是《布鲁塞尔公约》第 2 条，该条规定："凡在一个缔约国有住所的人，不论其所属国籍，均应在该国法院被诉，但本公约另有规定的除外。"[3] 主审法官认为，第 2 条的内容是整个《布鲁塞尔公约》关于管辖权规定的基本原则，该公约的缔约国法院只有在对这项基本原则不做任何减损的前提下，才能适用本国有关管辖权的法律。鉴于这项裁定与先前的英国判例有着明显的矛盾，主审法官又进一步解释道，英国法院以前之所以不愿受理侵犯外国知识产权的案件，一般都是基于对案件的自由裁量，但作为《布鲁塞尔公约》基本原则的第 2 条应是属于强行法规范，法

---

[1] William Comish, Intellectual Property：*Patents. Copyright. Trade Marks and Allied Rights*, Sweet & Maxwweell（3rdedit, 1996），Para 2.77. 转引自朱榄叶、刘晓红：《知识产权法律冲突与解决问题研究》，法律出版社 2004 年版，第 59 页。

[2] Pearce V. Ove Arup Partnership Ltd, [1997] Ch. 293, [2000] Ch. 403, 转引自朱榄叶、刘晓红：《知识产权法律冲突与解决问题研究》，法律出版社 2004 年版，第 60 页。

[3] http://www.curia.eu.int/common/recdoc/convention/en/c-textes/brux-brux-idx.htm, 转引自朱榄叶、刘晓红：《知识产权法律冲突与解决问题研究》，法律出版社 2004 年版，第 60 页。

院不仅有权适用该条款,更是必须适用该条款,所以先前的英国判例当是对公约理解上的失误。主审法官还列举了由英国法院合并审理外国知识产权案件的优点:首先,这将使案件得到经济高效的解决,大大减少了原告在时间与金钱上的讼累;其次,由一个法院合并审理,可以使案件得到一致的判决结果,从而对原告提供最充分的保护。正是因为上述优点,主审法官还进一步暗示,法院不但应受来自欧盟或欧洲经济区国家的知识产权案件,还应当受理来自欧洲经济区之外国家的案件,这也完全符合《布鲁塞尔公约》的基本精神。总之,除非当事人之间存在选择其他法院管辖的有效协议,法院不应有其他理由拒绝受理外国知识产权案件。该判例的做出,在英国立即引起极大的反响,以后不少类似的案件都基本跟从了它的基本精神。

另一个案例是 Coin Controls Ltd. v. Suzo International(UK)Ltd.❶,一个在英国、德国、西班牙拥有相同内容专利的原告在英国法院同时起诉住所分别位于英国、德国、荷兰的不同被告,其中德国、荷兰的被告侵犯的是原告在德国和西班牙享有的专利权。该案的主审法官几乎完全同意前述判例中的基本分析,认为《布鲁塞尔公约》第 2 条应该强制适用;同时,他还引用了该公约的第 6 条第 1 款:"在一个缔约国有住所的人,也可按不同情况在下列法院被诉:如果其为该案件几个被告之一,可在任何一个被告住所地的法院被诉。"❷ 因此,主审法官受理了原告对诸多被告的请求,其中包括住所和所侵犯的专利权均不在英国的被告。本案的主审法官还为此类

---

❶ [1997] F. S. R. 660,转引自朱榄叶、刘晓红:《知识产权法律冲突与解决问题研究》,法律出版社 2004 年版,第 61 页。

❷ http://www.curia.eu.int/common/recdoc/convention/en/c-textes/brux-tes/brux-idx.htm,转引自朱榄叶、刘晓红:《知识产权法律冲突与解决问题研究》,法律出版社 2004 年版,第 61 页。

裁决补充了一项理由：这类案件不属于《布鲁塞尔公约》第 5 条规定的被告在非住所地国的其他缔约国法院受诉的特别管辖情形（该条第 3 款规定的是有关侵权行为或者准侵权行为案件由侵权行为地法院行使特别管辖权）。

以上两个案例涉及的当事方都是欧盟国家，《布鲁塞尔公约》对于管辖权的冲突可以起到实质性的协调作用。如果知识产权侵权纠纷还涉及非欧盟国家，在实践中，英国法院的做法是：通过对国内实体法进行解释，认定非欧盟国家的被告与本国被告的侵权行为存在"连带关系"，从而实现对非欧盟国家被告的管辖。1989 年审理的一起专利纠纷案件 Unilever Plc. v. Gillette（UK）Ltd. ❶，是英国法院依据连带原则对知识产权严格地域管辖原则的突破。吉列（Gillette）消费品跨国公司的美国母公司发明了一种先进的除臭剂配方，根据美国吉列公司向其英国公司实验室提供的程式，英国吉列公司将新配方应用于一种新的除臭剂生产中。另外，美国吉列公司也向英国吉列公司提供了该种新配方的粉状制品，而这种粉状制品主要用于制造成品的除臭剂生产中，这种先进的除臭剂由英国吉列公司在英国境内出售，但是英国原告 Unilever 股票上市公司指控该产品侵犯了该公司的专利权，而相关的证据表明，英国吉列是自行决定使用新配方生产并将除臭剂投放市场的，与美国母公司无关。Unilever 试图增加美国吉列公司为被告，以查明只有在美国才能查明的事实，高等法院拒绝签发传票，但上诉法院否决了这个判决，并认为，本案的问题是：英国吉列公司所进行的侵权行为是不是美国吉列公司和英国吉列公司共同参与设计的。上诉法院强调，为证明对美国吉列公司的管辖权，没有必要证明第一、第二侵权者共同筹划了计划，只要是"……默认就已足够"，而且，"如果双方共同进行的行为被

---

❶ [美] 菲利普. G. 奥特巴赫："著作权上的微妙的不平等"，载《版权公报》1997 年第 4 期。

证明为属于侵权行为",那么侵权并不一定要共同筹划。法庭在审理 Unilever 一案时,查明了有一系列事实来支持这一案件的有效论据,即美国吉列公司与英国吉列公司"协调一致"或者"行动一致"问题。这些事实包括:产品的唯一性、销售必然构成侵权这一事实、美国吉列公司了解 Unilever 的专利、美国吉列公司和英国吉列公司的母子附属关系、英国吉列公司向其美国母公司就应用该配方制成可销售的产品进行咨询意见的技术秘密协议、世界范围内美国吉列公司因"医学原因"有权否决其任何海外子公司拥有任何新产品的权利以及来自美国波士顿对其子公司新产品的合法出港证等。据此,上诉法院认为可以追加美国吉列公司为当事人,行使该侵权案件的管辖权。

(三) 荷兰解决知识产权管辖权冲突的理论与实践

荷兰海牙地方法院在 1993 年受理一起跨国知识产权案件时,更明确地提出,一国法院有权管辖其地域内的侵权行为,还有权管辖在其地域外的侵权行为。该观点得到了荷兰上诉法院的支持。❶ 尔后,也不断有突破地域司法管辖权的案件出现,如在 Lincoln v. lnterlas❷ 一案中,lnterlas 是一家荷兰公司,从美国进口了带有 "Lincoln" 商标的柴油机焊接原件,并且把它出售到欧洲数个国家。"Lincoln" 商标的所有人——美国、法国、荷兰的企业,以 lnterlas 侵犯其商标权为由在荷兰海牙法院提起商标侵权诉讼。由于原告的商标权并不局限于荷兰一国,而且在比利时和卢森堡也有效。因此,

---

❶ 郑成思:《世界贸易组织与贸易有关的知识产权》,中国人民大学出版社 1996 年版,第 19 页。

❷ John R. Thomas. Litigation Begoumd the Technological Frontior: Comparative Approaches to Multinational Patent Enforrrcement. *Law and Policy in Intemaational Business*, 1996 (2): 299~305. 转引自李先波、刘林森 "论涉外知识产权诉讼管辖权之协调",载《湖南社会科学》2004 年第 1 期。

原告请求海牙法院一并保护他们在其他国家的商标权。海牙初审法院支持原告的请求，在以上每个国家辖区内发布禁令，制止对原告商标侵权行为的继续发生。被告根据荷兰民法典，反对签署这项跨越辖区的禁令，并提起上诉。荷兰最高法院驳回了被告的上诉请求，认为"除非有例外，源于法律或诉讼法案规定，一人对他人负有给付、作为或不作为的义务。法官应当根据义务相对人的请求判令义务人履行其义务。总而言之，并没有理由认为这起对有关可能是根据在荷兰之外，取得外国法义务的案件就不能作出这样一种禁令，而且在当今国际交往与日俱增的形势下，被告的观点会导致不愿发生的实践结果。特别是具有跨国性的侵权案件，如在数国侵犯知识产权案件中，这种观念会迫使荷兰受害人在每个发生侵权的国家去起诉。"

（四）法国解决知识产权管辖权冲突的理论与实践

法国学者皮耶（Pillet）认为，法国法院早已认为法国对于在外国所发生的专利权侵权案件具有管辖权。[1] 在 Arrefui Mendizabal de Cuenca Sanchez v. Regie Nationale des Usines[2] 一案中，法国最高法院确认了一项上诉法院的判决，并指出：法国法院根据法国法律有权审理一项针对一宗在西班牙生产零部件的西班牙公司的诉讼。该公司在西班牙生产的产品侵犯了一项在法国注册的外观设计专利权。虽然该公司的零部件进口到法国是为了再出口而非在法国出售。

---

[1] 曾陈明汝：《智慧财产权之国际私法问题（三）—论事实行为发生三债既智慧财产权国际侵害之维持法》，"国立"台湾大学法学丛书编辑委员会1996年版，第245页。

[2] Campbell Mclachlan Peter Nygh Transnational Tort LITIGATION; Jurisdictional Pimple. New York: Transnational Publishers, Ins, 1996, 第128~133页，转引自李先波、刘林森"论涉外知识产权诉讼管辖权之协调"，载《湖南社会科学》2004年第1期。

发达国家通过认定国外侵犯本国知识产权的行为与本国管辖的案件存在"连带关系",从而对发生在外国的侵犯本国知识产权的行为实行管辖。产生这种连带管辖的方式主要通过"最低限度的联系"对有关实体法进行解释从而赋予国内管辖权具有域外效力。而如果一个国家想对外国知识产权的侵权进行管辖,势必牵涉知识产权保护所依据的法律。依据一国产生的知识产权,其保护也应该依据该国的法律,这样就使得外国法的查明和适用成为必要。突破地域性管辖的后果之一就是,法官在审理一起外国知识产权侵权案件的时候,针对不同国家的知识产权将要适用不同国家的准据法,这将对案件的顺利审结构成重大挑战。当然,挑战也并非不可避免,既然在物权、侵权等领域,法官可以自如地适用外国法,在知识产权领域至少也可以进行尝试,特别是在当今世界,各国的知识产权法在国际条约的促进下有不断趋同的趋势,在这样的大环境下,需要法官适用外国知识产权法的设想也会成为可能。[1]

六、海峡两岸知识产权诉讼管辖权冲突及其解决方法

海峡两岸民商事管辖权,是指在"一个中国"框架内两岸两法域根据区际协议或安排和本法域对特定的涉对岸民商事案件行使审判权的资格。根据这一定义,两岸互涉民商事管辖权的获得,一方面要有解决两岸民事管辖权冲突的协议或安排,另一方面要看两岸各自的有关规定。正确解决两岸互涉民事管辖权,关系到两岸公民、法人的民事权益得到及时、有效的保护,是两岸互涉民事诉讼程序得以进行的前提,也有利于判决得到对岸的认可和执行。[2]

---

[1] 朱榄叶、刘晓红:《知识产权法律冲突与解决问题研究》,法律出版社2004年版,第65~66页。

[2] 曹发贵:"海峡两岸民事专属管辖权的比较研究",见马新岚主编:《海峡两岸司法实务热点问题研究(下)》,人民法院出版社2011年版,第726页。

（一）海峡两岸知识产权诉讼管辖权冲突的产生及后果

1. 海峡两岸知识产权诉讼管辖权冲突的产生

知识产权本身虽亦为民事权利，但知识产权有不同于其他民事权利的特点，即具有严格的地域性，因此，知识产权诉讼管辖权冲突的产生与涉外民商事诉讼管辖权冲突的产生有相同的原因也有特定的原因。具体而言，海峡两岸知识产权诉讼管辖权冲突的主要原因如下。

（1）知识产权具有地域性特点。知识产权的地域性特征是知识产权与生俱来的特性之一。知识产权的地域性，是指按一国或地区法律产生的知识产权只在该国或该地区范围内有效。有学者认为，知识产权的地域性中的"地域"有其特定的含义，它不等同于一国的地域范围，它实际上是与"法域"联系在一起的。一般而言，"法域"与国家地域存在三种关系：一是一国一法域，即知识产权的效力范围以国家地域为准。这是传统意义上的"地域"范围，也是人们通常所理解的"地域"范围。二是一国多法域，即在一国内部，存在数个具有独特法律制度的区域。在这种情况下，知识产权的效力范围小于一国地域范围。例如，根据"一国两制"的基本方针，在未来的中国，在大陆法律制度以外，还将会存在香港、澳门、台湾等若干具有"独立"法律制度的区域。根据香港以及澳门特别行政区的两个基本法，特别行政区保持原有法律制度，同时，在有关国防、外交和其他依照基本法不属于特别行政区自治范围的法律适用全国性的法律的基础上，两个特别行政区享有立法权、独立的司法权和终审权。以香港为例，依香港特别行政区知识产权法获得的知识产权不能自动地在中国内地生效，它仍然需要按照中国内地的知识产权法律获得认可，才能在大陆受到保护。这是知识产权地域性在一国地域范围内的表现。三是多国一法域，即由多个国家联合建立起统一的立法与司法制度，并在此基础上，设立统一的知识产权授权机构。在这种情况下,知识产权效力范围大于一国地域范围。例如,在欧洲,欧盟理事会与欧洲法院分别具有统一的立法与司法职能,根据原欧共体理事会颁布的《欧洲专利公约》设立的欧洲专利局,可以按照单一的程序和统一的专利条件授予专利权——欧洲专利权。在非洲,法语非洲国家于20世纪70年代缔结了一项综合性的跨国知识产权法——《班吉协定》。根据该协定建立的非洲知识产权组织可以批准跨国的知识产权,同时,该组织还具有统一的司法审判权。由此可见,知识产权跨越一国国境并非是无条件的,它必须通过统一的立法制度才能实现。这与有形财产自动突破一国地域是截然不同的。上述分析表明:不宜囿于国家地域范围去理解知识产权的地域性。❶ 另有学者也认为,在冲突法领域,"国家"是有着特殊含义的概念,它并不像在国际公法领域那样须以主权为要素,其空间范围也不是以领土疆域为界。冲突法意义上的"国家"是指"法域",即法律效力所及的境域。这个境域,可以小于主权疆界,如美国的州,加拿大的省,也可以大于主权疆界,如欧盟、比荷卢经济联盟,其范围大小悉由法律的空间效力来决定。❷ 按照祖国大陆"一国两制"的设计,两岸统一后,台湾将作为特别行政区。它不同于中国其他一般省区,享有高度的自治权。它拥有行政管理权、立法权、独立的司法权和终审权。虽然两岸尚未实现统一,但从务实的角度出发,将台湾地区视为一个与大陆相对独立的法域,从事实上承认其具有治权及司法管辖权是可取的,这与"一国两制"的构想并不矛盾。

---

❶ 王春燕:"论知识产权地域性与知识产权国际保护",载《中国人民大学学报》1996年第1期。

❷ [英]莫里斯:《法律冲突法》(中译本),李东来等译,中国对外翻译出版公司1990年版,第2~3页;李双元主编:《国际私法》,北京大学出版社1991年版,第1页。

知识产权具有严格的地域性特点，决定了知识产权保护的地域限制：按照一个国家或地区的法律产生的知识产权，只在该国家或地区有效，超出该地域范围，该项知识产权即不复存在。因此，长期以来国际私法以及大多数国家或地区均固守绝对地域性原则，由案件发生地国家或地区专属管辖，从而导致知识产权纠纷管辖权冲突的产生。祖国大陆和台湾地区亦如此。由此可见，两岸知识产权诉讼管辖权冲突的根本原因源自知识产权严格的地域性。

（2）海峡两岸在立法和司法实践中均坚持知识产权地域性管辖原则。虽然知识产权不同于一般的民事权利，但知识产权也是私权，因此，在绝大多数国家，知识产权取得后权利的最终确认、知识产权的保护主要是通过民事诉讼程序。世界贸易组织的TRIPs协议第41~42条、第49条也指出，知识产权的保护主要适用民事诉讼法的原则。就目前而言，我国没有专门关于知识产权管辖权的规定，实践中我国法院依据民事诉讼法和最高人民法院的相关解释来确定侵犯知识产权案件的管辖权。《民事诉讼法》第28条规定："因侵权行为提起的诉讼，由侵权行为地或者被告住所地人民法院管辖。"被告住所地原则是民事诉讼管辖的一般原则，但在知识产权领域，该原则是作为特别规则得以优先适用的，目的在于保护处于弱势的被告人的权益，而且在知识产权侵权诉讼中，侵权行为地和被告住所地往往是重合的。至于侵权行为地原则，乃是确定侵权纠纷的一般原则。

此外，大陆在一些知识产权部门法以及相关司法解释中对知识产权侵权的管辖法院也作了更加详细具体的规定。如对侵犯著作权行为提起的民事诉讼，2002年10月12日，最高人民法院发布的《最高人民法院关于审理著作权民事纠纷案件适用法律若干问题的解释》规定，因侵犯著作权行为提起的民事诉讼，由《著作权法》第46~47条所规定侵权行为的实施地、侵权复制品储藏地或者查封扣押地、被告住所地人民法院管辖。侵权复制品储藏地，是指大量或者经营性储存、隐匿侵权复制品所在地；查封扣押地，是指海关、版权、工商等行政机关依法查封、扣押侵权复制品所在地。❶对侵犯网络著作权行为提起的民事诉讼，2006年12月8日，最高人民法院发布的《关于审理涉及计算机网络著作权纠纷案件适用法律若干问题的解释》规定，网络著作权侵权纠纷案件由侵权行为地或被告住所地人民法院管辖。侵权行为地包括实施被诉侵权行为的网络服务器、计算机终端等设备所在地。对难以确定侵权行为地和被告住所地的，原告发现侵权内容的计算机终端等设备所在地可以视为侵权行为地。❷

关于专利侵权纠纷，2001年6月22日，最高人民法院发布的《关于审理专利纠纷案件适用法律问题的若干规定》指出："原告仅对侵权产品制造者提起诉讼，未起诉销售者，侵权产品制造地与销售地不一致的，制造地人民法院有管辖权；以制造者与销售者为共同被告起诉的，销售地人民法院有管辖权。销售者是制造者分支机构，原告在销地起诉侵权产品制造者制造、销售行为的，销售地人民法院有管辖权。"❸而对于因侵犯注册商标专用权行为提起的民事诉讼，由侵权行为实施地、侵权商品储存地或者查封扣押地、被告住所地人民法院管辖。

关于涉外民商事纠纷的管辖权，主要的法律依据是《民事诉讼法》中对于涉外民事纠纷的管辖权的特别规定。该法第265条规定："因合同纠纷或者其他财产权益纠纷，对在中华人民共和国领域内没

---

❶《最高人民法院关于审理著作权民事纠纷案件适用法律若干问题的解释》第4条。

❷《最高人民法院关于审理涉及计算机网络著作权纠纷案件适用法律若干问题的解释》第1条。

❸《最高人民法院关于审理专利纠纷案件适用法律问题的若干规定》第6条第1款。

第五章 海峡两岸知识产权程序制度的冲突及其解决方法

有住所的被告提起的诉讼,如果合同在中华人民共和国领域内签订或者履行,或者诉讼标的物在中华人民共和国领域内,或者被告在中华人民共和国领域内有可供扣押的财产,或者被告在中华人民共和国领域内设有代表机构,可以由合同签订地、合同履行地、诉讼标的物所在地、可供扣押财产所在地、侵权行为地或者代表机构住所地人民法院管辖。"第266条规定:"因在中华人民共和国履行中外合资经营企业合同、中外合作经营企业合同、中外合作勘探开发自然资源合同发生纠纷提起的诉讼,由中华人民共和国人民法院管辖。"

结合我国司法实践中处理的案例来看,我国基本上奉行的是知识产权绝对地域性管辖的原则,对于侵犯本国知识产权的案件,认为应由我国的法院进行专属管辖。[1]

中国台湾地区也没有专门的"知识产权诉讼法",有关知识产权的诉讼是适用"民事诉讼法"及相关规定。台湾地区"民事诉讼法"除规定不动产由不动产所在地法院管辖外,还把以登记而产生的权利的诉讼列入专属管辖的范围,因此,对侵犯知识产权案件奉行的也是由"权利登记地"法院专属管辖。专属管辖不仅容易造成两岸司法管辖权之间的矛盾冲突,而且不可避免地出现一事数诉的不合理现象。

(3)海峡两岸交流合作日益频繁,不断深化,从而导致知识产权诉讼管辖权冲突的产生。2008年,国民党在台湾地区重新执政权以来,两岸关系实现了历史性的转折,取得了一系列突破性进展和重要成果。两岸相继签署了包括《海峡两岸经济合作框架协议》《海峡两岸知识产权保护与合作协议》以及《海峡两岸投资保护和促进协议》等18项重要协议,内容涉及经济、交通、司法、社会等诸多

---

[1] 朱榄叶、刘晓红主编:《知识产权法律冲突与解决问题研究》,法律出版社2004年版,第83~84页。

领域，解决了一批长期制约两岸关系发展的难题，推动了两岸交流合作的制度化；实现了全面直接双向三通，为两岸人员往来和贸易投资创造了空前便捷有利的条件。两岸经贸关系发展至今，祖国大陆已经是台湾最大的贸易伙伴、第一大出口市场、第二大进口来源地。2011年，两岸贸易额超过1 600亿美元。据台湾当局统计，截至2012年6月底，陆资赴台投资的核准件数为267件，总金额近3亿美元，而台商赴大陆投资已核准将近4万件，总金额超过1 174亿美元。❶ 任何冲突的产生与存在都有其特定的社会基础，而且事实上，冲突总是更多地超越冲突主体间的利益景况而与一定的秩序和制度相联系。随着知识经济的高速发展，知识密集型产品和服务在两岸投资、贸易中所占的比重加速上升，知识产权已成为市场竞争不可或缺的工具。在所有诉讼主体的行为背后都体现了他们对利益的追求，涉外民商事诉讼管辖权冲突，表面上是多个国家或地区法院竞相主张各自的管辖权，而本质上则是当事人之间、不同国家或地区法院之间的利益冲突。❷ 知识产权利益不仅涉及地区与地区之间的利益冲突，还涉及知识产权人与传播者、使用者以及整个社会公共利益之间的利益冲突。因此，随着两岸各领域的交流合作日益频繁、不断深化，两岸包括知识产权在内的各类民商事权益的纠纷必然日渐增多，在两岸缺乏司法管辖权合作的状况下，必然导致知识产权诉讼管辖权冲突的大量产生。

2. 海峡两岸知识产权诉讼管辖权冲突的法律后果

涉外民商事诉讼管辖权冲突，是指两个或两个以上国家或地区的法院对同一涉外民商事诉讼都主张管辖权或者各国或地区对同一诉

---

❶ 张玉冰："'两会'协商步入'深水区'"，载《统一论坛》2012年第6期。

❷ 徐卉：《涉外民商事诉讼管辖权冲突研究》，中国政法大学出版社2001年版，第48页。

讼都排除或拒绝管辖。❶ 其表现形式无非两种：平行诉讼或诉讼无门。前者也被称为管辖权积极冲突，后者被称为管辖权消极冲突。无论是管辖权的积极冲突还是消极冲突，都会对各国或地区的法院以及诉讼当事人带来极大的不便，往往造成诉讼久拖不决，浪费司法资源。

长期以来，海峡两岸对侵犯外法域知识产权的诉讼一般都是持拒绝管辖态度并主张由权利登记地法院专属管辖。参考国际民事管辖的概念，区际民事专属管辖，是指根据一国内不同法域间协议或者各自的法律规定，对某些具有特别性质的涉对方民事案件强制规定只能由特定法域法院行使独占排他的管辖，而不认可其他法域的法院对此案件具有管辖权。❷ 由此可见，专属管辖是一种具有很强的优先性、排他性与强制性的管辖类型。关于违反专属管辖的法律后果，大陆司法解释和台湾地区"两岸关系条例"均有明确规定。1998年5月22日，最高人民法院公布的《关于人民法院认可台湾地区有关法院民事判决的规定》中关于认可和执行台湾地区法院判决的条件，该规定第9条列举了六种❸人民法院可裁定不予认可或执行的情形。

---

❶ 齐湘泉、王欢星："国际民商事诉讼管辖权冲突解决方法的发展与完善"，见李旺主编：《涉外民商事案件管辖权制度研究》，知识产权出版社2004年版，第30页。

❷ 李双元主编：《国际民商事诉讼程序导论》，人民法院出版社2004年版，第38页。

❸ 最高人民法院《关于人民法院认可台湾地区有关法院民事判决的规定》第9条规定：台湾地区有关法院的民事判决具有下列情形之一的，裁定不予认可：(1) 申请认可的民事判决的效力未确定的；(2) 申请认可的民事判决，是在被告缺席又未经合法传唤或者在被告无诉讼行为能力又未得到适当代理的情况下作出的；(3) 案件系人民法院专属管辖的；(4) 案件的双方当事人订有仲裁协议的；(5) 案件系人民法院已作出判决，或者外国、境外地区法院作出判决或境外仲裁机构作出仲裁裁决已为人民法院所承认的；(6) 申请认可的民事判决具有违反国家法律的基本原则，或者损害社会公共利益情形的。从规定来看，对认可台湾地区的判决，设定了较为严格的标准。

其中第 3 项、第 4 项都是有关管辖权的规定,分别为"案件系人民法院专属管辖的"和"案件的双方当事人订有仲裁协议的"。❶因此,如果当事人持有的台湾地区民事判决违反了大陆的专属管辖规定,其后果是判决不能被认可,但可以根据该规定的第 13 条或第 15 条的规定,另行向有管辖权的大陆人民法院提起诉讼。

在台湾地区方面,台湾当局颁布的"两岸关系条例"第 3 章"民事"部分规定了两岸间民事关系法律适用,公民、法人能力之限制以及裁定之认可等。其中有关内地判决的承认和执行,集中规定于第 74 条。该条规定:"在大陆地区作成之民事确定裁判、民事仲裁判断,不违背台湾地区公共秩序或善良风俗者,得声请法院裁定认可。前项经法院裁定认可之裁判或判断,以给付为内容者,得为执行名义。前两项规定,已在台湾地区作成之民事确定裁判、民事仲裁判断,得申请大陆地区法院裁定认可或为执行名义,始适用之。"在"两岸关系条例施行细则"第 54 条附加规定:"依本'条例'第 74 条规定,申请法院裁定认可之民事确定裁判、民事仲裁判断,应经'行政院'设立或指定之机构或委托之民间团体验证。"从上述规定来看,"两岸关系条例"及"两岸关系条例施行细则"中实际上并没有明确规定管辖权问题。但根据上述规定可以得出,大陆法院的民事裁判或仲裁裁决,要得到台湾地区有关"法院"的裁定认可,必须具备下列四项条件:(1)大陆法院作成之民事裁判已经终局确定(已发生法律效力);(2)大陆法院的民事裁判、仲裁裁决内容不违背台湾地区之公共秩序或善良风俗;(3)台湾地区"法院"作成之民事确定裁判、仲裁判断,基于对等原则,亦得向大陆法院声请裁定认可;(4)大陆法院作成之民事确定裁判、仲裁裁决须经

---

❶ 按照大陆《民事诉讼法》和《仲裁法》规定,当事人订有仲裁协议的,人民法院不得行使管辖权。

第五章　海峡两岸知识产权程序制度的冲突及其解决方法

海基会验证。❶但有关机构在验证大陆判决时，是不是要审查作出判决之大陆法院的管辖权的适当性，并不明确。实践中台湾地区"司法院"曾对"两岸关系条例"第74条作出过几点解释，其中一条是"依台湾地区有关规定，大陆法院之判决违反专属管辖者，因与公益有关，不予认可"。由上可见，大陆与台湾地区之间现有的间接管辖权❷的规定本质上都是"被请求方专属管辖排除"模式。

在海峡两岸对侵犯外法域的知识产权诉讼均持拒绝态度并主张由权利登记地法院专属管辖的情况下，如果涉及原告是在台湾地区进行注册登记的知识产权，被告在大陆侵害原告在台湾地区所享有的知识产权，该案则被推定由台湾地区"法院"专属管辖。但如果原被告均为在大陆有住所的中国法人，双方争诉的结果也与大陆利益密切相关，在这种情况下，如果按照传统的地域性管辖原则，认定此案应由权利登记地即台湾地区"法院"行使管辖权，其后果就是大陆法院拒绝行使管辖权，这可能造成当事人欲诉无门。

而如果当事人为了获得法律救济，就不得不在两岸法院同时起诉，由此形成两岸平行诉讼。海峡两岸民商事司法实务中的平行诉讼，❸是指当事人就同一民事争议同时或先后向祖国大陆的人民法院或台湾地区的法院起诉，并由两岸有关法院同时或先后受理的情

---

❶ 姜志俊："大陆民事裁判如何在台湾地区声请认可"，载华夏经纬网，2006年6月27日，第一个问答。转引自曹发贵："海峡两岸民事专属管辖权的比较研究"，见马新岚主编：《海峡两岸司法实务热点问题研究》（下），人民法院出版社2011年版，第722页。

❷ 间接管辖权是指一法域的法院在审查外法域法院作出的判决能否在本法域得到承认和执行时，依照本法域的法律判断该外法域法院对案件是否有管辖权。两岸相互认可与执行对方法院判决的规定，实质上是关于区际民事案件间接管辖权的规定。

❸ 平行诉讼，又称"一事两诉""双重起诉""诉讼竞合"。

形。❶ 平行诉讼对于解决管辖权的消极冲突及保障当事人的诉权是有积极意义的,然而,在当前涉台法律关系的法律调整相对滞后的情况下,平行诉讼的存在不仅不利于两岸知识产权案件纠纷的解决,甚至给两岸知识产权纠纷的解决带来了不便,进而影响到两岸民商事的正常交往。

(二) 海峡两岸知识产权诉讼管辖权冲突的解决方法

国际上解决知识产权诉讼管辖权冲突主要是通过签订国际条约来实现的。因为通过缔结国际条约,成员国法院就可以依据国际条约对发生在其成员国的侵权行为诉讼连带行使管辖。若都是同一缔约国,两个同一公约成员国的法院可以相互审理基于此权利而发生的侵权诉讼,而且对于一缔约国的侵权判决,也可以在另一缔约国内发生效力。例如,1972 年的《布鲁塞尔公约》和 1988 年的《洛加诺公约》中有关知识产权管辖的规定,为解决知识产权案件管辖和判决的承认与执行问题提供了法律依据,欧洲联盟各国之间关于知识产权的管辖权产生的纠纷,完全可以通过这两个公约对其进行协调。

祖国大陆与台湾地区两个法域间的知识产权诉讼管辖权冲突是一个国家内部的区际法律冲突,与主权国家之间的知识产权诉讼管辖权冲突有着本质的区别,但这并不妨碍两岸在不违反国家主权及不损害国家整体利益的前提下,借鉴国家之间协调管辖权冲突的做法,签订海峡两岸知识产权诉讼管辖权协议,从源头上减少管辖权冲突的发生。虽然 2009 年两岸签署的《海峡两岸共同打击犯罪及司法互助协议》(以下简称《司法互助协议》)确立了相互认可和执行民事判决的协作关系,但是,由于大陆与台湾地区尚未就如何解决管辖

---

❶ 王建源:"关于两岸民商事平行诉讼问题及解决对策的调研报告 (上)",载中国法制新闻网:http://chinalnn.com/Article/ShowInfo..asp? InfoID = 21066.

第五章　海峡两岸知识产权程序制度的冲突及其解决方法

权冲突问题达成任何具体的相关协议或安排，以致两岸包括知识产权在内的民商事管辖权冲突问题至今没有得到根本解决。管辖权问题不仅关系到程序法与实体法的适用、生效判决在对方法域的认可与执行，而且在很大程度上制约着两岸民商事交往的健康发展，因此，两岸可以借鉴国际上解决知识产权管辖权冲突的做法，以协议的方式确立一些解决知识产权管辖权冲突的原则、规则，作为处理两岸知识产权诉讼管辖权冲突的政策性导向依据。

1. 海峡两岸知识产权诉讼管辖权协议的模式选择

国际上有关知识产权管辖公约可分为两种类型：一是知识产权管辖和判决承认的专门性的单独协议，如德里凡斯与金斯布尔克根据1999年《海牙公约草案》文本而提出的《知识产权公约草案》。德里凡斯与金斯布尔克教授认为，一个特别以知识产权为中心的单独公约更为理想。主要理由在于：一方面，知识产权争议提出了一些特别问题。例如，涉及无形财产的侵权行为的定位可能是困难的；大范围市场许可行为可能提出一些不同于出现在一般消费合同中的许可问题，在知识产权争议的解决中仲裁正起着越来越重要的作用。另一方面，《海牙公约草案》中有些规则并不总是适合于知识产权争议，特别是那些有关加强诉讼请求的力度和多个被告的规定。鉴于此，他们提出了与1999年《海牙公约草案》十分不同的《知识产权公约草案》。[1] 二是在民商事诉讼管辖公约中设专门条款规定有关知识产权管辖的规则，例如，《布鲁塞尔公约》作为民商事案件的一般管辖公约，在其第16条第4款专门对知识产权的管辖权问题作出规定。又如《海牙公约草案》，也是民商事案件的一般管辖公约，该公约草案第12条第4款专门对知识产权的管辖权问题作出规定。目前，大陆没有专门的关于知识产权管辖权的规定，实践中大陆法院根据

---

[1] 彭欢燕：《商标国际私法研究——国际商标法之重构》，北京大学出版社2007年版，第202页。

《民事诉讼法》和最高人民法院的相关解释来确定侵犯知识产权诉讼的管辖权。台湾地区也没有专门的知识产权诉讼制度，有关知识产权的诉讼是适用台湾地区的"民事诉讼法"及相关规定。根据知识产权的保护主要适用民事诉讼法的原则，两岸有关知识产权诉讼管辖权的规则应选择类似于《布鲁塞尔公约》在民商事案件的一般管辖公约中设置专门条款对知识产权管辖作出规定，以适应知识产权保护的特点。

　　国际上协调民事管辖权冲突的协议模式主要有两种："单一协议"模式与"双重协议"模式。所谓单一协议模式，是指只对各缔约国间相互承认与执行民事判决作出安排，而对原审法院的管辖权，仅规定被请求法院审查该种管辖权的若干标准，这种规定管辖权的方式又被称为"间接管辖权标准"；双重协议模式则将管辖权问题与判决的相互承认与执行问题在同一条约中一并加以规定，各缔约国将共同遵守统一的管辖权规定。这种规定管辖权的方式又被称为"直接的管辖权标准"。1971年海牙《关于承认和执行外国民事和商事判决公约》以及中国与外国签订的双边民商事司法协助协定就属于单一协议，而《布鲁塞尔公约》及《洛加诺公约》则是双重协议的典范。[1] 与单一协议相比，双重协议具有明显的优点，它不仅可以为当事人提供明确的管辖权信息，使当事人能够预见审判的结果，而且可以便于各法域法院判决的相互承认与执行，节省时间与费用。为保证海峡两岸包括知识产权在内的民商事法律关系的确定性和判决结果的可预见性，建议选择双重协议模式，即两岸只能根据协议明确规定的管辖权行使管辖权，依管辖权作出的判决在对方法域应予自动承认和执行。总之，两岸可以通过签订包括知识产权在内的民商事司法管辖权的双重协议，作为解决两岸知识产权诉讼管辖权

---

[1] 陈力：《一国两制下的中国区际司法协助》，复旦大学出版社2003年版，第103页。

冲突的法律依据。

2. 海峡两岸有关知识产权管辖协议的基本原则

根据国际上解决知识产权管辖权冲突的立法和司法实践，结合我国解决区际法律冲突的原则及海峡两岸关系和平发展的大背景，两岸有关知识产权诉讼管辖权协议应确立以下几方面原则、规则。

（1）知识产权地域性原则。知识产权自产生以来就一直坚持其严格的地域性原则。知识产权的地域性特点决定了知识产权保护的地域限制，即知识产权只在授予权利的国家或地区有效，在这个国家或地区之外，原来的权利将不再存在。时至今日，知识产权严格的地域性仍没有发生实质性的变化。虽然随着知识产权国际化的产生和不断发展，逐步淡化了知识产权的严格地域性，但是无论是《巴黎公约》，还是《伯尔尼公约》和 TRIPs 协议无不规定了权利独立原则。"知识产权权利独立"原则，是指同一主体就同一客体在不同成员国（或地区）取得、维持知识产权的条件和程序以及已取得的知识产权的内容，彼此独立、互不影响。可以说，知识产权国际保护机制是建立在充分尊重知识产权地域性的基础上的，它不仅没有否定其地域性，甚至强化和确认了知识产权地域性的特征。[1] "迄今为止，除知识产权一体化进程极快的地区（如西欧经济共同体、法语非洲国家）外，专利权、商标权、版权这些传统的知识产权，均只能依一定国家的法律产生，又只在其依法产生的地域内有效"。[2]

国际有关知识产权的管辖公约，也是根据知识产权国际保护中的地域性特点来协调知识产权管辖权的。如 1972 年的《布鲁塞尔公约》作为民商事案件的一般管辖公约，在其第 16 条第 4 款规定，无论当事人住所在何国、是否存在协议、是否自愿出庭，有关专利、商标、设计及其他需要交存或注册的类似权利的诉讼，由向其交存

---

[1] 杨长海：《知识产权冲突法论》，厦门大学出版社 2011 年版，第 35 页。
[2] 郑成思：《知识产权法》，法律出版社 1997 年版，第 19 页。

或注册或根据国际公约规定应向其交存或注册的成员国法院行使专属管辖权。又如1999年海牙国际私法会议颁布的《海牙公约草案》，也试图通过国际公约来划分知识产权案件的管辖权，该公约草案第12条第4款规定：以专利、商标、外观设计或其他要求注册或登记的类似权利的登记、有效、无效、撤销或侵权为标的的诉讼，由注册或登记申请地、注册或登记地、或根据国际公约被规定为注册或登记地的缔约国法院专属管辖。它虽代表了国际社会管辖方面的最新成果，但在有关知识产权规则方面还是模仿《布鲁塞尔公约》的相关规定，严守地域性管辖权原则。这表明知识产权地域性，无论是过去、现在都是知识产权的显著特点，在可预计的将来也不可能改变。因而，在两岸有关知识产权诉讼管辖权协议中也应坚持知识产权的地域性管辖原则，即规定，有关专利权、商标权的归属和效力由权利登记地或注册地法院专属管辖。由于专利权、商标权是须经国家（地区）依照特别程序授予的权利，有很强的公法性质，因此应将其列入专属管辖范围。但这种协议可以将著作权排除在专属管辖之外。因为著作权（版权）是自动产生的，按照"自动保护原则"，无须履行任何手续，不必注册或登记，因此对著作权（版权）一般是没有排他性管辖权的，1972年的《布鲁塞尔公约》和1999年的《海牙公约草案》也是将著作权（版权）排除在专属管辖之外的。

然而，知识产权法是一种综合性的法律制度，按照知识产权法的规范性质，可分为公法性规范和私法性规范。因此，在坚持地域性原则的同时，也应区分不同性质、不同类别的案件，合理设定专属管辖案件的范围。

欧盟在《布鲁塞尔公约》及司法实践中，将知识产权案件分为三类：第一类是与知识产权的形成及其有效性相关的诉讼，第二类是由于限制知识产权方面的权利而产生的侵权诉讼，第三类是与知识产权的授权或转让相关的诉讼。第一类诉讼案件涉及知识产权的

第五章　海峡两岸知识产权程序制度的冲突及其解决方法

形成与效力认定，是基于严格地域性而产生的，通常必须由注册登记地国法院加以专属管辖。因此《布鲁塞尔公约》第 16 条第 4 款规定：无论当事人住所在何国、是否存在协议、是否自愿出庭，有关专利、商标、设计及其他需要交存或注册的类似权利的诉讼，由向其交存或注册或根据国际公约规定应向其交存或注册的成员国法院行使专属管辖权。但对于几种特殊的知识产权案件，欧洲法院通过相关案例明确表明排除专属管辖权的适用：①版权事项。由于版权与专利权、商标权有所不同，不必经过专门的授予而可以因创作或发表自动产生，故在地域性的要求上不如上述两种那样严格，因此，公约将其排除在第 16 条第 4 款的适用外。②当雇员作为发明人与其雇主之间发生基于雇佣合同的专利发明权纠纷时，欧洲法院通过 Duijinstee v. Goderbauer 案❶的裁定指出，考虑到《布鲁塞尔公约》的目标以及欧洲专利公约中某些条款的规定，不适用第 16 条第 4 款。③强制许可的诉讼。由于强制许可重在对特定事项进行实质性审查，因此根据《布鲁塞尔公约》议定书第 VC 条的规定，由该许可准据法所属国法院专属管辖，便于有关法院依据其本国的实体法审理案件。在第二类侵权案件中，原告既可以采用公约第 2 条所规定的基础管辖原则，在被告住所地法院起诉；也可以根据第 5 条第 3 款所规定的关于侵权行为的特殊管辖规则，在侵害行为发生地法院起诉。对于涉及欧盟的专利侵权诉讼，只要被告在欧盟境内有住所，无论侵权行为发生在欧盟境内的任何地方，该住所地法院均对案件享有管辖权；如果被告住所不在欧盟境内，只要其有分支机构、代理或其他机构在欧盟成员国境内，该成员国法院便享有管辖权。第三类案件是基于双方存在合意但围绕协议的履行而发生的纠纷，故可以适用公约

---

❶ Case/288 [1983] ECR 3663，转引自罗剑雯：《欧盟民商事管辖权比较研究》，法律出版社 2003 年版，第 159 页。

第 5 条第 1 款规定的关于合同事项的特殊管辖规则。❶ 由上可见，欧盟也是对知识产权案件区分不同性质、不同类别，合理设定专属管辖案件的范围的。因而，两岸知识产权诉讼管辖权协议及其司法实践，应坚持合理的知识产权地域性，严格区分不同性质、不同类别的知识产权案件，放弃过分的、不合理的专属管辖，协商确立统一的知识产权专属管辖范围，以知识产权保护的目的为宗旨，并引入民商事诉讼管辖权的一些基本原则和具体原则，合理、公平、有效地解决两岸知识产权诉讼管辖权冲突问题。

（2）意思自治原则。当事人意思自治原则是当代国际私法中的基本原则之一。在冲突法领域中的当事人意思自治原则，是指当事人通过协商一致的意思表示，自由选择支配某一法律关系准据法的一项法律选择原则。其核心是尊重双方当事人的合意，在法律许可的范围内，由其自由处分自己的民事权利。这一法律精神反映到国际民商事管辖权领域，便表现为协议管辖制度，即由特定国际民商事案件的双方当事人协商，通过签订管辖协议的方式，选择确定管辖法院，从而赋予该法院以管辖权的制度。❷ 协议管辖的运用将产生两重效果：一是赋予管辖权的正效果，即一国法院原本不享有管辖权，当事人协议赋予其管辖权；二是排斥管辖权的负效果，即当事人协议指定了一国法院为管辖法院，意味着排斥了他国原本享有的管辖权。

当事人意思自治理论，一般认为由 16 世纪法国法学家杜摩兰首创，其最初含义是：契约关系应该适用当事人自主选择的法律予以调整。杜摩兰在其所著《巴黎习惯法评述》一书中甚至认为，即使

---

❶ 罗剑雯：《欧盟民商事管辖权比较研究》，法律出版社 2003 年版，第 159~161 页。

❷ 罗剑雯：《欧盟民商事管辖权比较研究》，法律出版社 2003 年版，第 162 页。

当事人于契约中未作明示的选择，法院也应根据各种事实所确定的默示的意思决定适用于合同的法律。由于杜氏的学说与资产阶级所倡导的"契约自由"思想相吻合，因而其学说受到了意大利著名法学家孟西尼等人的极力鼓吹。19世纪后期，国际私法上的当事人意思自治原则逐渐被越来越多的国家接受，尤其是在合同领域。直到20世纪50年代以后，随着国际经济的发展，意思自治原则开始向其他领域扩张。意思自治原则的运用，明显符合冲突正义与实体正义之要求。国际私法上的冲突正义寻求判决的稳定性、一致性与可预见性，当事人协议选法后，无论在何种情况下，其选择的法律都是固定的，自然符合冲突正义所寻求的目标；国际私法上的实体正义要求个案的公平与公正解决，对于当事人来说，纠纷解决程序中其参与程度越高，其对该程序的信任也就越大，对实现自己的利益也就更有好处。❶ 因此，"当事人的协议选择"不仅是管辖权的行使依据之一，更是化解管辖权冲突的一个有效途径。❷

但由于国际民事诉讼管辖权是一国法院对特定的涉外或国际性民商事案件行使审判权的资格，是以国家权力为基础，具有强制性的，因此提起国际民事诉讼一般不必以对方当事人同意为前提。❸ 正是因为国际民事诉讼管辖权带有一定公法性质，因此与国际商事仲裁相比，在国际民事诉讼范围内，当事人的意思自治则受到相当大的限制。目前，包括中国学者在内，普遍认为当事人意思自治原则在当代的发展过程中呈现出适用领域扩张和意思自治受限的双重趋势。这两种趋势具体表现为：一方面，其适用领域已经冲破传统的涉外

---

❶ 孟昭华："网络国际私法中的意思自治原则"，载《河北法学》2011年第8期。

❷ 罗剑雯：《欧盟民商事管辖权比较研究》，法律出版社2003年版，第162页。

❸ 宋连斌：《国际商事仲裁管辖权研究》，法律出版社2000年版，第47页。

合同领域，不同程度地扩展到侵权、婚姻财产、遗产继承、物权以及信托等新领域中；另一方面，当事人意思自治不是绝对的自治，要受到一些因素的制约。这些因素包括契约正义衍生的"有利于"原则与公共利益限制。❶

目前，意思自治原则已经得到了国际社会的普遍承认，各国以及许多国际组织正从立法和司法实践方面对这一原则加以充分的运用。《布鲁塞尔公约》第 17 条规定，如果当事方中的一方或数方在公约缔约国境内有住所，并且同意某一缔约国的法院对于与一个具体的法律关系相联系的已经发生或可能发生的争议拥有管辖权，那么该法院便应当具有专属管辖权。这是在特定范围内承认当事人意思自治的重要表现❷。2005 年 6 月 30 日，在海牙国际私法会议第 20 届外交大会上通过的《选择法院协议公约》，其核心条款就是确立国际民事诉讼中当事人协议选择法院进行管辖的范围，进而规定相应的判决承认与执行规范。

我国在 1991 年修改《民事诉讼法（试行）》时确立了协议管辖制度，2012 年 8 月新修改的《民事诉讼法》删除了涉外民事诉讼中的协议管辖制度，协议管辖的特别法规范被取消，国内和涉外民事诉讼协议管辖制度被整合在了一起，国内和涉外民事诉讼领域中得以统一适用第 34 条的规定。新法不仅在第 34 规定了明示协议管辖，而且在第 127 条规定了应诉管辖❸。台湾地区"民事诉讼法"也在第 24 中条规定了明示的协议管辖，并在第 25 条规定了应诉管辖。

此外，我国 2010 年通过的《法律适用法》也将当事人意思自治原则上升为国际私法的首要原则，允许当事人在所有涉外民事领域

---

❶ 孟昭华："网络国际私法中的意思自治原则"，载《河北法学》2011 年第 8 期。

❷ 罗剑雯：《欧盟民商事管辖权比较研究》，法律出版社 2003 年版，第 85 页。

❸ 在性质上，应诉管辖属默示的协议管辖。

任意选择所适用的法律。❶ 关于知识产权合同，《法律适用法》规定："当事人可以协议选择知识产权转让和许可适用的法律。当事人没有选择的，适用本法对合同的有关规定。"❷ 关于知识产权侵权，《法律适用法》规定："知识产权的侵权责任，适用被请求保护地法律，当事人也可以在侵权行为发生后协议选择适用法院地法律。"❸ 这与该法第44条所规定的当事人意思自治原则保持了一致。而台湾地区2010年新修订的"涉外民事法律适用法"虽未将其作为基本原则，但在第20条也规定"法律行为发生债之关系者，其成立及效力，依当事人意思定其应适用之法律。"

"尊重当事人意思自治原则"是一项非常有效地避免管辖权冲突的方法。荷兰学者波尔曾指出：如果研究冲突法的学者们将注意力更多地集中到寻求适当的管辖权标准，而不是寻求适当的法律选择标准上，他们也许会有新的发现，这比在法律选择及理论证明上无休止的争论会更有效。❹ 如果在包括知识产权在内的两岸民商事诉讼管辖权协议中将该原则确定为有关管辖权冲突的具体原则之一，无论对于包括知识产权在内的两岸民商事诉讼管辖权冲突的解决抑或是对于法院判决的域外承认与执行都是大有益处的。目前海峡两岸都规定协议管辖仅适用于财产权的请求和合同财产权益纠纷方面，而对于人的身份、能力等诉讼，则不能选择管辖法院。这样的限制过于严格，将来在两岸管辖权协议中应规定，只要不属于一法域法

---

❶ 《中华人民共和国涉外民事关系法律适用法》第3条。
❷ 《中华人民共和国涉外民事关系法律适用法》第49条。
❸ 《中华人民共和国涉外民事关系法律适用法》第50条。
❹ Th. m. de. Boer, Prospects for Eruopean Conflicts Law in the Twenty first Century in International Conflict of Law for the Third Millennium-Essays, Honor of Friedrichk. Juenger, Patrick J Borchers, 转引自范姣艳、徐伟功："国际民事诉讼中的协议管辖与相关问题"，载《云南大学学报.法学版》2005年第8期。

院专属管辖调整的范围,又不至于被该法域法院以与本法域毫无联系而排除管辖,便可以交由当事人自行选择。适度放宽对协议管辖的限制,可以扩大知识产权诉讼中当事人意思自治的空间,尽量避免知识产权诉讼管辖权冲突的出现。

(3)最密切联系原则。最密切联系原则,也叫最强联系原则、重力中心原则等,是指在选择某一涉外民事法律关系或涉外民事案件的准据法时,综合分析与该法律关系或该案有关的各种因素,从中找出与该法律关系或该案具有最密切联系的因素,根据该因素的指引,适用与该法律关系或该案件有最密切联系的国家或地区的法律。同当事人意思自治原则一样,最密切联系原则最早也是作为法律选择的一种方法出现的。

多数学者认为,最密切联系原则起源于德国柏林大学萨维尼的"法律关系本座说"。萨维尼所提出的"法律关系本座说"从一种普遍主义的观点出发,认为应适用的法律,只应是各国涉外民事关系依其本身性质所固有的"本座"所在地的法律。该说主张平等地看待法律,达到无论案件在什么地方提起,均能适用同一个法,得到一致的判决。萨维尼的学说彻底动摇了统治国际私法理论达数百年之久的法则区别说理论,推进了欧洲国际私法成文法的发展。萨维尼的学说对英美法系产生过巨大影响。其中,英美法系影响甚广的"最密切联系"原则就是在此学说的基础上发展起来的。

20世纪30年代起,美国学者抨击传统的冲突法理论和实践,并试图克服传统冲突法中呆板、僵化的东西,在理论中出现了柯里的"政府利益说"等学说。1963年,纽约州法院审理了一件有名的"巴贝科克诉杰克逊"案,法官富尔德在审理该案时进一步明确指出,准据法应当是在解决某个特定问题时具有最大利益的那个州的法律。美国学者里斯研究、评论了上述案例,并借鉴"政府利益说",创立了"最密切联系"原则,并以此为指导,于1971年主持编纂了《美国第二次冲突法重述》。最密切联系原则一经确立，便对世界各国产生了重大影响。现在，它已被各国的立法和司法所广泛接受并不断完善，一些国际条约也采纳了这一原则。

最密切联系说作为一个系统理论，其本身包含有政府、政策的利益分析，甚至也应包含国家礼让原则，所以最密切联系原则就应该是一个宽泛而灵活的概念并具有政治、经济方面的内涵。由于最密切联系地只是一个非常抽象的概念，它本身并没有指明可供直接援用的法律，因此它的适用在很大程度上依赖于法官的分析和判断，给法官以较大的自由裁量权。这样其弊端是灵活性有余，确定性不足，使人们在从事法律活动时显得无所适从，导致法律适用的不稳定性和不可预见性。为了克服以上弊端，在有些国家的立法或司法实践中，对运用最密切联系原则时需要考虑的因素进行了必要的列举。概括而言，这些因素包括：第一，案件与有关法域的联系分别达到什么程度；第二，有关法域法律的内容、隐含在法律中的政策、立法目的及其数量制约关系；第三，对案件的判决给有关法域增加或减少利益的比重；第四，判决对当事人是否公正及公正程序等。

运用最密切联系原则可以克服客观联结机械、僵化的缺陷，有利于个案的公平解决。越来越多的国家在立法或司法实践中运用这一原则。正是因为各国在此原则上难得的相同认识，才使得最密切联系原则被引入到管辖权领域，英美国家的不方便法院原则和日本的特殊情势原则等，就是最密切联系原则在管辖权方面的延伸适用。最密切联系原则开创了一种解决管辖权冲突，或者更确切地说，说服某国放弃管辖权的新方法，即各国对待国际民商事诉讼管辖权的行使，不仅仅依赖于本国立法管辖权，也更多地考虑案件与当事人的住所、居所、国籍、公司所在地、营业所、合同签订地、履行地、行为发生地和结果地等众多因素的联系以及联系的密切程度，从而

确定一个更适合审理国际民商事纠纷的管辖法院。❶

随着科学技术的发展使知识产权地域性管辖原则的局限性日益明显，一些发达国家在突破知识产权地域性保护方面开始尝试将最密切联系原则运用于知识产权诉讼，如美国就是通过"最低限度的联系"对有关实体法进行解释从而赋予国内管辖权具有域外效力，并将"最低限度联系原则"适用于知识产权诉讼，从而突破对知识产权诉讼严格的地域性管辖。从最低限度联系原则在知识产权领域的运用来看，美国认为只要在外国的侵犯知识产权的行为和美国存在着某种"联系"，法院就可以对这种知识产权纠纷行使管辖权，从而在一定程度上对知识产权地域管辖原则进行了突破。❷

祖国大陆在处理区际知识产权诉讼管辖权方面，也已经有突破严格地域性管辖原则的成功经验，如保健品进出口公司诉中国包装进出口山东公司"至宝"三鞭酒商标侵权案。❸

该案的原、被告是中国内地的两个法人，涉及侵权纠纷的知识产权却是在香港地区注册获得的知识产权。从理论上看，按照传统的知识产权地域性管辖原则，各国法院一般拒绝受理外国（地区）知识产权纠纷。但是，该案的特殊性在于，虽然侵权纠纷涉及的是香港的知识产权，但原、被告都是在中国内地有住所的法人，如果依据传统的地域性管辖原则一味地否认中国内地法院的管辖权，显然是不妥的。

在该案例中，受诉的内地法院最终确认了其具有管辖权，理由在于：依据我国《民事诉讼法》第 243 条（1991）关于涉外民事诉讼

---

❶ 李旺主编：《涉外民商事案件管辖权制度研究》，知识产权出版社 2004 年版，第 65 页。

❷ 详见本书第三章第二节内容。

❸ 朱榄叶、刘晓红主编：《知识产权法律冲突与解决问题研究》，法律出版社 2004 年版，第 58 页。

管辖权的规定，我国涉外民事诉讼管辖权的确定是以被告住所地法院为主兼采属地原则，我国的法律并未对商标侵权有专属管辖的规定。在这个案件中，基于原、被告双方在内地有住所，被告的主要财产也都在内地，由内地法院管辖该知识产权侵权案件将有利于调查取证以及将来判决的执行。无论是进行审理还是调查取证以及将来判决的执行，内地法院无疑都是具有优势的。法院受理案件后，根据我国《民法通则》中有关侵权行为法律适用的规定适用了香港法为该案的准据法，判令被告的行为构成对原告商标权的侵犯，支持了原告的诉讼请求。❶ 突破僵硬的知识产权地域性管辖原则，采用更为灵活、更有利于纠纷解决的管辖权方法，可以减少不必要的讼累，更有利于实现司法公正和节省司法资源，对于我国区际知识产权保护具有重要意义。

在海峡两岸现行的国际私法立法及相关司法解释中，最密切联系原则作为一种具体的法律选择方法，已被直接应用于合同、扶养、国籍、住所、营业所等领域法律冲突的解决以及多法域国家准据法的确定。我国 2010 年通过的《法律适用法》在第 2 条第 2 款规定："本法和其他法律对涉外民事关系法律适用没有规定的，适用与该涉外民事关系有最密切联系的法律。"这充分显示了其已经将最密切联系原则上升为指导国际私法的基本原则，而台湾地区 2010 年通过的"涉外民事法律适用法"虽未将其作为基本原则，但在 63 个条文中提及"关系最密切" 17 次，足见对该原则的重视。

最密切联系原则不仅在寻找准据法阶段具有重要作用，而且在解决海峡两岸包括知识产权在内的民商事纠纷案件管辖权冲突阶段也可以发挥重要的引导和规范作用。因此在签订两岸包括知识产权在内的民商事诉讼管辖权协定时，应将最密切联系原则作为一项基本

---

❶ 朱榄叶、刘晓红主编：《知识产权法律冲突与解决问题研究》，法律出版社 2004 年版，第 87~88 页。

原则，并针对最密切联系原则"灵活性有余，确定性不足"的弊端，用列举方式列出管辖法院在寻找与案件有"最密切联系点"时需要考虑的因素，以减少不确定性、随意性，增加判决的一致性和可预见性。此外，由于最密切联系原则只是一个较为抽象的原则，将其作为解决管辖冲突的一种有效原则，还需在两岸管辖权冲突协定中确定几项具体原则，包括必要管辖原则、不方便法院原则和先受理法院原则等，这些具体原则可以对管辖权冲突的协调起直接且有效的作用。

第二节 海峡两岸知识产权判决认可与执行制度的冲突及其解决方法

根据大陆相关司法解释的规定，❶申请认可的台湾地区有关民事判决，既包括一般意义上的民事判决，也包括对商事、知识产权和海事纠纷案件作出的判决。因此有关海峡两岸知识产权裁判的认可与执行程序可以适用一般民商事认可与执行程序的相关规则。法院判决，是指法院就诉讼各方的权利义务或他们所提出的诉讼请求作出的最后决定。实践中，"判决"一词也包括裁定、裁决和调解书以及法院对刑事案件中附带民事诉讼所作出的判决和公证机关对某些特定事项所作的决定。❷而所谓判决的承认与执行，是指各法域之间在一定条件下相互承认对方法院判决在本法域的效力。法院裁判的认可与执行是诉讼程序的最终目的，如果法院作出的裁判得不到认可与执行，则所有的诉讼程序将失去意义。因此，可以说，民商事判决的认可与执行是两岸司法协助中最为重要的部分，也是解决两岸包括知识产权在内的民商事纠纷的关键环节。然而，由于政治原

---

❶《关于人民法院认可台湾地区有关法院民事判决补充规定》第2条第1款。
❷ 冯霞：《中国区际私法论》，人民法院出版社2006年版，第312页。

因及法律体系和司法制度的不同，民商事判决得不到对方认可与执行的事件时有发生，致使当事人的合法权益得不到切实保障。因此，解决两岸包括知识产权在内的民商事裁判的认可与执行中的混乱现象，建立和完善两岸包括知识产权在内的民商事判决相互认可与执行制度是当前亟待研究解决的一个重要现实问题。

一、海峡两岸认可与执行民商事判决制度的差异与冲突

相互承认民商事裁判，是指承认不同法域的法院裁判在确定当事人的私权的效果上与本法域的法院作出的裁判具有同等的法律效力。目前，海峡两岸之间尚未就包括知识产权在内的民商事裁判的相互承认与执行问题达成协议，实践中两岸双方都是依据各自的单方面立法来决定是否承认与执行对方法域作出的判决。由于两岸民事诉讼制度的具体规则不尽相同，双方对法院判决的认可与执行在法律依据、认可与执行的条件以及认可与执行的程序等方面都存在不少差异，从而导致冲突频发。

（一）认可与执行民商事裁判的法律依据的差异与冲突

1. 大陆认可与执行台湾地区民商事裁判的法律依据

大陆认可与执行台湾地区民商事裁判的法律依据，主要体现在最高人民法院制定的相关司法解释之中。自1998年以来，最高人民法院先后出台了四个司法解释，就申请认可台湾地区有关法院的民商事裁判的范围、法律效力以及程序等问题作出了明确规定。

（1）《关于人民法院认可台湾地区有关法院民事判决的规定》。1998年1月15日，最高人民法院审判委员会通过《关于人民法院认可台湾地区有关法院民事判决的规定》（以下简称《98规定》），对大陆承认与执行台湾地区有关法院民商事判决作出了专门规定。《98规定》内容具体、翔实，彰显了原则性、务实性与灵活性。该规定

的颁布和施行,对于充分保障台湾同胞的民事权益提供了便捷有效的途径和方式。该规定是海峡两岸司法互助的一个重大突破,是大陆法院承认与执行台湾地区民商事判决的转折点。[1]

(2)《关于当事人持台湾地区有关法院民事调解书或者有关机构出具或确认的调解协议书向人民法院申请认可人民法院应否受理的批复》。该批复是针对四川省高级人民法院的请示所作的个案批复。该批复规定,对台湾地区有关"法院"出具的民事调解书,视为与法院民事判决书具有同等效力,当事人向人民法院申请认可的,人民法院应比照《98规定》予以受理。该批复于1999年5月12日起施行。该司法解释明确了对台湾地区的调解书可予认可和执行。但对台湾地区有关机构(包括民间调解机构)出具或确认的调解协议书,当事人向人民法院申请认可的,人民法院不应予以受理。

(3)《关于当事人持台湾地区有关"法院"支付命令向人民法院申请认可人民法院应否受理的批复》。该批复是对最高人民法院《98规定》的补充。该批复指出,人民法院对当事人持台湾地区有关"法院"支付命令及其确定证明书申请其认可的,可比照最高人民法院《98规定》予以受理。该批复于2001年4月27日起施行。依据该批复,台湾地区有关法院的支付命令经人民法院裁定认可后,与经人民法院裁定认可的台湾地区有关法院的判决一样在大陆产生法律效力。

(4)《关于人民法院认可台湾地区有关法院民事判决的补充规定》。为了适应海峡两岸关系发展的实际需要,最高人民法院于2009年4月24日公布了《关于人民法院认可台湾地区有关法院民事判决的补充规定》。该补充规定是为执行《海峡两岸共同打击犯罪及司法互助协议》关于认可与执行民事确定裁判与仲裁裁决的有关规定的

---

[1] 马志强:"论海峡两岸民商事判决承认与执行制度的构建",载《河北法学》2010年第8期。

又一重要司法解释。该补充规定的意义主要体现在:❶ ①明确被认可的台湾"法院"判决与人民法院作出的生效判决具有同等效力。为了避免争议,该补充规定第1条第2款明确了被认可的台湾地区"法院"的判决与大陆人民法院作出的生效判决具有同等效力。②扩大了申请认可的范围。明确申请认可的台湾地区有关"法院"民事判决,既包括一般意义上的民事判决,也包括对商事、知识产权和海事纠纷案件作出的判决。无论上述哪一类民事案件,均可依据《98规定》和《补充规定》申请认可。在适用范围上,《补充规定》明确申请认可台湾地区有关"法院"的民事判决和裁定、调解书、支付令以及台湾地区仲裁机构裁决的,适用《98规定》和《补充规定》,统一了五类文书的申请认可程序。③设定了财产保全制度。为防止在申请认可的过程中被申请人转移被执行的财产,维护申请人的正当权益,《补充规定》规定申请认可期间,申请人可以全程申请财产保全。为减少因财产保全错误给被申请人造成损失,最大限度地平衡双方当事人的利益,《补充规定》把提供有效的担保作为申请条件。④规范了办案程序。在办案机制上,将申请认可与申请执行分开。申请认可案件的立案统一由立案庭立案审查,然后交由相关民事审判庭的审判人员组成合议庭进行审理。作出认可的裁定后,申请人可以按照民事诉讼法的规定,申请执行台湾地区有关"法院"的民事判决。为解决申请认可后与执行的衔接,《补充规定》规定申请人依裁定向人民法院申请执行该判决的,人民法院应予受理。

2. 台湾地区认可与执行大陆民商事裁判的法律依据

台湾地区认可与执行大陆民商事裁判的主要法律依据是"两岸关系条例"及其"施行细则"。

"两岸关系条例"对承认与执行大陆民事判决作了原则规定:

---

❶ 马志强:"论海峡两岸民商事判决承认与执行制度的构建",载《河北法学》2010年第8期。

"在大陆地区作成之民事确定裁判,民事仲裁判断,不违背台湾地区公共秩序或善良风俗者,得声请法院裁定认可。前项经法院裁定认可之裁判或判断,以给付为内容者,得为执行名义。"由于该条规定较为原则,缺乏可操作性,台湾"司法院"对认可大陆判决的准则作过几点解释:(1)依台湾地区有关规定,大陆法院之判决违反专属管辖者,因与公益有关,不予认可。(2)认可大陆法院之判决仅审查其判决内容有无违背台湾地区公共秩序或善良风俗。(3)公共秩序或善良风俗原系不确定之法律概念,是否违背该规定应就个别具体案件来探究,并应注意下列事项:依台湾"宪法"保障人民基本权利之原则;保障台湾地区人民福祉之原则;大陆法院之判决违反台湾地区强制禁止规定者,得视个别具体情形认定是否违反公共秩序或善良风俗。❶ 1997年5月,台湾地区又对该第74条进行了修订,在原有第1~2项之外增列了第3项规定,即"前两项规定,以在台湾地区作成之民事确定裁判、民事仲裁判断,得声请大陆地区法院裁定认可或为执行之名义,始适用之"。这次修订在公共秩序条件之外,又增加了对等条件,这实际上是要求台湾地区承认大陆判决须以互惠及对等为前提条件。1998年5月,台湾当局修正"施行细则",在第54条之中又规定:"依本条例第74条规定声请法院裁定认可之民事确定裁判、民事仲裁判断,应经'行政院'设立或指定之机构或委托之民间团体验证。"这次修订,实际上扩张了海基会的验证权限与功能,为大陆当事人在台湾地区"法院"申请承认或执行人民法院判决又增加了一项新的条件,使得大陆法院的民商事判决在台湾地区得到承认和执行的程序更为繁琐。

通过上述比较分析可以看出,两岸都通过单方的正式制度设计或相关解释规范、认可及执行对方法院的民商事判决,但在制度安排

---

❶ 新华通讯社:《台港澳情况》1993年5月第18期,第8~9页。

第五章　海峡两岸知识产权程序制度的冲突及其解决方法

上存在不少差异，大陆对于承认与执行台湾地区民事判决的宗旨、承认与执行判决的申请条件、认可台湾地区判决的条件及不予认可的法律救济、当事人的自由处分权问题、认可申请的时效及具体执行程序问题乃至台湾判决的公证等问题均作了详尽规定，具有很强的操作性，同时也体现了原则性与灵活性相结合的特点，对维护当事人合法权益，促进两岸经贸、文化交流与合作起到了积极的推动作用。反观台湾地区，不仅在两岸相互认可与执行民商事裁判的制度安排上不断增设障碍，而且对于承认与执行大陆民事判决的规定则较为原则，未就申请期限、申请程序等问题作出具体规定，缺乏可操作性，在一定程度上对民商事裁判的申请与认可构成阻碍。尤其是台湾地区"最高法院"在2007于11月作成的96年度台上字第2531号"判决"中表示，大陆作成的民事判决被认可后，仅具有执行力而不发生既判力，此即意味着台湾地区"法院"可以对人民法院作成的判决进行实质审查。台湾地区"最高法院"的这一观点为未来两岸判决的认可与执行带来了新的变数。

（二）认可与执行民商事裁判的范围的差异与冲突

1. 大陆认可与执行台湾地区民商事裁判的范围

如何确定民商事判决的范围是两岸民商事判决相互认可与执行中的首要问题。1991年，最高人民法院就明确提出，对台湾地区有关地方"法院"民事判决的认可原则："不违反中华人民共和国法律的基本原则，不损害社会公共利益，可以承认其效力"。[1]根据上述原则，最高人民法院颁布了一系列司法解释，认可台湾地区民事裁判的范围不断扩大到所有具有确定裁判效力的司法文书。根据《98规

---

[1] 最高人民法院1991年在向七届全国人大四次会议所作的工作报告。

定》第 2 条❶和第 19 条❷的规定，人民法院认可台湾地区民事裁判的范围包括台湾地区有关地方"法院"民事判决、民事裁定和仲裁机构的仲裁裁决三大种类。《补充规定》进一步明确了申请认可的民事裁判的范围，台湾地区有关"法院"的民事判决、民事裁定、调解书、支付令以及台湾地区仲裁机构作出的民事仲裁裁决都可以向大陆有管辖权的人民法院申请认可和执行。而在实务中，人民法院甚至认可了我国台湾地区"法院"刑庭作成的和解笔录。同时，明确了申请认可的民事判决的案件范围：既包括一般意义上的民事判决，也包括对商事、知识产权和海事纠纷案件作出的判决。

2. 台湾地区认可与执行大陆民商事裁判的范围

依据台湾地区"两岸关系条例"第 74 条的规定，台湾地区申请认可大陆民事裁判的范围仅限于民事确定裁判和仲裁裁决，而且未就民事确定裁判的范围作明确的解释，以致对大陆人民法院作出的调解书、支付令等司法文书能否在台湾地区申请认可存在很大争议，实务做法亦不统一。1994 年，台湾地区"司法院"以"诉讼调解由强制执行法第 4 条第 1 款第 3 项明定"为由，表示"两岸关系条例"第 74 条所述的民事确定裁判，宜解释为不包括民事调解书在内。❸故此，台湾地区各"法院"的通行做法即系不对大陆人民法院的民事调解书予以认可。

由上可见，两岸申请认可民事裁判的范围存在不少的差异，依据

---

❶ 《98 规定》第 2 条：台湾地区有关"法院"的民事判决，当事人的住所地、经常居住地或者被执行财产所在 2 地在其他省、自治区、直辖市的，当事人可以根据本规定向人民法院申请认可。

❷ 第 19 条：申请认可台湾地区有关"法院"民事裁定和台湾地区仲裁机构裁决的，适用本规定。

❸ 台湾地区"司法院"1994 年 11 月 19 日函：（94）秘台家厅民三字第 20524 号。

第五章　海峡两岸知识产权程序制度的冲突及其解决方法

大陆的相关司法解释，认可台湾地区民商事裁判涵盖民事判决、裁定、调解书、支付令以及仲裁裁决，裁判范围十分宽泛，又具体明确，不仅可以减少可能产生的争议，利于当事人申请，而且便于人民法院审查。而台湾地区将认可范围非常狭隘地局限在民事裁判和仲裁裁决内，并且不认可大陆民事裁判的效力。其做法既缺乏依据，也不利于维护诉讼当事人的民事权益和诉讼权利。

（三）认可与执行要件的差异与冲突

1. 大陆认可与执行台湾地区民商事判决的要件

《98规定》第9条规定：台湾地区有关"法院"的民事判决具有下列情形之一的，裁定不予认可：（1）申请认可的民事判决的效力未确定的；（2）申请认可的民事判决，是在被告缺席又未经合法传唤或者在被告无诉讼行为能力又未得到适当代理的情况下作出的；（3）案件系人民法院专属管辖的；（4）案件的双方当事人订有仲裁协议的；（5）案件系人民法院已作出判决，或者外国、境外地区法院作出判决或境外仲裁机构作出仲裁裁决已为人民法院所承认的；（6）申请认可的民事判决具有违反国家法律的基本原则，或者损害社会公共利益情形的。

2. 台湾地区认可与执行大陆民商事判决的要件

根据台湾地区"两岸关系条例"及"施行细则"规定，台湾当局承认与执行大陆法院民商事判决的条件为：（1）大陆法院所作判决须为确定之判决；（2）需要执行的判决须以给付为内容；（3）大陆法院所作判决不违反台湾地区的公共秩序或善良风俗（根据台湾"司法院"对认可大陆判决的解释，违反台湾地区的专属管辖视为违背台湾地区的公共秩序或善良风俗）；（4）大陆法院承认与执行台湾地区"法院"民商事判决的互惠与对等；（5）须经台湾"行政院"认可的民间团体验证真伪。

通过比较海峡两岸互相承认与执行的相关规定，可以看出两岸均

317

把"判决违反被申请承认与执行方公共秩序""判决尚未生效"以及"判决违反被申请承认与执行方法院的专属管辖"作为拒绝承认与执行的条件。所不同的是台湾的规定较为原则,未就当事人的申请条件、申请时效以及申请程序等问题作出具体规定,缺乏可操作性,而大陆的规定则具体务实,便于法院和当事人操作,其裁定认可的范围比台湾地区宽泛。具体表现为:第一,大陆规定的"违反一事不再理""违反正当程序""有效仲裁协议排除法院管辖"等拒绝认可台湾民商事判决的理由并未在"两岸关系条例"及其"施行细则"中体现;第二,大陆未要求申请认可的台湾地区法院判决须经民间团体认证;第三,大陆未将互惠及对等作为人民法院认可台湾地区有关法院民商事判决的条件。❶

(四) 认可与执行程序的差异与冲突

1. 大陆法院认可与执行台湾地区判决的程序

《98规定》与《补充规定》对认可程序作了详细的规定。对于认可申请,由当事人住所地、经常居住地或者被执行财产所在地的中级人民法院管辖;❷ 申请人向两个以上法院申请认可的,由最先立案的中级人民法院管辖;❸ 认可申请应当在判决效力确定后的两年内提出;❹ 可以由本人亲自提出,也可委托他人提出;❺ 申请书除了须具备《98规定》第5条规定的内容外,还须依照第4条提供台湾地区"法院"民事判决书正本和经台湾地区公证机关或者有关机关出具的证明无误的

---

❶ 陈力:"海峡两岸民事判决的相互承认与执行:困境与出路",载《法治论丛》2002年第5期。

❷ 《98规定》第3条。

❸ 《补充规定》第3条。

❹ 《补充规定》第9条。

❺ 《98规定》第11条。

副本。❶ 此外，申请人还应当提供相关证据，证明判决真实并且效力已确定。如果民事判决真实并且效力确定，且不具有《98规定》第9条所列情形，人民法院裁定认可其效力，否则裁定驳回。

2. 台湾地区法院认可与执行大陆法院判决的程序

"两岸关系条例"第74条第1项规定，大陆法院作出的民商事确定判决，只要不违背台湾地区公共秩序或善良风俗的，均可向台湾地区"法院"申请认可。该规定说明，大陆法院的民商事判决，无论是给付判决、确认判决或者形成判决，均应经过认可程序方能在台湾发生效力。由此可见，在认可大陆的民商事裁判上，"两岸关系条例"确立的是程序审查制，与承认外国法院判决所采用的自动承认制不同。台湾"行政院"于有关"两岸关系条例"草案总说明中曾指出：对于民事案件，除基于两个地区之理念适度纳入区际法律冲突之理论，以解决实际问题外，对于在大陆地区所产生之民事上权利、义务，亦基于事实需要，予以有条件之承认。针对"两岸关系条例"第74条第1~2款的立法说明亦指出："两岸地区之民事诉讼制度及商务仲裁体制有异，为维护我法律制度，并兼顾当事人权益，依规定因争议而在大陆地区作成之民事确定裁判或仲裁判断，须不违背台湾地区公共秩序或善良风俗，始得声请台湾法院裁定认可。"

此外，根据"两岸关系条例"第74条第2项规定，大陆法院作出的经台湾地区"法院"裁定认可之裁判，以给付为内容者，得为执行名义。也就是说，只要大陆法院的民商事判决在台湾获得认可，如果该判决系给付判决，则可以直接向台湾地区"法院"申请强制

---

❶ 《补充规定》第8条。

执行，无须另以判决程序申请许可强制执行。❶

关于域外判决的承认，主要有三种方式：一是实质审查制，即由承认地法院就域外判决的具体内容，重新审查实体内容后作出承认或不承认的判决；二是形式审查制，即由承认地法院在程序上审查域外判决是否符合规定的承认要件，不作实体审查；三是自动承认制，即只要域外判决符合承认要件即自动地发生承认的效力，反之则不发生承认的效力。目前世界上大多数的国家都是采用形式审查制。在两岸立法上虽均无明确规定，但根据大陆和台湾地区的相关规定，两岸对对方法域的判决实行的都是形式审查制。所不同的是大陆对诉讼当事人的民事权益尽可能地予以保障，例如，根据《98规定》第17条，认可申请应当在该判决发生效力后一年内提出；《补充规定》将此期限延长为两年。反观台湾方面则不断加大申请认可的难度，使得大陆法院的民商事判决在台湾地区得到承认和执行的程序更加繁琐。此外，台湾地区对外国和香港、澳门特别行政区都是采用自动承认制，而对认可大陆法院判决则须经过一定的认可程序，这也表明了台湾当局对大陆司法审判的不信任。

（五）认可效力

1. 大陆对台湾地区民事判决的效力的认可

为了避免争议，最高人民法院在《补充规定》第1条中明确规定，经人民法院裁定认可的台湾地区有关法院民事判决，与人民法院作出的生效判决具有同等效力。大陆人民法院在审查认可申请时，从来没有对认可后的效力有所犹豫，都认为就是认可台湾地区判决的法律效力，即既判力。

---

❶ 台湾地区的"民事诉讼法"虽对外国法院的判决采用自动承认制，但当事人若要申请强制执行外国判决，还需要根据"强制执行法"第4条之1的规定，另经诉讼程序，由"法院"以判决宣示其执行效。

2. 台湾地区对大陆民事判决的效力的认可

台湾地区"两岸关系条例"第74条并没有明文赋予大陆判决与台湾地区本地判决同一效力。而依据台湾地区"最高法院"的最新判决，❶ 大陆法院作成的民事判决经台湾地区有关法院裁定认可后，没有与台湾地区民事判决同等效力，即无既判力，只有执行力。按照台湾地区"最高法院"的理解，台湾地区的"法律"没有认可大陆人民法院判决的既判力，仅赋予大陆民事判决执行名义，大陆民事判决类似经公证的债权文书。大陆法院民事判决在台湾地区对当事人没有判决的约束力，台湾地区"法院"亦不受其约束，因此台湾地区"法院"在异议之诉中重新审理了当事人之间的实体争议，并能作出与大陆判决内容相反之判决。

由上可见，海峡两岸在认可对岸判决的效力上存在相互矛盾的局面。《98规定》生效以后，人民法院一直将台湾地区"法院"作出的民商事判决与大陆法院作出的生效判决同等对待。但在实践中，有些台湾法律界人士和台湾同胞误认为被认可的台湾地区"法院"作出的判决在效力上要低于大陆法院作出的判决。为了消除这种误会，在《补充规定》中明确规定，经人民法院裁定认可的台湾地区有关法院民事判决，与人民法院作出的生效判决具有同等效力。而在台湾地区"两岸关系条例"中却没有明文赋予大陆判决与台湾地区本地判决同一效力。台湾地区最高法院在司法实务中又过度拘泥文义，顾此失彼，诱发了两岸相互认可对方民事判决中的矛盾冲突。如果被认可的人民法院作成的民事判决在台湾地区不能继续发生法律效力，即意味着台湾地区法院随时可以就案件进行重新审理并作

---

❶ 台湾地区"最高法院"2008年先后作出两项终审判决，认定大陆法院判决在台湾地区仅具有执行力，而无与台湾地区"法院"判决相同的既判力。见台湾地区"最高法院"2008年台上字第2376号案"民事判决"、2008年台上字第2258号案"民事判决"。

出相反的判决。如此一来,民事判决的认可与执行将失去积极意义,这也就在实质上蚀空了判决认可与执行领域所适用的禁止实体审查原则。❶ 台湾学者陈长文教授也抨击台"最高法院"的判决颠覆了两岸相互承认民事判决及一事不再理的正当期望,是严重的倒退,如不主动改变立场,必将造成两岸人民就相同的争议重复奔波于两岸法院,不但损害当事人的权益,更玷污司法的尊严。❷

二、海峡两岸知识产权判决的认可与执行制度冲突的解决方法

(一) 国际知识产权判决承认与执行制度的协调

随着经济一体化的日益增强,尤其是知识经济的迅猛发展,知识产权在国际经济活动中的重要性日益凸显。为解决国际知识产权诉讼中外国判决的承认与执行制度的冲突,一些国家和地区通过立法或签订协议的途径较好地解决了知识产权判决的相互承认与执行。

1. 欧盟的有关立法与实践

欧盟早在建立之初就在《欧共体条约》的第220条中明确规定:成员国应在必要时相互进行谈判,简化彼此之间关于相互承认与执行法院判决或仲裁裁决的手续。这一规定成为"判决自由流动原则"最早的法律依据。随着欧洲一体化步伐的加快,共同体的缔结者们清醒地认识到,要使经济共同体充分有效地发挥作用,必须设计并采用一种机制,保证在共同体内部,法律这种救济手段不会由于国界的阻隔而停滞。这就使一国法院判决在欧共体其他成员国的承认与执行显得尤为重要。正是基于这种认识,欧盟在1968年9月27日

---

❶ 王冠玺、周翠:"两岸民事判决的认可与执行问题研究",载《法学研究》2010年第3期。

❷ 陈长文:"闭门造车的最高法院兄弟们",载《台湾联合报》2009年4月27日,第A11版。

布鲁塞尔文本及 1988 年 9 月 25 日洛加诺文本中规定了外国判决的自动承认与执行机制，其适用范围为：（1）所有成员国的法院或审判组织所作的有关民商事的判决，如命令、指令、决定。知识产权诉讼中常用的临时禁令也包括在其中。（2）不管是否是依据公约的管辖规则而行使的管辖权。即外国判决的承认与执行与该公约的管辖规则不相关，有关外国的判决可以基于各国的传统管辖规则而审理作出，这不影响其在成员国间的承认与执行。（3）该判决是有关民商事诉讼的。（4）缺席判决被排除在外。从适用范围看，这两个公约都是有关一般民商事判决与承认的，并没有如管辖问题那样有着对知识产权的特别规定。

2.《海牙公约草案》及《知识产权公约草案》的有关规定

《海牙公约草案》作为协调欧盟与美国管辖与判决的承认及执行的最新公约草案，其目的在于建立起全球性机制，以合理分配国际管辖权及确保对外国判决的承认与执行。因此，在立法理念上，草案是牺牲一定程度的立法多元化，通过尊重统一、可预见性而使外国判决的承认与执行成为一种常规。如同《布鲁塞尔公约》一样，在有关判决的承认与执行方面，它也没有针对知识产权的特别规定。而且，除了相似的例外情况（如公共秩序保留）外，两者都规定了外国判决的自动承认与执行机制。但是不同的是，《海牙公约草案》创制了另一类管辖基础（jurisdictional bases），即对于以这种管辖为基础的外国判决，公约既不授予成员国依据第 25 条自动承认与执行的权利，又不像有关被禁止的管辖基础那样自动不予承认，而是允许执行法院自己决定是否执行这样的外国判决。❶

与《海牙公约草案》相比，《知识产权公约草案》因为主要针对

---

❶ Graeme B. Dinwoodie, Private International Aspect of the Protection of Trademarks, WIPO/PIL/01/4（2001），p.57. 转引自彭欢燕：《商标国际私法研究——国际商标法之重构》，北京大学出版社 2007 年版，第 216 页。

知识产权，因此专门增加了一些特殊规定。如对非谈判合同和基于法律适用的不执行。前者主要是指"点击合同""拆开合同"等。后者是指，作出判决的法院所作的法律选择是"武断或不合理"的（arbitrary or unreasonable）时，公约允许受申请执行法院不执行。当然，这种规定也受到一些批评，因为对另一个法院的法律适用进行评价是困难的。这种标准可能只是传递给法官一个信息，即深层次的分析是没有必要的。另外，该公约还适应对知识产权制止即时侵权的需要，而对跨边界的诉前禁令也给予执行。除此，公约对判决的承认与执行也再没有其他特别规定了。

3. 英、美的有关立法与实践

在英国，除了适用《布鲁塞尔公约》外，在涉及欧盟非成员国所作判决或判决实体部分不属于公约范围时，则依据英国传统规则来承认和执行外国判决。依据英国传统，各国的知识产权在各国有效，因此有关国际知识产权侵权由各个注册国法院处理，从而对于外国法院处理本国知识产权的判决，特别是使本国知识产权无效的判决是被拒绝承认和执行的。但《布鲁塞尔公约》和《洛加诺公约》规定的强制性使得这一现象得到改变，即英国也开始受理涉外知识产权案件，于是对外国有关国内知识产权的判决也开始给予承认与执行。但在公约范围以外，这种现象却并没有改变。[1]

在美国，联邦各州之间判决的承认与执行是依据宪法中的诚信条款构建的，但这一条款也适用于外国判决的承认与执行。对于外国判决，美国一般给予尊重。这主要出于两个方面的原因，一是基于对司法礼让的关注；二是美国的许多州已经采纳了有关外国金融判决承认的示范法。依据这个立法，只要作出判决的外国法院不是没

---

[1] James J. Fawcett, Paul Torremans, Intelleetual Property and Private International Law, USA: Oxford University (1998), p.729. 转引自彭欢燕：《商标国际私法研究——国际商标法之重构》，北京大学出版社2007年版，第215页。

有管辖权的，大多应被承认，这是典型的美国式标准。在过去，对于外国判决，美国法院曾因为外国法院没有给予承认上的互惠而拒绝承认，但现在许多州已放弃这一做法。

（二）内地与港、澳特别行政区知识产权判决认可与执行制度的协调

为了适应内地与香港密切的经贸关系，早在2002年，香港特别行政区有关部门与内地有关部门就进行了非正式会议，双方就两地承认与执行判决的问题交换了意见。[1]双方经过多次磋商、修改文本，2006年7月14日，最高人民法院代表与香港特别行政区代表在香港签署《关于内地与香港特别行政区法院相互认可和执行当事人协议管辖的民商事案件的安排》。2006年2月28日，最高人民法院与澳门特别行政区也在澳门签署《内地与澳门特别行政区关于相互认可和执行民商事判决的安排》。内地与香港、澳门特别行政区分别达成的相互认可和执行民商事判决的两个《安排》，促进了相互之间判决的自由流动。

（三）海峡两岸知识产权判决的认可与执行制度冲突的解决方法

海峡两岸相互认可与执行民事判决的规定存在诸多差异与分歧，比照各国间协调认可与执行民事判决制度冲突的经验，解决矛盾与冲突的最有效办法就是两岸就民事判决的相互认可与执行签订共同协议。根据国际及内地与港、澳特别行政区关于民商事判决的认可与执行制度协调的成功经验及海峡两岸司法互助的现状、特点，两岸包括知识产权在内的民商事判决的相互认可与执行协议中，除了要坚持两岸司法互助的一般原则外，还需着重确立两项原则：一是要确立判决自由流动原则，二是要确立公共秩序保留合理适用原则。

---

[1] 香港特别行政区立法会CB（2）248/04－05（05）号文件。

1. 确立判决自由流动原则

"判决自由流动原则"是欧盟民事诉讼法的总原则，重在强调判决在各成员之间的相互承认与执行。只有实现判决的自由流动，才能确保货物、人员、服务、资本的自由流通。

2010年，两岸签订了《海峡两岸经济合作框架协议》，协议实施后，两岸全面开放经济合作框架协议货物贸易早期收获清单以及服务贸易早期收获清单，开始了经济一体化的进程。与此同时，根据两岸经济合作框架协议的有关条款，加速推动两岸经济合作框架协议的后续协商，迄今为止，两岸在后续协商方面已经取得了丰硕成果。随着两岸经济一体化合作的日益深化，民商事纠纷必然大量增多，客观上要求实现包括知识产权在内的两岸民商事判决的自由流动。

2. 确立公共秩序保留合理适用原则

公共秩序保留，又称保留条款、排除条款、公共秩序、公共政策等，是指一国法院依据冲突规范本应适用外国法时，因其适用会与法院地国的重大利益、基本政策、道德的基本观念或法律的基本原则相抵触而排除其适用的一种保留制度。最先在法律上规定公共秩序保留制度的是1804年的《法国民法典》，此后，世界各国的立法和许多国际公约都相继把公共秩序保留制度作为一项基本制度规定下来。公共秩序保留制度之所以得到世界各国的肯定，是因为它具有保护本国公共秩序不受侵犯的重要作用。具体而言，公共秩序保留制度具有两个方面的作用：一是当本国冲突规范指定的外国法的适用与本国公共秩序相抵触时，这种保留制度具有排除外国法适用的否定或防范作用；二是由于涉及在本国国家和社会的重大利益或法律和道德的基本原则，对于特定的涉外民事法律关系必须直接适用本国法律中的强制性规定，而不用考虑依冲突规范去指定准据法的问题，从而具有排除外国法的适用而直接适用内国法的肯定作用。

第五章 海峡两岸知识产权程序制度的冲突及其解决方法

虽然在国际私法层面，各国都将公共秩序保留作为相互承认和执行领域中保护本国基本道德准则和政策的最后防线，但在多法域国家中解决区际承认与执行问题时是否适用，学者有不同主张，各国实践也不尽相同。学者中主要有三种不同主张，即排除适用论、完全适用论、有限适用论。实践中有一些国家拒绝在区际冲突法中采用公共秩序保留制度，如西班牙、英国；也有一些多法域国家在区际法律冲突中对公共秩序保留持严格限制适用的态度，如美国、澳大利亚。目前在多法域国家中解决区际法律冲突时，大多是采用有限制的公共秩序保留制度。

在海峡两岸司法互助中是否适用公共秩序保留制度，理论界也曾有过不同主张[1]，但在两岸签订的《海峡两岸共同打击犯罪及司法互助协议》中两岸双方已经达成共识：双方同意基于互惠原则，于不违反公共秩序或善良风俗之情况下，相互认可及执行民事确定裁判与仲裁裁决。可见公共秩序保留是两岸经协商一致同意的两岸相互认可与执行民商事裁判的最基本条件。然而，公共秩序保留具有模糊性、灵活性和可变性等特点，尤其是在两岸尚未统一的特殊情况下，公共秩序保留制度在两岸司法实践中笼罩着一层浓浓的政治色彩，已经超出了它作为一个单纯的法律制度本身所应有的内容。因此，在海峡两岸认可与执行协议中应对公共秩序的内涵及公共秩序保留的适用范围、适用标准、适用程度进行必要的指导和限定，以保证在两岸相互认可与执行对方法域的民商事判决中能够合理地适用公共秩序保留制度。

---

[1] 有的学者认为，由于两个法域的社会、经济、政治及制度的差异，任何一方均可自由地依照公共秩序原则来决定是否拒绝适用对方的某些法律或执行对方的判决。而有的学者则认为，适用公共秩序原则不仅会违反"一国两制"的基本原则，而且还会阻碍两种制度的共同发展，因此两地应无条件地相互承认和执行法院判决或仲裁裁决。

（1）公共秩序的内涵。"公共秩序"是一个含义广泛的法律概念，它不仅包括国家主权、安全，而且包括社会公共利益乃至道德的基本观念和法律的基本原则。海峡两岸在各自的立法中都将违反本国（本地区）公共秩序作为拒绝承认和执行外国（外法域）法院判决的重要理由，将本国（本地区）公共秩序作为承认和执行对方判决的先决条件。但在立法名称上不尽相同，大陆立法将公共秩序称为"公共秩序""公共利益""基本政策""法律的基本原则或国家主权、安全、社会公共利益""社会公共利益"等。❶ 台湾地区在"立法"名称上比较一致，都是使用"公共秩序或善良风俗"❷。两岸不同的称谓反映了两岸立法对公共秩序的理解有所不同，但其目的均在于限制外国（域）法的适用以保护法院地国（区）的公共秩序和善良风俗。在《海峡两岸共同打击犯罪及司法互助协议》中没有如大陆与港澳有关司法互助的安排分别适用各自的习惯法❸，而是统一采用了台湾地区惯用的"公共秩序或善良风俗"的称谓。然而公共秩序或善良风俗都是不确定的法律概念，并可能随时代背景、环境及国情的变化而异其解释，因此在两岸认可与执行协议中应对

---

❶ 大陆《民法通则》第 150 条、《海商法》第 276 条、《民用航空法》第 190 条、《涉外民事关系法律适用法》第 5 条等法律的规定。

❷ 台湾地区"民事诉讼法"第 402 条、"涉外民事法律适用法"（2010 年修正）第 8 条。

❸ 最高人民法院 1999 年 6 月《关于内地与香港特别行政区相互执行仲裁裁决的安排》第 7 条第 3 款规定："如内地法院认定在内地执行该仲裁裁决违反内地社会公共利益，或者香港法院认定在香港执行该仲裁裁决违反香港的公共政策，则不予执行该裁决。"2006 年 2 月《内地与澳门特别行政区关于相互认可和执行民商事判决的安排》第 11 条规定："被请求方法院经审查核实存在下列情形之一的，裁定不予认可：……（六）在内地认可和执行判决将违反内地法律的基本原则或者社会公共利益；在澳门特别行政区认可和执行判决将违反澳门特别行政区法律的基本原则或者公共秩序。"

公共秩序及善良风俗的含义作出较明确的界定。

（2）公共秩序保留的适用标准。对公共秩序保留的适用有两种不同的标准：一是主观说，即主张如果该外国法本身的内容与法院国的公共秩序相抵触，即可排除该外国法的适用，而不问具体案件适用该外国法的裁判结果如何；二是结果说，即主张只看适用该外国法的结果是否与法院国的公共秩序相抵触，而不以该外国法的内容是否违背公共秩序为标准。《98规定》第9条规定：台湾地区有关法院的民事判决具有下列情形之一的，裁定不予认可："（六）申请认可的民事判决具有违反国家法律的基本原则，或者损害社会公共利益情形的。"由此可见，大陆采用的是主观说的标准。台湾地区"两岸关系条例"第74条规定：在大陆作成之民事确定裁判、民事仲裁判断，不违背台湾地区公共秩序或善良风俗者，得申请法院裁定认可。台湾地区"司法院"大陆法制研究小组曾就此作过一项决议，大致内容为：是否违背"公序良俗"应就具体个案来探究，并应注意下列事项：依台湾地区"宪法"保障人民基本权利之原则；保障台湾地区人民福祉之原则；大陆法院之判决违反台湾地区"法律"强制禁止规定者，得视个别具体情形认定。❶可见，台湾地区采用的是结果说。在两岸签订的《海峡两岸共同打击犯罪及司法互助协议》第15条规定："因请求内容不符合己方规定或执行请求将损害己方公共秩序或善良风俗等情形，得不予协助。"可见，该协议采用的也是结果说。两岸对公共秩序保留的判定标准不一致，必将导致民商事裁判在两岸获得认可与执行的适用标准不统一，造成制度冲突。因此，在未来两岸的认可与执行协议中，除违反"一个中国"原则的民商事裁判外，应统一采用结果说，即不应审查对方法院判决本身在事实认定以及法律适用方面是否有损于本法域的公共秩序，

---

❶ 杨燕主编：《海峡两岸法律实务比较》，新华出版社2006年版，第290页。

而应该看承认和执行此判决的法律后果是否违反了本法域的公共秩序。这不仅可以在一定程度上限制公共秩序保留原则的适用，而且也符合当今各国立法和司法实践的主要趋势。

（3）公共秩序保留的适用程度。由于"公共秩序"本身是一个极富弹性的概念，其范围并无统一的标准，而要靠法官自由裁量。为防止法官滥用自由裁量权，在《海牙公约草案》和《知识产权公约草案》中，都使用了一个有力的词语"明显地"（manifestly）和一个确定的概念"公共秩序"，使对外国判决的承认与执行成为常规，使不执行的情况成为少有的例外。在未来海峡两岸的认可与执行协议中，可以借鉴国际公约的规定，在措辞上突出结果的严重性，例如可以规定只有在"明显地"或者"严重地"违背本法域的公共秩序时才可以援引公共秩序保留制度。而且，为了兼顾两岸的不同利益，增加适用该制度的透明度，可以在未来两岸的认可与执行协议中列举出违反公共秩序的具体情形，仅在两岸间适用，以增强制度适用的可预见性。

（4）公共秩序保留的适用范围。公共秩序保留条款虽然可以起到调和不同法域法律冲突的作用，有利于拒绝认可与执行对己方不利的裁判，不仅可以兼顾各地不同的利益，也符合"一国两制"的原则。但由于公共秩序的范围难以确定，任何一方均可在任何情况下用其作为拒绝认可与执行的兜底原则，即被请求方在没有明确拒绝理由但又不想接受请求时，以公共秩序保留予以拒绝。由于海峡两岸政治关系的不确定因素以及经济制度、风俗习惯、制度的差异可能导致公共秩序保留被无限地滥用，损害对方法域当事人的正当利益，并可能导致对方法域采取同样的做法，最终损害的是一个主权国家整体的司法尊严和当事人的合法权益。因此，在未来两岸的认可与执行协议中应对公共秩序保留的范围提供一个参考性标准，缩小公共秩序保留制度的适用范围，以避免两岸之间基于地方保护

第五章　海峡两岸知识产权程序制度的冲突及其解决方法

主义而滥用公共秩序保留原则，影响两岸人民之间正常的民事交往。

（5）设置公共秩序保留的适用协商前置程序与核准程序。目前两岸司法互助中存在的一个重大缺陷是缺乏统一性的全国法律和最高司法机关或其他渠道来制约、协调两岸的制度冲突。因此，在未来两岸的认可与执行协议中可设置防止公共秩序保留滥用的协商前置程序与核准程序。协商前置程序，是指两岸在对请求认可与执行的判决进行审查时，若拟适用公共秩序条款，应当通过适当方式通知对方并尽量在平等协商下解决，避免一方武断适用公共秩序保留造成两法域之间不必要的摩擦。❶ 核准程序，是指从司法程序的角度严格限制公共秩序保留的适用，即把适用公共秩序保留的最终决定权赋予两岸的最高司法机关。这样既能保证适用公共秩序的严肃性，又能减少其适用的机会，达到严格限制的效果。❷

综上，海峡两岸包括知识产权在内的民商事裁判相互认可与执行制度，由于法律制度、社会制度及道德观念等方面的差异，造成不少矛盾冲突，目前解决两岸包括知识产权在内的民商事裁判相互认可与执行制度的矛盾冲突的最有效途径是两岸签订民商事裁判相互认可与执行协议。在协议中除了要坚持两岸司法互助的一般原则外，还需着重确立判决自由流动原则和公共秩序保留合理适用原则。此外，还需在认可与执行的范围、要件、申请程序等方面积极磋商，取得共识。在实事求是、相互尊重、相互合作原则的指导下，坚持以民为本，共同构建完善的、操作性强的，既能维护一个主权国家整体的司法尊严又能维护当事人合法权益的认可与执行制度。

---

❶ 冯霞：《中国区际私法论》，人民法院出版社2006年版，第344页。
❷ 马志强："论海峡两岸民商事判决承认与执行制度的构建"，载《河北法学》2010年第8期。

第六章 闽台两岸知识产权保护合作先行先试

第一节 闽台两岸知识产权保护合作先行先试的基础和依据

福建对台交流合作具有地缘相近、血缘相亲、文缘相承、商缘相连、法缘相循的独特优势。1979年元旦,全国人大常委会发表《告台湾同胞书》,提出两岸"三通四流"等主张。为了落实这一对台工作新方针,福建充分利用对台交流合作的特殊优势和中央赋予福建对台工作的特殊政策,在海峡两岸交流合作方面进行了一系列的先行先试,积累了丰富的"先行先试"的成功经验和良好基础。2006年以来,两岸关系发生了积极的重大变化,和平发展成为两岸关系发展的主题。福建抓住两岸关系和平发展的有利时机,提出加快建设两岸人民交流合作的先行区的政策主张,又开始了新一轮的"先行先试",在新一轮"先行先试"中,福建在对台交流合作上,以和平发展、共同发展为基础,以经贸合作为主导,以企业、民间交流为载体,推动交流合作上升到制度化、机制化,把海峡西岸经济区建设成为科学发展的先行区、两岸人民交流合作的先行区。先行区建设为闽台两岸知识产权保护合作机制建设先行先试提供了良好的现实基础。

(一)对台经贸交流合作先行先试

经贸合作始终是闽台合作中最具活力的积极因素。自20世纪80

年代起，福建省抓住改革开放的先机，充分发挥区位和人文优势，对台经贸交流合作先行先试。

1. 投资、贸易合作

自 1981 年 7 月第一家台资企业在福建省诏安县落户以来，随着闽台经贸交流的发展，台商赴闽投资兴业不断增多。

福建曾是台商对大陆投资的首选之地，如今仍然是台商在大陆投资相对集中的地区之一。在中央"特殊政策"与"灵活政策"的支持下，1989 年福建在厦门的杏林、海沧以及福州的马尾开发区设立国家级台商投资区，吸引了大量台商来闽投资。目前，福建已经从单纯的吸引台资转变为推动闽台产业合作、完善产业配套与布局，并从台资单向流入，转变为闽台两岸双向投资。目前，福建赴台投资企业数与投资规模均居大陆首位。截至 2012 年年底，台资累计投资项目（含第三地转投）1.3 万项，合同台资 292 亿美元，实际到资 210 亿美元，实际利用台资在大陆各省市中占第三位。在新一轮"先行先试"中，福建为鼓励台商到福建投资置业，对台商投资区、平潭综合实验区、古雷台湾产业园区的台商投资项目实行特殊审批政策，并鼓励台资企业投资城镇供水、供气、污水垃圾处理等市政公用事业和风景名胜区交通、服务等项目。随着福建两个先行区建设的发展，将吸引更多、更大规模的台湾地区企业来福建投资兴业。

在贸易方面，福建充分利用"先行先试"和"特行特试"的优势。为促进闽台贸易发展，福建省政府出台了《福建省对台贸易管理试行办法》，按照"区别对待、集中管理"的原则，推动闽台贸易逐渐向规范化发展，使福建对台贸易持续上升，贸易量居全国前茅。对台小额直接贸易是福建沿海在特定历史条件下产生和发展起来的一种特殊贸易方式，20 世纪 70 年代末，闽台沿海就开始了民间以货易货的对台小额贸易，并很快形成直接通航贸易的格局。近年来，福建积极落实中央出台的更加开放的对台小额贸易政策，鼓励赴台举办各类商品展,扩大闽台贸易。目前台湾已成为福建第二大贸易伙伴和第一大进口来源地。在新一轮"先行先试"中,福建借助《海峡两岸经济合作框架协议》不断推进以服务贸易早期收获计划实施的难得机遇,先行先试突破运输、通关和结算等贸易关口,鼓励加大闽资、闽货入台的力度,开拓对台出口的新市场和领域。

2. 航运合作

1997年4月,福州"两岸试点直航"正式启动,打破了海峡两岸长达48年隔离的局面。福建抓住机会,适时提出并积极推动"两门对开、两马先行"方案,即福建厦门与金门、马祖率先实现海上直航。2001年1月,福建沿海与金、马地区实现两岸海上直航。福建成为大陆沿海唯一与台湾实现海上直接通航的省份。此后随着两岸经贸、人员交流合作的日趋频繁,闽台两岸海上直航的功能和范围均不断扩大。更为可喜的是,建立了两岸海上直航制度化模式。2001年,福建沿海与马祖、金门民间组织按照"一个中国、双向直航、互惠互利"原则,在平等协商的基础上分别签署《福州马尾—马祖关于加强民间交流与合作的协议》和《关于加强厦门与金门民间交流合作协议》,跨越了台湾当局设定的两岸直航必须在"政府对政府谈判的基础上进行"的政策主张,为福建沿海与金门、马祖海上直航、双向通航建立了长效机制。此外,建立了悬挂公司旗模式。海峡两岸通航悬挂何种标志的旗帜是一个棘手的敏感问题,也是两岸通航的焦点问题之一。福建沿海与台湾地区的金门、马祖、澎湖的客货直航,采用由双方客、货轮悬挂公司旗的方式,顺利地解决了两岸海上通航的旗帜问题,为两岸海上通航扫清了一个敏感的障碍。在空运直航方面,两岸航空公司开通台北—澳门—厦门、福州航线,乘客中途在澳门不下飞机,只更换机号,实行"一票一机到底",开创了两岸空中直航的先河。2008年12月15日,"海协会"与"海基会"在台北签署两岸之间海运直航、空运直航和直接通邮协议后，福建努力发掘"试点直航""小三通"平台潜力，促使闽台两岸海运直航、空运直航和直接通邮的功能、范围日益扩大。目前，福建已构建起了两岸海空直航、人货并进的立体运输通道，闽台两岸交往日益便捷。福建已经成为大陆对台海上通航模式最多、往来最频繁的地区。2013年10月9日，新开辟的平潭—台北海上直航正式开通。这是台北港首次启动"客运"服务机制，也是大陆客轮首次驶进台北港口。在新一轮"先行先试"中，福建将努力构建服务两岸的客运枢纽、货运枢纽、信息枢纽和两岸直接往来的综合枢纽。

3. 旅游合作

为突破台湾当局对大陆居民赴台旅游的限制，2004年，福建开始组织福建居民直航金门、马祖旅游。为推动金门、马祖游扩展到台湾本岛；2005年6月，闽台旅游界在厦门举行了首次旅游合作事宜，双方在四个方面达成共识，并签订了《闽台旅行商合作意向》。2005年9月，闽台双方第一次联手举办首届"海峡旅游博览会"，岛内旅游业和金门、马祖、澎湖旅游界组织了大型旅游团前来福建参加活动，加深了闽台两岸旅游业的合作与交流。2006年4月17日，两岸经贸论坛刚落下帷幕，国家旅游局、公安部、国务院台办即联合发布《大陆居民赴台湾地区旅游管理办法》，福建旅游业相关部门立即相继出台了一系列新政策举措，推动大陆居民赴台旅游。2008年9月，福建省旅游局与台湾实力最强、规模最大的雄狮旅行社签署《福建旅游发展战略合作协议》，充分体现了福建在两岸旅游合作中的重要地位和积极作用。2011年6月，国家旅游局将厦门等市确定为大陆居民赴台个人游第一批试点城市，同时开放福建居民赴金门、马祖、澎湖地区的个人游，大大促进了赴台旅游的发展。尤其是2011年9月7日第七届海峡旅游博览会签署《推进闽台旅游产业化合作宣言》后，闽台两岸旅游交流合作在第一轮先行先试的基础上，抓住"三通"机遇，努力建立双向对接的各种平台，主要旅游景区和旅行社的业务对接正在有计划、有步骤、循序渐进地向更深层次拓展。

4. 农业合作

福建是大陆最早开展海峡两岸农业合作的省份。早在20世纪80年代，一些台胞通过民间渠道，在农业领域进行试探性的投资。20世纪90年代初，台湾当局放宽对两岸农业交流合作的限制后，福建利用特殊的地理位置和有利生态环境积极推动闽台农业合作。1997年7月，经国台办、外经贸部、农业部批准在福州、漳州设立全国首家"海峡两岸农业合作实验区"。2005年实验区扩大到全省，设立了海峡两岸（福建）农业合作试验区。目前，福建省已成为全国最大的海峡两岸农业合作试验区，拥有漳浦、永福、仙游、清流、福清、惠安6个国家级台湾农民创业园，400多家台湾企业入园创业。同时，在海峡两岸（福建）农业合作试验区的基础上，福建省着重打造两岸农产品物流枢纽中心，构建海峡两岸（福建）农产品批发交易市场体系，着重打造了厦门台湾水果销售集散中心、霞浦台湾水产品集散中心、海峡两岸（福建东山）水产品加工集散基地、海峡（福建漳州）花卉集散中心、海峡两岸（泉州）农产品交易物流中心等一批贸易集散基地。目前，厦门成为全国最大的台湾水果进口集散地；南安石井成为大陆唯一的台湾槟榔物流中心以及大陆最大的进口台湾鳖卵的登陆口岸；东山县建成海峡两岸最大规模的水产品商业物流冷库群。目前福建已成为台湾农产品销往大陆各地的物流集散中心和中转地。此外，福建在海峡两岸农业技术合作、零关税进口台湾农产品、开通两岸农业交流网络平台、举办涉台涉农展会等方面也一直保持着领先地位。总之，福建凭借着特殊的地理区位、自然生态和人文环境，以实验区为中心，全方位推进对台农业合作，在农产品贸易、农业产业化合作以及两岸农业学术交流和人员互访等方面都取得了显著成效，已经成为海峡两岸农业交流最活跃、最频繁的省份。随着新一轮先行先试的展开，闽台两地农业交流合作领域不断拓宽，合作层次不断提升，并逐步向常态化、机制化方向发展。

5. 金融合作先行先试

海峡两岸金融合作与经济合作是相辅相成、互为条件的关系，一方面两岸金融合作本身就是两岸经济合作不可分离的重要组成部分；另一方面，两岸金融合作的不断加强，必将对两岸经济合作起推动和深化的作用。21世纪初，闽台金融合作仅局限于通汇、授信融资、货币兑换等几种业务，范围窄，层次低。2002年7月13日，工商银行厦门分行与台湾彰化银行率先完成一笔台商向台湾的直接汇款业务，这是海峡两岸50余年来第一次直接通汇业务。2009年6月，在厦门召开的"海西2009两岸经济暨金融研讨会"上明确提出建立"海峡金融特区"问题。2011年3月，国务院颁布的《海峡西岸经济区发展规划》中首次明确指出："支持厦门建立两岸区域性金融服务中心，扩大金融改革试点，在对台离岸金融、资金清算等方面率先试验。"同年4月11日，我国首个以"两岸"冠名的区域金融中心——厦门两岸区域金融中心正式揭牌。厦门两岸区域性金融服务中心将成为两岸金融合作的突破口。在新一轮"先行先试"中，厦门将依据《厦门市深化两岸交流综合配套改革试验总体方案》的要求，努力将厦门经济特区打造成为两岸金融产业集聚中心、新台币兑换中心、两岸货币计价结算中心、海峡两岸直接通汇中心、台资企业和台商特色金融服务中心与区域性柜台交易中心。

6. 科技合作先行先试

20世纪80年代，伴随着闽台经贸关系的发展，闽台科技交流合作开始起步；90年代以来，随着闽台经贸合作规模的不断扩大和台商投资的增加，闽台科技交流合作呈现良好发展态势。进入21世纪以来，闽台产业在国际市场上的竞争越来越突出地表现在科技水平的竞争,使闽台两地都意识到加强两岸科技交流合作的重要意义。因此,台湾业界努力突破种种限制,加强闽台两地的科技资源整合,科技交流合作涵盖了农业、工业及高新技术产业等20多个领域。随着科技全球化及闽台关系的日益紧密,闽台科技合作日趋深入,交流合作层次不断提高,合作平台不断增多,为进一步推动闽台科技合作创造了良好的基础。

在新一轮"先行先试"中,福建通过制定实施对台先行先试措施,推进闽台科技交流合作常态化,积极探索建设两地各类科技交流合作基地及试验区。2012年,福建省人大常委会在修订1997年制定的《福建省科学技术进步条例》过程中,着眼于解决闽台科技交流合作存在的问题,专设了"闽台科学技术交流与合作"一章,对设立闽台科学技术交流与合作专项资金、解决台湾地区科技人员的专业技术职称待遇和聘任、设立闽台科学技术合作奖等方面都做出了明确规定,从制度层面规范、引导、推动两地科技交流与合作。

7. 知识产权保护合作

(1) 不断强化保护。人民法院积极探索并创新涉台知识产权审判和司法服务机制,聘请台商担任涉台知识产权案件陪审员,邀请台湾同胞旁听知识产权案件审理。为更好地推动福建与台湾地区的司法交流,为加强包括知识产权案件在内的涉台案件的审判工作,2011年7月18日,福建省法院成立台湾地区司法事务办公室。在优化法规政策环境方面,新修订的《福建省专利保护条例》增加了促进闽台知识产权人才交流、支持台湾知识产权中介机构来闽设立分支机构等规定。此外,在《福建省专利奖评奖办法》《福建省专利发展专项资金管理暂行办法》《福建省专利申请资助资金管理办法》等法规中均特别强调适用于在福建注册的台资企业或在福建工作生活的台湾同胞个人。

在涉台知识产权行政保护方面,2010年10月,福建省工商部门积极运用工商总局支持海峡西岸经济区建设的商标优惠政策，及时向工商总局请求将查处侵犯台资企业正新公司"正新"商标案件列入督办案件。专项行动期间，全国16个省共立案查处侵犯台资企业正新公司"正新"商标权案件97起。厦门市有关部门还查处了一批侵犯"金门高粱酒"等涉台商标案件。2011年7月24日，国务院打击侵犯知识产权和制售假冒伪劣商品专项行动督查组在厦门专门召开台资企业知识产权保护座谈会，听取台资企业知识产权保护意见和建议。

（2）积极推进、拓展闽台知识产权交流合作。为充分发挥福建对台区位优势和中央赋予福建对台先行先试政策，构建两岸知识产权交流合作前沿平台，推动两岸知识产权交流合作向更广范围、更高层次迈进，近年来，福建省知识产权局将对台知识产权工作列为重要工作大力推进。

①推动实现对台湾居民开放全国专利代理人资格考试。随着海峡两岸关系的深入发展和经贸文化交流的日益紧密，越来越多的台湾专业人员选择到大陆拓展业务。为吸引更多优秀的台湾专业技术人员到闽施展才华，福建省知识产权局联合省台办积极地向国台办和国家知识产权局提出对台湾地区居民开放大陆专利代理人资格考试的建议。2011年6月12日，时任国台办主任的王毅在第三届"海峡论坛"大会上宣布"台湾居民可以参加大陆专利代理人资格考试"。2011年，国家将福州考点定为全国专利代理人资格考试台湾地区居民报名、考试唯一考点。这是福建努力做好与台湾人民合作交流的重大突破，是闽台专利事业先行先试的具体实现。

②举办"海峡两岸知识产权论坛"。2008年，福建知识产权局创设了"海峡两岸知识产权论坛"，每年在"6·18"期间举办。论坛邀请两岸知识产权专家、学者以及企业家、实业家围绕两岸业界关注的知识产权与创新发展的热点问题展开交流研讨。

③成立漳浦台湾农民创业园知识产权工作领导小组。针对漳浦台

湾农民创业园企业知识产权服务需求强烈和基层知识产权服务能力薄弱的现状，在充分调研的基础上，2010年5月，福建省知识产权局牵头建立了跨部门涉台知识产权工作机制，组建漳州市漳浦台湾农业创业园知识产权工作小组。这种专门针对台湾企业需求，建立由多级、多个部门参与的知识产权服务工作机制为全国首创。

④成立闽台知识产权服务中心。2010年6月19日，由福建省知识产权协会和台湾群殷知识产权管理咨询（福州）有限公司共同设立的"闽台知识产权服务中心"在福州成立。这是全国首家专门从事海峡两岸知识产权交流合作的服务机构。该中心重点围绕企业实施知识产权战略提供诊断、咨询与服务，为两岸企业对接、实施和转化专利技术牵线搭桥，并开展两岸知识产权交流合作、研讨、培训等相关业务。

⑤建立福建省企业高层管理人员赴台交流学习制度。在台湾工业总会、"台湾智慧财产局"的大力支持下，自2009年始，福建省知识产权局每年筛选组织本省知识产权优秀企业、高新技术企业副总以上高层管理人员赴台开展知识产权交流学习。在台期间，通过组织培训、研讨及实地考察，代表们全面了解台湾知识产权管理制度，并分享台湾企业、研究机构在知识产权创造、运用、管理、保护等方面的成功经验。

⑥签署两岸（厦门—台北）知识产权联盟合作协议。2010年7月，厦门市知识产权创新与知识产权保护协会与"中华保护智慧财产权协会"（台湾）在厦门签署了两岸（厦门—台北）知识产权联盟合作协议。2011年，又在厦门签订推动两岸在知识产权经营管理领域的协议。商定在知识产权信息交流、人才培训及知识产权运用与管理等方面积极开展合作交流。

8. 设立平潭综合实验区

平潭为福建第一大岛，中国第五大岛，陆地面积为371平方千米，相当于厦门、香港本岛的两倍，海域面积则相当于陆地面积的20倍。平潭距台湾新竹仅68海里，是大陆距台湾最近的地方，具有对台合作的独特区位优势。

为推进海峡西岸经济区建设，2004年8月，中共福建省委批准实施《海峡西岸经济区建设纲要（试行）》，提出了建设"对外开放、协调发展、全面繁荣的海峡西岸经济区"的战略构想。2005年1月，福建省作出《促进海峡西岸经济区建设的决定》；2006年，福建省人民政府工作报告中首次提出，支持海峡西岸和其他台商投资相对集中地区的经济发展；2007年11月，在福建省委会议上又提出把海峡西岸经济区建设成为科学发展的先行区、两岸人民交流合作的先行区。2009年5月，国务院颁布《关于支持福建省加快建设海峡西岸经济区的若干意见》，将福建定位为"两岸人民交流合作先行先试区域"，明确提出"在现有海关特殊监管区域政策的基础上，进一步探索在福建沿海有条件的岛屿设立两岸合作的海关特殊监管区域，实行更加优惠的政策"，并指出要"探索进行两岸区域合作试点"。平潭拥有众多避风条件良好的港湾和深水岸段，可建优质港口数十处，具有建设国际商港的条件，具有天然的海关监管的隔离条件。为了落实该意见，福建省委、省政府于2009年7月底正式提出设立福州（平潭）海峡西岸经济区科学发展先行先试综合实验区。2011年3月和12月国务院又先后正式批准实施《海峡西岸经济区发展规划》和《平潭综合实验区总体发展规划》，明确要求"设立平潭综合实验区，开展两岸区域合作综合实验，努力把平潭建设成为两岸同胞合作建设、先行先试、科学发展的共同家园"。

平潭综合实验区是中央确定的海峡西岸经济区发展的突破口和对台交流先行先试的重要载体，是探索海峡两岸交流合作先行先试的示范区和经济社会管理体制机制全面创新的综合实验区，担负着有效探索海峡两岸两种制度、两种体制融合发展的责任，具有为海峡两岸关系和平发展和祖国统一大业服务的综合实验区功能。从这个意义上说，平潭综合实验区建设涉及两岸政治、经济、文化、教育和社会管理等各方面的交流合作，它既不是纯粹的经济特区，更不是一般意义上的经济技术开发区，而是两岸人民交流合作的平台，由两岸合作共建，即以平潭综合实验区为平台，两岸"共同规划、共同投资、共同建设、共同管理、共同受益"。❶ 五个共同即是平潭综合实验区建设最大的特点，也是最大胆的创新。

平潭综合实验区自设立以来，3年完成投资近1 000亿元，投资项目涉及基础设施、旅游开发、城市综合体、高新技术产业、物流配送等十多个行业和领域。目前实验区与台湾地区全面对接的条件已经基本具备。在新一轮"先行先试"中，平潭综合实验区积极创新体制机制，深入研究和实践"五个共同"，力争在吸收台湾人士参加平潭管理机构、创新社会管理服务、促进闽台经济、社会、文化对接融合等方面有所突破。为此，福建省人大常委会于2013年7月25日审议通过了《关于加快推进平潭综合实验区开放开发的决定》，以为实验区开放开发、大胆先行先试提供法制保障。

（二）文化、教育交流合作先行先试

闽台关系源远流长。明清以来，福建居民不断向台湾移民，中华文化也随之在台湾传播扎根。"同种同文"即是人们对闽台两岸密切的血缘以及由血缘所带来的文化亲缘最简约、最通俗的概括。数十年来，尽管海峡两岸之间曾历经风云变幻，文化交流却始终是维系两岸互动关系的重要纽带。海峡两岸恢复文化交流以来，福建充分发挥"五缘"优势，在对台文化教育交流合作方面先行先试。

---

❶ 黄志兴："浅议平潭综合实验区开放开发'五共同'司法保障"，见马新岚主编：《海峡两岸司法实务热点问题研究（下）》，人民法院出版社2011年版，第400页。

1. 文化方面

福建各地凭借闽台文化交流深厚的历史渊源，不断发掘地方文化资源，充分利用各地方的特色和优势开展闽台文化交流，如泉州市以戏曲、南音、泉州木偶等为主要内容开展闽台民间文艺交流；莆田市以马祖为核心开展闽台妈祖文化交流；漳州以保生大帝为主要内容开展闽台民间信仰文化交流；龙岩以土楼文化为特色开展闽台客家文化交流；福州以佛教为纽带开展闽台佛教文化交流。各地各具特色的地方文化为推动海峡两岸文化交流起了积极的推动作用。随着闽台文化交流的拓展深化，各种交流平台亦相继建立，如每年都要定期举办的节庆和论坛就有海峡两岸歌仔戏艺术节、海峡影视文化节、闽台文化艺术节、海峡法学论坛、海峡知识产权论坛、海峡妇女论坛、闽南文化论坛等，这些节庆和论坛的举办，汇聚了大量的两岸文化界人士。2006年开馆的中国闽台缘博物馆，按照地缘、血缘、隶属、商贸往来、文化习俗等全面展示了海峡两岸在地域、血缘、文化、建制沿革、商贸往来、宗教信仰和民俗风情等方面的历史关系。福建以祖地文化为源头，以闽南文化、客家文化、马祖文化等为主题，以节庆、论坛等为平台，广泛开展对台文化交流，增进了台湾同胞对"根""祖""脉"的认同。在文化产业方面，闽台两岸也有很强的互补性，这为闽台文化产业的对接合作提供了很好的基础。目前闽台两岸相关行业如版权贸易、动漫游戏、影视及演艺业的深度合作已逐步展开，海峡两岸文化产业园和文化产业合作中心实体性基地项目也陆续建成。

闽台文化交流合作先行先试的又一亮点是闽台两地新闻传媒的交流与合作。2005年4月，福建日报社与台湾"中国时报"社签署信息互换合作协议，开启了两岸纸质媒体合作互动的帷幕。2008年12月，由福建日报、东南卫视组成的首批地方驻台记者进入台北，又开创了祖国大陆地方媒体赴台驻点先河。近年来，闽台媒体合作不仅在信息互换、新闻资源共享上进行广泛合作,更着力于打造品牌,实现项目带动,推动闽台文化交流持续向深度与广度发展。

福建在与台湾的各项文化交流合作取得先行先试突破后,在新一轮"先行先试"中,福建在加强闽台文化交流合作平台建设、进一步推进文化产业交流合作的同时,将进一步推动闽台文化交流合作朝常态化、机制化方向发展。

2. 教育方面

福建具有与台湾开展教育交流合作的独特优势和良好基础。为加强闽台教育合作,福建省于2008年出台《关于实施闽台教育交流与合作意见》。目前,闽台教育机构在师资培训、学生互派、课题研究、成果转让等方面已建立了良好的合作关系,并在多项领域创了"第一"。例如,福建是国家批准的最早招收台生的省份,是全国最早开展台湾地区居民专业技术职务任职资格评审试点工作的省份,是最早明文规定允许具有全日制普通高校学历的台湾学生来大陆(福建)就业的省份。在新一轮"先行先试"中,福建将进一步拓展闽台教育合作,加快建设海峡两岸职业教育交流合作中心,探索建立两岸教育合作园区,开展两岸高校合作办学试点,进一步推动闽台院校学生互招、学历学分互认、师资互聘,努力构筑两岸教育交流合作先行区。

(三) 法律界、法学界交流合作先行先试

建设两岸人民交流合作先行区是个系统复杂的工程,不仅需要中央的支持以及各部门的密切配合,还需要相应的法律制度的规制和保障。近30年来,福建法律界、法学界大胆先行,在涉台立法、司法协作、法律服务、"台湾法"研究等诸多方面创造了"全国第一"。

1. 涉台立法

台胞到大陆最关心的是法律环境。要为台胞创造满意的法律环境首先要从立法开始做起。福建是全国涉台立法最早、数量最多的省份。20世纪90年代初，在有关部门的共同努力下，一批地方性涉台法规相继出台，至今，福建省已制定专门的涉台地方性法规11项，在省人大常委会和福州市、厦门市人大常委会制定的200多部地方性法规中，有60多项含有涉台条款。这些涉台地方法规涉及鼓励台胞投资、方便台胞往来、保护台胞合法权益等方面，在内容上有许多创新和突破，推动了涉台事务管理迈向规范化、法制化。

2. 涉台法律服务

随着闽台交流合作的不断拓展深化，台胞对法律服务的需求也日益强烈，因此做好台胞法律服务尤其重要。20世纪90年代以来，福建省不断优化台胞法律服务，拓展服务范围，提高服务质量，切实维护台胞、台属的合法权益。

在涉台律师业务的服务方面：1987年11月，厦门第一律师事务所在厦门设立法律咨询服务处，为台胞提供法律服务。1988年，福建省对外经济律师事务所与台湾律师吕荣海签订《海峡两岸法律合作意见书》，这是两岸律师界的第一次公开合作。1989年1月，大陆第一家为台胞提供法律服务的专业律师事务所——台湾同胞律师事务所在福州成立。同年4月，全国第一家由海峡两岸律师联合举办的合作制律师事务所——蔚理（海峡两岸）联合律师事务所在福州成立。1999年，厦门市仲裁委员会先后聘请4名台湾籍法律专家担任仲裁员参与涉台案件仲裁工作，成为大陆地区最早聘请台湾籍人士担任仲裁员的仲裁机构之一。2010年9月15日，《台湾地区律师事务所在福州、厦门设立代表机构试点工作实施办法》颁布实施，又使福建成为大陆首个获准设立台湾律师事务所大陆代表机构的省份。

在涉台公证业务的服务方面：1986年，福建省平潭县公证处为陈金泉亲属出具的亲属关系证明书被台湾地区"司法部门"使用。这是海峡两岸隔绝37年后大陆第一份被台湾地区"司法部门"采用的公证文书。随着两岸关系的改善和发展，海峡两岸民间交往日益频繁，福建对台公证业务的范围也不断拓展,已从早期简单的亲属关系、婚姻状况公证逐渐发展到确认涉台民事、经济法律关系,从遗嘱公证、继承权公证等民事法律公证发展到经济合同、合作经营企业合同、合作开发合同、股权转让协议、土地使用权转让协议、抵押贷款合同等涉台公证。如今,涉台公证已经成为两岸彼此间信任的法律纽带。

在涉台司法保障服务方面:为了协调办理涉台案件,1994年10月,最高人民检察院下达《关于成立〈福建省人民检察院涉台湾地区案件办公室〉的通知》,决定将福建省人民检察院作为检察机关办理涉台湾地区案件的窗口,负责开展检察机关涉台湾地区法律工作。同年10月,福建省人民检察院涉台湾地区案件办公室正式成立。这是大陆唯一由最高人民检察院授权省级检察机关内设的业务机构。

福建省涉台案件具有数量大、类型多、领域宽、情况复杂等特点。为此,福建法院系统大胆创新涉台审判工作机制,推动涉台审判先行先试。2007年7月,漳州市中级人民法院及其辖区内的龙海、漳浦、长泰等8个台商较为集中地区的基层法院先后设立维护台商合法权益合议庭;2009年3月5日,福建省漳州市中级人民法院成立了大陆首家涉台案件审判庭;同年8月17日,福建省漳州市芗城、龙海、漳浦3个县(市、区)的人大常委会依照法定程序,任命了8名台胞担任漳州法院涉台案件人民陪审员。这一做法在全国首开先河。目前,福建已有48个县、市、区法院设立了涉台案件合议庭或审判庭,并聘任台籍人士担任涉台案件特邀调解员。[1]为了强化涉台司法工作基础与保障,福建高院还专门制定出台《关于加强涉台审判工作,服务保障福建科学发展跨越发展的意见》等规范性文件,指导推动全省法院积极回应两岸民众多元化司法需求,以公正高效的审判活动,服务两岸同胞。

---

[1] 郑清贤:《闽台法缘久交流屡先行》,载《海峡通讯》2012年第1期。

3. 涉台法学研究与人员交流

在涉台法学研究方面：福建的台湾法学研究在全国最先起步。早在台湾地区未开放台湾民众赴大陆探亲之前，福建的台湾法学研究就开始了。1986 年，厦门大学台湾研究所首先开展对台湾问题的研究，1988 年 11 月，福建省人大常委会成立了台湾法研究中心（现更名为福建省涉台法律研究中心）。同年底，福建省法学会成立了台湾法研究会，1989 年，福建省政法管理干部学院成立了台湾法研究所。福建省的台湾法学研究克服了资料匮乏等客观条件的限制，对台湾法学的研究不仅致力于台湾法学基础理论的研究和对海峡两岸法律进行比较，还着重对海峡两岸交往中出现的或可能出现的法律问题展开研究，撰写了大量的研究专著和论文，取得了丰硕的研究成果。

在人员交流方面：闽台两岸法学界、法律界的交流起步较早。福建省台湾法研究中心、福建社科院、福建省律师协会、福建省公证协会等部门在近 30 年来多次邀请台湾法学界、法律界人士来闽讲学、交流，福建省也有多位学界、法律界的专家学者先后接受台湾方面的邀请到台湾交流。2003 年，福建省台湾法研究中心、福建省文化经济交流中心、香港律师会、"中国"文化大学法学院、台湾华冈法学基金会、香港大学法学院签订了"学术交流意向书"，决定成立"海峡法学论坛"。2003 年以来，每年通过举办"海峡法学论坛"，为两岸法律界、法学界人士提供了一个长期、稳定的交流平台。福建法院也从 2009 年开始，每年主办"海峡两岸司法实务研讨会"，搭建了两岸司法理论与实务研讨的平台。

4. 司法互助

福建司法机关充分运用先行先试政策，率先与台湾建立了司法协作关系。1996 年，经福建省人民检察院涉台湾地区案件办公室努力，大陆首次从台湾成功遣返了潜逃台湾地区的经济案犯。2002 年，福建省人民检察院在处理一私渡案时，得到了台湾"检察官"方面的积极支持协助,实现了两岸检察人员的首次直接合作。2010年11月10日,经两岸主管部门协商,福建省警方通过两岸直航班机押回潜逃台湾的大陆案犯,这是2009年《海峡两岸共同打击犯罪及司法互助协议》正式生效后,台湾警方首次应大陆警方的要求,协助缉捕并遣返大陆犯罪嫌疑人。

福建法院也按照最高人民法院的部署和要求,建立了两岸司法互助事务的全省三级网络。福建法院办理涉台司法互助案件,不仅全国数量最大,而且类型最全。2009年6月~2011年5月,福建全省法院办理台湾地区"法院"请求协助送达文书及调查取证案件共3 889件;审结申请认可台湾地区民商事裁判和仲裁裁决案件41件。[1] 2011年福建省高级人民法院还成立了独立建制的涉台司法事务办公室,专门负责处理涉台司法事务。

第二节 闽台两岸知识产权保护合作先行先试的对策建议

随着知识经济的快速发展,知识产权与区域经济合作的联系越来越密切,因此,各地区在进行区域经济合作的过程中,都十分重视知识产权的协调保护问题。2010年6月29日,"两会"签署的《海峡两岸经济合作框架协议》(ECFA)中将"知识产权保护与合作"列为海峡两岸经济合作的重要领域,并同时签署了《海峡两岸知识产权保护合作协议》,这也表明,两岸经济一体化与知识产权保护合作密不可分。知识产权区域合作机制,是指不同区域的知识产权战略开展合作发展并为促使合作进行所制定的制度、规则、措施、手段等的综合体现。然而,《海峡两岸知识产权保护合作协议》只是一

---

[1] 郑伟:"开创涉台审判与闽台司法交流合作新格局",见马新岚主编:《海峡两岸司法实务热点问题研究》(上),人民法院出版社2011年版,第1~3页。

项框架性协议，在具体操作上仍存在许多制度上、法律上的障碍。两岸知识产权保护合作机制的建设是一项复杂的、长期的、系统性的浩大工程，其过程十分复杂而漫长，因而，在有条件的地区先行先试是其客观需要。

近年来，党中央、国务院相继出台了一系列支持福建发展的政策措施。2009年，国务院在《关于支持福建省加快建设海峡西岸经济区的若干意见》（以下简称《若干意见》）将福建省定位为"西岸人民交流合作先行先试区域"，并赋予福建省一系列先行先试的特殊政策。《福建省贯彻落实〈国务院关于支持福建省加快建设海峡西岸经济区的若干意见〉的实施意见》（以下简称《实施意见》）提出要促进闽台知识产权对接，构筑闽台科技交流合作平台，推动闽台知识产权交流合作迈出实质性步伐。先行先试，是指在一个权力系统范围内，在没有形成统一政策、措施、制度之前，在局部地区或者低层次权力范围内先进行相应的试验，并通过实践检验试验的成败得失，然后再结合社会需求修改、完善相关的政策、措施、制度的活动。[1] 闽台两地知识产权保护合作先行先试的主要任务就是运用先行先试政策，积极探索海峡两岸知识产权保护合作的体制机制，率先突破，取得经验。闽台两岸知识产权保护合作先行先试在总体规划上要以国务院及中央对台工作总体方针为指导，在《海峡两岸知识产权保护合作协议》框架下，按照建立两岸人民交流合作先行区的要求，本着实事求是、相互尊重、相互合作的精神，先易后难，循序渐进，逐步完善。

一、知识产权创造方面的交流合作先行先试

知识产权创造要靠创新。现代社会的生产实践证明，大量的知识

---

[1] 王诚《改革中的先行先试权研究》，法律出版社2009年版，第16页。

产权正是通过创新获得或者产生的,无论在技术创新的设想、评估阶段,还是研究、开发阶段,还是试验、试产阶段,甚至生产、销售阶段都有知识产权的创造和产生。可以说,大部分知识产品和由此带来的知识产权都来自技术创新活动,技术创新是知识产权产生的源泉。❶由于台湾地区自身技术基础薄弱、资金不足,难以进行技术开发。长期以来,政策上强调走"引进"的发展路子,即引进海外先进技术,然后消化吸收,再将其商品化。由于急功近利地把发展重心放在引进先进技术的实用化、商业化、市场扩大化和利润最大化方面,而不重视新技术创新,大多科技产业缺乏自主创新能力,在专利累计数量上虽呈不断上升趋势,但大多数的专利都是价值较低的新型专利和新式样专利,缺乏原创性,一些领域的关键技术始终依赖发达国家,严重妨碍了竞争力的继续提升。福建在知识产权创造方面也不同程度地存在上述问题。因此,闽台两地应加强科技合作,共同增强自主创新能力,集合力量主攻核心技术,在关键技术领域掌握更多的自主知识产权,才能避免关键技术受控于发达国家。

(一)深化产业合作,提升自主知识产权创造能力

当前,福建正处于通过产业创新实现产业升级,提升产业竞争力的重要时期,闽台两地科技资源各有优势,互相融合可以实现资源的优化配置。目前闽台科技交流合作涵盖了农业、工业及高新技术产业等20多个领域,在电子信息、汽车、石化等多个产业的技术合作,成效显著。要继续深化闽台两地产业合作,加强原始创新、集成创新和引进吸收再创新,在关键领域创造更多的自主知识产权。高新技术产业是人类社会中智力、技术、知识、信息最密集的产业,

---

❶ 范在峰著:《企业技术创新与知识产权法律》,人民法院出版社2004年版,第123页。

是当代世界发展速度最快、最有生命力的产业。高新技术产业发展还可以起到辐射作用，从而带动传统产业结构的调整、改造和提升。闽台两地在高新技术产业方面各有所长，福建在电子信息、生物技术、新医药、新型材料、海洋开发、环保工程等高科技产业方面有较快发展。台湾在电子信息产业、制造业、石化产业、生物技术产业等高科技领域发展迅速，产业规模逐年扩张，其中以个人电脑为基础的资讯产业和以晶圆为主的半导体产业最具规模，成为台湾产业升级的标志性产业。2011年，福建省第十一届人大四次会议审议通过的《福建省国民经济和社会发展第十二个五年规划纲要》提出，要大力发展现代农业，继续推进电子信息、装备制造、石油化工等主导产业，大力培育新一代信息技术、生物与新医药、新材料、新能源、节能环保、高端装备制造、海洋高新产业七大战略性新型产业，改造提升轻工、纺织、冶金、建材、建筑、林业等传统产业。国务院《若干意见》鼓励闽台加强现代农业、先进制造业、高新技术产业、现代物流业、金融业、旅游业、环保产业、文化创意产业、医疗卫生产业及国家政策鼓励投资的其他产业的交流与合作。闽台可重点在信息技术、生物与新医药、新材料、新能源、节能环保、高端装备制造、海洋高新技术产业以及文化创意产业、植物新品种等领域的知识产权创造方面加强合作，提升自主知识产权创造能力，从而带动传统产业结构的调整、改造和提升，增强整体经济的竞争力。

(二) 促进产业对接合作，共创有影响力的品牌

品牌是一种名称、术语、标记、符号或设计，或是组合运用，其目的是借以识别某个或某群销售者的产品或服务，并使之同竞争对

手的产品和服务区别开来。❶ 品牌具有良好的经济效益,甚至带来超额利润。品牌本身就是一种宝贵的无形资产,它能引导企业从有限的增长走向无限的增长;同时,品牌对整体经济增长具有明显的带动作用。21世纪的市场经济已经进入品牌时代,市场竞争集中体现为品牌的竞争。福建已经培育了一批品牌,如工业品牌有安踏、厦工机械等,IT业品牌有星网锐捷等,农产品品牌有安溪铁观音、柘荣太子参等,服务业品牌有厦门航空、沙县小吃等。但真正强势的品牌几乎没有,有些品牌也只是昙花一现。2004年福建提出建设"海峡西岸经济区"的战略构想后,十分重视品牌建设,并把实施品牌战略作为推动经济发展的重要途径。为落实福建省委提出的品牌带动战略,福建行政学院海西品牌带动研究课题组对海西品牌集合的培育提出如下对策建议:❷

(1) 工业品牌的培育。优先培育和提升电子信息、石油化工、机械制造三大支柱产业中具有自主知识产权、在国内外市场有较强竞争力的品牌,形成一批名牌产品、知名品牌和名牌骨干企业,占领行业高地。加快以高新技术和先进适用技术改造轻纺、建材、林产、冶金、医药等传统产业,增加产品技术含量,提高产品质量和档次,扩大传统产业品牌集合规模,培育出一批拥有核心竞争力支持的国际国内知名品牌的龙头骨干企业,使其成为这些产业的品牌经济主导力量。

(2) 农副产品品牌集群的培育。围绕大力发展高产、优质、高效、生态、安全农业,加快建立和完善产加销一体化的高效农业产业体系,在培育优势产业和特色农产品的过程中,大力培育和发展

---

❶ 张程远主编:《品牌带动原理方法和海西实证》,福建人民出版社2008年版,第3页。

❷ 张程远主编:《品牌带动原理方法和海西实证》,福建人民出版社2008年版,第85~86页。

一批品牌农产品、知名特色农副产品品牌、绿色食品基地品牌和闽台农业合作基地品牌,鼓励农业企业积极申请地理标志产品保护和证明商标、地理标志注册认证和有机认证,加强规范使用和管理,形成特色突出、影响力大的海西农副产品品牌集合。

(3) 服务业品牌集群的培育。围绕加快拓展生产性服务业和充实完善生活性服务业,积极推进服务业采用先进技术和服务标准,创新服务产品,创新服务业态模式,促进规模化发展,推行品牌化经营,在现代物流业、传统服务业、旅游业、房地产、金融业、社区服务业和商务服务业中,大力培育和发展突出海西特色的服务业品牌集合和竞争力强、有影响力的知名品牌服务业企业群体。

(4) 产业集群品牌的培育。产业集群是指在一个地理区位上生产某种产品与相关产品的企业集聚体。产业集群特色产品效应为打造集群企业共享品牌提供了有利条件。产业集群品牌可以用集聚地地名、地名别称或产品中某个优势品种的品名作为品牌。要充分发挥行业协会、商会和龙头企业的作用,联合注册集体商标、市场服务商标等,打造专业品牌基地,鼓励产业集群尤其是那些尚有集体品牌的产业集群大力培育与发展自己的集群品牌,壮大海西产业集群品牌集合。

(5) 地方区域品牌集群的培育。特色产业比较明显的地方区域可以直接使用产业集群品牌为地方区域品牌,如"中国瓷都·德化"。

近年来,福建致力于改善投资环境,实施项目带动,为台商投资福建提供了新的机遇,福建台资出现技术升级与产业扩张的新特征。产业对接是促进闽台经济互动、融合的关键举措,目前闽台产业对接合作已经涵盖工业、农业、服务业等20多个领域,闽台两地要进一步强化产业对接合作,优化整合资源,注重品牌的培育,共创有影响力的海西品牌;同时,引进具有较高市场知名度的台湾品牌,鼓励台资企业创造并申报中国驰名商标、中国名牌产品、中国名牌农产品、福建省著名商标、福建名牌产品等。

(三) 共建和完善技术创新支撑体系

技术创新是由一系列活动构成的过程。这一过程涉及各种因素，包括企业内部因素和外部因素，它们共同对技术创新的发生和实现起作用。闽台要加强技术创新的交流合作，实现研发资源优化配置，互补融合，形成一套较为完整的区域创新支撑体系和运作模式。

1. 充分运用先行先试政策，共建闽台创新支撑体系

海峡西岸经济区建设的主要任务是运用先行先试的政策，积极探索对台交流合作的体制机制，加快在两岸各领域的交流合作中先行先试。近年来，福建通过各地生产力促进中心、企业孵化中心等，在科技孵化器、中介服务、产业集聚、产学研联动、激励机制等方面不断加强高新技术创新能力建设，为台资和闽台企业进一步发展与合作创造了良好的基础和条件，但创新活动总体上还不够活跃，技术创新能力十分不足。近年来，中央和国家部委相继出台了一系列支持海峡西岸经济区先行先试的政策，福建省委、省政府也提出要把海峡西岸经济区建设成为科学发展的先行区、两岸人民交流合作的先行区，在科学发展和对台交流合作方面先行先试。没有科学的发展，也不可能成为海峡两岸人民交流合作的先行区。在2011年国务院正式批准的《海峡西岸经济区发展规划》中，明确提出福建要"在更高起点上实现又好又快发展"。这是党和国家对福建提出的新要求、新期待和新标准。福建要树立科学发展观，从实际出发，大胆开拓，勇于探索，先行先试，共建闽台合作创新体系，推动福建科学发展、跨越发展。在两岸共建创新支撑体系建设方面积累新经验，提出新思路。

2. 加大技术创新扶持力度

(1) 加强财政、税收对自主创新的支持。在省级科学技术经费

中安排专项资金用于支持闽台科学技术创新，为闽台合作企业科技创新项目提供补助经费，并根据每年产业科技项目预算增长，逐步提高科技创新项目的补助经费。为企业创新活动提供奖励或补助，即凡企业为研究新产品、改进生产技术、改进提供劳务技术及改善制程等给予一定的税收减免。在免征进口关税和进口环节增值税方面支持台资企业自主创新，完善促进高新技术企业发展、鼓励高新技术产品出口的税收政策。（2）加强风险投资机制建设。要以多元化的投资为主体，即由福建财政部门牵头，联合省内风险投资企业，吸纳台湾资本参与，建立多种形式的融资机制。

3. 创建闽台合作创新研发机制

（1）建立健全闽台企业研发中心。近年来，福建在IT产业基地——福州马尾科技园、福清产业集群及东南汽车基地等基础上，建立了冠捷电子（福建）有限技术中心、厦门灿坤实业股份有限公司技术中心、闽台汽车产业技术中心等研发平台，为高新技术产业合作发展提供了有力的技术支撑。今后，要鼓励更多台资企业在福建企业共建产品研发中心，加强研发中心建设，深化研发合作，鼓励企业建立创新战略联盟。（2）共建闽台产学研基地。台湾的科技创新资源主要集中在高等院校和科研机构，利用台湾学术界和科研机构的研发人力资源和研发设施，能够开发前瞻性、创造性产业技术。因此，要鼓励台湾学界、科研机构来闽设立研发中心，并鼓励其与闽台产业界合作，共建闽台产学研基地，实现各种技术创新要素的有效整合，并承担委托研发项目，以提高企业技术创新水平。台湾地区科技人员在闽从事科技创新工作并符合相关规定的，研究机构应依据有关规定予以聘任。（3）鼓励福建科技研究机构和企业到台湾地区设立研发中心，以跟踪台湾技术发展前沿，搜集台湾科技发展信息，为福建自主技术创新服务。（4）建立和完善以闽台企业为主体的双向技术转移、引进运行机制，要在提高福建产业技术水平的基础上，使企业由单纯的技术引进向技术输出转化，形成"福建—台湾"双向技术转移模式，以利闽台双向技术整合的产业互动。（5）深化闽台科技园区技术创新合作。当前，创业园、科技园区、合作基地等已成为闽台科技交流合作的重要平台，要以科技园区为载体，加大先进技术自主开发、引进、吸收力度，合作开发自己的核心技术，共同提升产业竞争力。同时要促进闽台科技园区对接合作。台湾在20世纪80年代就开始规划创建科技园区。进入21世纪，台湾当局为因应知识经济世纪的到来，在岛内创建了各种不同类型、各具特色的科技园区，并把科技园区建设成为创新研发基地。福建科技园区建设起步较晚，经过努力，目前已成为福建高新技术企业聚集地。闽台两地科技园区对接合作可以互补双赢，尤其是福建可以借鉴台湾科技园区创新研发基地建设的经验。要推动闽台科技园区在共研核心技术，共推技术标准等创新活动方面的合作。（6）健全"台湾标准数据库"，开展两岸标准对比研究，探讨两岸共同制定标准的途径和方式，促进闽台标准化工作的共同发展。

4. 共同建立专利、品牌信息服务网

共同加强专利信息网络的建设发展，充实专利信息数据库，支持闽台企业结合自身研发创新活动，充分利用专利文献资源，建立本研究领域、主导产品、关键技术的专利信息数据库，为研究开发、生产和技术创新服务。共同建立商标品牌网站，收集台湾和福建省著名商标信息，为闽台企业共创品牌提供服务。

5. 建立创新绩效评价机制

为及时、准确了解创新绩效，应建立一套技术创新考评运作机制。考评的指标可包括技术价值、应用绩效等内容，并建立以政府奖励为导向，用人单位奖励为主体的激励自主创新的科技奖励制度，加强对闽台企业创新成果的激励。

二、知识产权运用方面的交流合作先行先试

知识产权只有运用实施以后才能促进经济的发展。知识产权运用是知识产权资源的使用、转移、扩散（传播）以实现其价值的过程，或者说，是知识产权资源在市场中得以最优化配置以最大化实现其效用的过程。[1] 促进闽台知识产权运用方面的交流合作，应着重采取以下几方面的对策措施：

（1）政府要发挥引导者的作用。政府要制定财政支持、税收优惠、贷款支持等相关政策法规，引导、促进闽台企业积极运用知识产权；要探索运用基金、贴息、担保等方式，引导金融机构支持知识产权商品化和产业化。知识产权作为市场经济的产物，其最终的价值实现是在市场上完成的，因此政府应该着重以市场化的方式支持知识产权的运用；要建立以市场为导向的成果转化、技术转移机制。我国目前的知识产权许可、转让合同制度相对简略，应当根据闽台关系的特殊性，结合知识产权制度的基本原理，对闽台企业知识产权许可、转让合同成立、生效、违约责任等问题作出更加详细、明确的规范。此外，政府要利用政策工具加强技术转让平台、技术交易市场建设；鼓励台湾科技人员以技术转让、技术入股、技术服务、项目承包等方式转化创新成果，参与科技创业。

（2）建立健全知识产权市场化交易平台。知识产权只有实现了商业化，才能体现其经济价值。要加强技术市场建设，提供交易过程中的政策咨询、专利代理、合同登记、交易合同认定以及知识产权变更登记等配套服务。目前海峡两岸经贸技术交易会主要有"6·18项目推介会"、厦门市的"海峡两岸科技合作洽谈会"、福州市的"5·18国际招商月暨海峡科技成果交易会"（以下简称海交会）等，

---

[1] 朱谢群：《我国知识产权发展战略与实施的法律问题研究》，中国人民大学出版社2008年版，第222页。

这些市场化对接、交易平台都已成为闽台技术交流的重要中介服务平台，有效地促进了闽台科技项目对接和知识产权商品化、产业化。知识产权应用是一种资源配置过程，但目前闽台中介服务平台尚缺乏完善的运行机制，一些高新技术成果的交易路径还不够畅通，影响了知识产权资源流转的速度和便捷，降低了知识产权资源的配置效率。今后，要搭建更多的展会型载体平台，同时建立健全知识产权市场化交易机制。一方面，建立知识产权商品化评估机制，充分激活知识产权，以许可转让等方式推向市场。另一方面，正确处理好企业与科技人员在职务发明利益上的关系，鼓励企业和科技人员将知识产权折价入股，参与企业经营和收益分配，建立起一种促进知识产权应用的激励机制。此外，办好海峡两岸图书交易会，扩大对台版权贸易，形成具有闽台特色和优势的全国最大的对台版权贸易平台。有效运作"海峡版权创意精品交易博览会"吸引台湾、大陆沿海版权产业集中地区的动漫网游、工艺美术、广播影视、新闻出版等企业参展，打造版权精品交易平台。

（3）加强闽台企业知识产权战略的制定与实施方面的交流合作。知识产权战略就是以知识产权制度为基础，健全和完善知识产权管理体系，激励知识产权创造、知识产权保护和知识产权的转化与运用，提升知识产权创新能力和国际竞争力，推动经济持续发展的行动方案及相关政策措施。[1] 企业在实施知识产权战略中处于最核心的地位，任何形式的知识产权战略都要由企业去实现其价值。企业知识产权战略，可以简单地定义为企业为获取与保护市场竞争优势，运用知识产权保护手段谋取最佳经济效益的策略与手段。[2] 台湾地区实施知识产权战略较早，台湾企业，尤其是大中型企业为了激励创新和保护知识产权，

---

[1] 徐明华、包海波等：《知识产权强国之路——国际知识产权战略研究》，知识产权出版社2003年版，第70~80页。

[2] 冯晓青：《企业知识产权战略》，知识产权出版社2001年版，第41页。

都建立了比较完整的知识产权运用和管理制度，有比较成熟的做法和经验。闽台企业要加强知识产权战略的制定与实施方面的交流合作，共同建立知识产权运用策略联盟，共同应对发达国家的专利封锁。

（4）加强闽台知识产权中介服务平台建设。①健全知识产权的中介服务机构。目前福建已经设立了海峡两岸首家专门从事两岸知识产权交流合作的服务机构——"闽台知识产权服务中心"，要在此基础上，加快建立和发展各类知识产权中介机构，为闽台企业提供更方便、更优质的知识产权的代理、咨询、培训和律师服务。鼓励台湾地区知识产权中介服务机构来闽设立分支机构；支持福建知识产权中介服务机构聘用台湾专业人才。②建设闽台知识产权信息共享平台。知识产权对经济和社会发展的推动作用，是通过知识产权信息的收集、传播和利用来实现的。知识产权网络信息具有时效性强、技术参考价值高的特点，要根据发展"数字福建"战略的要求，建立健全闽台知识产权信息的公共服务平台，以利于闽台企业对知识产权创造、保护、管理和运用信息的收集、贮存、传播和利用。

（5）构建人才资源共享机制。台湾科技人才供需严重失衡，而福建有以祖国大陆为依托的人才供需配置优势，两地应努力构建人才流动循环机制，实现人才资源共享。①推动科技人才交流合作。福建要进一步完善台湾人才来福建创业的优惠政策，积极引导和鼓励台湾高科技人才来闽参与相关项目的研发和建设，可采取免税优惠、财政贴息、银行贷款和技术参股等办法，鼓励台湾科技人才来闽投资创业。台湾虽然科技人才济济，但存在结构性失衡缺陷，严重影响台湾科技产业整体竞争优势的提升，因此台湾方面也可考虑运用大陆和福建良好的基础科技，逐步开放引进大陆和福建科技人才。闽台两地科技人才优化配置，将提高双方的技术创新能力。②共同建立闽台人才培养基地。可根据闽台高新技术产业发展的需要，在福建高等院校和科研院所、大型的闽台高新技术企业或者民办职业教育和培训机构等各类社会团体中建立闽台高新技术人才培养基地，为双方产业发展培养各类急需人才，以满足产业的人才需求。③建立闽台人才数据库。充分利用现代科技手段，建立闽台人才数据库，使双方及时了解人才信息动态，最大限度地让双方人才资源得到充分利用。

（6）签订闽台知识产权合作协议。香港回归后，粤港双方关于知识产权方面的合作日趋密切，2007年8月，粤港合作联席会议签署了首次知识产权合作协议——《2007～2008年粤港知识产权合作协议》。粤港两地知识产权合作机制建设的经验值得闽台两地借鉴。目前海峡两岸尚未实现统一，因此，签订闽台知识产权合作协议的条件尚不成熟。但福建可以先与台湾地区有影响力的知识产权民间组织开展交流合作，先建立一种松散型的合作关系，即通过制定和签署原则性的合作协议，建立起一种合作的磋商机制，初步就合作事宜进行一些试探性的工作，然后再根据发展需要和条件逐渐不断扩大合作范围、完善合作机制，为海峡两岸建立更全面、深入的知识产权合作关系积累经验。目前厦门市知识创新与知识产权保护协会已经与台湾"中华"保护智慧财产权协会签署了"两岸（厦门—台北）知识产权联盟合作协议"，开创了闽台知识产权合作制度化的先例，将来福建应充分利用闽台合作的优势和特色，加强与台湾地区知识产权民间组织的交流合作，并争取与台湾地区有影响力的民间组织签订内容更为丰富的知识产权合作协议，推进闽台知识产权合作向制度化、机制化方向发展。

三、知识产权保护方面的交流合作先行先试

（一）知识产权行政执法协作先行先试

1. 海峡两岸知识产权行政执法协作机制的构建及其存在的问题

随着两岸经济文化交往的日益频繁，两岸间专利、商标、版权等知识产权跨境侵权现象呈不断上升趋势，亟待解决。因而，在业已

签署的《海峡两岸知识产权保护合作协议》中将建立执法协处机制、共同打击知识产权侵权犯罪行为作为先期合作的重点。建立两岸执法协调处理机制，有利于减少知识产权纠纷，保护知识产权权益人和社会公众的合法权益，维护正常的市场经济秩序。

《海峡两岸知识产权保护合作协议》规定，执法协处机制将依各自规定妥善处理以下知识产权保护事宜：（1）打击盗版及仿冒，特别是查处经由网络（网路）提供或帮助提供盗版图书、音像（影音）及软件（电脑程式）等侵权网站以及在市场流通的盗版及仿冒品；（2）保护驰名商标、地理标志或著名产地名称，共同防止恶意抢注行为，并保障权利人行使申请撤销被抢注驰名（著名）商标、地理标志或著名产地名称的权利；（3）强化水果及其他农产品虚伪产地标识（示）的市场监管及查处措施；（4）其他知识产权（智慧财产权）保护事宜。在处理上述权益保护事宜时，相互提供必要的资讯，并通报处理结果。

虽然《海峡两岸知识产权保护合作协议》建构了两岸知识产权执法协作机制，但根据协议规定，两岸知识产权保护事宜仍应依"各自规定"处理，在两岸有各自独立的知识产权法律和各自独立的知识产权司法管辖权与执法机关的情况下，两岸知识产权执法协作仍存在很多问题，甚至窒碍难行。

第一，制度规定及案件审查标准存在不少差异。大陆与台湾地区虽同属一个中国，但却是两个不同的法域，海峡两岸有关知识产权保护的制度都是由单方面设计规范的，存在不少差异，这在商标制度方面表现最为突出。依我国《商标法》的规定，县级以上行政区划的地名或者公众知晓的外国地名，不得作为商标。[1]但是，地名具有其他含义或者作为集体商标、证明商标组成部分的除外；已经注

---

[1]《中华人民共和国商标法》第10条第（9）项。

册的使用地名的商标继续有效。而我国台湾地区"商标法"则未有此项禁止性规定。一些台商因不了解大陆的商标制度,以地名到大陆申请商标注册而被拒绝。较典型的是"金门高粱酒商标注册案"。台商于1999年7月7日开始向国家商标主管机关工商行政管理总局商标局申请"金门高粱酒"商标注册,但是在注册过程中遇到了不少法律障碍。依据大陆法的规定,以县级以上行政区划为商标名的商标,在1982年《商标法》颁布之前注册的可以继续使用,新注册的则严格限制。但由于地名的问题和有台商以"金门王"商标抢注在先等问题,商标局曾三度驳回。经两岸有关部门多次协商,工商总局商标局根据台湾酒品商标名的实际情况,认可"金门高粱酒"在两岸拥有一定的知名度,是"具有其他含义"的商标,准予注册,并撤销了由台商抢注的"金门王"酒品商标。又如,在实务中,大陆商标评审委员会及多数法院都认为,《商标法》规定的"已经使用"是指在大陆地区之使用,导致一些台湾著名商标因未及时在大陆地区注册使用,而在大陆遭受抢注,如"阿里山茶""日月潭"等。此外,审查标准上存在的差异也是造成两岸协作执法困难的重要原因。例如,大陆对知识产权构成犯罪的,必须达到"情节严重"或"情节特别严重"的标准;而台湾关于犯罪情节的程度,则为"法官"量刑之依据,非属于犯罪构成要件。审查标准上的差异,可能造成对同一案件作出不同的定性,这也会给两岸联合打击仿冒盗版侵权犯罪行为造成很大困难。❶

　　第二,海峡两岸知识产权管理机构和执法机关设置存在很大差异。由于知识产权保护以及查处侵害知识产权的业务涉及层面十分广泛,因此海峡两岸均存在知识产权管理机构和执法机关部门众多的状况。在大陆,涉及知识产权行政管理和执法的主体有国家知识

---

❶ 赖文平:"两岸智慧财产权保护合作协议有关执法协处机制之探讨",见海峡法学论坛会务组编:《海峡法学论坛(2011)》,第11页。

产权局、工商行政管理总局、版权局、质量监督检验检疫总局、农业部、林业局、商务部、科技部、工信部等数十家单位，此外还有最高人民检察院和最高人民法院的司法管辖权以及海关总署与公安部的综合执法等，❶各部门依据相关法律、法规、规章或管理办法行使执法权。为了加大知识产权保护力度，2004年又成立了国家保护知识产权工作组，负责统筹协调全国知识产权保护工作。台湾地区的知识产权管理机构和执行知识产权保护的单位包括："内政部警政署""法务部调查局"及"台湾高等法院检察署""财政部关税总局""经济部"查禁仿冒商品小组、光盘联合查核小组等；并由"经济部"定期召开"保护知识产权协调会报"协调各部会分工、合作，推动保护知识产权工作。此外，为提升知识产权保护能力，强化政府主管部门的组织架构，台湾地区还成立了"经济部知识产权（智慧财产）局"，统一管理商标、专利、著作权、集成电路布局及营业秘密的法制及行政管理等有关业务。由上可见，两岸知识产权管理机构和执法机关存在重大差异，要想实现两岸机关互相对接、横向协作，必定困难重重。

此外，大陆地区知识产权法制，实行的是行政保护与司法保护的"双重保护模式"。司法保护，即对知识产权通过司法途径进行保护，主要是指由享有知识产权的权利人或国家公诉人向人民法院对侵权人提起刑事、民事诉讼，以追究侵权人的刑事、民事法律责任。行政保护，是指知识产权行政管理机构运用行政手段打击侵犯知识产权的不法行为，维护知识产权权利人的正当权益。大陆的版权局、工商行政管理总局和国家知识产权局兼有管理出版市场、商品市场与专利产品市场的功能，而台湾地区"智慧财产权局"对侵害知识产权案件只能为调解、鉴定及协助取缔，没有行政查处的权力，因

---

❶ 董希凡："知识产权行政管理机关的中外比较"，载《知识产权》2006年第3期。

而，在机制上也无法实现全面对接。

第三，海峡两岸跨区域共同协助打击知识产权侵权犯罪的法律依据问题。依据《海峡两岸知识产权保护合作协议》第7条的规定，打击盗版及仿冒，特别是查处经由网络提供或帮助提供盗版图书、音像及软件的侵权网站以及在市场流通的盗版及仿冒品，为两岸双方共同协处的具体事项。而2009年"两会"签订的《海峡两岸共同打击犯罪及司法互助协议》（以下简称《司法互助协议》），明确规定以惩治和预防跨海峡之刑事犯罪为宗旨，是两岸共同打击跨境刑事犯罪的重要依据。但从名称上看，该协议涉及共同打击犯罪和司法互助两个方面的内容。其司法互助的内容包括：（1）刑事司法互助，如罪赃移交、罪犯移管、人道探视；（2）民事司法互助，如判决认可；（3）在刑事与民事司法活动均可展开互助，如送达文书、调查取证等。两岸共同打击仿冒盗版的侵权犯罪行为是依据《司法互助协议》处理，还是依据《海峡两岸知识产权保护合作协议》的协作机制处理？目前尚无明确的说明。

2. 闽台知识产权行政执法协作先行先试的对策建议

（1）建立共识。建立共识是构建闽台知识产权执法协作机制的前提条件，只有闽台两地相关部门都意识到闽台两地知识产权执法协作是维护市场经济秩序，保障区域经济发展的共同需要，并都愿意为此而对话协商时，闽台的知识产权执法协作才有坚实的基础。福建有中央和国家各部委赋予福建对台工作"先行先试"的政策支持，2013年12月，中共福建省委在《关于贯彻党的十八届三中全会精神全面深化改革的决定》中也指出，要继续推动厦门市深化两岸交流合作综合配套改革试验；要加大平潭综合实验区先行先试力度，未来闽台两地经济、科技和文化等各领域的交流合作将日益频繁，不断深化，市场亦将日趋统一，因此，闽台两地知识产权执法协作不仅是保护知识产权权益人和社会公众合法权益的需要，而且是共同维护闽台地区市场经济秩序，保障两地经济发展的客观需要。

（2）加强对话协商。闽台两地知识产权执法协作机制是在形成共识基础上的一种制度性安排，这种制度性安排的实现必须通过对话协商才能完成。虽然两岸签署了《海峡两岸知识产权保护合作协议》，实现了两岸知识产权保护合作的制度化，但该协议只是框架性协议，在具体操作上仍存在许多制度上的障碍。福建是两岸人民交流合作的先行区，在两岸知识产权执法协作方面完全有条件先行先试。闽台两地可以就两岸知识产权执法协作中的制度障碍问题，加强对话协商，率先突破，率先实践，为两岸知识产权执法协作积累经验。

民间组织在两岸知识产权保护与合作中发挥了重要的作用。仰赖民间组织作为沟通交流平台，可以收到事半功倍之效。例如，台湾"海峡两岸商务协调会"曾多次与大陆方面围绕建立两岸商标案件沟通机制、两岸商标专业人员考察交流，提供驰名、著名商标认定保护信息互换以及研讨两岸商标案件、探讨解决途径等问题进行了广泛的交流，在海峡两岸商标保护的沟通协调方面发挥了重要的作用。闽台两地知识产权民间组织应开展形式多样的交流合作，共同推进闽台两地知识产权执法协作先行先试。

（3）加强闽台两地打击知识产权侵权犯罪行为经验的交流。随着闽台关系的不断拓展深化，知识产权侵权犯罪案件随之不断增加，为了预防和打击知识产权违法犯罪行为，闽台两地相关主管机关都曾开展打击侵犯知识产权和制售假冒伪劣商品的专项行动。例如2010年10月，福建省工商部门在全国范围内的专项行动期间，及时向工商总局请求将查处侵犯台资企业正新公司"正新"商标案件列入督办案件。在全国16个省共立案查处侵犯台资企业正新公司"正新"商标权案件97起。厦门市有关部门还查处了一批侵犯"金门高粱酒"等涉台商标案件。福建在打击涉台仿冒、盗版等侵权案件中积累了许多宝贵的经验。闽台两地可以就打击知识产权侵权犯罪行为的经验及时交流，共同提高保护知识产权的执法能力和执法效能。

（4）建立闽台两地执法协作联络机制。协作执法是跨地区的合作执法行为。目前，在制度规范、认定机构及认定标准等方面两岸存在不少差异，在侵权案件的定性、处罚等方面都可能产生分歧，这就要求两地在一些案件的处理过程中需要加强必要的沟通。因而，海峡两岸联合执法或共同执法，都必须建立对口联络机制。闽台两岸可以充分利用海峡西岸经济区"先行先试"政策、发挥闽台在知识产权领域合作的优势，建立执法协作联络机制，健全完善信息传递、联席会议、线索协查、案件移送等制度。

（5）构建协作执法信息平台。在闽台设立协作执法信息专栏，及时通报大案要案，分析研究对策，介绍政策措施，交流办案经验，实现信息共享。此外，设立知识产权举报投诉服务中心。

（二）知识产权司法保护合作先行先试

近年来，随着海峡两岸政治共识和互信基础的不断巩固和扩大，两岸包括知识产权在内的民商事司法保护合作取得了重大进展。但由于《司法互助协议》《海峡两岸知识产权保护合作协议》都只是综合性合作协议，对司法活动中的一些具体问题，如管辖权、协助调查取证程序等司法活动中的重要问题没有作出具体安排，两岸包括知识产权在内的民商事司法保护仍缺乏专门性的制度规范，以致人民法院在处理涉台包括知识产权在内的民商事案件时深感政治、法律障碍重重，严重影响了两岸人民正常的民事交往，这与《司法互助协议》所确立的实现两岸司法公正、高效的初衷相去甚远。福建作为两岸人民交流合作的先行区，可以充分利用"先行先试"政策及闽台交流与合作的良好基础，在包括知识产权在内的两岸民商事司法协作方面先行先试，争取率先突破，取得经验。

1. 海峡两岸知识产权司法保护合作的障碍

目前，两岸包括知识产权在内的民商事司法保护合作方面的主要障碍是：

（1）管辖权冲突造成的障碍。区际民事诉讼管辖权，是指各法域法院受理区际民商事案件的权限范围及法律依据。由于两岸民事诉讼管辖权立法和实践存在不少差异，随着两岸交往日益频繁，民商事案件管辖权冲突问题日益凸显。管辖权问题不仅关系到程序法与实体法的适用、生效判决在对方法域的认可与执行，而且关系到有关当事人合法权益的取得和保护，因此，协调解决海峡两岸管辖权冲突对于保护当事人的合法权益，维护两岸间正常的经济交往具有十分重要的意义。然而，由于目前两岸在知识产权领域基本上都是固守绝对地域性管辖原则，对于侵犯本地区知识产权的案件，均主张由本地区的法院进行专属管辖，几乎没有司法管辖权的合作。虽然两岸签署了《司法互助协议》，但对如何协调两岸司法管辖权冲突没能达成共识，以致两岸包括知识产权在内的民商事管辖权冲突问题至今没有得到根本解决。专属管辖不仅造成其判决难以得到对方承认与执行，从而使这一案件在一地区不可能得到彻底解决，而且不可避免地出现一事数诉的不合理现象。此外，专属管辖还会给当事人的诉讼活动带来极大的不便和浪费，从而使保护知识产权目的不能很好地实现。[1]

（2）海峡两岸知识产权冲突的法律适用问题的障碍。冲突法学中的"法律适用"，是调整涉外民事关系的准据法的确定。2010年，《最高人民法院关于审理涉台民商事案件法律适用问题的规定》首次明提出审理涉台民商事案件可以有条件地适用台湾地区民事法律。虽然知识产权民事诉讼也是民事诉讼的一部分，但与其他民事诉讼还是有一定差别的。在无相关的法律和司法解释明确规定知识产权案件可以适用台湾地区"法律"的情况下，两岸知识产权制度冲突

---

[1] 郑成思："知识产权的国际保护与涉外保护"，载《中国社会科学院研究生院学报》1997年第2期。

如何适用法律的问题，依然是两岸知识产权司法保护中遇到的突出问题。以福建省厦门市中级法院的审判实践为例：❶

在著作权纠纷方面遇到的主要问题是：《中华人民共和国著作权法》是否适用于台湾居民？大陆企业或者个人若侵犯台湾当事人的著作权，人民法院如何保护其著作权，判决应如何引用法律条文。这一问题在"宝贝猪"著作权纠纷一案❷中尤为突出。该案的审理主要是基于一个中国原则，认为台湾是中国领土不可分割的一部分，台湾地区居民仅仅表明其在台湾地区拥有居留权的情况，从国籍来看，仍然属于中国公民。因此其作品适用《中华人民共和国著作权法》第2条关于中国公民的规定。

商标权纠纷方面遇到的主要问题是：由于海峡两岸有着共同的文化渊源和民族传统，对相同标识所蕴含的意义和内涵，基于共同传统、认知和习惯，存在大量相同或相似的商标。遇到商标在大陆被诉侵权时如何处理，也是司法实务中的现实难题。这方面的案例有"农友"商标权纠纷一案。❸ 本案法院判决在尊重两岸历史现状的基础上充分考虑了案件的特殊背景，在认定被告部分侵权的同时仅判决适度赔偿，以平衡两岸当事人的利益。

专利权纠纷方面遇到的主要问题是：原被告在台湾地区分别拥有专利，双方就各自专利技术在大陆各自申请并获得专利后，在大陆发生专利权纠纷，被告提出被控侵权产品已被台湾地区"法院"认

---

❶ 谢爱芳："两岸知识产权冲突的法律适用问题研究——以厦门法院涉台知识产权审判实践为契入"，见海峡法学论坛会务组编：《海峡法学论坛（2011）》，第384～392页。

❷ 详见（2008）厦民初字第186号原告陈红芬与被告浙江胜利塑胶有限公司侵犯著作财产权纠纷一案，二审案号为（2009）闽民终字第150号。

❸ （2008）厦民初字第299号原告阜阳市棉花原种繁殖场与被告农友种苗（中国）有限公司、农友种苗股份有限公司、厦门国贸种子进出口有限公司侵犯商标专用权纠纷一案。

定不构成侵权的抗辩,应当如何处理。这方面的案例有新巨发明专利权纠纷案。❶ 该案审理中,法院依据大陆专利法律法规对讼争专利是否等同进行比对,得出是否侵权的结论。对于被告提出的台湾地区"法院"对相同技术纠纷所作的判决以及台湾地区鉴定机构所作的相关鉴定并没有进行是否判断,也没有像在审理其他案件中对当事人提供大陆其他地方法院对相同或类似案件的判决进行参考。只是在案件查明部分,将此作为一种事实状态进行记录。

上述不同的案例,法院运用了不同的处理方法。"宝贝猪"著作权纠纷案直接运用大陆的著作权法对创作并发表于台湾的作品予以著作权保护,跳过了冲突规范或双边协定或有关条约的指引;"农友"商标权纠纷案则在一定程度上回避了大陆法律规则的规定,直接运用法律原则来处理问题,这两种方式似乎都不尽人意。相比之下,新巨发明专利权纠纷案的处理似乎更为可取,在没有对台湾地区的知识产权予以肯定或否定的情况下,运用大陆的知识产权实体法及程序法进行处理。问题在于,第三种方法并不适用于前两个案件,毕竟新巨发明专利权纠纷案双方当事人在大陆均有专利,法官有条件回避他们在台湾地区的"专利"纠纷及相应的判决、鉴定作出裁判,而在前两个案件中,法官却不得不直接面对大陆和台湾地区的"知识产权"碰撞。

(3)送达文书和调查取证方面的障碍。两岸民商事诉讼文书与非诉讼文书的送达,是指两岸的有关部门或个人将诉讼文书和非诉讼文书交居住在另一区域的受送达人的行为。有效的送达是程序正当性的前提,是行使管辖权和进行案件审理的基础。调查取证则是一区域法院通过合法有效的途径获取与案件有关证据的活动。两岸法院在审理区际民商事案件时,经常会遇到送达难,取证难的问题。

---

❶ (2005)厦民初字第437号原告新巨企业股份有限公司与被告沙市欧立电脑工业有限公司、被告欧缔科技股份有限公司侵犯发明专利权纠纷一案。

虽然大陆方面于 2011 年 6 月 25 日公布了《最高人民法院关于人民法院办理海峡两岸送达文书和调查取证互助案件的规定》，但这一规定只对大陆地区对台送达文书和调查取证作出规定，具有单向性，而台湾地区对大陆地区送达文书和调查取证则未作新的规定。虽然《司法互助协议》确定了双方尽最大努力互助送达司法文书的义务和双方应就民事案件的证据调查予以互助的义务，但在司法实务中仍存在不少问题，主要体现在缺乏具体操作规范、层层委托效率较低、缺乏直接沟通机制、协助条件欠缺等。

（4）判决与仲裁裁决的认可与执行方面的障碍。判决的认可与执行，是指各法域之间在一定条件下相互承认对方法院判决在本法域的效力。法院裁判的认可与执行是诉讼程序的最终目的，如果法院作出的裁判得不到认可与执行，所有的诉讼程序都将失去意义。因此，可以说，包括知识产权在内的民商事判决的认可与执行是两岸司法协作中最为重要的部分。

大陆在认可台湾地区的"民事判决"上作了专门规定，并且已有相关的"司法实践"。但由于两岸民事诉讼制度的具体规则不尽相同，双方对判决的认可与执行在制度依据、认可与执行的条件以及认可与执行的程序等方面都存在不少差异，突出表现在：①对于民事调解书能否纳入相互认可的范围，台湾"司法实务"中多持否定态度，而大陆在司法解释中明确规定，对台湾地区有关"法院"出具的"民事调解书"，可予认可和执行。②对于民事判决效力的认可，大陆司法解释明确规定，经人民法院裁定认可的台湾地区有关"法院民事判决"，与人民法院作出的生效判决具有同等效力。而台湾地区"最高法院"的判决则认为，大陆法院作成的民事判决经台湾地区有关"法院"裁定认可后，没有与台湾地区民事判决同一效力，即无既判力，只有执行力。③《司法互助协议》明确双方在承认与执行对方民事裁判及仲裁裁决中，应基于互惠原则及公共秩序保留原则。同时,软化了公共秩序保留原则的内容,降低了承认与执行的标准,以避免公共秩序保留原则被滥用。但公共秩序保留具有模糊性、灵活性和可变性,海峡两岸在公共秩序保留的评判和适用范围上标准不一,致使当事人对民事判决能否得到认可无法合理预见。

2. 知识产权司法保护协作先行先试

知识产权司法保护,是保护知识产权的重要途径。近年来,福建各级法院努力创建适应"先行区"建设需要的涉台审判体制机制,在两岸司法保护合作方面先行先试取得很大成效。在新一轮先行先试中,福建要以国务院"三规划两方案"及中央对台工作总体方针为指导,在《司法互助协议》和《海峡两岸知识产权保护合作协议》框架下,积极探索深化两岸包括知识产权在内的民商事司法保护的新方法、新途径。

(1)关于管辖权冲突的协调。管辖权冲突的协调和解决是民商事诉讼程序得以进行和有关民商事法律争议得以妥善解决的前提条件。国际上解决知识产权诉讼管辖权冲突主要是通过签订国际条约来实现的。例如《布鲁塞尔公约》和《洛加诺公约》中有关知识产权管辖的规定,为解决知识产权案件管辖和判决的承认与执行问题提供了法律依据,欧洲联盟各国之间关于知识产权的管辖权产生的纠纷,完全可以通过这两个公约对其进行协调。海峡两岸可以借鉴国际上解决知识产权管辖权冲突的做法,以协议的方式确立一些解决知识产权管辖权冲突的原则、规则,作为处理两岸知识产权诉讼管辖权冲突的制度依据。但由于司法权涉及政治因素,两岸间司法权问题的磨合尚待时日,在两岸暂时无法达成两岸民商事诉讼管辖协议时,可利用闽台"五缘"关系及先行先试的政策优势,先由福建省高级人民法院与台湾地区"最高法院"或"高等法院"签订"闽台两岸民商事诉讼管辖协议",以协调闽台两岸之间的民商事诉讼管辖权冲突。协议内容可以借鉴《布鲁塞尔公约》,在民商事案件的一般管辖公约中设专门条款对知识产权的管辖权问题作出规定。

参照国际上解决知识产权管辖权冲突的立法和司法实践,结合我国解决区际法律冲突的原则及海峡两岸关系和平发展的大背景,"闽台两岸民商事诉讼管辖协议"应确立以下几方面原则、规则:

①知识产权地域性原则。知识产权的地域性特点决定了知识产权保护的地域性限制。国际有关知识产权的管辖公约,也是根据知识产权国际保护中的地域性特点来协调知识产权管辖权的。然而,知识产权法是一种综合性的法律制度,按照知识产权法规范的性质,可分为公法性规范和私法性规范。涉外知识产权案件亦十分复杂,按所争议的法律关系的性质标准可分为两类:一是关于知识产权本体关系所生成的案件,主要有知识产权归属案件;在工业产权中,还包括关于权利的取得、撤销或无效,驳回申请过程中所形成的公法性案件。二是在知识产权有效存续时空中,就知识产权的侵害、许可、转让、继承的事实而形成的案件。包括私法性案件和侵权行政、刑事等公法性案件。❶ 公法性案件由于其与域内政治、经济、法律秩序等重大利益的联系紧密,应列入专属管辖范围。而相比之下,私法性案件与域内政治、经济、法律秩序等重大利益的联系较弱,则不宜将其列入专属管辖范围。欧盟也是对知识产权案件区分不同性质、不同类别,合理设定专属管辖案件的范围的。因而,海峡两岸知识产权诉讼管辖权协议及其司法实践,应坚持合理的知识产权地域性,严格区分不同性质、不同类别的知识产权案件,放弃过分的、不合理的专属管辖,协商确立统一的知识产权专属管辖范围,以知识产权保护的目的为宗旨,并引入民商事诉讼管辖权的一些基本原则和具体原则,合理、公平、有效地解决海峡两岸知识产权诉讼管辖权冲突问题。

---

❶ 冯文生:《知识产权国际私法基本问题研究》,见郑成思主编:《知识产权文丛》,中国政法大学出版社2000年版,第278页。

②意思自治原则。意思自治原则的核心是尊重双方当事人的合意，在法律许可的范围内，由其自由处分自己的民事权利。这一法律精神反映到国际民商事管辖权领域，便表现为协议管辖制度，即由特定国际民商事案件的双方当事人协商，通过签订管辖协议的方式，选择确定管辖法院，从而赋予该法院以管辖权的制度。❶ 协议管辖原则已经得到了国际社会的普遍承认。目前，海峡两岸都规定协议管辖仅适用于财产权的请求和合同财产权益纠纷方面，而对于人的身份、能力等诉讼，则不能选择管辖法院。这样的限制过于严格，将来在"闽台两岸民商事诉讼管辖协议"中应规定，只要不属于一法域法院专属管辖调整的范围，又不至于被该法域法院以与本法域毫无联系而排除管辖，便可以交由当事人自行选择。适度放宽对协议管辖的限制，可以扩大知识产权诉讼中当事人意思自治的空间，尽量避免知识产权诉讼管辖权冲突的出现。

③最密切联系原则。运用最密切联系原则可以克服客观联结机械、僵化的缺陷，有利于个案的公平解决。越来越多的国家在立法或司法实践中运用这一原则。❷ 随着科学技术的发展使知识产权地域性管辖原则的局限性日益明显，一些发达国家在突破知识产权地域性保护方面开始尝试将最密切联系原则运用于知识产权诉讼，如美国就是通过"最低限度的联系"对有关实体法进行解释从而赋予国内管辖权具有域外效力的。

最密切联系原则不仅在寻找准据法阶段具有重要作用，而且在解决海峡两岸包括知识产权在内的民商事纠纷案件管辖权冲突阶段也可以发挥重要的引导和规范作用。但由于最密切联系地只是一个非

---

❶ 罗剑雯：《欧盟民商事管辖权比较研究》，法律出版社 2003 年版，第 162 页。

❷ 李旺主编：《涉外民商事案件管辖权制度研究》，知识产权出版社 2004 年版，第 65 页。

常抽象的概念，它的适用在很大程度上依赖于法官的分析和判断，给法官以较大的自由裁量权。这样的弊端是灵活性有余，确定性不足，使人们在从事法律活动时显得无所适从，导致法律适用的不稳定性和不可预见性。因此在签订"闽台两岸民商事诉讼管辖协议"时，应将最密切联系原则作为一项基本原则，并针对最密切联系原则"灵活性有余，确定性不足"的弊端，用列举方式列出管辖法院寻找与案件有"最密切联系点"时需要考虑的因素，以减少不确定性、随意性，增加判决的一致性和可预见性。此外，由于最密切联系原则只是一个较为抽象的原则，将其作为解决管辖冲突的一种有效原则，还需在两岸管辖权冲突协定中确定几项具体原则，包括必要管辖原则、不方便法院原则和先受理法院原则等，这些具体原则可以对管辖权冲突的协调起直接且有效的作用。❶

（2）关于法律适用的确定。长期以来，海峡两岸处理知识产权案件，基本上都是奉行绝对的地域性管辖原则。如今，两岸交往日益频繁，尤其是福建正在加快"两个先行区"建设，若再一味地采取知识产权严格的地域性原则，将会对"先行区"建设产生负面影响。"在特殊的时空下，法律的适用具有权宜性，即为适应特殊的需要或者实现特殊的目的，在特殊的时期或者条件下变通常规的法律适用。这种权宜往往都是为了追求更好的法律适用效果"。❷ 为了切实保护海峡两岸民商事法律关系当事人的正当权益，促进两岸关系和平发展，《最高人民法院关于审理涉台民商事案件法律适用问题的规定》明确指出，审理涉台民商事案件可以有条件地适用台湾地区

---

❶ 于飞："最密切联系原则的发展与适用"，载《法律科学》1995年第5期。
❷ 孔祥俊："裁判中的法律、政策与政治——以知识产权审判为例"，见冯晓青主编：《知识产权法专题判解与学理研究（综合卷）》，中国大百科全书出版社2010年版，第86页。

民事"法律"。司法政策是司法的重要航标、灵魂和指引。❶ 侵害知识产权的行为是民事侵权行为的一种，它的法律适用与一般侵权的法律适用并无大的区别，有的国家，如英国明显将一般侵权法律适用原则适用于知识产权，即没有特别的知识产权法律适用原则。❷ 既然司法解释已经明确规定了审理涉台民商事案件可以有条件地适用台湾地区民事"法律"，在知识产权领域也应可以进行尝试，即在涉台知识产权案件审理过程中，对于涉及依据台湾地区的制度所取得的知识产权，在不违反国家法律的基本原则、不损害社会公共利益的前提下，可以认可其效力。关于具体的制度适用可以参照《法律适用法》第7章关于知识产权法律适用的具体规则。

（3）互助送达司法文书和调查取证。"两会"签署《司法互助协议》后，两岸送达司法文书和调查取证工作初步实现了制度化合作，但由于《司法互助协议》只是一个综合性的框架协议，在有关送达司法文书和调查取证方面只对双方互助义务作了一些原则性的规定，因此，送达难、取证难的问题仍未得到根本解决。解决两岸送达难、取证难问题，最理想的办法是由两岸在《司法互助协议》的基础上签订"两岸送达文书和调查取证协议"，对两岸互助送达司法文书和调查取证作出明确具体的安排。但签署这样的协议，尚需两岸充分协商，短期内不可能形成。福建是涉台民商事司法互助最为频繁的省份，福建省法院互助送达台湾地区"司法文书"的数量年平均达

---

❶ 孔祥俊："裁判中的法律、政策与政治—以知识产权审判为例"，见冯晓青主编：《知识产权法专题判解与学理研究（综合卷）》，中国大百科全书出版社2010年版，第80页。

❷ 彭欢燕：《商标国际私法研究—国际商标法之重构》，北京大学出版社2007年版，第134页。

2 000件左右,每年平均占全国互助送达司法文书总数的40%,[1]在全国各省市中数量最多。福建法院应充分利用"五缘"优势,在两岸互助送达和调查取证方面努力探索新方法、新途径,先在个别方式、途径上与台湾方面形成共识,通过不断实践,再将其上升到制度化层面。具体建议是:第一,建立两岸间法院直接委托送达和调查取证的渠道。目前两岸协助送达与调查取证要层层转委托,手续复杂、费时、费力、效率低,因而应努力探索建立两岸法院之间直接委托送达和调查取证的新途径,以提高两岸协助送达司法文书和调查取证的质量和效率。其实早在1985年10月,广东高院就曾与香港最高法院达成了相互委托送达民商事诉讼文书的7条协议,[2]广东高院与香港最高法院建立直接办理委托关系的做法给闽台两岸司法机关提供了很好的示范效应。闽台两地法院也应本着司法为民的精神,尝试更为便捷的合作方式。而"两岸法院直接办理委托,无疑是最便捷的合作方式。"[3]第二,尝试新方式,拓展新途径。在送达方面,目前多数大陆法院基于效率优先的考虑而刻意回避了相对烦琐冗长的司法互助途径,仍多沿用先邮寄后公告的送达方式。虽然,邮寄送达有其便利性,但也存在诸多问题和困难,应尝试新方式,如委托在大陆的台商协会、台资企业送达、按当事人协商的方式送达以及利用其他现代通信方式如传真、电报、电子邮件等各种快捷有效的送达方式进行送达,以提高送达实效。在互助调查取证方面,由于《司法互助协议》未对互助调查取证程序作出具体安排,实践

---

[1] 林汉柱:"关于福建法院涉台司法互助工作情况的调查与思考",见马新岚主编:《海峡两岸司法实务热点问题研究(下)》,人民法院出版社2011出版,第542页。

[2] 这一协议经最高人民法院法(经)复(1986)1号批复同意。

[3] 徐步林:"海峡两岸司法协助现状及发展",载《法制与社会》2009年第9期(下)。

中同样存在耗时长、效率低的困扰。福建法院可以尝试新的取证途径：一是探索闽台法院之间直接委托取证合作机制，由闽台两地司法机关相互委托调查取证，以提高调查取证的质量和效率；二是通过台商协会等民间组织的途径调取证据；三是委托律师组织取证。律师组织虽然不是司法机关的组成部分，但律师协助各司法部门审理事务，与司法活动有密切联系。相互委托律师组织取证是一条可行有效的途径。

（4）民商事裁判的认可与执行。民商事判决的认可与执行是两岸司法互助中最为重要的部分，也是解决海峡两岸包括知识产权在内的民商事纠纷的关键环节。然而，由于政治原因及法律体系和司法制度的不同，民商事判决得不到对方认可与执行的事件时有发生，致使当事人的合法权益得不到切实保障。因此，解决海峡两岸包括知识产权在内的民商事裁判的认可与执行中的混乱现象、建立和完善两岸包括知识产权在内的民商事判决相互认可与执行制度是当前亟待研究解决的一个重要现实问题。在国际社会，知识产权诉讼中外国判决的承认与执行制度的冲突，主要是通过立法或签订协议的途径解决的；同时由于知识产权争议判决的承认与执行与其他民商事判决的承认与执行并没有什么不同之处，因此，国际有关知识产权判决相互认可与执行制度的协调一般都没有作特别的规定，例如《布鲁塞尔公约》和《洛加诺公约》。解决海峡两岸知识产权两岸判决的相互认可与执行也可以借鉴国际社会的有益经验，签订民商事判决的相互认可与执行协议，有关知识产权判决的相互认可与执行问题可以适用一般民商事判决相互认可与执行的相关规则。但判决的承认和执行是司法制度的重要组成部分，与送达、取证等司法互助的问题相比较，承认和执行民商事法院判决的协作问题更为敏感，它涉及对外法域的法律效力的承认。因此，海峡两岸签订相互认可与执行民商事判决的司法互助协议的构想，在短时间内无法实现。

在海峡两岸建立判决的相互承认与执行的有效合作机制前，闽台两地可率先在司法实践中寻求突破，为两岸解决包括知识产权在内的民商事判决的相互承认与执行提供实践经验。具体建议如下：第一，在实践中推动判决自由流动。欧盟在其建立之初，目的是建立一个共同市场和一个货币联盟，实施共同的商业政策，实现货物、人员、服务、资本的自由流动，以便在整个共同体内促进经济活动的和谐和均衡发展，而只有实现判决的自由流动，才能确保货物、人员、服务、资本的自由流通，因而在欧盟民事诉讼法领域确立了"判决自由流动原则"的基本原则。海峡两岸签订并实施《海峡两岸经济合作框架协议》后，开始了经济一体化的进程。迄今为止，两岸在后续协商方面已经取得了丰硕成果，双方已签署了《海峡两岸知识产权保护与合作协议》《海峡两岸投资保护和促进协议》和《海峡两岸服务贸易协议》等协议，加速了两岸经济融合和一体化的进程。随着海峡两岸经济一体化合作的日益深化，民商事纠纷必然大量增多，客观上要求实现包括知识产权在内的两岸民商事判决的自由流动。福建作为两岸人民交流合作的先行区，在司法互助实践中应努力推动判决的自由流动。只有判决的自由流动，才能确保货物、人员、服务、资本的自由流通，才能有效推动"先行区"建设和两岸经济一体化发展。第二，在实践中推进对判决确定性的统一认识。最高人民法院在《补充规定》中明确规定，经人民法院裁定认可的台湾地区有关"法院民事判决"，与人民法院作出的生效判决具有同等效力。人民法院在审查认可申请时，从来没有对认可后的效力有所犹豫，都认为就是认可台湾地区的"法律"效力，即既判力。而台湾地区"两岸关系条例"中却没有明文赋予大陆判决与台湾地区本地判决同一效力。根据台湾地区"最高法院"的判决，大陆法院作出的民事判决经台湾地区有关"法院"裁定认可后，没有与台湾地区"民事判决"同等效力，即无既判力，只有执行力。台湾地区

"最高法院"作出这样的结论是值得商榷的。按照承认与执行外法域法院判决的理论，一般来说，外法域法院判决只要依据原判决法域法律规定已经成为一个确定性的判决，被请求地就不应该也没有必要基于本法域法律的规定而拒绝承认与执行该项外法域法院的判决。该理论自然也应适用于两岸法院判决的相互承认与执行问题。在目前海峡两岸认可对岸判决的效力存在相互矛盾的局面下，闽台两地法院可以利用地缘优势，先行先试，在两地法院间建立个案沟通互助机制，在认可案件发生疑义时，及时沟通，在实践中推进两岸对判决确定性的统一认识。第三，在实践中推进一事不再理原则的确立。台湾地区"最高法院"在司法实务中，否定大陆法院民事判决的"既判力"，即意味着台湾地区"法院"随时可以就案件进行重新审理并作出相反的判决。这就可能出现诉累和加剧平行诉讼，不利于两岸司法互助的发展和保障当事人的合法权益。在国际民事诉讼中，如果外国法院判决与内国法院就同一当事人的同一争议所作的判决相冲突或与内国法院已经承认的第三国就同一当事人的同一争议所作的判决冲突，内国法院就可以拒绝承认与执行该外国法院判决，这是各国立法和司法实践所普遍接受的一个条件。[1] 1998年，最高人民法院《关于人民法院认可台湾地区有关法院民事判决的规定》也规定，人民法院受理认可台湾地区有关"法院民事判决"的申请后，对当事人就同一案件事实起诉的，不予受理；人民法院作出民事判决前，一方当事人申请认可台湾地区有关法院就同一案件事实作出的判决的，应当中止诉讼，对申请进行审查。一事两诉不仅会造成诉讼资源的浪费以及诉讼成本的增加，而且也会给一些别有用心的当事人规避法律、逃避制裁或谋取不正当利益提供了便利，因此，闽台两地法院应当在司法实践中确立一事不再理原则，即如

---

[1] 谢石松主编：《港澳珠江三角洲地区法律冲突与协调》，社会科学文献出版社2007年版，第316页。

果对同一案件对方法院业已审理并作出了公正的判决,本地区法院就不应再受理该案,而应当通过承认与执行程序确认其效力。第四,在实践中推动民商事裁判范围的统一。如何确定民商事裁判的范围是海峡两岸民商事判决相互认可与执行中的首要问题。《补充规定》明确指出,台湾地区有关"法院"的"民事判决""民事裁定""调解书""支付令"以及台湾地区仲裁机构作出的民事仲裁裁决都可以向大陆有管辖权的人民法院申请认可和执行。而根据台湾地区"两岸关系条例"的规定,台湾地区申请认可大陆民事裁判的范围仅限于民事确定裁判和仲裁裁决,而且未就民事确定裁判的范围作明确的解释,以致对大陆人民法院作出的调解书、支付令等司法文书能否在台湾地区申请认可存在很大争议,尤其是台湾地区"司法院"表示,"两岸关系条例"中所指的民事确定裁判,宜解释为不包括民事调解书在内后,台湾地区"法院"的通行做法是不对大陆人民法院的民事调解书予以认可。大陆法院民事调解书实质上已兼具民事裁判解决当事人实体争议的功能,部分台湾地方"法院",如板桥、桃园、花莲等地方"法院"已经有认可大陆法院民事调解书的先例。大陆民商事审判中调解文书所占比例较大,如果把它排除在认可范围之外,会对诉讼当事人的民事权益和诉讼权利造成很大损害,因此,闽台两地法院应在实务中促进两岸申请认可民事裁判的范围的协调统一,共同维护诉讼当事人的民事权益和诉讼权利。第五,在实践中推动公共秩序保留的原则的合理适用。公共秩序保留是海峡两岸经协商一致同意的两岸相互认可与执行民商事裁判的最基本条件。然而,公共秩序保留具有模糊性、灵活性和可变性等特点,尤其是在海峡两岸尚未统一的特殊情况下,公共秩序保留制度在两岸司法实践中笼罩着一层浓浓的政治色彩,已经超出了它作为一个单纯的法律制度本身所应有的内容。因此,在闽台两地司法实践中应在相互认可与执行对方法域的民商事判决中合理地适用公共秩序保留制度。一是在适用标准上,应除违反"一个中国"原则的民商事裁判外,应统一采用结果说,即不应审查对方法院判决本身在事实认定以及法律适用方面是否有损于本法域的公共秩序,而应看承认和执行此判决的法律后果是否违反了本法域的公共秩序。这不仅可以在一定程度上限制公共秩序保留原则的适用,而且也符合当今各国(地区)立法和司法实践的主要趋势。二是在违反程度上。应约定只有在"明显地"或者"严重地"违背本法域的公共秩序时才可以援引公共秩序保留制度。三是在适用范围上,应对公共秩序保留的适用范围进行约定,以避免两岸之间基于地方保护主义而滥用公共秩序保留原则,影响两岸人民之间正常的民事交往。四是设置协商前置程序,即闽台两岸在对请求认可与执行的判决进行审查时,若拟适用公共秩序条款,应当通过适当方式通知对方并尽量在平等协商下解决,避免一方武断适用公共秩序保留造成两法域之间不必要的摩擦。

主要参考文献

［1］郑成思，主编. 知识产权法教程［M］. 北京：法律出版社，1993.

［2］吴嘉生. 智慧财产权之理论与应用［M］. 台北：五南图书出版股份有限公司，2007.

［3］吴汉东，等. 知识产权基本问题研究［M］. 北京：中国人民大学出版社，2005.

［4］郑成思. 知识产权论［M］. 北京：法律出版社，1998.

［5］郑成思，主编. 知识产权研究（第1卷）［M］. 北京：中国方正出版社，1996.

［6］杨金路，赵丞津，主编. 知识产权法律全书［M］. 北京：中国检察出版社，1992.

［7］吴汉东. 著作权合理使用制度研究［M］. 北京：中国政法大学出版社，1996.

［8］吉少甫，主编. 中国出版简史［M］. 上海：学林出版社，1991.

［9］郑胜利，主编. 北大知识产权评论（第2卷）［M］. 北京：法律出版社，2004.

［10］冯晓青，杨利华，主编. 知识产权法学［M］. 北京：中国大百科全书出版社，2005.

［11］郑成思. 知识产权法［M］. 北京：法律出版社，1997.

［12］周林. 中国版权史研究的几个问题［J］. 知识产权，1999（6）.

[13] 张玉敏,主编.知识产权理论与实务 [M].北京:法律出版社,2003.

[14] 黄勤南,主编.新编知识产权法教程 [M].北京:法律出版社,2003.

[15] 刘春田.著作权与版权辨析 [J].版权参考资料,1990(2).

[16] 吴汉东,主编.知识产权法通识教材 [M].北京:知识产权出版社,2007.

[17] 郑成思,主编.知识产权与国际关系 [M].北京:北京出版社,1996.

[18] 王景川.对专利法第三次修正案修改内容的理解.中国知识产权报 [N],2009-09-25.

[19] 魏小毛.海关总署:改进执法手段加强海关知识产权保护.中国知识产权报,2011-06-03.

[20] 李明德."特别301条款"与中美知识产权争端 [M].北京:社会科学文献出版社,2000.

[21] 余先予,主编.台湾民商法与冲突法 [M].南京:南京大学出版社,2001.

[22] 谢铭洋.智慧财产权法—我国智慧财产权法近年来之发展与司法实践 [J].台大法学论丛,2010(6).

[23] 吴汉东.知识产权国际保护制度的变革与发展 [J].法学研究,2005(3).

[24] 彭莉.知识经济下台湾知识产权司法制度的复变革—从"专庭""专股"到智慧财产法院 [J].台湾研究集刊,2007(4).

[25] 冯晓青,主编.知识产权法专题判解与学理研究 [M].北京:中国大百科全书出版社,2010.

[26] 谈虎.建置智慧财产专业法院(上) [J].台湾司法周刊,

2006（2）.

［27］刘新平. 台湾知识产权审判制度对大陆的借鉴//海峡两岸司法实务研讨会组委会编. 海峡两岸司法实务研讨会论文集［M］. 2011.

［28］韩德培. 论我国的区际法律冲突问题［J］. 中国法学，1988（6）.

［29］余敏友. 以新主权迎接新世纪的国际法学［J］. 法学评论，2000.

［30］邓小平. 邓小平文选［M］.（第三卷）北京：人民大学出版社，1993.

［31］韩德培，主编. 国际私法［M］. 北京：法律出版社，2001.

［32］于飞. 论海峡两岸民商事法律冲突的特殊性［J］. 法律科学，2005（4）.

［33］王振民. 中央与特别行政区关系——一种法治结构的解析. 北京：清华大学出版社，2002.

［34］江泽民. 为促进祖国统一大业的完成而继续奋斗［N］. 人民日报，1995-01-31.

［35］辛旗. 学习"12.31"讲话，持续推动两岸关系向深层次发展［J］. 北京联合大学学报，2010（1）.

［36］冯术杰，贺顺. 保护国法主义与分割论的结合适用—试论知识产权冲突规则的拟定［J］. 电子知识产权，2004（12）.

［37］朱榄叶，刘晓红，主编. 知识产权法律冲突与解决问题研究［M］. 北京：法律出版社，2004.

［38］陈旭，主编. 知识产权案例精选［M］. 北京：法律出版社，1999.

［39］黄进. 区际冲突法研究［M］. 上海：学林出版社，1991.

［40］谢爱芳. 两岸知识产权冲突的法律适用问题研究——以厦门法

院涉台知识产权审判实践为契入［M］//海峡两岸司法实务研讨会组委会编．海峡两岸司法实务研讨会论文集．2011.

［41］陈锦川．试论涉外知识产权民事法律关系的法律调整及其法律适用实务［M］//李明德主编．知识产权文丛（第14卷）．北京：知识产权出版社，2008．

［42］曾宪义，等．关于"台湾地区与大陆地区人民关系条例"的评估及对策的初步研究［M］//海峡两岸关系协会编印．涉台法律问题研究，1994．

［43］余先予．中国区际冲突法应该及早出台［J］．法律科学，1989（3）．

［44］冯霞．中国区际私法论［M］．北京：人民法院出版社，2006．

［45］余先予，主编．冲突法［M］．上海：上海财经大学出版社，1999．

［46］陈力．一国两制下的中国区际司法协助［M］．上海：复旦大学出版社，2003．

［47］屈广清．国际私法导论［M］．北京：法律出版社，2003．

［48］石魏．论知识产权的法律适用［J］．山东大学学报，2000（1）．

［49］石魏．知识产权的法律冲突与法律适用挥微［J］．现代法学，1999（5）．

［50］徐祥．论知识产权的法律冲突［J］．法学评论，2005（6）．

［51］李剑刚，译．从板块模式到网络模式：应对国际知识产权变迁的对策//郑成思主编．知识产权文丛［M］（第一卷）．北京：中国政法大学出版社，1999．

［52］吴汉东，主编．知识产权国际保护制度研究［M］．知识产权出版社，2007．

[53] 沈涓. 中国区际冲突法研究 [M]. 北京：中国政法大学出版社，1999.

[54] 马丁·沃尔夫. 国际私法 [M]. 李浩培，汤宗舜译. 北京：法律出版社，1988.

[55] 郑成思. 世界贸易组织与贸易有关的知识产权 [M]. 北京：中国人民大学出版社，1996.

[56] 李振纲. 知识产权与法律冲突 [J]. 中南财经大学学报，1999（1）.

[57] 苏远成. 国际私法 [M]. 台北：台湾五南图书出版公司，1990.

[58] 吕岩峰. 知识产权之冲突法评论 [J]. 法制与社会发展，1996（6）.

[59] 齐爱民，何培育. 涉外知识产权纠纷的法律适用——兼评《涉外民事关系法律适用法》相关规定 [J]. 知识产权，2011（2）.

[60] 冯文生. 知识产权国际私法基本问题研究 [M]//郑成思主编. 知识产权文丛（第4卷）. 北京：中国政法大学出版社，2000.

[61] 杜涛. 涉外民事关系法律适用法释评 [M]. 北京：中国法制出版社，2011.

[62] 彭欢燕. 商标国际私法研究：国际商标法之重构 [M]. 北京：北京大学出版社，2007.

[63] 王利明，杨立新，编著. 侵权约行为法 [M]. 北京：法律出版社，1996.

[64] 阳平. 论侵害知识产权的民事责任：从知识产权特征出发的研究 [M]. 北京：中国人民大学出版社，2005.

[65] 王承志. 论涉外知识产权审判中的法律适用问题 [J]. 法学评

论，2012（1）．

[66] 郑万青．全球化条件下的知识产权与人权［M］．北京：知识产权出版社，2006．

[67] 黄进．中国国际私法［M］．北京：法律出版社，1998．

[68] 董立坤．国际私法［M］（修订本）．北京：法律出版社，2000．

[69] 徐元旦．全球化热点问题聚焦［M］．上海：学林出版社，2001．

[70] 古祖雪．国际知识产权法［M］．北京：法律出版社，2002．

[71] 郑万青．知识产权法律全球化的演进［J］．知识产权，2005（5）．

[72] 万鄂湘，主编．国际知识产权法［M］．武汉：湖北人民出版社，2001．

[73] 德利娅·利普希克．著作权与邻接权［M］．北京：中国对外翻译出版公司，2000．

[74] 袁真富．知识产权：全球化背景下的发展与适应——以多边国际条约为线索［M］//王立民，黄武双主编．知识产权法研究．第2卷．北京：北京大学出版社，2005．

[75] 丁丽瑛．论知识产权国际保护的新体制［J］．厦门大学学报（哲社版），1998（1）．

[76] 刘剑文，主编．TRIPs视野下的中国知识产权制度研究［M］．北京：人民出版社，2003．

[77] 刘力，宋少华．发展中国家经济一体化新论［M］．北京：中国财政经济出版社，2002．

[78] 刘崇义．集团对抗是资本主义制度的基本经济趋势［J］．世界经济，1985（3）．

[79] 姬广坡．论经济一体化的逻辑构成．财贸经济［J］，1999（9）．

[80] 刘世元,主编.区域国际经济法研究 [M].吉林:吉林大学出版社,2001.

[81] 伍贻康,周建平,主编.区域性国际经济一体化比较 [M].北京:经济出版社,1994.

[82] 尤先迅.世界贸易组织法 [M].上海:立信会计出版社,1997.

[83] 董瑾.国际贸易理论与实务 [M].北京:北京理工大学出版社,2005.

[84] 张荣芳.经济全球化与国际贸易法专题研究 [M].北京:中国检察出版社,2008.

[85] 郑玲丽.WTO关于区域贸易协定的法律规范研究 [M].南京:南京大学出版社,2008.

[86] 李瑞琴.区域经济一体化对世界多边自由贸易进程的影响 [M].北京:中国财政经济出版社,2008.

[87] 慕亚平,李伯侨,等.区域经济一体化与CEPA的法律问题研究 [M].北京:法律出版社,2005.

[88] 孙玉红.论全球FTA网络化 [M].北京:中国社会科学出版社,2008.

[89] 杨丽艳.区域经济一体化法律制度研究:兼评中国的区域经济一体化法律对策 [M].北京:法律出版社,2004.

[90] 郑成思.知识产权论(修订本)[M].北京:法律出版社,2001.

[91] 李明德,等.欧盟知识产权法 [M].北京:法律出版社,2010.

[92] 米健,主编.欧洲法在欧洲一体化进程中的作用 [M].北京:法律出版社,2009.

[93] 余劲松,主编.国际经济交往法律问题研究 [M].北京:人

民法院出版社，2002.

[94] 马迪亚斯·赫蒂根. 欧洲法 [M]. 张恩民，译. 北京：法律出版社，2003.

[95] 张旗坤，等. 欧盟对外贸易中的知识产权保护 [M]. 北京：知识产权出版社，2006.

[96] 朱雪忠. 知识产权协调保护战略 [M]. 北京：知识产权出版社，2005.

[97] 郑成思. 知识产权论（第三版） [M]. 北京：法律出版社，2003.

[98] 陈传夫. 评欧盟信息社会版权立法的发展及其国际影响 [J]. 法学评论，2000（1）.

[99] 高凛，任丹红，等. 国际经济法热点问题研究 [M]. 北京：中国民主法制出版社，2007.

[100] 钟云龙，马聪. 知识产权法前沿问题报告：全球化与信息化背景下知识产权法前沿问题研究及其启示 [M]. 北京：中国经济出版社，2007.

[101] 刘文华，主编. WTO与中国知识产权制度的冲突与规避 [M]. 北京：中国城市出版社，2001.

[102] 王一流. 东盟知识产权保护法制一体化之思考 [J]. 知识产权，2009（4）.

[103] 刘中伟，沈家文. 跨太平洋伙伴关系协议（TPP）研究前沿与架构 [J]. 当代亚太，2012（1）.

[104] 赵建国. 美国亚洲战略的一张新牌：《跨太平洋战略经济伙伴协定》解析 [N]. 中国知识产权报，2011-08-10.

[105] 陈福利. 知识产权国际强保护的最新发展：《跨太平洋伙伴关系协定》知识产权主要内容及几点思考 [J]. 知识产权，2011（6）.

[106] 廖柏明. 中国—东盟知识产权争端解决机制探析：兼论环境知识产权纠纷的解决［J］. 知识产权，2010（5）.

[107] 贾引狮. 中国—东盟知识产权法律协调机制变迁的路径依赖与创新［J］. 法学杂志，2011（5）.

[108] 陈勇. 新区域主义与东亚经济一体化. 北京：社会科学文献出版社，2006.

[109] 米健，等，澳门法律［M］. 澳门：澳门基金会，1994.

[110] 王毅. 十年来对台工作的实践成就和理论创新［J］. 求是，2012（20）.

[111] 李双元. 法律趋同化问题的哲学考察及其他［M］. 长沙：湖南人民出版社，2006.

[112] 李明德. 美国知识产权法［M］. 北京：法律出版社，2003.

[113] 徐卉. 涉外民商事诉讼管辖权冲突研究［M］. 北京：中国政法大学出版社，2001.

[114] 赵相林，主编. 中国国际私法立法问题研究［M］. 北京：中国政法大学出版社，2002.

[115] 李旺，主编. 涉外民商事案件管辖权制度研究［M］. 北京：知识产权出版社，2004.

[116] 王福华. 协议管辖制度的进步与局限［J］. 法律科学，2012（6）.

[117] 郑成思，主编. 知识产权研究［M］（第6卷）. 北京：中国政法大学出版社，1999.

[118] 李先波. 国际民商法专题研究［M］. 北京：中国方正出版社，2003.

[119] 罗艺方. 跨国知识产权侵权管辖原则的新发展［M］. 政法学刊，2003（2）.

[120] 曹发贵. 海峡两岸民事专属管辖权的比较研究［M］//马新岚主编. 海峡两岸司法实务热点问题研究. 下. 北京：人民

法院出版社，2011.

[121] 王春燕. 论知识产权地域性与知识产权国际保护[J]. 中国人民大学学报，1996（1）.

[122] 张玉冰. "两会"协商步入"深水区"[J]. 统一论坛，2012（6）.

[123] 杨长海. 知识产权冲突法论[M]. 厦门：厦门大学出版社，2011.

[124] 罗剑雯. 欧盟民商事管辖权比较研究[M]. 北京：法律出版社，2003.

[125] 孟昭华. 网络国际私法中的意识自治原则[J]. 河北法学，2011（8）.

[126] 谢天星. 论涉台民商事合同纠纷案件管辖权冲突的特殊性及解决路径：以最密切联系原则为视角[M]//马新岚，主编. 海峡两岸司法实务热点问题研究（下）. 北京：人民法院出版社，2010.

[127] 于飞. 最密切联系原则的发展与适用[J]. 法律科学，1995（5）.

[128] 王雷. 个案中对域外注册商标能否保护的法理研究[J]. 政法论坛，2000（6）.

[129] 马志强. 论海峡两岸民商事判决承认与执行制度的构建[J]. 河北法学，2010（8）.

[130] 陈力. 海峡两岸民事判决的相互承认与执行：困境与出路[J]. 法治论丛，2002，（5）.

[131] 王冠玺，周翠. 两岸民事判决的认可与执行问题研究[J]. 法学研究，2010（3）.

[132] 齐湘泉，主编. 涉外民事关系法律适用法[M]. 北京：人民出版社，2003.

[133] 杨燕，主编. 海峡两岸法律实务比较[M]. 北京：新华出版社，2006.

[134] 黄志兴. 浅议平潭综合实验区开放开发"五共同"司法保障[M]//马新岚主编. 海峡两岸司法实务热点问题研究(下). 北京：人民法院出版社, 2011.

[135] 郑清贤. 闽台法缘久交流屡先行[J]. 海峡通讯, 2012 (1).

[136] 郑伟. 开创涉台审判与闽台司法交流合作新格局[M]//马新岚主编. 海峡两岸司法实务热点问题研究上. 北京：人民法院出版社, 2011.

[137] 王诚. 改革中的先行先试权研究[M]. 北京：法律出版社, 2009.

[138] 范在峰. 企业技术创新与知识产权法律[M]. 北京：人民法院出版社, 2004.

[139] 张程远, 主编. 品牌带动原理方法和海西实证[M]. 厦门：福建人民出版社. 2008.

[140] 朱谢群. 我国知识产权发展战略与实施的法律问题研究[M]. 北京：中国人民大学出版社, 2008.

[141] 徐明华, 包海波, 等. 知识产权强国之路：国际知识产权战略研究[M]. 北京：知识产权出版社, 2003.

[142] 冯晓青. 企业知识产权战略[M]. 北京：知识产权出版社, 2001.

[143] 赖文平. 两岸智慧财产权保护合作协议有关执法协处机制之探讨[C]//海峡法学论坛会务组, 编. 海峡法学论坛, 2011.

[144] 董希凡. 知识产权行政管理机关的中外比较[J]. 知识产权 2006 (3).

[145] 郑成思. 知识产权的国际保护与涉外保护[J]. 中国社会科学院研究生院学报, 1997 (2).

[146] 林汉柱. 关于福建法院涉台司法互助工作情况的调查与思考

[M] // 马新岚主编. 海峡两岸司法实务热点问题研究(下). 北京:人民法院出版社,2011.

[147] 徐步林. 海峡两岸司法协助现状及发展 [J]. 法制与社会, 2009 (9).

[148] 谢石松,主编. 港澳珠江三角洲地区法律冲突与协调 [M]. 北京:社会科学文献出版社,2007.